Coleção
Direito Penal e Criminologia

Direção
Íñigo Ortiz de Urbina
Ramon Ragués
Luís Greco

RESPONSABILIDADE PENAL NAS DECISÕES EMBASADAS EM PARECERES TÉCNICOS E JURÍDICOS

Tiago Caruso

RESPONSABILIDADE PENAL NAS DECISÕES EMBASADAS EM PARECERES TÉCNICOS E JURÍDICOS

Marcial Pons

MADRI | BARCELONA | BUENOS AIRES | SÃO PAULO

Responsabilidade penal nas decisões embasadas
em pareceres técnicos e jurídicos
Tiago Caruso

CIP-Brasil. Catalogação na Publicação

C329r

Caruso, Tiago.
Responsabilidade penal nas decisões embasadas em pareceres técnicos e jurídicos / Tiago Caruso. – São Paulo, SP: Marcial Pons, 2020.
286 p. : 16 x 23 cm

ISBN 978-65-86696-16-5

1. Direito penal – Brasil. 2. Responsabilidade (Direito). 3. Pareceres jurídicos. I. Título.

CDD 345.81

www.marcialpons.com.br

Impresso no Brasil

Para meus pais, que não bastasse serem fontes inesgotáveis de amor, ainda me ensinaram que o verdadeiro valor do conhecimento reside na possibilidade de, assim, construirmos um mundo melhor.

PREFÁCIO

Tiago Caruso entrega ao público, no presente livro, os resultados de sua dissertação de mestrado apresentada em 2018 à Faculdade de Direito da PUC de São Paulo e orientada pelo Prof. Pedro Henrique Demercian. Talvez fosse mais ajustado dizer, desde logo, que Caruso escreveu dissertação de mestrado com ares de tese de doutorado. Não me refiro à extensão do trabalho – um detalhe que não garante a sua qualidade e, por vezes, indica verborragia acientífica –, mas ao nível da argumentação e à originalidade das soluções. A notável consecução do jovem autor paulista fez com que os editores considerassem justa a publicação da dissertação nesta coleção, idealizada sobretudo para teses de doutorado, de livre-docência e para estudos monográficos mais profundos e com notas de originalidade. Se o trabalho de Caruso não preenchia os dois primeiros requisitos, certamente reunia condições para figurar na terceira categoria. Andaram bem os ilustres editores e coordenadores da coleção.

O *trabalho* reúne méritos indiscutíveis. A *escolha do tema* foi providencial. Não me equivoco em dizer que precisamente os casos de decisões tomadas com base em pareceres técnicos resgataram a teoria do erro de sua sonolência dogmática. O autor vai, contudo, além, e se aventura com galhardia pelos problemas relacionados aos critérios de imputação de responsabilidade tanto em face daquele que toma a decisão (Parte 3.) quanto daquele que confecciona o parecer técnico ou jurídico que viria a embasar aquela decisão (Parte 4.), posteriormente considerada criminosa pela ordem jurídica. O tomador da decisão tem o poder decisório, mas não possui condições técnicas para avaliar toda a base fática, por vezes complexa. Aquele que tem tais condições técnicas, não possui poder decisório. Esse descompasso entre a opinião técnica e a ordem jurídica instaura tormentosos problemas, que vão desde a "neutralidade" da eventual cumplicidade psíquica da fonte consultada, flertam com o princípio da confiança e desaguam na indigesta teoria do erro (de tipo e de proibição). Essa selva de problemas é apresentada com base em casos que atravessam todo o livro, o que implica em enorme *ganho metodológico*: as considerações do autor estão animadas do intuito de resolver problemas reais, aos quais as considerações dogmáticas e político-criminais mais abstratas devem estar reconduzidas. Esse atrito dos casos propostos garante que o autor não passe a divagar ou se ponha a adular marcos teóricos imaginários e aleatórios. Ao final, os casos são resolvidos, cumprindo a promessa feita ao romper do estudo (Parte 5.). As soluções são apresentadas em boa e agradável *prosa jurídica*: respeitar o vernáculo e se esforçar em construir narrativa em bom estilo é, em última análise, respeitar o leitor e facilitar o diálogo com a prática judiciária. Caruso provoca e atiça esse diálogo. Os méritos aqui mencionados lançam ao autor, naturalmente, o desafio enorme de corresponder às expectativas em torno de sua vindoura tese doutoral, ao mesmo tempo em que o inserem no apertado rol de habilidosos penalistas da nova geração.

Um prefácio será tanto melhor quanto mais curto for – e também quanto menos o prefaciador falar de si mesmo. De minha parte, pude acompanhar, de longe, a confecção esmerada deste livro. O trabalho de Caruso expõe, argumenta e convence. Se a ciência e a jurisprudência brasileiras aceitarem o convite para o diálogo proposto pelo autor, terá sido um enorme êxito.

Munique, 18 de setembro de 2020

Alaor Leite

AGRADECIMENTOS

A felicidade com que vejo a publicação deste livro mal pode ser exagerada. Devo o privilégio e a honra de publicar na respeitada Coleção Direito Penal e Criminologia da Editora Marcial Pons à generosidade do Prof. Luís Greco e do Prof. Alaor Leite e à confiança que ambos depositaram em mim e neste trabalho. Agradeço também pelo zelo que Marcelo Porciuncula teve no brilhante trabalho editorial desta publicação.

Já não peco em afirmar que o Prof. Luís Greco é responsável por influenciar toda uma nova geração de pesquisadores brasileiros em Direito Penal, na qual eu me incluo, e por aumentar o meu sarrafo do que deve ser considerado verdadeira e séria produção científica. O Prof. Alaor Leite é um orientador nato com que a vida me brindou e que, não fosse suficiente sua complacência, me contempla hoje com sua amizade. A minha admiração acadêmica por ambos é inesgotável e este trabalho é uma forma de compensar a grande dívida que tenho.

Este livro é resultado de um longo processo, iniciado em meados de 2016, quando o Prof. Pedro Henrique Demercian, meu orientador, acreditou no meu projeto de pesquisa. O caminho não foi fácil, porque pouco se escreveu sobre esse tema no Brasil, nos países de língua espanhola, na Itália, na Alemanha e nos Estados Unidos da América.

Em 2018, fui submetido à banca de qualificação composta pelo Prof. Antonio Carlos da Ponte e pelo Prof. Alexandre Rocha, além do meu orientador, que fizeram importantes apontamentos para que a dissertação estivesse mais completa. Nesse mesmo ano, fui para a Alemanha, onde reuni o que faltava para fechar a minha pesquisa: conversas com os grandes amigos e professores Alaor Leite, Augusto Assis, Gabriela Schirmer, Paulo Incott, Luiz Miranda e Kaique Almeida e acesso às bibliotecas da Georg August Universität, em Göttingen (GAU) e da Ludwig Maximilians Universität, em Munique (LMU). Junto do que trouxe na bagagem, enfrentei a banca de defesa composta pelo meu orientador, pelo Prof. Antonio Carlos da Ponte e pela Prof. Heloisa Estellita que me dirigiram perguntas desafiadoras e fizeram o que era necessário: testar o rendimento das conclusões que havia alcançado.

No ano seguinte, a Prof. Heloisa Estellita teve, uma vez mais, paciência de discutir comigo este trabalho e me fez repensar sobre alguns pontos essenciais e, depois, o Prof. Alaor Leite me presenteou com uma criteriosa revisão de todo o texto, de modo que a pesquisa alcançasse algumas novas conclusões importantes.

Portanto, o livro que o leitor tem em mãos é uma versão adaptada e atualizada da dissertação que submeti, em dezembro de 2018, à Faculdade de Direito da Pontifícia Universidade Católica de São Paulo, como requisito parcial para a obtenção do título de Mestre em Direito.

Este trabalho foi um dos maiores desafios que me propus enfrentar até hoje. A ideia bruta exposta no meu projeto de pesquisa foi severamente lapidada ao longo do tempo, até que ele chegasse à presente estrutura. Devo esse resultado a muitas pessoas que me ajudaram nesse caminho.

Além dos já nomeados, preciso agradecer aos amigos e professores Flávia Siqueira, Ronan Rocha, Humberto Souza Santos e Paulo de Sousa Mendes por terem encontrado tempo para discutirem comigo as ideias mais basilares deste trabalho. Não fossem vocês, os caminhos desta pesquisa seriam outros.

Durante o mestrado, cultivei amigos que são verdadeiros professores e pensadores críticos da ciência do Direito: Nathaly Roque, Gustavo Junqueira, Fernando Gentil, Rodrigo Aranha, Mateus Melo, Ana Luiza Gouveia, Silvia Chakian, Annunziata Iulianello e Fernando Penteado. Agradeço por ouvirem minhas divagações e discordarem dos meus pontos de vista. Isso permitiu o diálogo científico e se refletiu em diversas passagens deste trabalho.

Este estudo somente foi possível entre meados de 2016 e o fim de 2018 porque contei com a confiança e com o apoio dos Drs. David Rechulski, Ricardo Pagés e de toda a equipe do grande escritório em que trabalhei naquele período. Vocês seguraram as pontas e, por vezes, permitiram que dedicasse parte do meu dia (e da minha noite) lendo e relendo textos para este trabalho.

Este livro já foi dedicado aos meus pais, mas ainda não é o suficiente. Senhora Helena e Seu José Luiz, vocês são o meu conceito de família e o meu maior exemplo do que é somar. A perseverança antes, durante e depois de concluído este trabalho foi possível porque sempre os tive ao meu lado, duas pessoas às quais espero, um dia, conseguir me igualar.

Certamente esqueci de nomear muitos outros. Por isso, registro a todos meu muito obrigado, por tudo.

São Paulo, 1º de setembro de 2020.

TIAGO CARUSO

ABREVIATURAS

BGH – Bundesgerichtshof (Tribunal Alemão equivalente ao STJ no Brasil)

CC – Código Civil Brasileiro

CP – Código Penal Brasileiro

CR – Constituição da República Federativa do Brasil

LSA – Lei das Sociedades Anônimas

STF – Supremo Tribunal Federal

STJ – Superior Tribunal de Justiça

TJ – Tribunal de Justiça

TRF – Tribunal Regional Federal

SUMÁRIO

"Só sabemos com exatidão quando sabemos pouco; à medida que vamos adquirindo conhecimentos, instala-se a dúvida."

(Johann Wolfgang von Goethe)

INTRODUÇÃO

Os avanços tecnológicos têm demandado a especialização dos profissionais nas mais diversas áreas do conhecimento, tornando não só as relações mais complexas e fragmentadas, mas impondo um número de regulações jurídicas e extrajurídicas da conduta cada vez mais crescente.

Por outro lado, aqueles sujeitos que ocupam posição de comando em estruturas empresariais privadas ou organizações públicas, embora detenham poder de decisão, não possuem o conhecimento técnico ou jurídico necessário para compreender os riscos de determinado projeto de conduta. Nessas situações, esses sujeitos se socorrem, em geral, de consultores especializados para avaliar o caso concreto e indicar o caráter lícito ou ilícito da decisão que pretendem tomar, apontar caminhos alternativos que se mostrem como permitidos pela ordem jurídica, ou até mesmo aconselhar os rumos que aquele projeto de conduta deve seguir para que seja considerado regular desde o ponto de vista técnico.

Não se desconhece, todavia, que existem hipóteses de pareceres falsos ou fraudulentos que são encomendados para mascarar o verdadeiro intento escuso daquele que quer praticar ato que sabe ser ilícito. Esses casos, no entanto, não são objeto da presente pesquisa.

O estudo ora realizado se debruçou sobre as situações em que um resultado lesivo decorreu de uma decisão tomada com base em determinado parecer técnico ou jurídico *equivocado*. É o caso, por exemplo, do Prefeito que dispensa indevidamente a licitação com base no parecer jurídico do Procurador do Município que indicava, de maneira equivocada, ser possível a contratação direta de determinado serviço, ou do Diretor Financeiro de uma empresa que deixa de recolher determinado imposto em razão de um equivocado planejamento tributário, solicitado a um Advogado especializado, que não incluiu aquela hipótese de incidência. Em uma primeira aproximação, há, nesses dois exemplos, a possível ocorrência dos tipos objetivos do crime previsto no artigo 89 da Lei nº 8.666/1993 e do crime previsto no artigo 2º, inciso II, da Lei nº 8.137/1990, respectivamente.

Nesses casos, parece que o Direito Penal ainda não encontrou solução consensual e satisfatória sobre *se*, *quando* e *como* deve ocorrer a atribuição de responsabilidade penal a estes dois sujeitos (quem atua conforme a parecer técnico ou jurídico e quem repassa uma informação qualificada, mas equivocada). São poucas as linhas escritas sobre essa temática nos livros e a jurisprudência apresenta soluções das mais diversas para esses casos, o que acarreta em forte insegurança jurídica ante a ausência de precedentes consolidados e de uma posição firme da dogmática penal.

Como esse silêncio prejudica o jurisdicionado, que não sabe, com a clareza necessária, quais os limites da sua liberdade de atuação, a presente pesquisa tem por objetivo estabelecer alguns pressupostos mínimos iniciais que, de saída, permitirão ou já vedarão a atribuição de responsabilidade penal para ambos os sujeitos.

Não há, nas próximas páginas, a declaração de que um sujeito será ou não punido pelo resultado lesivo. Essa resposta depende do preenchimento de todos os pressupostos da punibilidade e o presente trabalho tem pretensões bem mais restritas. Em prestígio ao necessário caráter científico que um trabalho acadêmico exige, a proposta desta pesquisa é enfrentar os primeiros passos para a imputação de responsabilidade penal, com especial enfoque na tipicidade objetiva e na dogmática do erro. Os demais problemas de tipo subjetivo, de antijuridicidade e de culpabilidade não serão aqui abordados.

Assumindo o compromisso com essa proposta inicial, o primeiro capítulo expõe o problema da atuação conforme a prévio parecer técnico ou jurídico dentro do contexto da chamada criminalidade de empresa. Ainda neste capítulo, definiu-se a metodologia de estudo a partir de casos práticos hipotéticos que foram desenhados para serem discutidos e respondidos ao final da investigação teórica. A escolha dessa metodologia de estudos de casos visou não só a aproximação entre teoria e prática, mas serviu como verdadeiro teste de viés político-criminal acerca da plausibilidade dos caminhos a que esta pesquisa conduziu.

No capítulo segundo, o problema foi planificado e observado, em detalhes, a partir da lente da teoria do delito. O objetivo foi verificar a capacidade de rendimento dos institutos penais disponíveis para tratar desses casos em que há fragmentação de condutas e filtragem da informação.

Os capítulos terceiro e quarto chegam, de fato, ao problema central da pesquisa e são separados a partir de cada um dos sujeitos intervenientes. Enquanto o terceiro capítulo coloca o prisma de análise sobre quem toma a decisão embasado em parecer técnico ou jurídico, o capítulo quatro observa a mesma situação a partir do parecerista ou consultor técnico jurídico que transmitiu a informação qualificada para a tomada desta decisão concreta. Em cada um desses capítulos são observados os pressupostos do tipo objetivo. Há, ainda, algumas reflexões sobre o impacto do (des)conhecimento desses sujeitos sobre a proibição da conduta no tipo subjetivo e na culpabilidade (teoria do erro). No final, são permeadas as diversas configurações possíveis quanto ao concurso de agentes.

O quinto e último capítulo se dedica a resolver os casos inicialmente expostos, nos limites da proposta desta pesquisa, deixando a afirmação da punição de um ou de outro sujeito condicionada ao atendimento de todos os demais requisitos da teoria do delito.

O presente estudo é, então, um convite à reflexão sobre esse problema concreto. Se é incorreto afirmar de plano que, nesses casos, um ou outro sujeito responde pelo resultado lesivo, é igualmente incorreto dizer que nesses casos nunca haverá responsabilidade penal a ser imputada, seja porque o sujeito que atua com base em parecer técnico ou jurídico teria sido cuidadoso e diligente ao consultar previamente um especialista, seja porque o especialista emitiu mera opinião que não vincula a decisão do outro sujeito.

Há uma série de perguntas a serem respondidas antes disso: quem atua com base em parecer técnico ou jurídico pratica uma conduta objetivamente típica? A informação qualificada transmitida pelo parecerista é causal para o resultado lesivo? Quem toma a decisão tem o dever especial de proteger determinado bem jurídico em uma situação concreta? O consultor é garantidor da evitabilidade do resultado lesivo decorrente da decisão tomada com base no seu parecer? Qual o impacto da transmissão equivocada de um conhecimento técnico ou jurídico para imputação de responsabilidade penal?

Essas perguntas indicam que há muito a se resolver no tipo objetivo antes de se buscar respostas quanto a existência ou ausência de intenção da prática criminosa por parte de quem tomou a decisão ou de quem prestou a informação equivocada. Diante de um resultado lesivo, a primeira pergunta a ser formulada não é quem quis ou assumiu o risco de produzir esse resultado. Antes disso, é preciso capturar a conduta (ativa ou omissiva) com relevância penal e, a partir dela, caminhar, um passo por vez, no tipo objetivo. Aliás, esse parece ser um dos grandes ganhos advindos do funcionalismo, que deslocou o centro de gravidade dogmático para o tipo objetivo, a fim de resolver diversos percalços deixados pelo elevado caráter ontológico do finalismo.

Sem trazer uma nova concepção dogmática sobre institutos da teoria do delito, a presente investigação buscou ofertar as bases iniciais para se começar a falar acerca da atribuição de responsabilidade penal para os casos em que a decisão originadora de um resultado lesivo foi tomada com base e conforme a prévio parecer técnico ou jurídico equivocado. Essas bases encontram-se na delimitação do conhecido dever de informação, um critério objetivo a ser satisfatoriamente cumprido, sob pena de deflagrar a busca pela responsabilidade penal do consultor e do consulente.

1.

EXPOSIÇÃO DO PROBLEMA – A ATUAÇÃO CONFORME A PRÉVIO PARECER TÉCNICO OU JURÍDICO

1.1. Contexto do presente estudo: a realidade *da* empresa e a criminalidade *de* empresa

O processo de globalização econômica acelerou o crescimento dos mercados e refletiu na própria forma de organização das atividades sociais, sendo a mais marcante delas o amplo desenvolvimento de complexas sociedades empresariais[1].

Conceitualmente, empresa é uma atividade econômica, internamente organizada entre o empresário e seus empregados, com a finalidade comum de

1. Seria cair no espaço comum dedicar várias linhas para explicar o fenômeno da globalização e seus reflexos sociais. Importa consignar, aqui, que a sociedade contemporânea é marcada, em boa parte, por uma organização empresarial das suas atividades. Sobre o tema, remeto às seguintes obras: BAUMAN, Zygmunt. *Globalização: as consequências humanas*. Rio de Janeiro: Jorge Zahar, 1999; SANTOS, Milton. *Por uma outra globalização: do pensamento único à consciência universal*. São Paulo: Record, 2000; SANTOS, Boaventura de Sousa. *Os processos da globalização: a globalização e as ciências sociais*. São Paulo: Cortez, 2002; PIOVESAN, Flávia. *Direitos humanos, globalização econômica e integração regional: desafios do direito constitucional internacional*. São Paulo: Max Limonad, 2002; COSTA, Jose de Faria. *A criminalidade em um mundo globalizado: ou o plaidoyer por um direito penal não-securitário*. In: COSTA, José de Faria; SILVA, Marco Antonio Marques da Silva (Orgs). *Direito penal especial, processo penal e direitos fundamentais: visão luso-brasileira*. São Paulo: Quartier Latin, 2006.

produção e circulação de bens e serviços[2]. Ou seja, são elementos constitutivos do conceito de empresa a *pluralidade de agentes* e a *organização*[3].

Em geral, a empresa se organiza de forma vertical e horizontal, com divisão de tarefas e funções[4], para o exercício de uma atividade econômica[5]. A estrutura vertical corresponde aos níveis hierárquicos da empresa – diretoria ou presidência, por exemplo – e a estrutura horizontal organiza a empresa em departamentos, quando muito, interdependentes[6] – agrupados em razão da função que desempenham, como financeiro, *marketing*, vendas, recursos humanos, entre outros[7].

A maneira de se organizar a empresa vai sempre depender do grau de complexidade da própria estrutura empresarial[8].

Esta forma hierarquicamente organizada e funcionalmente dividida entre várias pessoas dentro de uma mesma estrutura[9] deu ensejo a uma nova forma de

2. Segundo o artigo 966, do Código Civil, "considera-se empresário quem exerce profissionalmente atividade econômica organizada para a produção ou a circulação de bens ou de serviços". Essa é uma das facetas do conceito de empresa, conforme a doutrina de ALBERTO ASQUINI *apud*. REQUIÃO, Rubens. *Curso de direito comercial*. São Paulo: Saraiva, 2003, p. 55. Contudo, não se desconhece a previsão legal da empresa individual (artigo 980-A do Código Civil).

3. ESTELLITA, Heloisa. Causalidade na omissão: um panorama dos problemas das omissões paralelas e sucessivas na criminalidade de empresa. In: LOBATO, José Danilo Tavares; MARTINELLI, João Paulo Orsini; SANTOS, Humberto Souza (Orgs.). *Comentários ao Direito Penal Econômico Brasileiro*. Belo Horizonte: D'Plácido, 2017, p. 70.

4. Este conceito compreende "o resultado de um processo através do qual a autoridade é distribuída, as atividades desde os níveis mais baixos até a alta administração são especificadas e um sistema de comunicação é delineado permitindo que as pessoas realizem as atividades e exerçam a autoridade que lhes compete para atingir os objetivos organizacionais", cf. VASCONCELLOS, Eduardo; HEMSLEY, James R. *Estrutura das Organizações: estruturas tradicionais, estruturas para inovação e estrutura matricial*. São Paulo: Pioneira, 2003, p. 3.

5. Segundo GALBRAITH, a organização empresarial é a composição de pessoas com a finalidade de alcançar algum propósito compartilhado através da divisão do trabalho. Cf. GALBRAITH, Jay. *Projetando a organização inovadora*. In: STARKEY, Ken (Org.). *Como as organizações aprendem*. São Paulo: Futura, 1977

6. Existe uma elucidativa dissertação de Mestrado que estabelece, em maiores detalhes e com foco na gestão de negócios, estas diferenças. Para mais, v. MONTEIRO, Jamir Mendes. *Da organização vertical para a organização horizontal*. Dissertação de Mestrado apresentada à Universidade Católica de Santos em 2006, p. 68 e ss. Esta diferença será tratada ao longo do trabalho e, em especial, no Capítulo 3 pois gera efeitos diretos para a distribuição de responsabilidade penal nestas estruturas.

7. VASCONCELLOS, Eduardo; HEMSLEY, James R. *Estrutura das Organizações: estruturas tradicionais, estruturas para inovação e estrutura matricial*. São Paulo: Pioneira, 2003, p. 4-5; SAVERO, Eliana Andrea et. al. *Estrutura organizacional das empresas inovadoras no Brasil*. In: Revista Espacios, Vol. 33, nº 11, nov/2012 (v. eletrônica disponível em http://www.revistaespacios.com/ a12v33n11/ in123311.html, acessada em 03 de agosto de 2020), com ampla indicação bibliográfica neste ponto.

8. HALL, Richard H. *Organizações: estrutura e processos*. Rio de Janeiro: Prentice-Hall do Brasil, 1984, p. 35.

9. SILVA SÁNCHEZ, Jesús-María. Responsabilidad penal de las empresas y de sus órganos en el derecho español. In: SILVA SÁNCHEZ, Jesús María. *Fundamentos de un sistema europeo del derecho penal*. Bosch: Barcelona, 1995, p. 368-369.

criminalidade. A novidade para o *Direito Penal Clássico*[10] foi, principalmente, uma nova maneira de se praticar crimes: na empresa, o crime deixa de ser realizado por um único sujeito, ou por um limitado e bem definido número de sujeitos, e passa a ser praticado por diversas pessoas[11], atuando em estruturas hierarquicamente organizadas, com divisão interna de tarefas e de funções[12].

Esta forma moderna[13] e mais complexa de praticar o crime coloca, portanto, dois desafios ao Direito Penal: superar um difícil processo de tipificação[14] de novas condutas e adaptar o paradigma da teoria clássica do delito[15].

Diversas pessoas praticando condutas típicas, ou partes de condutas típicas, no seio de organizações empresariais e em contextos nacionais e transnacionais; bens jurídicos coletivos ou supraindividuais; avanço na repressão preventiva das formas de criminalidade com a intensa tipificação de crimes de perigo abstrato; reconhecimento de responsabilidades especiais de diversos sujeitos que passam a ser reconhecidos como garantidores em crimes omissivos impróprios; a existência de grande número de vítimas ou de vítimas difusas; entre outros fatores, apresentam-se não só como dificuldades para a investigação e produção de provas[16], como também apontam para a necessidade de reformas legislativas e abordagens

---

10. Esta expressão é cravada por HASSEMER para sublinhar a inspiração na filosofia iluminista: "Quando eu falo de clássico, eu quero dizer com isso que o objeto indicado se situa na tradição da filosofia política do Iluminismo. 'Clássico' no Direito Penal não se esgota, como de costume, em uma determinada época ou em um determinado número de objetos (...) Segundo este entendimento, o Direito Penal clássico desenvolve-se pela morte do Direito Natural". (cf. HASSEMER, Winfried. *Características e crises do moderno direito penal*. In: Revista Síntese de Direito Penal e Processual Penal, n. 18, fev/mar 2003 p. 146). Essa expressão se opõe ao chamado *Direito Penal moderno*, que se desenvolveu para (tentar) enfrentar os problemas surgidos após a Revolução Industrial que demarcaram uma *sociedade de risco*, outro conceito cunhado por ULRICH BECK (BECK, Ulrich. *Sociedade de risco: rumo a uma outra modernidade*. São Paulo: Editora 34, 2010, p. 21 e ss.). Para mais sobre o tema, v. MACHADO, Marta Rodriguez de Assis. *Sociedade do risco e direito penal: uma avaliação de novas tendências político-criminais*. São Paulo: IBCCrim, 2005.

11. FELDENS, Luciano. *Tutela penal de interesses difusos e crimes do colarinho branco*. Porto Alegre: Livraria do Advogado, 2002, p. 23.

12. ESTELLITA, Heloisa. *Criminalidade de empresa, quadrilha e organização criminosa*. Porto Alegre: Livraria do Advogado Editora, 2009, p. 43 e ss.

13. Cf. ANA CAROLINA DE OLIVEIRA, "a escolha entre uma abordagem de Direito Penal clássico versus moderno (expansão do Direito Penal), é, antes de tudo, uma opção metodológica por parte do intérprete". OLIVEIRA, Ana Carolina Carlos de. *Hassemer e o direito penal brasileiro: direito de intervenção, sanção penal e administrativa*. São Paulo: IBCCRIM, 2013, p. 29.

14. FRANCO, Alberto Silva. *Um difícil processo de tipificação*. In: Boletim IBCCRIM, n. 21, set/1994, p. 05.

15. Segundo SILVA SÁNCHEZ, a teoria clássica do delito foi pensada para resolver o delito doloso de ação, ou seja, o comportamento individual de uma pessoa (ou de uma pluralidade conjuntural limitada de pessoas) que, com dolo direto de primeiro grau, executa de modo direto e, inclusive, de mão própria, um delito de resultado. CF. SILVA SÁNCHEZ, Jesús-María. *Teoría del delito y derecho penal económico*. In: Revista Brasileira de Ciências Criminais, nº 99, nov./dez. 2012, p. 328.

16. Esta é uma boa parte dos novos e atuais problemas que a criminalidade econômica coloca para o Direito Penal. Ver, por todos, COSTA, José de Faria. *O fenómeno da globalização e o direito penal económico*. In: Revista Brasileira de Ciências Criminais, nº 34, abr/jun 2001, p. 9 e ss.

empíricas até então ignoradas pela dogmática penal[17] que, ao fim, delineiam o Direito Penal Econômico[18], marcada por uma intensa produção legislativa no ramo econômico, empresarial, tributário e financeiro[19].

Como boa parte das atividades deixaram de ser exclusivamente praticadas pelo poder público e foram, em razão da eficiência, transferidas aos particulares[20], o Estado precisou submeter a prestação de tais serviços a regulamentações específicas[21], o que também representou um progressivo aumento das agências reguladoras e de fiscalização[22].

---

17. SOUZA, Arthur de Brito Gueiros. *Da criminologia à política criminal: direito penal econômico e o novo direito penal*. In: SOUZA, Arthur de Brito Gueiros (Org.). *Inovações no Direito Penal Econômico: contribuições criminológicas, político-criminais e dogmáticas*. Brasília: ESMPU, 2011, p. 105.

18. Escapa a essa pesquisa o debate sobre a identificação, ou não, do Direito Penal Econômico como uma categoria científica autônoma. Há um bom panorama desta discussão, com profunda análise das correntes ampliativas e restritivas do conceito de direito penal econômico e do bem jurídico tutelado pela categoria dos chamados delitos econômicos em CERVINI, Raúl. *Derecho penal económico: concepto y bien jurídico*. In: Revista Brasileira de Ciência Criminais, nº 43, abr/jun 2003, p. 80 e ss. Para TIEDEMANN, o direito penal econômico, em sentido amplo, se refere a todas as condutas que envolvem a regulação, a produção, a fabricação e a distribuição de bens econômicos e, em sentido estrito, ao direito da direção da economia pelo Estado. Cf. TIEDEMANN, Klaus. *El concepto de delito econômico y derecho penal económico*. In: Nuevo Pensamiento Penal, Vol. 4, nº 5/8, 1975, p. 471. TIEDEMANN vai além no conceito desta categoria do direito penal, entendendo que nele estão inseridos todos os crimes praticados mediante uma empresa ou em favor dela, denominados pelos ingleses de *business crime* e pelos franceses de *droit pénal des affaires* (cf. TIEDEMANN, Klaus. *El concepto de derecho económico, de derecho penal económico y de delito económico*. In: Revista Chilena de Derecho, Vol. 10, 1883, p. 59 e ss.). Não é o objetivo aqui debruçar-se sobre os contornos do direito penal econômico. Sobre esse tema, há uma interessante, e bastante crítico, panorama na recente tese de doutorado defendida por MARCELO CAVALI. COSTENARO CAVALI, Marcelo. *Fundamento e limites da repressão penal da manipulação do mercado de capitais: uma análise a partir do bem jurídico da capacidade funcional alocativa do mercado*. Tese de Doutorado apresentada à Faculdade de Direito da Universidade de São Paulo. São Paulo, 2017, p. 55 e ss.

19. No Brasil, são exemplos, a Lei 7.492/1986, a Lei 8.137/1990, a Lei 8.492/1002, a Lei 8.666/1993, a Lei 8.683/1993, a Lei 9.279/1996, a Lei 9.605/1998, a Lei 9.613/1998, a Lei 10.028/2000, a Lei 10.446/2002, a Lei 11.035/2004, a Lei 12.683/2012, Lei 12.850/2013 e a Lei 13.008/2014.

20. Um bom exemplo é transferência da gestão de serviços públicos para a iniciativa privada (principalmente mediante privatizações e concessões) que marcaram o final do século XX. Foi a chamada "onda de privatizações" (cf. DULCI, Otávio Soares. Itinerário do capital e seu impacto inter-regional. In: Revista Brasileira de Ciências Sociais, Vol. 17, nº 50, out/2012 (v. eletrônica disponível em http://www.scielo.br/scielo.php?script=sci_ arttext&pid=S0102-69092002000300006, acessa em 16 de setembro de 2017).

21. Segundo CARLOS ARI SUNDFELD, "a regulação, enquanto espécie de intervenção estatal, manifesta-se tanto por poderes e ações com objetivos declaradamente econômicos (o controle de concentrações empresariais, a repressão de infrações à ordem econômica, o controle de preços e tarifas, a admissão de novos agentes no mercado) como por outros com justificativas diversas, mas efeitos econômicos inevitáveis (medidas ambientais, urbanísticas, de normalização, de disciplina das profissões etc.). Fazem regulação autoridades cuja missão seja cuidar de um específico campo de atividades considerado em seu conjunto (o mercado de ações, as telecomunicações, a energia, os seguros de saúde, o petróleo), mas também aquelas com poderes sobre a generalidade dos agentes da economia (exemplo: órgãos ambientais). A regulação atinge tanto os agentes atuantes em setores ditos privados (o comércio, a indústria, os serviços comuns – enfim, as atividades econômicas em sentido estrito) como os que, estando especialmente habilitados, operam em áreas de reserva estatal (prestação de serviços públicos, exploração de bens públicos e de monopólios estatais)". SUNDFELD, Carlos Ari. *Direito Econômico Brasileiro*. São Paulo: Malheiros. p. 18.

22. SCHMIDT, Andrei Zenkner. *Direito penal econômico: parte geral*. Porto Alegre, Livraria do Advogado, 2015, p. 40.

Paralelamente a isso, a própria dinâmica das atividades empresariais, inseridas em searas econômicas, financeiras, societárias, fiscais, ambientais etc., deu azo à produção de normas específicas para cada setor de atuação da empresa, finalisticamente orientadas a regular situações peculiares[23], como forma de tutela da ordem econômica e social[24].

Nesse contexto, a voracidade quantitativa de regulações jurídicas e extrajurídicas da conduta[25] e a complexidade qualitativa da matéria a ser regulada[26], marcas de um Estado regulador e fiscalizador da atividade econômica[27] principalmente no âmbito empresarial, conduziram à necessidade de as decisões tomadas pelo empresário-administrador serem previamente respaldadas em informações qualificadas, o que se deu mediante consultorias e assessorias técnicas e jurídicas[28].

Entretanto, a heterorregulação[29] volátil e de conteúdos complexos, afastou do sujeito, geralmente integrante do alto escalão da empresa, que precisa tomar uma decisão e detém poder para tanto, o conhecimento técnico ou jurídico exigido[30]

---

23. FARIA, José Eduardo; KUNTZ, Rolf. *Qual o futuro dos direitos? Estado mercado e justiça na reestruturação capitalista*. São Paulo: Max Limonad, 2002, p. 80.

24. Esta nova realidade foi chamada de terceira via por ANTONY GIDDENS apud SCHMIDT, Andrei Zenkner. *Direito penal econômico: parte geral*. Porto Alegre, Livraria do Advogado, 2015, p. 44.

25. Os delitos econômicos se caracterizam por se referirem a âmbitos com abundante regulação extrapenal, o que traz consequências diretas para a imputação objetiva. Nesse sentido, FEIJOO SÁNCHEZ, Bernardo. *Imputación objetiva en el Derecho penal económico y empresarial*. In: Revista para el análisis del derecho (InDret), nº 2/2009, Barcelona, maio/2009, p. 32 e ss.

26. MARÇAL JUSTEN FILHO comenta que a regulação econômico-social sobre a conduta dos sujeitos públicos e privados ocorre de modo permanente e sistemático (JUSTEN FILHO, Marçal. *Curso de Direito Administrativo*. São Paulo: Saraiva. 2005, p. 447). Contudo, não parece ser esta a conclusão verificada na prática. A intensa regulação estatal está muito distante de premissas de sistematicidade e coerência, cf. FARIA, José Eduardo; KUNTZ, Rolf. *Qual o futuro dos direitos? Estado mercado e justiça na reestruturação capitalista*. São Paulo: Max Limonad, 2002, p. 80.

27. A ideia de um Estado regulador foi gradualmente desenhada a partir da segunda metade do século XX como forma de se promover, pelo modelo econômico, a subsidiariedade e a solidariedade. Até a primeira metade do século XX, havia um Estado gestor intervencionista que fracassou. Nesse sentido, SCHMIDT, Andrei Zenkner. *Direito penal econômico: parte geral*. Porto Alegre, Livraria do Advogado, 2015, p. 36 e ss. Ademais, a Constituição da República é expressa, no artigo 174, ao estabelecer o Estado como agente normativo e regulador da atividade econômica e exerce tríplice função de fiscalização, incentivo e planejamento.

28. ROBLES PLANAS, Ricardo. *Estudos de dogmática jurídico-penal: fundamentos, teoria do delito e direito penal econômico*. Belo Horizonte: D'Plácido, 2016, p. 261 e ss.

29. Termo usado, aqui, para demarcar que a regulação é feita pelo Estado como um terceiro que se encontra acima dos agentes sujeitos à atividade regulatória. A autorregulação, por sua vez, compreende, justamente, a regulação conduzida pelo próprio mercado ou pelos agentes econômicos que atuam em determinado setor, cf. DIAS, Leonardo Adriano Ribeiro; BECUE, Sabrina Maria Fadel. *Regulação e autorregulação do mercado de valores mobiliários brasileiro: limites da autorregulação*. In: Revista Direito Empresarial (Curitiba), Vol. 1, p. 13 e ss., 2012.

30. Muito mais do que um dever geral de informação (de existência, aliás, questionável), a ordem jurídica impõe ao sujeito que não está seguro sobre a regularidade e licitude da sua conduta um dever concreto de se informar. (cf. LEITE, Alaor. Existem deveres gerais de informação no direito penal? Violação de um dever, culpabilidade e evitabilidade do erro de proibição. In: Revista dos Tribunais, nº 922, agosto/2012, p. 323 e ss.). Este tema será resgatado com maior profundidade no Capítulo 3.

para tomar esta decisão[31]. Daí porque os empresários têm cada vez mais se socorrido de assessores internos e externos à empresa[32] para se orientarem em matérias específicas e de crescente dificuldade técnica e jurídica.

É o que se colhe da própria *mídia*: empresários que se pautam em robustos planejamentos tributários de especialistas para arcar com menores cargas tributárias[33]; outros que se utilizam de empresas *off-shore* estruturadas por advogados e contadores para realizarem operações financeiras com menor impacto tributário[34]; e a empresa que se vale de determinado planejamento tributário para gerar crédito presumido em operações de exportação[35].

Por um lado, tais consultas prévias visam, justamente, evitar que a decisão tomada seja irregular ou ilícita. Ou seja, a atuação conforme prévio parecer técnico--jurídico parece, inicialmente, apontar para a diminuição ou esvaziamento de riscos[36]

---

31. Nesse sentido, SHÜNEMANN, Bernd. *Las reglas de la técnica em derecho penal.* In: ADPCP, T. XLVII, Vol. 3, set/dez/1994, p. 315 e ss.

32. Tais especialistas podem ser tanto profissionais liberais autônomos individuais, como profissionais integrantes de empresas de assessoria e consultoria.

33. Notícia: "As estratégias dos ricos brasileiros para pagar menos impostos", disponível em http://www.bbc.com/portuguese/brasil-41019093, acessado em 03 de agosto de 2020.

34. Notícia: "What are the Panama Pappers? A guide to history's biggest data leak", disponível em https://www.theguardian.com/news/2016/apr/03/what-you-need-to-know-about-the-panama--papers, acessado em 03 de agosto de 2020. Há um site exclusivamente dedicado a este caso com farto material produzido. Para mais, v. https://panamapapers.icij.org/. Tamanho foi o seu reflexo que a Comissão Europeia abriu uma consulta pública sobre a possibilidade de obrigar assessores fiscais, contadores e advogados a informar aos governos sobre planejamentos tributários agressivos, que poderiam facilitar a prática de fraude ou de evasão fiscal (cf. notícia veiculada no jornal eletrônico JOTA, disponível em https://jota.info/tributario/advogado-deve-informar-planejamentos-suspeitos--ao-fisco-05122016, acessado em 03 de agosto de 2020).

35. O caso ficou conhecido como Deloitte versus Tigre e, segundo se noticiou, a Deloitte teria ofertado à Tigre planejamento tributário que, quando implementado (com alteração, inclusive, do estatuto social da empresa), foi taxado de simulado e fraudulento, cf. notícia "Justiça manda Deloitte pagar R$ 47,6 milhões à Tigre", disponível em http://www.conjur.com.br/2013-fev-27/justica-manda--deloitte-indenizar-tigre-operacao-tributaria-fraudulenta acessado em 03 de agosto de 2020. Com não foram localizadas informações específicas sobre os reflexos penais concretos deste caso e, por isso, optou-se por se mencionar apenas as pessoas jurídicas envolvidas. Para maiores detalhes, v. STJ, REsp 1477373/SP, Rel. Ministro RICARDO VILLAS BÔAS CUEVA, TERCEIRA TURMA, julgado em 15/09/2015, em que se manteve a indenização da Deloitte para a Tigre com o seguinte argumento: "Se, por um lado, não se pode imputar à empresa de consultoria responsabilidade pelos prejuízos sofridos com as autuações fiscais da qual não escapa a autora, também não se pode negar que o produto oferecido (planejamento tributário) ficou longe de alcançar os resultados esperados pela contratante, revelando deficiência na prestação do serviço, que impõe a devolução dos valores por esta expendidos como contraprestação".

36. Segundo ULRICH BECK, riscos: "são formas sistemáticas de lidar com os perigos e as inseguranças induzidas e introduzidas pelo próprio processo de modernização" (cf. BECK, Ulrich. *Sociedade de risco: rumo a uma outra modernidade.* São Paulo: Editora 34, 2010, p. 21). A concepção de risco está ligada às características da sociedade contemporânea, marcada pela globalização – em que prevalece o poder econômico –, pela imprevisibilidade e insegurança e por novos focos de perigo. Segundo SILVA SÁNCHEZ, o aparecimento destes novos riscos é uma das causas da expansão do Direito Penal, com a relativização da necessidade de estar presente o elemento subjetivo para a configuração típica das condutas

proibidos[37]: há, em geral, um sujeito diligente que toma uma decisão somente depois de receber uma informação técnica ou juridicamente qualificada e um especialista no assunto que analisa a situação concreta e orienta a tomada de decisão do outro sujeito.

Por outro lado, não são raras as vezes em que, mesmo respaldado por determinado parecer técnico ou jurídico, a decisão tomada deságua, em princípio, em um resultado típico e as consequências jurídico-penais são ainda terreno bastante pantanoso[38].

Para ilustrar da forma mais sintética possível, basta pensar na hipótese do diretor de uma empresa que consulta um especialista em Direito Tributário acerca de qual deve ser o planejamento tributário a ser desenhado para o correto recolhimento dos tributos incidentes sobre a nova mercadoria que está sendo produzida e que gere o menor impacto fiscal. O diretor procede com o recolhi-

(cf. SILVA SÁNCHEZ, Jesús-María, *A expansão do direito penal: aspectos da política criminal nas sociedades pós-industriais*. São Paulo: RT, 2013, p. 35 e ss.). Assim, ganha força um direito penal hipertrofiado e essencialmente preventivo, que incide sobre "as condutas arriscadas, produzidas pelo comportamento humano que, cada vez mais, ameaçam bens e interesses fundamentais para a vida em comum" (BOTTINI, Pierpaolo Cruz. *Crimes de perigo abstrato e princípio da precaução na sociedade de risco*. São Paulo: Revista dos Tribunais, 2007, p. 36). A ideia de responsabilização penal pelo risco, apesar de trazer inúmeros problemas para a dogmática penal, serve aqui para respaldar a ideia de que a atuação conforme orientação técnico-jurídica não parece, em princípio, uma ação *arriscada* para ensejar, na concepção de ULRICH BECK, uma presunção de causalidade (BECK, Ulrich. *Sociedade de risco: rumo a uma outra modernidade*. São Paulo: Editora 34, 2010, p. 70).

37. ROXIN formulou seu princípio do risco nos seguintes termos: "a possibilidade objetiva de originar um processo causal danoso depende de a conduta do agente concreto criar, ou não, um risco juridicamente relevante de lesão típica de um bem jurídico" (cf. ROXIN, Claus. *Funcionalismo e imputação objetiva no direito penal*. Rio de Janeiro: Renovar, 2002, p. 58). Sobre o conceito de risco proibido ou não permitido na teoria da imputação objetiva, ver, por todos os autores, ROXIN, Claus. *Funcionalismo e imputação objetiva no direito penal*. Rio de Janeiro: Renovar, 2002, p. 313 e ss. e JAKOBS, Günther. *A imputação objetiva no direito penal*. São Paulo: RT, 2007, 46 e ss.

38. O final deste capítulo analisará, em detalhes, a jurisprudência pátria sobre o tema. Por ora, basta mencionarmos, a título de exemplo: o caso do advogado que foi denunciado por lavagem de dinheiro por ter sido responsável pela contabilidade de empresas utilizadas para a prática de crimes (Ação Penal nº 2007.7000026565-0, da 2ª Vara Federal de Curitiba/PR); o caso do empresário e do contador que foram, juntos, denunciados por sonegação fiscal por terem sido prestadas informações falsas ao Fisco (Ação Penal nº 5000765-67.2011.404.7204, da Vara Federal de Criciúma/SC); o caso dos advogados que prestavam consultoria tributária e foram denunciados por lavagem de capitais e evasão de divisas por terem estruturado um esquema de "blindagem patrimonial" para manutenção e ocultação de bens de seu cliente no exterior por meio de empresas *off-shore* (Ação Penal nº 2007.61.81.003674-1, da 10ª Vara Federal de São Paulo/SP) e o caso dos diretores de um banco que, ao seguirem a orientação técnico-jurídica do departamento jurídico, do departamento de *compliance* e dos responsáveis pelos produtos de crédito imobiliário da instituição financeira, foram denunciados por prestarem informações falsas ao Banco Central do Brasil (Ação Penal nº 0006428-50.2006.4.03.6181, da 6ª Vara Federal de São Paulo/SP). Para ficarmos com exemplo mais recente, na chamada "Operação Lava Jato", um advogado foi denunciado por lavagem de capitais por ter auxiliado seu cliente na aquisição de um imóvel e na reforma de outro (Ações Penais nº 5021365-32.2017.4.04.7000 e 506313017.2016.4.04.7000, ambas da 13ª Vara Federal de Curitiba/PR).

mento dos tributos exatamente conforme consta no parecer jurídico-tributário mas, como referida orientação jurídica estava equivocada, o diretor é, ao final, surpreendido com a autuação de ter suprimido tributo mediante a omissão de determinada informação relevante ao Fisco, o que, em tese, poderia se amoldar ao crime previsto no artigo 1º, inciso I, da Lei nº 8.137/1990. Nesta hipotética, mas cada vez mais comum, situação, as perguntas que precisam ser respondidas são: *(i)* houve a prática de crime tributário?, e *(ii)* em caso positivo, quem responde por este crime (o diretor que não recolheu o tributo, em tese, devido e/ /ou o especialista em Direito Tributário que elaborou o planejamento tributário, em princípio, equivocado)?

Como se percebe, não se tratam de casos em que as decisões tomadas foram previamente arquitetadas com base em um parecer fraudulento. Essas situações não são objeto da presente pesquisa. A constelação de casos objeto deste estudo é a que abrange a tomada de decisões embasadas em pareceres técnicos ou jurídicos equivocados[39]. Nesses, não se sabe, por exemplo, se o parecerista, cuja orientação serviu de base para a tomada da decisão, é garantidor da evitabilidade do resultado lesivo alcançado pela decisão tomada pelo consulente ou se esse sujeito, que detém o poder de decisão, pode ser reduzido a mero instrumento do especialista[40].

É este, portanto, o contexto no qual se insere o problema desta pesquisa:

---

39. Para os casos em que está provada a encomenda de parecer contendo orientações erradas para a tomada de uma decisão ilícita, já existem boas respostas por parte do Direito Penal. O objeto deste estudo é, justamente, relativo aos casos em que o parecer encomendado visa a respaldar a tomada de uma decisão regular e lícita mas, que por conter uma informação equivocada, acaba gerando um resultado, em tese, típico. Nesta pesquisa não serão tratados todos os pressupostos para a imputação de responsabilidade criminal, pois uma tentativa nesse sentido poderia transformar este trabalho em meras conjecturas rasas. O foco, aqui, será a análise dos pressupostos do tipo objetivo e alguns aspectos da tipicidade subjetiva, da antijuridicidade e da culpabilidade relacionados ao erro de tipo e de proibição. Outros aspectos serão abordados apenas de forma tópica ao longo dos capítulos.

40. A posição de garantidor nos crimes omissivos impróprios e a autoria mediata são alguns dos desafios da dogmática da autoria e participação neste tema, ao lado da cumplicidade psíquica e da cumplicidade por meio das ações neutras. Além desses, a culpabilidade, no erro de proibição, e a tipicidade, no erro de tipo, também ganham novos contornos na relação assessorado-assessor. Um panorama sobre esses problemas, mas a nosso ver incompleto, por tratar somente de alguns aspectos da assessoria jurídica, é abordado por ROBLES PLANAS, Ricardo. *Estudos de dogmática jurídico-penal: fundamentos, teoria do delito e direito penal econômico*. Belo Horizonte: D'Plácido, 2016, p. 261 e ss. e BADARÓ, Gustavo Henrique; BOTTINI, Pierpaolo Cruz. *Lavagem de dinheiro: aspectos penais e processuais penais*. RT, 2016, p. 183 e ss.. Sobre algumas das implicações possíveis da assessoria jurídica, v. CERVINI, Raúl; ADRIASOLA, Gabriel. *Responsabilidade penal dos profissionais jurídicos: os limites entre a jurídico-notarial lícita e a participação*. São Paulo: RT, 2013, p. 63 e ss. Sobre os limites do envolvimento de assessores fiscais v. SILVA SÁNCHEZ, Jesús-Maria. *El nuevo escenario del delito fiscal em España*. Atelier, 2005, p. 79 e ss. Sobre a autoria mediata em contextos empresariais, v. SANTOS, Humberto Souza. Autoria mediata por meio de dependência estrutural econômico-financeira-profissional no âmbito das organizações empresariais. In: Revista Brasileira de Ciências Criminais, Ano 23, Vol. 117, nov/dez/2015, p. 91 e ss.

a atual realidade de empresa trouxe uma nova forma de agir – a atuação conforme prévio parecer técnico ou jurídico –, cujos eventuais reflexos penais ainda não estão adequadamente delimitados, seja pela dogmática penal, seja pela jurisprudência[41].

Ainda que o problema desta pesquisa não seja privilégio exclusivo dos delitos econômicos[42] (v. casos práticos hipotéticos *infra* expostos), ele se expressa majoritariamente entre aqueles que usam *colarinho branco*[43] e em contextos empresariais[44].

Adiante-se que a chamada *criminalidade de empresa*[45], marcada pela divi-

---

41. O problema não é realmente simples. A realidade empresarial tem constrangido a dogmática penal a rever as estruturas tradicionais do Direito Penal que, até então, pareceriam verdadeiros núcleos intangíveis. Nesse sentido, GARCÍA FALCONI, Ramiro. *Nueva delincuencia y nuevos delincuentes: las teorías de la criminalidad económica*. In: GARCÍA FALCONI, Ramiro et. al.. *Derecho Penal Económico*. T. I,. Santa Fe: Rubinzal-Culzoni, 2012, p. 11.

42. Apesar de que, nesse ponto, é possível se filiar ao entendimento de TIEDEMANN: "Existem casos que demonstram que a realização de tais figuras penais patrimoniais 'clássicas' do Código Penal ao mesmo tempo são ou podem converter-se em um delito econômico [...]. De todo modo, se dão delitos econômicos no clássico campo do direito penal patrimonial quando, para a execução do delito, se empregam meios concebidos pelo legislador como elementos autônomos do ato criminoso, que ao mesmo tempo afetam a bens jurídicos da generalidade ou de inteiros setores da economia". TIEDEMANN, Klaus. *El concepto de delito econômico y derecho penal económico*. In: Nuevo Pensamiento Penal, Vol. 4, nº 5/8, 1975, p. 471, nossa tradução livre. Contra este entendimento, em razão do chamado "efeito diapasão" com o alargamento do conceito de delito econômico, v. CERVINI, Raúl; ADRIASOLA, Gabriel. El derecho penal de la empresa: desde uma visón garantista. Buenos Aires: B de F, 2005. p. 79 e ss.

43. Para ficarmos com a expressão desenvolvida por EDWIN H. SUTHERLAND, como critério de diferença entre sofisticadas práticas delitivas dos grupos empresariais e os demais crimes ocorridos em âmbitos de baixo status socioeconômico. SUTHERLAND, Edwin. *White Collar Crime: The Uncut Version*. New Haven: Yale University Press, 1983, p. 7.

44. Esta ressalva é importante pois o crime corporativo é um tipo específico do crime de colarinho branco que se opera exclusivamente no contexto das sociedades empresárias. Nesse sentido, CLINARD, Marshall B.; YEAGER, Peter C. *Corporate crime*. New Brunswick: Transaction Publishers, 2006. p. 17.

45. A expressão foi cunhada por SCHÜNEMANN para delimitar os crimes que são cometidos por pessoas físicas por meio de estruturas empresarias e para diferenciá-los das hipóteses em que o crime é praticado contra a empresa: "entendo por delitos econômicos, em sentido mais amplo, todas as ações puníveis e as infrações administrativas que se cometem no marco da participação na vida econômica, ou em estreita conexão com ela. A criminalidade de empresa (*Unternehmenskriminalität*) como soma dos crimes econômicos cometidos a partir de uma empresa – ou, formulada de outra forma, através de uma atuação para a empresa –, estabelece, assim, uma delimitação tanto em relação aos delitos econômicos cometidos à margem da empresa, como em relação aos delitos cometidos dentro da empresa contra a própria empresa, ou por membros particulares contra outros membros da empresa", cf. SCHÜNEMANN, Bernd. *Cuestiones básicas de la dogmática jurídico-penal y de política criminal acerca de la criminalidade de empresa*. In: Anuario de derecho penal y ciencias penales, nº 2, Vol. 41, jan/abr 1998, p. 529, nossa tradução livre. Esta classe de criminalidade empresarial é definida por uma tendência centrífuga, referindo-se aos delitos praticados no seio da empresa, que produzem efeitos externos, fora da organização empresarial e se opõe à criminalidade na empresa (*Betriebskriminalität*), que possui uma tendência centrípeta. O ponto principal é definir se o fato punível, na criminalidade de empresa, será autonomamente atribuído à pessoa jurídica ou se

são de tarefas e o princípio da confiança, demanda a revisitação dos modelos de imputação até então pensados pela teoria do delito[46], gerando dificuldades não só para a imputação objetiva[47], como também para a imputação subjetiva[48].

Contudo, por mais que a *criminalidade de empresa* exija, por vezes, *excessivo refinamento*[49] da dogmática jurídico-penal, isso não justifica o distanciamento hoje existente entre a ciência e a *praxis*[50].

Por isso, como se perceberá, o presente trabalho apresenta uma proposta metodológica, desprendida de qualquer otimismo[51], que busca evitar o dilema entre a ingenuidade da abstração dogmática e o incômodo frente ao caso con-

será distribuída entre os as pessoas que compõem a sua estrutura. Mas este ponto escapa ao objetivo aqui pretendido e, por isso, não será abordado. Sobre o tema, e com destaque para a terminologia "criminalidade desde a empresa", em razão da sua tendência centrípeta, ver MOURA, Bruno. *Autoria e participação nos crimes desde a empresa: bases para um modelo de imputação individual.* In: Revista CEPPG do CESUC, Ano XIV, nº 25, 2º semestre/2011, p. 60 e ss., com referência à GARCÍA CAVERO, Percy. *La responsabilidad penal del administrador de hecho de la empresa: criterios de imputación.* Barcelona: Bosch, 1999, pp.61-76.

46. A dissociação entre ação e responsabilidade (no mais das vezes, quem executa o núcleo do tipo penal é um subordinado de último nível e sem poder de decisão), a fragmentação da execução dos elementos do tipo (como decorrência direta da distribuição vertical e horizontal de competências e atribuições) e déficits cognitivos valorativos ou voluntários daqueles que integram o grupo (chamado pela *behavior economics* de cegos cognitivos) são problemas que tensionam a teoria de delito, conforme apontamentos de SILVA SÁNCHEZ em SILVA SÁNCHEZ, Jesús María. *Teoría del delito y derecho penal económico.* In: Revista Brasileira de Ciências Criminais, nº 99, v. 20, nov./dez. 2012, p. 327 e ss. Um panorama desses problemas será visto no Capítulo 2.

47. Com especial enfoque para a criação de riscos permitidos e proibidos, v. FEIJOO SÁNCHEZ, Bernardo. *Imputación objetiva en el Derecho penal económico y empresarial.* In: Revista para el análisis del derecho (InDret), nº 2/2009, Barcelona, maio/2009, p. 32 e ss. Sobre a definição da autoria e participação e a posição de garantidor em ambientes empresariais, v. GRECO, Luís; ASSIS, Augusto. *O que significa a teoria do domínio do fato para a criminalidade de empresa.* In: GRECO, Luís et. al. *Autoria como domínio do fato: estudos introdutórios sobre o concurso de pessoas no direito penal brasileiro.* São Paulo: Marcial Pons, 2014, p. 81 e ss. Sobre a ação neutra no desenvolvimento de atividades profissionais, v. ROBLES PLANAS, Ricardo. Las 'conductas neutrales' en derecho penal: la dicusión sobre los limítes de la complicidad punible. In: Revista Brasileira de Ciências Criminais, nº 70, jan./fev 2008, p. 197 e ss.

48. Com destaque para a relação entre a divisão de tarefas e a divisão de conhecimento dentro da empresa, v. RAGUÉS I VALLÈS, Ramón. *Atribución de responsabilidad penal en estructuras empresariales. Problemas de imputación subjetiva.* Revista de Derecho Penal, n. 1, 2002, p. 201 e ss.

49. SCHÜNEMANN, Bernd. *El dominio sobre el fundamento del resultado: base lógico-objetiva común para todas las formas de autoria.* In: Derecho Penal y Criminología, Revista del Instituto de Ciencias Penales y Criminológicas, Año 2004, Vol. 25, nº. 75, págs. 13 e ss.

50. GRECO, Luís. *Hacia la superación de viejas certezas: la ciencia latinoamericana del derecho penal entre revelación y desconstrución.* En Letra: Derecho Penal, Año I, nº 2, 2016, p. 1 e ss.

51. "Otimismo metológico" é a expressão usada por VIRGÍLIO AFONSO DA SILVA que supõe ser suficiente a escolha do método "correto" para se alcançar uma resposta certa, que estaria à espera de ser descoberta. SILVA, Virgílio Afonso da. *Interpretação constitucional e sincretismo metodológico.* In: SILVA, Virgílio Afonso da (Org.). *Interpretação constitucional.* São Paulo: Malheiros, 2005, p. 143.

creto. O que se buscará aqui é evitar uma argumentação meramente seletiva, pois tal método não é cientificamente adequado[52].

O objetivo é despir a teoria de *velhas* certezas, parar de tratá-la como um *sage on the stage*[53] e colocá-la no laboratório para ser testada, confrontada, criticada, enfim, discutida. Só assim a ciência e o próprio jurista se afastam do "fenômeno das fichas amarelas"[54] e aprendem. Se se espera que o jurista domine um arsenal teórico que lhe possibilite argumentar e resolver problemas reais, é exigível que tal arsenal possa e deva ser testado com casos reais[55].

Então, o desafio - que aqui se pretende superar - é buscar menos as autoridades e mais as razões capazes de apresentar soluções corretas para cada problema concreto[56] que o terreno humilde e árido[57] da realidade penal cotidiana coloca ao jurista.

1.2. Definindo conceitos: empresa, empresário, consultoria, assessoria, parecerista, parecer técnico e parecer jurídico

Uma pesquisa cientificamente honesta demanda que, logo de início, sejam definidos os conteúdos de determinadas expressões que serão utilizadas ao longo de todo o trabalho.

A expressão *empresa* será utilizada no sentido conferido pelo artigo 966 do Código Civil, ou seja, uma atividade econômica, internamente organizada

52. "Torne seu adversário forte!", é a máxima de PUPPE para evitar uma argumentação seletiva (cf. PUPPE, Ingeborg. *Kleine schule des juristischen denkens*, p. 191 e ss. *apud* LEITE, Alaor. *Dolo e o crime de dispensa ou inexigência ilegal de licitação (art. 89 da Lei 8.666/1993)*. In: Revista Brasileira de Ciências Criminais, Ano 21, nº 104, set/out 2013, p. 20.)

53. Expressão cunhada por ALISON KING em 1993 para o professor do modelo de educação tradicional, no qual a informação é transmitida sem qualquer debate para alunos passivos, denunciando que este modelo seria insuficiente para lidar com os problemas do século XXI, e parece ter realmente acertado. KING, Alison. *Sage on the stage to guide on the side*. College Teaching, Vol. 41, nº 1, 1993, p. 30 e ss.

54. Esse nome ilustra a situação em que o professor utiliza, como apoio para a sua aula, anotações feitas em pequenas fichas cartonadas que, por terem sido feitas há muito tempo, tornaram-se amareladas (cf. SILVA, Virgílio Afonso da; WANG, Daniel Wei Liang. *Quem sou eu para discordar de um Ministro do STF?: o ensino do direito entre argumento de autoridade e livre de debate de ideias*. In: Revista Direito GV, nº 11, 2010, p. 116).

55. SILVA, Virgílio Afonso da; WANG, Daniel Wei Liang. *Quem sou eu para discordar de um Ministro do STF?: o ensino do direito entre argumento de autoridade e livre de debate de ideias*. In: Revista Direito GV, nº 11, 2010, p. 100.

56. GRECO, Luís. *Hacia la superación de viejas certezas: la ciencia latinoamericana del derecho penal entre revelación y desconstrución*. En Letra: Derecho Penal, Año I, nº 2, 2016, p. 5.

57. Em crítica à Escola Clássica, escreveu CESARE LOMBROSO que os jusnaturalistas "não querem nem podem descer das nebulosas regiões da metafísica ao terreno humilde e árido das casas penais" (LOMBROSO, Cesare. *O homem delinquente*. Tradução integral do prefácio do autor à 2ª Francesa da obra, publicada por Felix Alcan em 1895, p. 4). Apesar de, aqui, tratar-se de outro contexto, a crítica de LOMBROSO é ainda atual e necessária.

entre o empresário e seus empregados, com a finalidade comum de produção e circulação de bens e serviços[58].

O *empresário* designará, aqui, tanto o proprietário da sociedade empresária, como seus sócios, acionistas e administradores (diretores, conselheiros, administradores de fato e designados), nos termos das respectivas normas de regência[59]. Será aqui tratado como *empresário* todo aquele que tenha função de controle, gestão ou administração da empresa com efetivo poder de decisão dentro dela.

Consultoria e *assessoria* serão expressões sinônimas neste trabalho quando tratadas como atividades especializadas independentes, internas ou externas à empresa, que visam auxiliar o empresário com o fornecimento de informações técnicas qualificadas sobre determinada demanda, diagnosticando problemas relacionados à política, organização, procedimentos e métodos, recomendando ações adequadas e prestando auxílio para a implementação dessas recomendações[60], sem, contudo, terem os consultores ou assessores poder de decisão sobre a atividade empresarial ou sobre a ação recomendada[61]. Nesta pesquisa, tomaremos a liberdade de resumir todo o resultado do complexo trabalho dos consultores e assessores aos pareceres, produto final da consulta.

Aqui, deve-se entender por *parecer* toda manifestação especializada, conclusiva e fundamentada em argumentos sustentados em princípios teóricos, dada a partir da análise do problema apresentado pelo interessado sobre determinado assunto, que é o objeto da consulta[62]. O parecer sempre se volta a um proble-

58. Embora não se desconheça a previsão legal da empresa individual (artigo 980-A do Código Civil), disciplina o artigo 966, do Código Civil, "considera-se empresário quem exerce profissionalmente atividade econômica organizada para a produção ou a circulação de bens ou de serviços".

59. Artigo 966 e ss. do Código Civil e artigo 138 e ss. da Lei das S.A. (Lei nº 6404/1976).

60. Segundo o Estatuto do Instituto Brasileiro de Consultores de Organização, "entende-se por Consultoria de Organização (CO) a atividade que visa a investigação, identificação, estudo e solução de problemas, gerais ou parciais, atinentes à estrutura, ao funcionamento e à administração de empresas em entidades privadas, públicas ou do terceiro setor. Compreende a indicação dos métodos e soluções a serem adotados e a criação de condições para a sua implantação nas organizações assessoradas e eventualmente atuando de forma restrita à força de trabalho e lideranças por meio de Treinamentos e Coaching Executivo. É exercida por Consultores de Organização, individualmente, ou através da direção técnica de empresas compostas de profissionais com formação adequada para essa atividade, dedicadas à prestação desses serviços especializados para terceiros", sendo definido que o "Consultor de Organização é o profissional, qualificado por instrução superior e experiência específica, cuja principal atividade é a prática da Consultoria de Organização acima definida, de forma continuada e nitidamente predominante sobre outras eventuais atividades que porventura exerça".

61. OLIVEIRA, Djalma Pinho Rebouças de. *Manual de consultoria empresarial: conceitos, metodologia, práticas*. São Paulo: Atlas, 1999, p. 21.

62. O conceito aqui formulado é uma extensão e uma adaptação do apresentado no *Black's Law Diccionary*, de "legal opinion" é definida como "written document in which an attorney provides his or her understanding of the law as applied to assumed facts" e "legal advice" como "guidance given by lawyers to their clients". Cf. GARNER, Bryan A. Black's law dictionary. St. Paul: West Group, 2014, p. 1266; e do apresentado por ERMANNO CAPPA para quem o parecer "trata-se de

ma definido, ainda que seja hipotético e serve para fundamentar a decisão dos dirigentes da empresa privada e no poder público, principalmente no Poder Executivo, para embasar uma decisão administrativa[63].

O *parecer jurídico* é definido como sendo "a opinião emitida por um jurisconsulto sobre uma questão de ordem jurídica, a qual, baseada em razões doutrinárias e legais, conclui por uma solução que deve ser adotada no caso em questão e que traduz a concepção de seu autor"[64]. Já o *parecer técnico* ainda carece de uma definição adequada[65], mas basta transplantar os elementos dados para as situações em que especialistas não-jurídicos emitem manifestações técnicas, devidamente ancoradas em pressupostos teóricos, sobre determinados assuntos e geralmente após executada uma perícia, que se torna possível o delineamento deste conceito.

Pareceristas serão, neste trabalho, os assessores ou consultores técnicos ou jurídicos dotados de autoridade decorrente do seu valor pessoal e do seu prestígio enquanto *experts*[66].

Quanto a forma, a sua estrutura é variável, mas geralmente o parecer é ofertado na forma escrita[67] e, dado seu caráter formal, espera-se uma redação clara e correta[68].

1.3. Casos práticos

Ainda que a teoria jurídica seja encantadora, se ela não é capaz de solucionar

opinião, sobre uma questão de direito, ou até permeada de direito, manifestada por uma pessoa, na posse, ou pelo menos admitida que o esteja, do saber jurídico pertinente", consistindo, portanto, em "uma sugestão ou um conselho ou um frio convencimento técnico", cf. CAPPA, Ermanno. *Il parere legale*. Milão: Giuffrè Editore, 2004, p. 3-4 (nossa tradução livre).

63. GODOY, Luciano. *Pareceres jurídicos e opiniões legais*. Disponível no jornal eletrônico JOTA, https://jota.info/colunas/luciano-godoy/pareceres-juridicos-e-opinioes-legais-31082017, acessado em 03 de agosto de 2020.

64. FRANÇA, Limongi (Coord.). Enciclopédia Saraiva do Direito. Vol. 57. São Paulo: Saraiva, p. 118.

65. A literatura sobre pareceres é mais farta apenas na seara do Direito Administrativo. Para HELY LOPES MEIRELLES, "parecer técnico é o que provém de órgão ou agente especializado na matéria, não podendo ser contrariado por leigo ou, mesmo, por superior hierárquico. Nessa modalidade de parecer ou julgamento não prevalece a hierarquia administrativa, pois, não há subordinação no campo da técnica" (MEIRELLES, Hely Lopes. *Direito Administrativo Brasileiro*. São Paulo: Malheiros, 2002, p. 190), mas se discorda dela neste estudo porque, se adotarmos esta definição, os pareceres jurídicos também não poderiam ser contrariados pois há também neles técnica jurídica, o que não é verdade.

66. GRAU, Eros Roberto. *Pareceres, juristas e apedeutas*. In: Revista da Faculdade de Direito da UFGRS, Vol. 18, 2000, p. 94.

67. SILVA NETO, René da Fonseca e; GUIMARÃES, Diego Fernandes. *Manual do parecer jurídico: teoria e prática*. Salvador: 2012, p. 47.

68. CAPPA, Ermanno. *Il parere legale*. Milão: Giuffrè Editore, 2004, p. 69 e ss.

os problemas concretos, ela é inservível e deve ser descartada[69]. A massa de trabalho[70] do Direito, incluindo o Direito Penal, é o conjunto de condutas que ocorrem na realidade social[71], cabendo à ciência jurídica apresentar soluções aos conflitos delas decorrentes[72].

Contudo, há algum tempo o afastamento entre a teoria e a prática do Direito Penal vem sendo amplamente criticado[73]. Estas lamúrias ecoam dos dois lados: a jurisprudência aponta a excessiva abstração da dogmática científica, principalmente gestada na academia, e a ciência reclama da desídia com que é tratada[74].

Este desapego à realidade, marcado por postulados puramente dogmáticos, tem cultivado, hoje, uma dogmática jurídico-penal como *l'art pour l'art*[75] cujo assombro – para ficarmos com a expressão de ADORNO[76] – é o retorno da barbárie.

Por isso, é preciso retomar logo o diálogo interrompido[77] entre estes dois mundos, até mesmo porque o conhecimento jurídico é, antes de tudo, um conhecimento prático, dominado por uma lógica hermenêutica e axiológica própria[78].

A jurisprudência que não dialoga com a doutrina só serve para ser antro de

---

69. RAMOS, João Gualberto Garcez. *A inconstitucionalidade do 'direito penal do terror'*. Curitiba: Juruá, 1991, p. 73.

70. GUARAGNI, Fábio André. *As teorias da conduta em direito penal: um estudo da conduta humana do pré-causalismo ao funcionalismo pós-finalista*. São Paulo: RT, 2005, p. 111.

71. WEBER, Max. *Metodologia das Ciências Sociais*. São Paulo: Cortez Editora, 2001, p. 124.

72. Embora a função social do direito enquanto forma de resolver conflitos seja amplamente debatida na área da Sociologia Jurídica, ainda não foi negada ao direito esta função, mas a ele foram acrescidas outras funções. Para mais, v. LUHMANN, Niklas. *Sociologia do Direito I*. Rio de Janeiro: Tempo Brasileiro, 1983, p. 26 e ss.; FERRAZ JUNIOR, Tercio Sampaio. *Introdução ao estudo do direito: técnica, decisão, dominação*. São Paulo: Atlas, 2010, p. 82 e ss. e 250 e ss.

73. SIQUEIRA, Flávia. *O princípio da confiança no direito penal*. Belo Horizonte: Editora D'Plácido, 2016, p, 31 e ss. A cisão entre o mundo do ser e o mundo do dever-ser, característica do neokantismo, já havia sido duramente reprovada pelos finalistas, cf. FIGUEIREDO DIAS, Jorge de. *Questões fundamentais do direito penal revisitadas*. São Paulo: RT, 1999, p. 196.

74. LEITE, Alaor; ASSIS, Augusto. *O erro: especial foco no erro de proibição*. In: BUSATO, Paulo César (Org.). *Teoria do delito: série direito penal baseado em casos*. Curitiba: Juruá, 2012, p. 299.

75. MUÑOZ CONDE, Francisco. *Edmund Mezger y el Derecho Penal de su tempo: estudios sobre el derecho penal en el nacionalsocialismo*. Valencia: Tirant lo Blanche, 2002, p. 65-66. Nesta passagem, é denunciado o verdadeiro problema de um exagerado academicismo: o desgarramento da realidade política, social e econômica viabilizou a "terrível besta do fascismo".

76. ADORNO, Theodor W. *Educação contra a barbárie*. In: *Educação e emancipação*. São Paulo: Paz e Terra, 1995. p. 155-168.

77. BACIGALUPO ZAPATER, Enrique. *Técnica de resolución de casos penales*. Buenos Aires: Hannurabi, 2008, p. 21.

78. BUSATO, Paulo César. *Apresentação do livro Teoria do delito*. In: BUSATO, Paulo César (Org.). *Teoria do delito: série direito penal baseado em casos*. Curitiba: Juruá, 2012, p. 299

arbitrariedades[79] e a surdez recíproca[80] entre a teoria e a prática não gera nada além de insegurança jurídica.

Essa é, então, a justificativa para a escolha da postura metodológica deste trabalho a partir do estudo de casos[81]: aproximar a ciência da *praxis*[82], a teoria do solo firme dos fatos[83]. Assim, aqui será proposta uma constelação de casos[84] hipotéticos sobre o problema desta pesquisa e, adiante, será observado o enfrentamento deste problema nas decisões dos Tribunais pátrios.

---

79. PUPPE, Ingeborg. *Ciência do direito penal e jurisprudência*. In: Revista Brasileira de Ciências Criminais, nº 58 (2006), p. 113.

80. GIMBERNAT ORDEIG, Enrique. *Conceito e método da ciência do direito penal*. São Paulo: RT, 2002, p. 109.

81. O método de estudos de casos na ciência jurídica é ainda muito pouco difundido entre nós. São poucos os que se aventuram por esta forma de análise, dentre eles: TAVARES, Juarez. *As controvérsias em torno dos crimes omissivos*. Rio de Janeiro: Instituto Latino-Americano de Cooperação Penal, 1996, *passim*; GRECO, Luís. *Cumplicidade através das ações neutras: a imputação objetiva na participação*. Rio de Janeiro: Renovar, 2004, p. 1 e ss.; BUSATO, Paulo César (Org.). *Teoria do delito: série direito penal baseado em casos*. Curitiba: Juruá, 2012, *passim*; BUSATO, Paulo César (Org.). *Fundamentos do direito penal: série direito penal baseado em casos*. Curitiba: Juruá, 2013, *passim*; LEITE, Alaor. *Dúvida e erro sobre a proibição no direito penal: a atuação nos limites entre o permitido e o proibido*. São Paulo: Atlas, 2013, p. 2 e ss.; BUSATO, Paulo César (Org.). *Teoria da pena: série direito penal baseado em casos*. Curitiba: Juruá, 2014, *passim*; RASSI, João Daniel. *Imputação das ações neutras e o dever de solidariedade no direito penal*. São Paulo: LiberArs, 2014, p. 19 e ss.; TEIXEIRA, Adriano. *Teoria da aplicação da pena: fundamentos de uma determinação judicial da pena proporcional ao fato*. São Paulo: Marcial Pons, 2015, p. 27 e ss.; SIQUEIRA, Flávia. *O princípio da confiança no direito penal*. Belo Horizonte: Editora D'Plácido, 2016, p, 27 e ss. e ROCHA, Ronan. *A relação de causalidade no direito penal*. Belo Horizonte: Editora D'Plácido, 2016, p. 21 e ss.

82. JESCHECK afirma que a dogmática do direito penal deve servir como uma *ponte* entre a lei e a prática, servindo a uma aplicação igualitária do direito penal pelos Tribunais e, assim, contribuindo para um alto grau de justiça. Cf. JESCHECK, Hans-Heinrich. *Tratado de Derecho Penal: parte general*. T. 1. Barcelona: Bosch, 1981, p. 58.

83. Como ensina NÉLSON HUNGRIA, é do solo firme dos fatos que deve o juiz se aproximar: "Longe de mim afirmar que o juiz não deva ilustrar-se, consultando a lição doutrinária e pondo-se em dia com a evolução jurídica; mas se ele se deixa seduzir demasiadamente pelo teorismo, vai dar no carrascal das *subtilitates juris* e das abstrações inanes, distanciando-se do solo firme dos fatos, para aplicar, não a autêntica justiça, que é sentimento em face da vida, mas um direito cerebrino e inumano; não o direito como ciência da vida social, mas o direito como ciência da lógica pura, divorciado da realidade humana; não a verdadeira justiça, que é função da alma voltada para o mundo, mas um direito postiço, arrebicado, sabendo a palha seca e cheirando a naftalina de biblioteca. O juiz que, para a demonstração de ser a linha reta o caminho mais curto entre dois pontos, cita desde Euclides até os geômetras da quarta dimensão, acaba perdendo a crença em si mesmo e a coragem de pensar por conta própria. Dele jamais se poderá esperar uma solução cautamente pretoriana, um milímetro de avanço na evolução do direito, o mais insignificante esforço de adaptação das leis. O juiz deve ter alguma coisa de pelicano. A vida é variedade infinita e nunca lhe assentam com irrepreensível justeza as 'roupas feitas' da lei e os figurinos da doutrina. Se o juiz não dá de si, para dizer o direito em face da diversidade de cada caso, a sua justiça será a do leito de Procusto: ao invés de medir-se com os fatos, estes é que terão de medir-se com ela". HUNGRIA, Nélson. *Comentários ao Código Penal*. V. 1. T. 1. Rio de Janeiro: Forense, 1958, p. 66-69.

84. RASSI, João Daniel. *Imputação das ações neutras e o dever de solidariedade no direito penal*. São Paulo: LiberArs, 2014, p. 19.

O objetivo fundamental desta proposta de pensamento pragmático é testar a valia das construções teóricas[85], sem perder o necessário referencial sistemático de análise da dogmática jurídica[86]. Esta é uma outra forma de se fazer dogmática jurídico-penal[87] a partir de uma virada pragmática da ciência do Direito Penal[88].

Como não falta à dogmática penal matéria para trabalhar[89], para melhor compreensão da relevância e da amplitude teórica e prática[90] do problema que será tratado neste trabalho, imaginem-se os seguintes casos hipotéticos, os quais serão referidos ao longo da pesquisa e retomados ao final dela, quando serão apresentas soluções possíveis e adequadas à luz do que se examinará no presente estudo:

Caso 1: G, empresário do ramo de bebidas, sem declarar a operação para a repartição federal competente, decide remeter valores para uma conta que mantém em um banco holandês. Esta decisão foi tomada com base no prévio parecer jurídico elaborado por A, renomado advogado tributarista e por C,

---

85. SIQUEIRA, Flávia. *O princípio da confiança no direito penal*. Belo Horizonte: Editora D'Plácido, 2016, p. 32. O que foi chamado de "teste de fogo" por ALAOR LEITE e AUGUSTO ASSIS, cf. LEITE, Alaor; ASSIS, Augusto. *O erro: especial foco no erro de proibição*. In: BUSATO, Paulo César (Org.). *Teoria do delito: série direito penal baseado em casos*. Curitiba: Juruá, 2012, p. 300.

86. A acusação de que a dogmática jurídico-penal aferra-se a um exagerado e etéreo academicismo não é recente. Desde o século XIX, o pensamento dogmático sempre fora exaltado com Von Liszt, o qual defendia expressamente que o direito penal é a *ciência propriamente sistemática*. A dogmática permaneceu *majestosa* até a década de 1960, quando então a doutrina começou a descrer das grandes construções analíticas. Contudo, em que pese o teorismo excessivo não ser bom nem para a ciência penal e muito menos para a jurisprudência, não se pode negar que a dogmática é meio virtuoso e neutro para estabelecer conhecimentos de validade geral e que o pensamento sistemático apresenta as vantagens de facilitar o exame do caso penal, simplificar e melhorar o manejo do direito e viabilizar a sua aplicação uniforme. Há um bom panorama disso, com farta indicação bibliográfica, em GUARAGNI, Fábio André. *As teorias da conduta em direito penal: um estudo da conduta humana do pré-causalismo ao funcionalismo pós-finalista*. São Paulo: RT, 2005, p. 31 e ss.

87. GRECO, Luis. *Duas formas de fazer dogmática jurídico-penal*. In: Boletim do IBDPE, Ano 1 (2009), n. 1, 2010, p. 3 ss.

88. A expressão foi cunhada para a ciência jurídico-penal por Luís Greco ao se referir ao momento em que a ciência do direito penal passou a se conscientizar sobre as tarefas práticas da dogmática penal, enquanto guia e instância de controle da correta aplicação do direito pelos Tribunais. Cf. GRECO, Luís. *Tem futuro o conceito de ação?* In: GRECO, Luís; LOBATO, Danilo (Orgs.). *Temas de direito penal: parte geral*. Rio de Janeiro: Renovar, 2008, p. 156.

89. GIMBERNAT ORDEIG, Enrique. *Conceito e método da ciência do direito penal*. São Paulo: RT, 2002, p. 36.

90. O método do estudo de casos permite ao jurista perceber o alcance do problema em ao menos três dimensões: probatória (pragmática), estritamente jurídica (dogmática) e estratégica (política criminal). Cf. LIMPIAS, Julia Laida. *El método del estúdio de casos como estratégia metodológica para desarrollar habilidades investigativas en la formación del jurista*. In: Revista Bolivariana de Derecho, nº 13, janeiro/2012, p. 67 e ss., com profunda análise da utilidade deste método desde o ensino do Direito Penal ao estudante da graduação. No mesmo sentido, BACIGALUPO ZAPATER, Enrique. *Técnica de resolución de casos penales*. Buenos Aires: Hannurabi, 2008, p. 93.

contador experiente, que orientaram o passo a passo para esta operação financeira de modo a gerar o menor encargo tributário para G. O parecer de A e C continha ampla referência às normativas específicas e estava ancorado em farta jurisprudência sobre o tema. G seguiu à risca às orientações e, quando concluída a operação, esta foi questionada por não ter sido declarada à repartição federal competente, o que caracterizaria o crime de evasão de divisas (artigo 22, da Lei 7.492/1986).

Caso 2: W, Prefeito da cidade X precisa contratar uma empresa para fazer as obras de encanamento de esgoto em um dos bairros do município. Têm sido constantes as reclamações dessa comunidade local, a qual vem sendo acometida por diversas doenças decorrentes da falta de saneamento básico e, como se aproxima o período de eleição, é interessante ao Prefeito que essas obras sejam realizadas o quanto antes. Ao consultar formalmente o Procurador do Município, W recebe a informação jurídica fundamentada no sentido de a licitação ser, na hipótese, dispensável porque a população daquele bairro está em estado calamitoso com a falta de saneamento básico. Com base neste parecer jurídico, W decide contratar diretamente a empresa Z, cujo sócio-proprietário é seu cunhado, para realizar as obras. Posteriormente, a regularidade da dispensa do certame é questionada por se entender que ela se deu fora das hipóteses previstas em lei (artigo 89, da Lei 8.666/1993).

Caso 3: K, diretor financeiro da empresa Q, está em dúvida quanto à regularidade de uma operação de crédito com a empresa J. K, então, consulta internamente o departamento jurídico da empresa Q e recebe a informação de que a operação de crédito pretendida é possível e regular. Com base neste parecer jurídico interno, o qual faz alusão à doutrina sobre o tema que refuta o entendimento preponderante do Fisco nesta matéria, K decide realizar a operação de crédito com a empresa J. Posteriormente à sua realização, a operação é questionada pelo Fisco por tê-la considerado forma de fraudar a fiscalização tributária e permitir a indevida supressão de tributos (artigo 1º, inciso II, da Lei 8.137/1990). Segundo a Receita Federal, a operação foi declarada como se incidisse ISS quando, na verdade, o tributo devido era a título de ICMS e, portanto, a referida operação teria acarretado em indevida supressão de ICMS.

> ***Variante 1:*** O parecer jurídico apresentado pelo departamento jurídico da empresa Q faz referência a diversas normativas internas da Receita Federal, as quais estavam passando por uma pormenorizada revisão por parte do próprio Fisco e, por isso, as interpretações destas normativas estavam sendo alteradas, de modo que aquela operação de crédito ganhou novos contornos naquele período.

Variante 2: Embora os advogados integrantes do departamento jurídico da empresa Q tenham buscado todas as informações jurídicas possíveis acerca da operação de crédito pretendida, ainda permanecem em dúvida sobre a licitude desta. Mesmo assim, optam por opinar pela viabilidade desta operação considerando terem encontrado fundamentos jurídicos nesse sentido, ainda que minoritários e contrários ao entendimento preponderante do Fisco.

Variante 3: K, em vez de consultar o departamento jurídico interno, contrata o renomado consultor externo C, especialista em Direito Civil, e recebe parecer técnico reconhecendo a regularidade da operação que pretende realizar.

Variante 4: Como a operação de crédito precisava ser decidia com urgência, sob pena de perder a oportunidade de realizá-la, o que impactaria em grave prejuízo financeiro para a empresa, K decide realizá-la sem consultar nenhum especialista jurídico.

Caso 4: Os diretores de uma empresa fabricante de um determinado creme hidratante começaram a receber notícias de que alguns dos seus consumidores estavam manifestando reações extremamente alérgicas, sofrendo, inclusive, queimaduras graves na pele, o que poderia caracterizar o crime de lesão corporal de natureza grave (artigo 129, §2°, inciso IV, do Código Penal). Diante disso, os diretores consultaram os químicos da empresa e obtiveram a informação técnica de que não havia qualquer indício de propriedades tóxicas ou outro tipo de irregularidade com o produto e, por esta razão, decidiram manter a comercialização do creme hidratante.

Caso 5: Um renomado escritório especializado em Direito Tributário costuma oferecer aos seus clientes empresários serviços que visam gerar o menor impacto tributário para a contabilidade das empresas de cada um. Além do planejamento tributário, os advogados auxiliam os seus clientes com a abertura de empresas *off-shore* como alternativa na estruturação de operações, para evitar a pesada carga tributária que incidiria nas operações diretas (sem a interposição da *off-shore*). Tais operações são posteriormente questionadas por consistirem em um esquema ilícito de blindagem patrimonial que teria resultado na prática dos crimes de falsidade ideológica (artigo 299, do Código Penal, em relação aos reais titulares dessas empresas), contra a ordem tributária (artigo 1°, da Lei 8.137/1990, pois as operações intermediadas pelas *off-shore* teriam gerado supressão indevida de tributos), de lavagem de capitais (artigo 1°, da Lei 9.613/1998, pois o crime tributário antecedente teria sido ocultado e dissimulado por meio da operação intermediada pela *off-shore*) e de evasão de divisas (artigo 22, da

Lei 7.492/1986, pois os valores remetidos nas operações para as *off-shore* não teriam sido devidamente declarados para as autoridades brasileiras competentes).

Variante 1: Para acelerar a entrada em operação de uma nova empresa com capital externo, os advogados tributaristas, além de darem as mencionadas orientações jurídicas, também integram o quadro societário da *off-shore* criada, mas sem qualquer ingerência nas operações que são por meio dela realizadas, a fim de que ela funcione como um parceiro local.

Caso 6: T, médico residente no Hospital A, está em dúvida sobre qual o melhor medicamento a ser ministrado para a paciente G, que está no início da gestação, e reclama estar com tontura. T, realiza os exames necessários e constata que a paciente está com pressão-alta. T, consulta R, médico-chefe da residência, sobre qual é o medicamento a ser ministrado para a paciente. R, com base nas informações passadas por T, que não indicam tratar-se de gestante, e sem consultar a paciente, prescreve o medicamento para baixar a pressão. A paciente, então, recebe alta sem outros cuidados. Contudo, como a paciente G estava no início da gestação, uma semana depois ela aborta em decorrência de um efeito colateral do medicamento o que, em tese, caracterizaria o crime previsto no artigo 125 do Código Penal.

Caso 7: O engenheiro civil P foi contratado por Q, proprietário de determinado edifício residencial para verificar a viabilidade de construção de um pavimento adicional, na cobertura, que seria destinado ao salão de festas do condomínio. Depois de analisados o projeto original de construção do prédio e as condições da estrutura, o engenheiro P emitiu parecer técnico atestando a viabilidade da obra pretendida pelo proprietário Q, sem mencionar nada sobre as trincas que observou em algumas colunas da garagem do edifício, nem recomendar a realização de qualquer obra adicional de reforço ou de contenção. Com base nesse parecer técnico, o proprietário dá início à construção do novo pavimento. Passados 6 meses, quando as obras estavam quase concluídas, o prédio desaba, causando a morte de vinte e duas pessoas que estavam no edifício, em razão da falta de capacidade e estabilidade da estrutura para suportar mais um andar, o que, em tese, configura o crime previsto no artigo 256 c.c. artigo 258, ambos do Código Penal.

Variante 1: O engenheiro civil P relatou em seu parecer técnico que observou algumas trincas nas colunas da garagem e condicionou a viabilidade da construção do novo pavimento à realização de obras adicionais de reforço e contenção da estrutura. Como o orçamento estava curto, o proprietário

Q optou por dar, diretamente, início nas obras do pavimento superior, até que coletasse dos condôminos novas contribuições para as obras adicionais. Quando o novo andar da cobertura estava quase pronto, o prédio desaba, ocasionando os mesmos resultados.

1.4. A necessidade da atuação conforme a parecer técnico e jurídico: a presença de três protagonistas

Colhe-se do que foi até aqui exposto que o problema a ser enfrentado nesta pesquisa é complexo pois enseja diferentes consequências jurídicas a depender do ponto sobre o qual é colocado o prisma de análise.

É possível analisar o problema aqui proposto:

a) pela ótica do sujeito que precisa tomar uma decisão e detém poder para tanto, mas que não está seguro sobre os caminhos possíveis de serem seguidos e não conhece os riscos que a sua decisão pode acarretar e, em razão disso, solicita um parecer técnico ou jurídico de um terceiro acerca da regularidade e da licitude da atitude que pretende tomar - o sujeito que atua, então, conforme prévia orientação técnica ou jurídica[91];

b) pela ótica do especialista técnico ou jurídico que atende à consulta formulada por quem tomará a decisão, elaborando o respectivo parecer ou transmitindo formal ou informalmente suas orientações sobre o tema consultado - o parecerista que, então, transmite, antes de a decisão ser tomada, determinada orientação técnica ou jurídica; e

c) pela ótica do próprio Estado que, ao regular as atividades dos particulares, tem o dever de tornar claro aquilo que regula, estabelecendo os parâmetros do que será fiscalizado com todos os seus critérios e, se assim não procede e emite orientações obscuras, imprecisas, contraditórias, dúbias ou omissas, também contribuem na tomada de decisão pelo sujeito - o Estado que, então, deve regular de forma clara e eficiente.[92]

---

91. A consulta e a informação repassada precisam ser, necessariamente, prévias (*ex ante*). Caso o sujeito consulte um especialista depois de já ter agido (*ex post*), a decisão do sujeito não foi tomada com base em uma orientação técnica ou jurídica, o que muda por completo a análise do problema. Nesta hipótese, caso a decisão tomada de forma isolada venha a ser questionada, o máximo que o parecerista poderá fazer, além de lamentar, é apresentar alternativas para diminuir impactos futuros (pense-se, por exemplo, no administrador da empresa que decide sozinho não recolher determinado tributo em uma operação comercial pois entende, de maneira isolada, que ele não seria devido ao Fisco quando, na verdade, o referido imposto era plenamente devido).

92. Há distinção semelhante, também em três planos, em LEITE, Alaor. *Dolo e o crime de*

Colocando-se o prisma sobre o sujeito que precisa e tem poder para tomar uma decisão, a sua conduta de consultar previamente um especialista técnico ou jurídico cumpre um dever de informação imposto pela ordem jurídica (na dúvida, informe-se)[93]. Além disso, a qualidade da informação por ele recebida está, ao menos em tese, submetida a um princípio de confiança[94]. O problema surge quando o sujeito decide atuar conforme a orientação técnica ou jurídica que recebeu e, mesmo assim, acaba sendo acusado de ter praticado um crime. Há de se imputar alguma responsabilidade penal para este sujeito?

Quando a lente é fixada sobre o especialista que transmitiu determinada orientação técnica ou jurídica que fundamentou a decisão do outro sujeito, percebe-se que, em quase todos os casos, o seu parecer é meramente opinativo e não vincula a decisão posteriormente tomada[95]. Ademais, o parecerista dificilmente pratica a conduta descrita nos verbos contidos no tipo penal e a sua opinião é, em princípio, tida como mera exegese impunível de normas jurídicas aplicadas a situações concretas[96]. Todavia, não se nega a capacidade de influência dessa orientação técnica ou jurídica na decisão que será tomada. Diante disso, seria possível imputar responsabilidade penal para este parecerista?

Ainda, do ponto de vista do Estado enquanto polo de onde emanam permissões e proibições, espera-se que a ordem dada seja clara e eficiente[97]. Entretanto,

dispensa ou inexigência ilegal de licitação (art. 89 da Lei 8.666/1993). In: Revista Brasileira de Ciências Criminais, Ano 21, nº 104, set/out 2013, pp. 24-26.

93. Trata-se de uma imputação de segundo nível ou de incumbência extraordinária, no âmbito da teoria das normas. LEITE, Alaor. *Dúvida e erro sobre a proibição no direito penal: a atuação nos limites entre o permitido e o proibido.* São Paulo: Atlas, 2013, p. 143 e ss., com farta remissão bibliográfica. Se este é um dever geral de informação ou não, será tratado no Capítulo 3.

94. FEIJOO SÁNCHEZ, Bernardo. *Derecho penal de la empresa e imputación objetiva.* Madrid: Reus, 2007, p. 190 e ss.

95. O Supremo Tribunal Federal, ancorado na doutrina de RÉNÉ CHAPUS (CHAPUS, Réné. *Droit administratif général.* T. 1. Paris: Montchrestien, 2001, p. 1113-1115), diferenciou os pareceres jurídicos em facultativos, obrigatórios e vinculantes, concluindo, naquele caso concreto, que a responsabilidade do parecerista estaria afastada porquanto tratar-se-ia de mera opinião sem caráter vinculante. Embora tenha sido este o entendimento, estranhamente consta no acórdão, de forma expressa, que o aludido parecer "incorpora sua fundamentação ao ato [decisão]". STF, MS 24631, Relator(a): Min. JOAQUIM BARBOSA, Tribunal Pleno, julgado em 09/08/2007. As características e alcances dos pareceres técnicos e jurídicos serão devidamente tratados no Capítulo 4.

96. Este entendimento vem sendo trazido pelo Ministro LUIZ FUX do Supremo Tribunal Federal (v. STF, Inq 3753, Relator(a): Min. LUIZ FUX, Primeira Turma, julgado em 18/04/2017; STF, Inq 3077, Relator(a): Min. DIAS TOFFOLI, Tribunal Pleno, julgado em 29/03/2012 e STF, Inq 2482, Relator(a) p/ Acórdão: Min. LUIZ FUX, Tribunal Pleno, julgado em 15/09/2011). De fato, o "crime de hermenêutica" foi rechaçado há muito tempo pela doutrina e, atualmente, não encontra qualquer previsão legal (cf. BARBOSA, Rui. *Obras completas de Rui Barbosa.* Vol. XXIII. Tomo III. Rio de Janeiro: Fundação Casa de Rui Barbosa, 1986, p. 228 e ss.). Contudo, não é qualquer manifestação que se amolda à mera exegese. Fosse assim, a liberdade de expressão seria um direito fundamental absoluto, o que, reconhecidamente, não é verdade. Os limites deste entendimento serão abordados no Capítulo 4.

97. ALAOR LEITE, resgatando o argumento de BINDING acerca da viabilidade de extração

ainda não se sabe, com a segurança necessária, quando o Estado considera que os requisitos exigidos para a regularidade de determinada conduta estão integralmente cumpridos[98]. Dito de outro modo, o que vai se estabelecer é que o Estado poderá responsabilizar criminalmente não apenas as condutas proibidas, mas proibir também as condutas possivelmente proibidas. E o que não é totalmente proibido, é possivelmente permitido e, neste diapasão, a conduta não mereceria o reproche do Direito Penal. Como a responsabilidade penal é uma espécie de tributo à relação de confiança entre Estado e cidadão[99], como a ordem jurídica explica ao particular que o Estado inicialmente tolheu a sua liberdade por uma conduta que posteriormente ficou comprovada como permitida?

Apesar de ser absolutamente urgente que a ciência penal se debruce sobre o ponto "c" acima exposto e forneça respostas adequadas às questões a ele correlatas[100], o presente estudo ficará circunscrito à análise específica do sujeito

das condutas proibidas a partir da lei penal, aduz ao dever do Estado, ou melhor, do legislador, de formular proibições claras, garantir que a aplicação judicial seja coerente e disponibilizar órgãos de consulta a respeito da licitude ou ilicitude de determinados comportamentos. LEITE, Alaor. *Dúvida e erro sobre a proibição no direito penal: a atuação nos limites entre o permitido e o proibido.* São Paulo: Atlas, 2013, p. 41 e ss., 127 e ss. e 159 e ss.

98. Este problema ecoa na jurisprudência pátria desde os idos de 1995. Há dois precedentes do Superior Tribunal de Justiça que enfrentaram a difícil questão da falta de clareza do Estado em delimitar ao particular o que é proibido e o que é permitido. Com acerto, a Corte Superior decidiu que os entendimentos inaugurais dos órgãos públicos reguladores não podem tolher a conduta anterior do sujeito que decidiu agir de determinado modo. Nestes casos, por não haver um entendimento expresso eficiente por parte do Estado, reconheceu-se que o sujeito não tinha consciência plena da ilicitude do fato, afastando a sua responsabilidade penal por erro de proibição inevitável. Colhe-se de uma das ementas: "Se o Banco Central, por longo período, aceitava como regular a livre disposição de recursos provenientes de taxa de administração dos consórcios, a nova mudança de orientação imposta pela Receita Federal não pode acarretar a condenação criminal dos dirigentes dessas empresas, por ausência de juízo de reprovabilidade, configurando erro inevitável sobre a ilicitude do fato, ou erro de proibição". Para mais, v. STJ, RHC 4.146/SP, Rel. Ministro JOSÉ DANTAS, Rel. p/ Acórdão Ministro CID FLAQUER SCARTEZZINI, QUINTA TURMA, julgado em 15/03/1995 e STJ, RHC 6.606/SP, Rel. Ministro VICENTE LEAL, SEXTA TURMA, julgado em 19/02/1998.

99. Roxin comenta que a posição do BGH (*Bundesgerichtshof,* Tribunal Alemão equivalente ao nosso STJ), que entende que a pessoa deve examinar previamente a conformidade de todas as suas ações ao Direito pois todas as condutas poderiam ser eventualmente proibidas, seria pouco realista e incorreta em um ordenamento jurídico liberal. Com razão, uma vez que a vida estagnaria se cada pessoa tivesse que realizar primeiro reflexões jurídicas antes de dar qualquer passo, o que alargaria por demais a incidência penal sobre a vida cotidiana comum. Cf. ROXIN, Claus. *Derecho penal: parte general.* Tomo I. Madrid: Civitas, 2008. p. 885.

100. A co-culpabilidade penal do Estado vem sendo estuda pela ciência jurídica já há algum tempo, mas ainda com especial enfoque para os casos em que ele não cumpre seu papel, enquanto um Estado Social, de garantidor das prestações materiais mínimas para uma existência digna, de modo que quando um indivíduo, do qual foram suprimidas todas as suas possibilidades de inserção social, comete um crime, o Estado teria uma parcela de responsabilidade (uma espécie de omissão estatal que contribui para um resultado danoso, que é o delito cometido pelo indivíduo). Neste sentido, v. ZAFFARONI, Eugenio Raúl. *Política criminal latinoamericana.* Buenos Aires: Hammurabi, 1982, p. 167 e ss.; CARVALHO, Salo de. *Aplicação da pena e garantismo.* Rio de Janeiro: Lumen Juris, 2004, p. 71 e ss. e MOURA, Grégore. *Do princípio da co-culpabilidade.* Niterói: Impetus, 2006,

"a" e do sujeito "b", bem como dos pontos de confluência das condutas de cada um destes dois sujeitos.

Neste contexto, considerando que a interpretação completa e correta de determinadas leis e seus reflexos penais depende, hoje, da avaliação de *experts* qualificados[101], paira uma importante problemática de fundo, de ordem político-criminal, relativa à possível criação de uma *lacuna*[102] *de imputação de responsabilidade penal*: se todas as vezes em que o sujeito atua com base em prévio parecer técnico ou jurídico ser-lhe-á afastada a responsabilidade penal (pois ele teve o cuidado e a diligência de consultar previamente um especialista e de ter agido somente depois de recebida a respectiva orientação); e se o especialista que transmitiu a informação técnica ou jurídica consultada também não responde por crime algum seja porque sua responsabilidade é acessória e, por isso, não subsiste sem a responsabilidade principal (de quem tomou efetivamente a decisão tida como criminosa), seja porque a sua opinião não é vinculante e nem obriga a decisão do outro sujeito[103], criar-se-ia, então, um paraíso jurídico-penal[104]. A ordem jurídica estaria diante de uma situação de *escudos múltiplos*[105].

passim. Contudo, a dogmática penal ainda não dispensou a necessária atenção para a eventual parcela de responsabilidade do Estado quando ele não regula determinadas atividades de forma clara e eficiente, o que poderia ser também uma forma de contribuição para a ocorrência de crimes (p. ex. o Estado é omisso sobre como determinada operação financeira de remessa de valores ao exterior deve ser declarada e, depois que ela ocorre, reconhece que aquela conduta se amolda ao crime de evasão de divisas). Nas palavras de ALAOR LEITE, "sempre se esqueceu, por receio ou por descuido, de dirigir esforços na delimitação dos deveres que cumprem não aos cidadãos, mas ao Estado". LEITE, Alaor. *Dúvida e erro sobre a proibição no direito penal: a atuação nos limites entre o permitido e o proibido*. São Paulo: Atlas, 2013, p. 159.

101. CALABRIA, Arianna. *Ignorantia legis e parere errôneo del consulente legale*. In: Revista Italiana di Diritto e Procedura Penale, fasc. 1, 1992, p. 152.

102. Optou-se por este termo pois, segundo ENGISCH, "lacuna é uma incompletude insatisfatória no seio de um todo. Aplicado ao Direito, o conceito de lacuna significa que se trata de uma imperfeição insatisfatória no seio de um todo jurídico", cf. ENGISCH, Karl. *Introdução ao pensamento jurídico*. Lisboa: Fundação Calouste Gulbekian, p. 276. No mesmo sentido é o entendimento de MARIA HELENA DINIZ, para quem as lacunas são "faltas ou falhas de conteúdos de regulamentação jurídico-positiva para determinadas situações fáticas, que admitem sua remoção por uma decisão judicial jurídico-integradora". DINIZ, Maria Helena. *As lacunas no direito*. São Paulo: Saraiva, 2002, p. 69.

103. Em menor detalhamento, este problema foi nomeado de "círculo vicioso de irresponsabilidade e impunidade" pelo STF, MS 24631, Relator(a): Min. JOAQUIM BARBOSA, Tribunal Pleno, julgado em 09/08/2007, p. 287.

104. SILVA SÁNCHEZ, Jesús-María, *A expansão do direito penal: aspectos da política criminal nas sociedades pós-industriais*. São Paulo: RT, 2013, p. 105.

105. A escolha deste termo foi para não se afirmar a existência de um cenário de impunidade, pois esta expressão é bastante incômoda para este Autor, principalmente quando se constata que o Brasil lamentavelmente ocupa a terceira posição no *ranking* dos países que mais encarceram no mundo (cf. Novo Diagnóstico de Pessoas Presas no Brasil, divulgado pelo Conselho Nacional de Justiça em junho/2014 e disponível em http://www.cnj.jus.br/noticias/cnj/61762-cnj-divulga-dados-sobre-nova-populacao-carceraria-brasileira. Acessado em 03 de agosto de 2020).

Entretanto, esta lacuna não só compromete a integridade do sistema jurídico[106] como também dá azo a uma expansão do Direito Penal para preenchê-la[107]. O grande problema é que o recurso imediato ao Direito Penal para resolver este hiato na atribuição de responsabilidades ocorre, no mais das vezes, por razões políticas[108] que nem sempre respeitam a ordem e a dogmática jurídicas[109] e, assim, abrem espaço para as mais diversas arbitrariedades.

Por esta razão também se justifica a presente pesquisa: contribuir, com o auxílio da dogmática penal, para que esta possível lacuna seja adequadamente preenchida com critérios rigorosamente formulados, a fim de que sejam desfeitos grandes mal-entendidos que têm marcado a pauta da jurisprudência pátria e distribuído aleatoriamente a responsabilidade penal. Estes grandes, e graves, mal-entendidos serão expostos no tópico a seguir.

1.5. Panorama do enfrentamento do problema desta pesquisa nas decisões dos Tribunais brasileiros

Estudar a jurisprudência brasileira[110] é um grande desafio para a ciência jurídica por dois motivos: primeiro, porque o Brasil tem dimensões continentais

---

106. ALCHOURRÓN, Carlos E.; BULYGIN, Eugenio. *Introdución a la metodologia de las ciencias jurídicas y sociales*. Buenos Aires: Ed. Astrea de Rodolfo Depalma Y Hnos, 1974, p. 22 e ss.

107. Esta expansão é característica marcante de um direito penal que se depara com uma nova realidade, em que surgem novos interesses de proteção e são identificados novos riscos que mereçam a tutela penal para proteger a coletividade, cf. SILVA SÁNCHEZ, Jesús-María. *A expansão do direito penal: aspectos da política criminal nas sociedades pós-industriais*. São Paulo: RT, 2013, p. 33 e ss.

108. SILVA SÁNCHEZ, Jesús-María. *A expansão do direito penal: aspectos da política criminal nas sociedades pós-industriais*. São Paulo: RT, 2013, p. 136 e ss.

109. Este fenômeno é assistido principalmente no direito penal econômico, onde os casos práticos e reais da criminalidade de empresa oferecem dificuldades para a dogmática penal e, portanto, exigem uma necessária revisitação da teoria do delito. Sobre esse tema, v. SILVA SÁNCHEZ, Jesús María. *Teoría del delito y derecho penal económico*. In: Revista Brasileira de Ciências Criminais, nº 99, v. 20, nov./dez. 2012, p. 327-356; RAGUÉS I VALLÈS, Ramón. *Atribución de responsabilidad penal en estructuras empresariales. Problemas de imputación subjetiva*. Revista de Derecho Penal, n. 1, 2002, p. 201-232; DEMETRIO CRESPO, Eduardo. *Fundamento da responsabilidade em comissão por omissão dos diretores de empresas*. In: Revista Liberdades, nº 14, set./dez. 2013, p. 61-92; ROBLES PLANAS, Ricardo. *Estudos de dogmática jurídico-penal: fundamentos, teoria do delito e direito penal econômico*. Belo Horizonte: D'Plácido, 2016, p 189 e ss.; GRECO, Luís; ASSIS, Augusto. *O que significa a teoria do domínio do fato para a criminalidade de empresa*. In: GRECO, Luís et. al. *Autoria como domínio do fato: estudos introdutórios sobre o concurso de pessoas no direito penal brasileiro*. São Paulo: Marcial Pons, 2014, p. 81-122; SILVEIRA, Renato de Mello Jorge. *Direito penal empresarial: a omissão do empresário como crime*. Belo Horizonte: D'Plácido, 2016; LOBATO, José Danilo Tavares; MARTINELLI, João Paulo Orsini; SANTOS, Humberto Souza (Orgs.). *Comentários ao Direito Penal Econômico Brasileiro*. Belo Horizonte: D'Plácido, 2017, com diversos artigos sobre o tema.

110. A expressão "jurisprudência brasileira" já é, em si, desafiadora. Quando muito, é tecnicamente mais acertado falar na jurisprudência que tem se consolidado em um determinado período, em um determinado Tribunal e sobre uma determinada matéria.

e conta com diversas instâncias produtoras deste tipo de decisão (são vinte e seis Tribunais de Justiça de cada um dos estados da Federação, além de um Tribunal Superior e de uma Corte Suprema); e, segundo, porque é difícil o acesso a um universo maior de decisões judiciais em razão de os Tribunais pátrios ainda terem um banco eletrônico de dados insuficiente[111].

Como o objetivo deste tópico é identificar certa tendência nas decisões dos tribunais brasileiros acerca do objeto da presente pesquisa, foram realizadas buscas nas plataformas eletrônicas do Supremo Tribunal Federal, do Superior Tribunal de Justiça, dos Tribunais Regionais Federais e dos Tribunais de Justiça Estaduais e alguns destes casos reais serão a seguir expostos.

No Supremo Tribunal Federal, o problema exposto neste trabalho não é novo, havendo registro sobre ele ainda nos idos de 1975[112] em que um sujeito que foi acusado de ter praticado o crime de denunciação caluniosa (artigo 339, do Código Penal) porque requereu a instauração de inquérito policial em face de outras duas pessoas que teriam falsificado a sua assinatura em determinados documentos. Tais assertivas apresentadas na *notitia criminis* tiveram como base laudo grafotécnico extrajudicial elaborado por *expert* contratado pelo sujeito, cujas conclusões apontavam, justamente, que as assinaturas não seriam suas. Contudo, o laudo da polícia técnica entendeu de forma diversa, concluindo que as assinaturas eram autênticas.

Ao analisar o caso, a Corte Suprema entendeu que o parecer técnico de perito gráfico produzido fora do juízo e mediante encomenda de quem é interessado nas conclusões não contém poder probatório tal como laudos oficiais e, portanto, dispensando qualquer juízo sobre a controvérsia de ambos os laudos (o encomendado e o elaborado pela polícia técnica), considerou que o fato de a notícia de crime ter sido apresentada por conta das conclusões contidas no laudo grafotécnico não seria razão suficiente para, de plano, excluir o dolo e

111. Virgílio Afonso da Silva alerta que umas das razões que justificam a falta de tradição no Brasil de pesquisas empíricas na área jurídica é o fato de o acesso à informação ser "complicado e restrito" e muitas vezes limitado "às informações constantes das ementas dos acórdãos ou a algumas palavras-chaves". AFONSO DA SILVA, Virgílio. *Direitos Fundamentais: conteúdo essencial, restrições e eficácia*. São Paulo: Malheiros, 2009, p. 33. Sobre o tema, há um interessante artigo publicado na Revista de Estudos Empíricos em Direito, em que foi observado que "(i) nem todos os bancos eletrônicos [dos Tribunais] disponibilizam a totalidade das decisões, (ii) nem todas as decisões disponibilizadas estão na íntegra; e (iii) nem sempre as ferramentas de busca apresentadas são precisas ou permitem fácil acesso aos julgados". VEÇOSO, Fabia Fernandes Carvalho et. al. *A pesquisa em Direito e as bases eletrônicas de julgados nos tribunais: matrizes de análise e aplicação no Supremo Tribunal Federal e no Superior Tribunal de Justiça*. In: Revista de Estudos Empíricos em Direito. vol. 1, n. 1, jan/2014, p. 110.

112. STF, RHC 53524, Relator(a): Min. ANTONIO NEDER, Primeira Turma, julgado em 14/11/1975.

afastar a prática do crime de denunciação caluniosa, mantendo-se, então, o recebimento da denúncia[113].

Esta temática parece ter voltado à Corte Suprema somente em 1995[114], no RHC 72830. Neste recurso, o primeiro recorrente, quando era Procurador-Geral do Estado de Rondônia, sugeriu ao Governador que fosse celebrado, com o segundo recorrente, um contrato de prestação de serviços advocatícios, para cuidar dos interesses daquele Estado junto aos Tribunais Superiores, em Brasília. Como, posteriormente, o Tribunal de Contas do Estado apontou irregularidades neste contrato de prestação de serviços, que não foi precedido de licitação, ambos foram denunciados, em conjunto com o então Governador, pelo crime de peculato (artigo 312, do Código Penal).

O então Governador teve seu caso arquivado pelo Superior Tribunal de Justiça, remanescendo a denúncia em relação ao então Procurador-Geral do Estado e o advogado diretamente contratado pela Administração Pública. Contudo, nesta decisão, o Supremo Tribunal Federal reconheceu que as irregularidades apontadas pelo Tribunal de Contas não chegavam a tipificar conduta delituosa, não havendo dolo de apropriação do patrimônio público, pois a contratação de advogado dispensaria, sempre, licitação e, além disso, os honorários teriam sido modicamente arbitrados e os serviços advocatícios teriam sido efetivamente prestados em benefício do Estado. Assim, em relação aos recorrentes, a referida ação penal foi trancada, em sede de *habeas corpus*, por ausência de dolo[115].

---

113. Na verdade, foram produzidos quatro laudos (o laudo não-oficial que embasou a notícia de crime, o laudo da polícia técnica que deu causa ao indiciamento pelo crime de denunciação caluniosa, outro laudo extrajudicial confirmando a falsidade das assinaturas e um último laudo oficial insistindo na autenticidade das assinaturas) e que, apesar desta divergência de entendimentos, o Supremo Tribunal Federal manteve a denúncia pelo crime de denunciação caluniosa que exige que o agente previamente saiba que a pessoa que acusa é inocente. Além disso, é interessante observar a diferença feita às fontes da informação técnica: um parecer produzido por agente público teria, sempre, valor probatório e um parecer produzido por particular não seria prova eficaz. Este mesmo entendimento ressurgiu no Supremo em 2016, em um dos votos da AP 580 onde foi consignado que "o parecer emitido no sentido da inexigibilidade [da licitação] o foi por Procuradores municipais concursados. Portanto, não há uma relação de confiança ou subordinação em relação aos Procuradores e o Prefeito municipal, cuja presença é uma presença de governo; e os Procuradores concursados, na verdade, não têm obviamente essa presença transeunte; são da carreira permanente" (STF, AP 580, Relator(a): Min. ROSA WEBER, Primeira Turma, julgado em 13/12/2016, p. 37 do acórdão). A importância da fonte da informação será tratada a partir do Capítulo 3.

114. STF, RHC 72830, Relator(a): Min. CARLOS VELLOSO, Segunda Turma, julgado em 24/10/1995.

115. O problema de se enfrentar o elemento subjetivo do tipo será posto mais adiante. Contudo, aqui este problema parece ser ainda maior pois seu enfrentamento ocorreu por uma via que, em regra, não admite dilação probatória e, por ser ação de cognição sumária, se pauta em uma análise perfunctória. Há uma análise completa e exauriente sobre todas as bases e características do habeas corpus em DEMERCIAN, Pedro Henrique; MALULY, Jorge Assaf. Curso de Processo Penal. Rio de Janeiro: Forense, 2014, p. 663 e ss. Sobre o alcance do exame de prova em habeas corpus, v.

Em 2014, o Supremo Tribunal Federal se deparou, novamente, com uma situação semelhante[116]. Segundo se colhe do Inq 3074, havia sido efetuada contratação direta, supostamente indevida, de escritório de advocacia para a retomada do serviço de abastecimento de água e esgoto do Município de Joinville/SC. Por conta disso, o Ministério Público ofereceu denúncia em face do então Prefeito Municipal, que efetuou a contratação direta, e dos Procuradores Municipais, que emitiram parecer jurídico opinando pela possibilidade de dispensa do certame, pela prática, em tese, do crime de dispensa indevida de licitação (artigo 89, da Lei 8.666/1993).

Contudo, em vez de o Tribunal partir diretamente para uma análise do elemento subjetivo do tipo – tal como fez em 1995 –, desta vez a opção da Corte foi analisar, objetivamente, se o caso concreto era ou não de inexigibilidade de licitação. O Ministro Relator fixou alguns parâmetros para o controle da legalidade das contratações diretas de serviços jurídicos[117], as quais por terem sido integralmente observadas, retirariam a justa causa para a ação penal, o que levou à rejeição da denúncia, após detida análise do mérito do caso[118].

A maior parte das decisões do Supremo Tribunal Federal que envolve esta problemática se refere aos casos em que houve dispensa (indevida) de licitação, havendo uma variedade de soluções[119].

MOURA, Maria Thereza Rocha de Assis. *Justa causa para a ação penal: doutrina e jurisprudência*. São Paulo: RT, 2001. p. 292 e ss. e TORON, Alberto Zacharias. *Habeas Corpus: controle do devido processo legal: questões controvertidas e de processamento do writ*. São Paulo: RT, 2017, p. 124 e ss.

116. STF, Inq 3074, Relator(a): Min. ROBERTO BARROSO, Primeira Turma, julgado em 26/08/2014.

117. Colhe-se da própria ementa: "A contratação direta de escritório de advocacia, sem licitação, deve observar os seguintes parâmetros: a) existência de procedimento administrativo formal; b) notória especialização profissional; c) natureza singular do serviço; d) demonstração da inadequação da prestação do serviço pelos integrantes do Poder Público; e) cobrança de preço compatível com o praticado pelo mercado". STF, Inq 3074, Relator(a): Min. ROBERTO BARROSO, Primeira Turma, julgado em 26/08/2014.

118. Analisar se, no mérito, a decisão tomada de acordo com um parecer prévio foi o não acertada, a partir do conteúdo do próprio parecer, é um critério temerário. Ainda que o Poder Judiciário se entenda competente para tal mister em crimes cuja base é eminentemente jurídica (p. ex. o crime de dispensa indevida de licitação tem relação direta com outro instituto jurídico que é a própria licitação e suas hipóteses legais de dispensa), o campo fica minado quando se adentra em situações cuja matéria regulada é exclusivamente técnica e bastante específica (p. ex. se a decisão tomada para a venda de determinado medicamento, que posteriormente causou lesões em diversos pacientes, foi acertada porque precedida de parecer do laboratório farmacêutico atestando a regularidade do remédio). Daí porque este critério *de mérito*, por vezes adotado pelo nossos Tribunais, não ser adequado do ponto de vista dogmático.

119. Ora se decidiu que não há dolo porque o a instância administrativa fiscalizadora aprovou o contrato licitatório (STF, Inq 2648, Relator(a): Min. CÁRMEN LÚCIA, Tribunal Pleno, julgado em 12/06/2008), ora se entendeu que esta mesma instância não tem influência sobre a seara penal (STF, HC 103725, Relator(a): Min. AYRES BRITTO, Segunda Turma, julgado em 14/12/2010). Já

Em relação aos crimes contra a ordem tributária previstos no artigo 1°, da Lei 8.137/1990, a Corte Suprema apresentou, mais uma vez, soluções diferentes para casos semelhantes: enquanto no HC 80.797, o Supremo denegou a ordem impetrada aduzindo que a discussão sobre a regularidade das operações contábeis que, em tese, tinham embasamento legal e foram realizadas pelo Diretor Superintendente e pelo contador da empresa deveriam ser dirimidas pelo juiz da causa[120]; no HC 72.584-8, entendeu-se pela manutenção da absolvição dos administradores da companhia pois, no mérito, constatou-se que as operações contábeis realizadas tinham respaldo na doutrina e na jurisprudência, tratando-se de mera e impunível interpretação divergente, dada pelos técnicos da empresa, quanto a legislação tributária aplicável[121].

Já no Inq 2559, a Suprema Corte entendeu que o Presidente do Diretório Regional de determinado Partido Político estava em erro de proibição inevitável em relação ao crime do artigo 350 do Código Eleitoral ao subscrever nova prestação de contas em substituição à anteriormente apresentada perante a Justiça Eleitoral, ao invés de proceder com a devida retificação desta. Isso porque, a decisão de apresentar novos livros contábeis foi tomada a partir da orientação dada pelo contador e pelo advogado delegado do Partido de que esta seria a forma adequada e correta de se regularizar o problema de contabilidade apontado pelo Tribunal Regional Eleitoral. Assim, a denúncia foi rejeitada em relação ao então Presidente do Partido, sem qualquer reflexo para o contador ou para o advogado que o orientaram[122].

se entendeu que quem contrata prévio parecer jurídico nunca atua com dolo de dispensar indevidamente a licitação (STF, Inq 2482, Relator(a) p/ Acórdão: Min. LUIZ FUX, Tribunal Pleno, julgado em 15/09/2011 e STF, AP 559, Relator(a): Min. DIAS TOFFOLI, Primeira Turma, julgado em 26/08/2014), mas também já foi considerado que o parecer não pode servir de escudo para isentar a responsabilidade do gestor, pois o parecer não é vinculante e o administrador municipal continua detendo o poder de decisão (STF, AP 971, Relator(a): Min. EDSON FACHIN, Primeira Turma, julgado em 28/06/2016). Em outro caso, a Corte decidiu que aquele que dispensou a licitação estava em erro sobre o elemento constitutivo do tipo "fora das hipóteses legais" (artigo 89, da Lei 8.666/1993), pois havia parecer prévio da Procuradoria opinando ser caso de dispensa (STF, Inq 3965, Relator(a): Min. TEORI ZAVASCKI, Segunda Turma, julgado em 22/11/2016), o que parece acertado, como adiante se verá.

120. STF, HC 80797, Relator(a): Min. SYDNEY SANCHES, Primeira Turma, julgado em 07/08/2001. Neste caso a ordem foi denegada apesar de a denúncia afirmar que o contador agiu como mero mandatário do Diretor Superintendente da empresa e do próprio contador ter alegado que, de fato, não exercia qualquer poder de gestão na companhia e que as operações contábeis por ele realizadas tinham correto embasamento na legislação tributária.

121. STF, (HC 72584, Relator(a): Min. MAURÍCIO CORRÊA, Segunda Turma, julgado em 17/10/1995. Colhe-se, inclusive, da ementa que "Descabe confundir interpretação errônea de normas tributárias, passível de ocorrer quer por parte do contribuinte ou da Fazenda, com o ato penalmente glosado, em que sempre se presume o consentimento viciado e o objetivo de alcançar proveito sabidamente ilícito".

122. STF, Inq 2559, Relator(a): Min. DIAS TOFFOLI, Tribunal Pleno, julgado em 18/08/2011. O voto condutor do acórdão é um pouco confuso pois, apesar de reconhecer o erro de proibição ine-

Tal como no Supremo Tribunal Federal, boa parte da jurisprudência do Superior Tribunal de Justiça que aborda o problema desta pesquisa se restringe aos casos envolvendo os crimes previstos na Lei de Licitações (artigos 89 a 98, da Lei 8.666/1993).

No HC 233.619, os Procuradores Federais de determinada Universidade que foram, inicialmente, denunciados em conjunto com o Reitor e com o Pró-Reitor da mesma Instituição por terem dispensado licitação fora das hipóteses legais (artigo 89, da Lei 8.666/1993), tiveram todo o processo em relação a eles anulado pela Corte Superior, ante a inépcia da denúncia, porque não se demonstrou o necessário nexo causal entre a conduta dos pareceristas e a ofensa ao bem jurídico tutelado pela norma penal.[123]

Todavia, apesar deste deslinde, o importante desta decisão foi a avaliação do Ministro Relator sobre o fato de, *in casu*, não ser manifesta a ilegalidade da dispensa de licitação. Pautando-se exclusivamente em trechos da própria denúncia, o Ministro Relator entendeu que tal circunstância seria o motivo de o parecer dos Procuradores ter sido favorável à dispensa da licitação, trazendo à baila uma espécie de dúvida razoável acerca da matéria sobre a qual se opina (se era, ou não, hipótese de inexigibilidade do certame), que justificaria o afastamento da responsabilidade penal dos pareceristas[124].

Contudo, a pluralidade de entendimentos nos casos envolvendo crimes licitatórios também aparece nas decisões do Superior Tribunal de Justiça[125],

vitável, que exclui a culpabilidade e isenta o agente de pena, afirma expressamente que o denunciado foi induzido a erro provocado por terceiro, hipótese que, na verdade, está contida no erro de tipo (artigo 20, § 2°, do Código Penal) e afasta da conduta do acusado o dolo de fraudar (o que somente teria reflexos no erro de proibição se ele fosse causado por erro de tipo, situação de subsidiariedade que não foi constatada neste caso).

123. STJ, HC 233.619/RS, Rel. Ministro SEBASTIÃO REIS JÚNIOR, SEXTA TURMA, julgado em 05/06/2014. No mesmo sentido foi a decisão proferida no RHC 46.102 ressaltando não ter sido demonstrado de que forma os pareceristas teriam transbordado os limites do exercício legítimo da advocacia para fraudarem certame público, restando uma acusação meramente objetiva em relação a estes profissionais e, por isso, a ação penal foi trancada em relação aos Procuradores Geral e Adjunto do Município (STJ, RHC 46.102/RJ, Rel. Ministro ROGERIO SCHIETTI CRUZ, SEXTA TURMA, julgado em 25/10/2016).

124. A importância da constatação da dúvida razoável e os seus reflexos na atribuição de responsabilidade penal serão tratados a partir do Capítulo 3. Por ora, basta assinalar que o critério esposado neste acórdão é fundamental para solucionar o problema central do presente trabalho que se encontra na linha tênue entre o permitido e o proibido.

125. Já se entendeu que o parecerista nunca responde pelo crime porque não há dolo (STJ, HC 339.303/PI, Rel. Ministro NEFI CORDEIRO, SEXTA TURMA, julgado em 09/08/2016, STJ, HC 369.019/AP, Rel. Ministro RIBEIRO DANTAS, QUINTA TURMA, julgado em 13/12/2016) ou porque não há nexo causal entre o parecer e o resultado típico (STJ, STJ, RHC 33.595/RJ, Rel. Ministro JORGE MUSSI, QUINTA TURMA, julgado em 18/02/2014 e STJ, RHC 39.644/RJ, Rel. Ministra LAURITA VAZ, QUINTA TURMA, julgado em 17/10/2013), embora expressamente mencionado que o parecer estaria totalmente equivocado em seus fundamentos jurídicos e com ina-

inclusive apontando para uma espécie de dever de garantia do parecerista sobre a regularidade do procedimento licitatório, assentando-se que o assessor jurídico é a pessoa que tem conhecimentos técnicos e jurídicos para dizer da legalidade deste procedimento[126].

Similar foi o entendimento esposado pelo Superior Tribunal de Justiça em um caso envolvendo crime contra a ordem tributária (artigo 1º, da Lei 8.137/1990), reconhecendo deveres de vigilância e de diligência ao contador, mesmo não sendo sócio da companhia, sobre a regularidade contábil da empresa, levando-o a responder, em conjunto com os administradores, pela prática do crime de sonegação fiscal[127].

Para além das Cortes Superiores, os demais Tribunais do país trataram desta temática principalmente nos casos envolvendo crimes tributários, financeiros e de lavagem de capitais.

Nos Tribunais Regionais Federais encontra-se desde decisão aplicando a teoria do domínio do fato aos crimes contra a ordem tributária e, com ela, excluindo, de plano, a responsabilidade penal do contador pela sonegação fiscal porque ele não teria poderes para decidir pelo recolhimento, ou não, dos

dequada interpretação dos dispositivos legais nele constantes. Em outro caso, a Corte Superior, ao que parece com acerto, reconheceu que "ao adotar tese plausível, mesmo minoritária, desde que de forma fundamentada, o parecerista está albergado pela inviolabilidade de seus atos, o que garante o legítimo exercício da função", não havendo responsabilidade administrativa do parecerista quando não verificada má-fé ou erro grosseiro no parecer (STJ, REsp 1454640/ES, Rel. Ministro BENEDITO GONÇALVES, PRIMEIRA TURMA, julgado em 15/10/2015). É interessante observar a preocupação da Corte Superior com a qualidade da informação contida no parecer técnico-jurídico para se fixar a responsabilidade administrativa do parecerista, preocupação não verificada nas decisões da Corte na esfera penal. A importância deste critério para se fixar a responsabilidade penal será tratada a partir do Capítulo 3.

126. STJ, RHC 63.744/MG, Rel. Ministra MARIA THEREZA DE ASSIS MOURA, SEXTA TURMA, julgado em 03/03/2016. Há um delineamento inicial de que o parecerista deve assegurar a regularidade do procedimento licitatório, sendo um tipo de garantidor. Ainda sobre este tema, o HC 43.822 verifica o cumprimento dos deveres de diligência e cautela do parecerista, observando que o parecer jurídico que foi favorável à contratação direta está bem fundamentado e plenamente de acordo com a legislação vigente e, portanto, a responsabilidade penal do Procurador do Município, *in casu*, foi afastada (STJ, HC 43.822/RS, Rel. Ministro PAULO MEDINA, SEXTA TURMA, julgado em 26/09/2006). A eventual posição de garante do parecerista será tratada no Capítulo 4. A mesma decisão foi tomada no RHC 23.770/MG, Rel. Ministra LAURITA VAZ, QUINTA TURMA, julgado em 03/02/2005, no HC 78.553 e no HC 337.751, com destaque, nestes dois últimos casos, para a relativização da imunidade profissional do advogado que emite parecer não vinculativo nos autos de procedimento de licitação (STJ, HC 78.553/SP, Rel. Ministra MARIA THEREZA DE ASSIS MOURA, SEXTA TURMA, julgado em 09/10/2007 e STJ, HC 337.751/RN, Rel. Ministra MARIA THEREZA DE ASSIS MOURA, SEXTA TURMA, julgado em 15/12/2015).

127. STJ, HC 13.322/RJ, Rel. Ministro GILSON DIPP, QUINTA TURMA, julgado em 28/11/2000. Os consultores especializados também não escaparam da acusação de terem praticado crime contra a ordem tributária ao apresentarem planejamento tributário com tese considerada fraudulenta (STJ, RHC 44.168/RS, Rel. Ministra MARIA THEREZA DE ASSIS MOURA, SEXTA TURMA, julgado em 24/02/2015).

tributos[128]; até acórdão que desconsidera ter sido o administrador da empresa induzido em erro pela empresa de consultoria contábil, pois a responsabilidade pela movimentação das contas correntes da empresa eram suas, sem qualquer reflexo para os consultores técnicos[129].

Por fim, nos Tribunais de Justiça Estaduais, também são encontrados os mais diversos entendimentos para solucionar os casos envolvendo decisões tomadas com base em prévia orientação técnica ou jurídica recebida[130].

Embora certa vez o Tribunal de Santa Catarina tenha afirmado ser suficiente o nexo de causalidade para fins de imputação de responsabilidade penal aos contadores, este mesmo Tribunal apresentou fundamentos e conclusões diametralmente opostos quando julgou o HC nº 97.012345-0[131], oriundo da mesma ação penal, que fora impetrado pelos advogados que, tal como os contadores, também prestavam serviços de assessoria tributária para a mesma empresa[132].

Neste outro *habeas corpus*, o acórdão narra que os três advogados foram denunciados pelo crime de sonegação fiscal porque prestavam assistência tri-

---

128. TRF-4, Apelação Criminal 5000765-67.2011.404.7204, Rel. Des. Fed. JOÃO PEDRO GEBRAN NETO, julgado em 15/04/2015. A aplicabilidade desta teoria no Direito Penal brasileiro e os reflexos dela para fins de imputação de responsabilidade penal no contexto do problema enfrentado na presente pesquisa serão abordados a partir do Capítulo 3. Por ora, basta assinalar que o acórdão não enfrentou os limites da participação punível prevista nos artigos 29 e 31 do Código Penal.

129. TRF-3, Apelação Criminal 0010502-06.2005.4.03.6110, Rel. Des. Fed. CORTIM GUIMARÃES, julgado em 13/11/2012 e TRF-2, Apelação Criminal 2006.51.01.529188-1, Rel. Des. Fed. LILIANE RORIZ, SEGUNDA TURMA ESPECIALIZADA, julgado em 14/10/2008.

130. Há acórdão reconhecendo ausência de dolo de quem atua conforme prévio parecer jurídico, pois, por um lado, que os administradores não quiseram fraudar a legislação tributária, porquanto estavam seguindo a orientação de uma assessoria especializada "com prognóstico de que [a compensação tributária proposta por esta assessoria] era um procedimento legal e possível" e, por outro, que seria "impensável que uma empresa especializada em estudo e administração tributária fosse orientar seu cliente a burlar a tributação, colocando em risco seu próprio nome e de seu cliente" (TJRS, Apelação Crime 70056059074, Rel. Des. GASPAR MARQUES BATISTA, QUARTA CÂMARA, julgado em 27/03/2014). Mas, há também decisão reconhecendo nexo causal entre a assessoria contábil prestada pelos contadores e o resultado típico verificado, levando estes a responderem pelo crime de sonegação fiscal (TJSC, HC 97.015087-3, Rel. Des. NELSON SCHAEFER MARTINS, CÂMARA DE FÉRIAS, julgado em 13/01/1998).

131. TJSC, HC 97.012345-0, Rel. Des. ÁLVARO WANDELLI, SEGUNDA CÂMARA CRIMINAL, julgado em 18/11/1997. Este mesmo julgado também foi trazido à colação, inicialmente, por Hugo de Brito Machado na obra "*Planejamento Tributário e crime*", In: MACHADO, Hugo de Brito. *Estudos de Direito Penal Tributário*. São Paulo: Atlas, 2002, p. 59-63 e, posteriormente, por Maria Elizabeth Queijo na obra "*Responsabilidade penal do advogado parecerista em matéria tributária*". In: TANGERINO, Davi de Paiva Costa e GARCIA, Denise Nunes (Coord.). *Direito penal tributário*. São Paulo: Quartier Latin, 2007, p. 265-278; por Matias Illg em "*Planejamento tributário: estamos diante de uma conduta neutra?*", In: SILVA FRANCO, Alberto e LIRA, Rafael (Coord.). *Direito penal econômico: questões atuais*. São Paulo: RT, p. 277-297 e também por João Daniel Rassi em RASSI, João Daniel. *Imputação das ações neutras e o dever de solidariedade no direito penal*. São Paulo: LiberArs, 2014, p. 20-21.

132. Nas pesquisas realizadas não foram encontrados recursos interpostos ou demais *writs* impetrados nos Tribunais Superiores que fossem referentes a este mesmo caso.

butária, através de defesas, pareceres jurídicos e formulação de planejamento tributário, a empresários co-denunciados, orientando-os a práticas que teriam viabilizado a redução e a supressão indevida de ICMS.

Quando do julgamento deste *writ*, o Tribunal analisou tanto os termos da contratação dos serviços destes consultores, como as próprias consultas que foram por eles prestadas, concluindo que os serviços contratados eram lícitos e que as orientações dadas estavam apoiadas na legislação vigente e contavam com embasamento doutrinário e jurisprudencial específicos sobre o tema[133].

Assim, neste caso julgado nos idos de 1997, o Tribunal de Justiça de Santa Catarina concluiu, e nos parece que com acerto, que a intervenção profissional destes advogados nada teve de ilegal e a consultoria por eles prestada não foi criminosa. Por isso, a interpretação jurídica bem fundamentada destes consultores, que visou a diminuição da carga tributária que era imposta à empresa, embora tenha sido divergente da opinião do Fisco, não constitui crime. Ao final, a ordem foi concedida e a ação penal foi trancada em relação aos advogados-consultores sendo, contudo, mantida em relação aos contadores que, da mesma forma, também prestavam assessoria contábil para esta mesma empresa[134].

Esta última e emblemática decisão revela um grave problema que, infelizmente, também foi encontrado em todos os Tribunais do país: o oferecimento de soluções *ad-hoc* pelo Poder Judiciário[135].

---

133. Este foi o único caso encontrado em toda a jurisprudência nacional – com as limitações, já declinadas, que este tipo de pesquisa impõe – que resolveu o caso, ainda que de forma tímida, partindo da análise da tipicidade objetiva, sem adentrar, logo de início, no elemento subjetivo do tipo. Somente depois de superada esta fase é que o acórdão verifica que os advogados não agiram com dolo de orientar a prática de crimes tributários, mas tão somente promover uma elisão fiscal (lícita) e não uma evasão ou sonegação (ilícitas).

134. Relembre-se que foram dois *writs* impetrados em relação a esta ação penal. V. notas de rodapé *supra*.

135. A expressão foi cunhada por diversos autores, como SCHÜNEMANN, Bernd. *Aporías de la teoria de la pena en la filosofía: pensamientos sobre Immanuel Kant*. In: Revista para el análisis del derecho (InDret), nº 2/2008, Barcelona, abril/2008, p. 9; MARAVER GÓMEZ, Mario. *El principio de confianza em derecho penal: un estúdio sobre la aplicación del princípio de autorresponsabilidad em la teoría de la imputación objetiva*. Madrid: Civitas, 2009, p. 443; ANGLÍ, Mariona Llobet. *¿Es posible torturar en legítima defesa de terceros?* In: Revista para el análisis del derecho (InDret), nº 4/2010, Barcelona, julho/2010, p. 14; RAGUÉS I VALLÈS, Ramón. *A modo de contrarréplica: la ignorancia deliberada y su difícil encaje em la teoría dominante de la imputación subjetiva*. In: Discusiones: Ignorancia deliberada y Derecho Penal. Sección I: Discusión, núm. 13 (2014), p. 144; e MACHADO, Maíra Rocha e PIRES, Álvaro P. *Intervenção Política na sentença do direito?* In: MACHADO, Marta R. de Assis; PÜRSCHEL, Flavia Portella (Orgs.). *Responsabilidade e pena no Estado Democrático de Direito*. São Paulo: FGV Direito SP, 2016, p. 384. Dentre eles, por FEIJOO SÁNCHEZ, Bernardo. *Resultado Lesivo e Imprudência*. Tese de Doutorado apresenta à Faculdade de Direito da Universidade Autónoma de Madrid em 1996, p. 161. Nesta passagem, FEIJOO SÁNCHEZ critica os problemas gerais de um sistema jurídico meramente orientado para as consequências de cada caso concreto e que baseia suas soluções em decisões *ad hoc*. Entre nós, MARQUES, José

A *jurisprudência oscilante* dos nossos Tribunais não é algo novo[136], nem privilégio pátrio[137]. No entanto, haver, indefinidamente, posicionamentos diferentes e incompatíveis nos Tribunais, que variam ao sabor da composição humana das Câmaras e Turmas, leva jurisdicionados, que estejam em situações idênticas, a se submeterem a regras diferentes.

Essa justiça do caso concreto[138] não só abre a porta ao arbítrio judicial, como também fragmenta o sistema[139] e os jurisdicionados não podem ser tratados "como cães, que só descobrem que algo é proibido quando o bastão toca seus focinhos"[140].

Jurisprudentia é, na sua origem, o exercício do Direito enquanto uma atividade ética, a prudência, virtude moral do equilíbrio e da ponderação nos atos de julgar[141]. Contudo, as profundas mudanças observadas em nossos Tribunais, mesmo sem uma modificação legislativa a respeito da matéria, anunciam uma

Frederico. Tratado de Direito Penal. Vol. 1. São Paulo: Saraiva, 1964, p. 202, em trecho que trata do princípio *nullum crimen nulla poena sine lege praevia*, como forma de se impedir o arbítrio de normas feitas *ad hoc* pelo órgão judicante.

136. Há mais de um século, em 04 de julho de 1904, o jornal A Notícia publicou uma coluna intitulada "Jurisprudência Oscilante" destacando as contradições do Supremo Tribunal Federal que havia criado dúvidas e incertezas, pois, naquela época, em menos de uma semana, a Corte Suprema havia proferido decisões diametralmente opostas sobre o mesmo caso. Este mesmo episódio foi apelidado pelo Jornal do Brasil, em 24 de julho de 1904, como uma "trapalhada judicial". Cf. CANTASIANO, Pedro Jimenez. *Direito, Propriedade e Reformas Urbanas: Rio de Janeiro, 1903-1906*. In: Estudos Históricos, vol. 29, nº 58, mai-ago de 2016, Rio de Janeiro: Centro de Pesquisa e Documentação Histórica Contemporânea do Brasil da Fundação Getúlio Vargas, p. 401 e ss.

137. LUÍS GRECO e ALAOR LEITE denunciam que a jurisprudência alemã ainda transita aleatoriamente entre vários critérios para definir, no caso concreto, quem é autor e quem é partícipe de determinado delito. GRECO, Luís; LEITE, Alaor. *O que é e o que não é a teoria do domínio do fato: sobre a distinção entre autor e partícipe no direito penal*. In: GRECO, Luís et. al. *Autoria como domínio do fato: estudos introdutórios sobre o concurso de pessoas no direito penal brasileiro.* São Paulo: Marcial Pons, 2014, p. 19-45.

138. "Se a jurisprudência se recusa a vincular-se a regras estritas, perdem-se não apenas a segurança jurídica e a igualdade, mas também a equidade, restando apenas o arbítrio judicial". PUPPE, Ingeborg. *Ciência do direito penal e jurisprudência.* In: Revista Brasileira de Ciências Criminais, nº 58 (2006), p. 110.

139. Tanto assim, que a busca de uma estabilidade jurisprudencial como forma de se garantir uma necessária segurança jurídica foi um dos motivos norteadores do atual Código de Processo Civil (CPC/2015). A exposição de motivos deixa bastante claro que o Novo CPC "as alterações mais expressivas do sistema processual ligadas ao objetivo de harmonizá-los com o espírito da Constituição Federal, sejam as que dizem respeito a regras que induzem à uniformidade e à estabilidade da jurisprudência". Para mais, v. Código de processo civil e normas correlatas. 7ª ed. Brasília: Senado Federal, 2015, p. 27 e ss.

140. BENTHAM citado por CAENEGEM, Raoul Van. *Judges, Legislators & Professors: chapters in European Legal History*. Cambridge University Press, 1987, p. 161, tradução livre.

141. Inclusive, a palavra jurisprudência liga-se à *fronesis* (discernimento), entendida pelos gregos enquanto uma virtude do homem prudente. FERRAZ JUNIOR, Tercio Sampaio. *Introdução ao estudo do direito: técnica, decisão, dominação*. São Paulo: Atlas, 2010, p. 32 e ss.

dispersão excessiva de entendimentos[142], ora próximos da intuição[143], da espontaneidade e até mesmo da astrologia[144] que não alcançam mínimas exigências de uma fundamentação científica[145]. Por sequer poderem ser chamadas de jurisprudência – por faltar-lher unidade, integrida e coerência –, este tópico se reduziu a enunciar tão somente um panorama das decisões dos Tribunais brasileiros.

Ainda que a ela seja negado o caráter de fonte do Direito[146], é inegável a contribuição da jurisprudência na formação de interpretações uniformes e constantes[147], com especial força de orientação interpretativa da lei[148], constituindo uma forma de revelação do Direito[149].

---

142. ALFREDO BUZAID já alertava na década de 1980 para o fenômeno da dispersão excessiva da jurisprudência. "Na verdade, não repugna ao jurista que os tribunais, num louvável esforço de adaptação, sujeitem a mesma regra a entendimento diverso, desde que se alterem as condições econômicas, políticas e sociais; mas repugna-lhe que sobre a mesma regra jurídica deem os tribunais interpretação diversa e até contraditória, quando as condições em que ela foi editada continuam as mesmas. O dissídio resultante de tal exegese debilita a autoridade do Poder Judiciário, ao mesmo passo que causa profunda decepção às partes que postulam perante os tribunais". BUZAID, Alfredo. Uniformização de Jurisprudência. In: Revista Ajuris. Porto Alegre: Associação de Juízes do Rio Grande do Sul. nº 34, jul. 1985, p. 195.

143. O Ministro HUMBERTO GOMES DE BARROS, do Superior Tribunal de Justiça, já asseverou: "Não me importa o que pensam os doutrinadores. Enquanto for ministro do Superior Tribunal de Justiça, assumo a autoridade da minha jurisdição [...]. Decido, porém, conforme minha consciência. Precisamos estabelecer nossa autonomia intelectual, para que este Tribunal seja respeitado. É preciso consolidar o entendimento de que os Srs. ministros Francisco Peçanha Martins e Humberto Gomes de Barros decidem assim, porque pensam assim. E o STJ decide assim, porque a maioria de seus integrantes pensa como esses ministros. Esse é o pensamento do Superior Tribunal de Justiça e a doutrina que se amolde a ele. É fundamental expressarmos o que somos. Ninguém nos dá lições. Não somos aprendizes de ninguém." STJ, AgRg nos EREsp 319.997/SC, Rel. p/ Acórdão Ministro HUMBERTO GOMES DE BARROS, PRIMEIRA SEÇÃO, julgado em 14/08/2002.

144. O Ministro DIAS TOFFOLI, do Supremo Tribunal Federal, já votou pela concessão da ordem em determinado *habeas corpus* porque "os astros hoje estão alinhados, em uma conjugação favorável aos pacientes", asseverando "que os astros hoje estão alinhados pela concessão das ordens". STF, HC 103.412, Relator(a): Min. Rosa Weber, Primeira Turma, julgado em 19/06/2012.

145. SCHÜNEMANN, Bernd. *El próprio sistema de la teoria del delito*. In: Revista para el análisis del derecho (InDret), nº 1/2008, Barcelona, janeiro/2008, p. 15.

146. FERRAZ JUNIOR, Tercio Sampaio. *Introdução ao estudo do direito: técnica, decisão, dominação*. São Paulo: Atlas, 2010, p. 209 e ss. e MAGALHÃES NORONHA, Edgard. *Direito Penal*. São Paulo: Saraiva, 2003, p. 50 e ss. Em sentido diverso, REALE, Miguel. *Lições preliminares de direito*. São Paulo: Saraiva, 1991, p. 168, com o qual partilhamos do mesmo entendimento pois sendo a jurisprudência atividade de interpretação e concretização não haveria como negar-lhe a categoria de fonte do direito. Inclusive, ela é assim entendida sem grandes dificuldades no *common law*, cf. GORON, Lívio Goellner. *A jurisprudência como fonte do direito: a experiência anglo-americana*. In: Revista de Direito Constitucional e Internacional, Ano 12 (2004), nº 47, p. 284 e ss.

147. Existe um reflexo real que revela a importância prática da jurisprudência: o princípio da confiança, necessário e correto critério delimitador de responsabilidade penal, originou-se na jurisprudência dos Tribunais alemães, em meados da década de 1930. Sobre o tema, com profunda análise jurisprudencial, v. SIQUEIRA, Flávia. *O princípio da confiança no direito penal*. Belo Horizonte: Editora D'Plácido, 2016, p. 39 e ss.

148. BRUNO, Aníbal. *Direito Penal: parte geral*. T. 1. Rio de Janeiro: Forense, 1984, p. 219.

149. REALE, Miguel. *Lições preliminares de direito*. São Paulo: Saraiva, 1991, p. 167.

No problema-objeto da presente pesquisa sua função é ainda mais importante, pois na ausência de disciplina legal específica sobre o tema (ou seja, sobre os contornos da responsabilidade penal de quem toma a decisão embasada em parecer técnico ou jurídico e de quem repassa a informação qualificada), é tarefa da jurisprudência, após minudente reflexão, preencher concretamente esta lacuna e elaborar orientações precisas sobre o tema[150].

Todavia, a *justiça lotérica*[151] observada nos julgados ora trazidos à colação, revelam que o atual estágio de enfrentamento do problema desta pesquisa é dogmática e pragmaticamente preocupante: com tantas soluções dadas para casos semelhantes, há grave e concreto risco de que sejam cometidas intragáveis arbitrariedades[152].

Nota-se a forte tendência dos Tribunais em partir diretamente para o exame do elemento subjetivo do tipo nos casos concretos o que, de saída, subverte a ordem estabelecida pela própria teoria do delito e gera graves problemas dogmáticos para a imputação de responsabilidade penal, os quais serão tratados no capítulo a seguir.

1.6. Resultados parciais

1. A dinâmica das atividades empresariais demandou progressivo aumento de agências reguladoras e de fiscalização e deu azo à produção de normas específicas para cada setor de atuação da empresa, na seara econômica, financeira, societária, ambiental, etc., para tutelar a ordem econômica e social.

---

150. LIMONGI FRANÇA assinala que são cinco as funções da jurisprudência: interpretar a lei, vivificar a lei, humanizar a lei, suplementar a lei e rejuvenescer a lei. LIMONGI FRANÇA, Rubens. Da jurisprudência como direito positivo. In: Revista da Faculdade de Direito da USP, v. 66 (1971), p. 217 e ss. Contudo, como bem alerta SOLER tal entendimento pode atribuir à jurisprudência força produtora de normas, outorgando-se ao juiz faculdade legiferante, típica de direitos penais revolucionários. SOLER, Sebastian. *Derecho Penal Argentino*. T. 1. Buenos Aires: TEA, 1945, p. 138.

151. A expressão foi dada por LÊNIO STRECK, em entrevista ao Consultor Jurídico. Disponível em http://www.conjur.com.br/2009-mar-15/entrevista-lenio-streck-procurador-justica-rio-grande-sul. Acessado em 03 de agosto de 2020. Antes dele, porém, GIMBERNAT ORDEIG também afirmou que a punição ou impunidade de uma conduta seria uma "questão lotérica" quando não se conhecem os limites dogmáticos de um tipo penal. GIMBERNAT ORDEIG, Enrique. *Estudios de derecho penal*. Madrid: Tecnos, 1990, p. 158 (apud GUARAGNI, Fábio André. *As teorias da conduta em direito penal: um estudo da conduta humana do pré-causalismo ao funcionalismo pós-finalista*. São Paulo: RT, 2005, p. 34).

152. Para ficarmos com a expressão de GIMBERNAT ORDEIG, as decisões dos Tribunais são mesmo *lotéricas*. Como se observou no início deste tópico, ora se analisa diretamente o elemento subjetivo do tipo; ora não se analisa a conduta do parecerista, a qualidade da informação por ele transmitida, a sua qualidade enquanto fonte e o motivo esposado no parecer; ora não se analisa a responsabilidade do próprio Estado em razão da falta de clareza da ordem emitida; ora se afasta a responsabilidade de todos porque existiu uma decisão de outra instância (administrativa) reconhecendo a regularidade da decisão tomada; ora se afasta a responsabilidade de quem tomou a decisão simplesmente porque estava escudado em parecer prévio, etc. Enfim, não faltam opções.

2. A intensa produção normativa e a complexidade da matéria regulada conduziram à necessidade de as decisões tomadas pelo empresário-administrador serem respaldadas em informações qualificadas, socorrendo-se de consultorias e assessorias técnicas e jurídicas prévias.

3. Embora a tomada de decisão respaldada em prévio parecer técnico ou jurídico inicialmente aponte para a diminuição ou esvaziamento de riscos proibidos, há problema para a imputação de responsabilidade penal quando um resultado lesivo decorre de uma decisão tomada com base em uma informação qualificada equivocada. Pareceres fraudulentos solicitados para tentar mascarar práticas ilícitas não são objeto de análise nesta pesquisa.

4. Existem três prismas de análise do problema desta pesquisa (a partir de quem tomou a decisão, a partir de quem transmitiu a informação qualificada para subsidiar a decisão e a partir do Estado que precisa ser claro na regulação do que é permitido e proibido). Nesta pesquisa, a análise ficará restrita àquele que decidiu conforme a parecer ou consultoria e ao próprio parecerista ou consultor.

5. No Brasil, o problema da responsabilidade penal nas decisões embasadas em pareceres técnicos e jurídicos não é novo e parece ter sido enfrentado pela primeira vez em 1975 pelo Supremo Tribunal Federal. Contudo, a leitura das decisões dos Tribunais brasileiros ao longo do tempo revelou profundas mudanças no tratamento do tema sem ter havido modificação legislativa a respeito da matéria, ou seja, houve o oferecimento de soluções *ad hoc* pelo Poder Judiciário, as quais aumentam o risco do cometimento de arbitrariedades.

6. A forte tendência dos Tribunais pátrios em examinar, de saída, se estão presentes os pressupostos do tipo subjetivo nos casos concretos subverte a ordem de análise estabelecida pela teoria do delito e gera graves problemas dogmáticos para a imputação de responsabilidade penal.

2.

DESAFIOS PARA A IMPUTAÇÃO DE RESPONSABILIDADE PENAL QUANDO HÁ FRAGMENTAÇÃO DE CONDUTAS E FILTRAGEM DA INFORMAÇÃO

2.1. A fragmentação de condutas e a filtragem da informação como marcas da atuação conforme a parecer técnico ou jurídico

Dentro da empresa, quem está no topo da estrutura[153] assume, em geral, funções mais ligadas à coordenação das atividades delegadas e possui visão global dos negócios, não tendo condições reais e concretas de avaliar qual é a ação específica que pode ser tomada para atender ao comando geral. Já quem está na base, até pode ter condições de executar as decisões e implementar os processos específicos, mas falta-lhes a necessária visão de conjunto para desenhar os rumos da empresa e entender o próprio risco de determinadas atividades industriais ou empresariais[154].

---

153. Atualmente, é notória a descentralização da gestão empresarial, de modo que as tomadas de decisões não se concentram em um único ponto da empresa. Além da diretoria, há vários agentes com esse poder de mando, ainda que de forma graduada, como os gerentes, por exemplo. Nesse sentido, CERVINI, Raúl. Derecho penal económico: âmbitos complexos de imputación responsabilidade penal em el marco de la gestión organizada flexible (FOM). In: ALMEIDA PEDROSO, Fernando Gentil Gizzi de; OUTEIRO HERNANDES, Luiz Eduardo Camargo. *Direito penal econômico: temas essenciais para a compreensão da macrocriminalidade atual*. Salvador: Juspodivum, 2017, p. 356.

154. Nesse sentido, FEIJOO SÁNCHEZ, Bernardo. *Imputacion de hechos delictivos en estruturas empresariales complejas*. CIIDPE, 2009, p. 5.

Isso não significa que a empresa seja, de início, uma estrutura de irresponsabilidade organizada[155].

O que, de fato, ocorre é que a dinâmica descentralizada de gestão empresarial[156] implica em uma fragmentação de condutas[157] e em uma divisão interna do conhecimento[158]. Afinal, como nem todos na empresa devem se ocupar de tudo[159], uma boa administração demanda a segmentação da estrutura empresarial em departamentos e unidades especializadas e a delegação de tarefas para o cumprimento dos deveres objetivos de cuidado[160].

Como as operações de mercado estão cada vez mais complexas e há intensa produção normativa nas áreas econômica, financeira, alfandegária, societária, fiscal, tributária, ambiental, etc., que regulam a conduta e se alteram com frequência[161], quem supervisa, coordena e decide[162] precisa consultar previamente *experts* para receber as informações necessárias para a tomada de decisão sobre a operação pretendida[163].

---

155. SCHÜNEMANN, Bernd. *Responsabilidad penal en el marco de la empresa: dificultades relativas a la individualización de la imputación*. ADPCP, vol. LV, 2002, p. 16. Há duas boas razões para isso: é ilógico pensar que um indivíduo seria capaz de reunir, sozinho, o conhecimento e o controle integrais de toda a atividade empresarial e a delegação não exonera o delegante de qualquer responsabilidade, pois a ele é incumbido o dever de supervisão e vigilância sobre o correto desempenho da função que delegou. Sobre o tema, v. FEIJOO SÁNCHEZ, Bernardo. *Imputacion de hechos delictivos en estruturas empresariales complejas*. CIIDPE, 2009, p. 6 e LASCURAÍN, Juan Antonio. La responsabilidad penal individual por los delitos de empresa. *In*: NIETO MARTÍN, Adán. *Manual de cumplimiento penal en la empresa*. Valencia : Tirant lo Blanch, 2015 15, p. 286.

156. MONTANER FERNANDEZ, Raquel. *Gestión empresarial y atribución de responsabilidad penal: a propósito de la gestión medioambiental*. Atelier: Barcelona, 2008, p. 61-62. Segundo este autor, só há verdadeira delegação de competências em sistemas descentralizados.

157. FEIJOO SÁNCHEZ, Bernardo. *Imputacion de hechos delictivos en estruturas empresariales complejas*. CIIDPE, 2009, p. 5.

158. FEIJOO SÁNCHEZ, Bernardo. *Imputacion de hechos delictivos en estruturas empresariales complejas*. CIIDPE, 2009, p. 6.

159. RAGUÉS I VALLÉS, Ramon. Atribuición de responsabilidad penal en estructuras empresariales. Problemas de imputación subjetiva. In: *Revista de Derecho Penal*, 2002, 1, p. 203.

160. ESTELLITA, Heloisa. *Responsabilidade penal de dirigentes de empresa por omissão: estudo sobre a responsabilidade omissiva imprópria de dirigentes de sociedades anônimas, limitadas e encarregados de cumprimento por crimes praticados por membros da empresa*. São Paulo: Marcial Pons, 2017, p. 288.

161. É notória a quantidade de portarias, decretos, regulamentos e leis que constantemente são publicadas para alterar dispositivos normativos anteriores. A importação de produtos, por exemplo, demanda o conhecimento de acordos comerciais internacionais, decretos, instruções normartivas da Receita Federal do Brasil, leis, portarias e normas do SISCOMEX e resultaram na elaboração de um Manual de Importação disponível em http://idg.receita.fazenda.gov.br/orientacao/aduaneira/manuais/despacho-de-importacao, acessado em 25 de março de 2018.

162. FEIJOO SÁNCHEZ, Bernardo. *Imputacion de hechos delictivos en estruturas empresariales complejas*. CIIDPE, 2009, p. 5.

163. Nesse sentido, mas tratando do Direito penal médico, PUPPE, Ingebog. División del trabajo y de la responsabilidad en la actuación médica. In: *Revista para el análisis del derecho* (InDret), nº 4/2006, Barcelona, outubro/2006, p. 2.

Ou seja, nesse âmbito especialmente regulado[164], ordem jurídica emite um comando, um dever[165]: informe-se[166].

A mera reflexão íntima do sujeito é insuficiente nesses casos porque as condutas incriminadas nos chamados crimes econômicos[167] geralmente não são desvaloradas por si mesmas[168], de modo que a compreensão do caráter ilícito da conduta só é possível ao sujeito que conhece o ramo primário de proibição, desvinculado do Direito Penal e afeto a outras áreas do Direito (administrativa, tributária, societária, ambiental, etc)[169], as quais assessoram e informam o conteúdo da proibição penal[170].

Quem vai decidir dentro da empresa e em nome dela, mas está em dúvida sobre a licitude dessa conduta, precisa empreender, então, verdadeiro esforço consultivo para atingir a consciência do que é proibido pela lei penal[171]. É aí que entram consultas ou pareceres elaborados por especialistas internos ou externos à empresa[172].

Alerte-se, entretanto, que as conclusões do especialista indicando qual seria a melhor decisão a ser tomada passou por filtros de informação[173] antes

---

164. SILVEIRA, Renato de Mello Jorge. *Direito penal empresarial: a omissão do empresário como crime*. Belo Horizonte: D'Plácido, 2016, p. 59 e ss.

165. Esse dever específico nessa situação determinada já aparece em ASSIS TOLEDO, Francisco. *Princípios básicos de direito penal.* São Paulo: 1994, p. 261.

166. LEITE, Alaor. Existem deveres gerais de informação no direito penal? Violação de um dever, culpabilidade e evitabilidade do erro de proibição. In: *Revista dos Tribunais*, nº 922, agosto/2012, p. 323 e ss.

167. Crime econômico pode ser entendido como aquele que visa a proteção das condições que permitam a efetivação da ordem econômica constitucionalmente posta. Contudo, ainda não há um conceito classificatório definido na doutrina. Sobre o tema, com farta indicação das variadas acepções desse termo, ver, por todos, COSTENARO CAVALI, Marcelo. *Fundamento e limites da repressão penal da manipulação do mercado de capitais: uma análise a partir do bem jurídico da capacidade funcional alocativa do mercado.* Tese de Doutorado apresentada à Faculdade de Direito da Universidade de São Paulo. São Paulo, 2017, p. 56-63.

168. O chamado *delicta mala quia prohibita*, cf. SILVEIRA, Renato de Mello Jorge. *Direito penal empresarial: a omissão do empresário como crime*. Belo Horizonte: D'Plácido, 2016, p. 66.

169. Um bom exemplo é o crime previsto no artigo 34 da Lei 9.605/1998. O sujeito somente sabe da proibição penal do seu comportamento se conhecer o ato administrativo que determinou a proibição da pesca em determinado período ou lugar que fora emanado pela autoridade administrativa.

170. Por isso tais crimes acabam sendo constantemente caracterizados por incriminações de perigo abstrato, geralmente estabelecidas por leis penais em branco, por elementos de valoração global do fato ou por disposições legais pródigas em elementos normativos do tipo. Sobre o tema, HORTA, Frederico. *Elementos normativos das leis penais e conteúdo intelectual do dolo: da natureza do erro sobre o dever extrapenal em branco*. São Paulo: Marcial Pons, 2016, *passim* e AFLEN, Pablo. O risco da técnica de remissão das leis penais em branco no direito penal da sociedade do risco. Política Criminal, n. 3, A7, 2007, *passim.*

171. O impacto do dever de informação na teoria do delito será resgatada nos Capítulos 3 e 4.

172. A necessidade de a informação ser proveniente de uma fonte qualificada e confiável será tratada nos Capítulos 3 e 4.

173. A expressão foi cravada por García Cavero em GARCÍA CAVERO, Percy. *La responsa-*

de chegar àquele com poder de decisão. O que chega nas camadas superiores da estrutura empresarial são informações parciais ou já analiticamente filtradas por especialistas[174] as quais, em princípio, são confiáveis[175].

Existe, portanto, uma falta de sincronia entre informação e decisão, o que acarreta em uma espécie de *dependência técnica invertida*[176]: a tomada de decisão na empresa, ainda que de competência de determinado setor ou órgão, depende de outras pessoas altamente especializadas. Esse fenômeno fragmenta o poder decisório entre o parecerista e quem, ao final, decide e atua[177], de modo que o formal poder de controle da empresa fica dissociado do real funcionamento do seu sistema de decisões[178].

Quem decide e executa ou deflagra um comando de execução não é quem desenvolveu o plano de ação e quem planejou não executa ação alguma, o que inviabiliza se reconduzir a uma vontade, ou apenas a uma única vontade, o resultado lesivo, tornando difícil responder, nesses casos, à pergunta "quem praticou a conduta típica?"[179]. É o que se verá brevemente a seguir[180].

bilidade penal del administrador de hecho de la empresa: criterios de imputación. Barcelona: Jose Maria Bosch Editor, 1999, p. 96.

174. Nesse sentido, RAGUÉS I VALLÉS, Ramon. Atribuición de responsabilidad penal en estructuras empresariales. Problemas de imputación subjetiva. *Revista de Derecho Penal*, 2002, 1, p. 203-205.

175. O princípio da confiança é um elemento necessário a toda a divisão de trabalho e presente em todas as formas de trabalho em grupo, ainda que seja limitado em relações de subordinação, conforme PUPPE, Ingebog. División del trabajo y de la responsabilidad en la actuación médica. In: *Revista para el análisis del derecho* (InDret), nº 4/2006, Barcelona, outubro/2006, p. 3-4.

176. MARTINS CATHARINO, José. *Compêndio Universitário de Direito do Trabalho*. vol. I. São Paulo: Jurídica Universitária, 1972, p. 245. Segundo este autor, em estruturas empresariais médias ou grandes existe um processo de "dependência técnica invertida" e, assim, "*desde o ponto de vista técnico-formal, os empregados especializados podem chegar a deter a última palavra sobre os aspectos operacionais em que intervirem. E isso ocorre em toda a gama do âmbito organizacional, público ou privado*".

177. Como esclarece FEIJÓO SÁNCHEZ, "a ideia de domínio sobre tudo o que acontece na empresa deve ser substituída pela ideia de competência: cada nível da empresa possui conhecimentos diferentes que geram fundamentos distintos da responsabilidade penal". FEIJÓO SÁNCHEZ. Autoria e participação em organizações empresariais complexas. In: *Revista Liberdades*, n. 9, jan/abr 2012, p. 44..

178. VITOLO, Daniel Roque. *Iniciación en el estudio del derecho mercantil y de la empresa*. Buenos Aires: AD-HOC, 2005, p. 276.

179. A mesma pergunta é feita por HELOISA ESTELLITA no início do seu estudo sobre a responsabilidade penal dos dirigentes de empresas por omissão, em ESTELLITA, Heloisa. *Responsabilidade penal de dirigentes de empresa por omissão: estudo sobre a responsabilidade omissiva imprópria de dirigentes de sociedades anônimas, limitadas e encarregados de cumprimento por crimes praticados por membros da empresa*. São Paulo: Marcial Pons, 2017, p. 38 e por JUAN ANTONIO LASCURAÍN ao investigar a responsabilidade individual na criminalidade de empresa, em LASCURAÍN, Juan Antonio. La responsabilidad penal individual por los delitos de empresa. *In*: NIETO MARTÍN, Adán. *Manual de cumplimiento penal en la empresa*. Valencia : Tirant lo Blanch, 2015, p. 275.

180. O presente trabalho somente abordará a tipicidade, com enfoque no tipo objetivo, e, bem mais a frente, um único aspecto da culpabilidade, o erro de proibição. A proposta desta pesquisa é

2.2. Algumas dificuldades impostas à teoria do delito para além da imputação individual: aspectos objetivos e subjetivos

De saída, esclareça-se que o objetivo deste tópico não é analisar profundamente a teoria do delito e indicar os desafios que a pluralidade de ações apresenta para cada um dos seus aspectos. O que se pretende, aqui, é apresentar uma visão geral de alguns destes problemas.[181]

Enquanto no paradigma clássico da teoria do delito[182] o mesmo indivíduo reunia, sozinho, o conhecimento sobre os elementos da figura típica e dos riscos por ele criados, o poder de decisão e a realização direta da conduta[183] (ou seja, quase sempre havia tão somente um delito individual comissivo doloso[184]), nos casos envolvendo a tomada de decisão embasada em pareceres técnicos ou jurídicos há desmembramento entre a atividade de direção, a disponibilidade de informação e o poder de decisão, os quais representam um problema central para a determinação de responsabilidade penal, tanto para a imputação objetiva, quanto para a subjetiva[185].

Nesses casos as dificuldades aumentam, pois, em geral, não há a reunião de sujeitos com um fim delitivo. O consulente quer tomar a decisão correta e, por esse motivo, solicita ao consultor análise técnica ou jurídica prévia sobre determinado assunto. Ocorre que a informação qualificada está equivocada de modo que a decisão tomada com base nela conduziu a um resultado lesivo, não havendo um plano delitivo comum[186].

Enquanto a fragmentação de condutas impacta nos aspectos objetivos, a filtragem da informação apresenta desafios na determinação dos aspectos subjetivos da teoria do delito.

fornecer os elementos iniciais que permitam começar a se falar em possível responsabilidade penal. Sabe-se que para fixá-la, dependerá o preenchimento integral de todas as categorias sistemáticas do delito (tipicidade, antijuridicidade e culpabilidade).

181. Há boa literatura sobre o tema com maiores detalhes. A título exemplificativo, v. SCHÜNEMANN, Bernd. *Responsabilidad penal en el marco de la empresa: dificultades relativas a la individualización de la imputación*. ADPCP, vol. LV, 2002, *passim*, SILVA SÁNCHEZ, Jesús-María. *Fundamentos del derecho penal de la empresa*. Buenos Aires: B de F, 2016, *passim*, MONTANER FERNÁNDEZ, Raquel. *Gestión Empresarial y atribución de responsabilidad penal: a propósito de la gestión medioambiental*. Atelier, Barcelona 2008, *passim*.

182. SILVA SÁNCHEZ, Jesús-María. *Teoría del delito y derecho penal económico*. In: Revista Brasileira de Ciências Criminais, nº 99, nov./dez. 2012, p. 328.

183. Ver, por todos, COSTA, Regina Helena Lobo da. *Proteção penal ambiental: viabilidade, efetividade, tutela por outros ramos do direito*. São Paulo: Saraiva, 2010, p. 101.

184. SCHÜNEMANN, Bernd. *Responsabilidad penal en el marco de la empresa: dificultades relativas a la individualización de la imputación*. ADPCP, vol. LV, 2002, p. 16-17.

185. FEIJOO SÁNCHEZ, Bernardo. *Imputacion de hechos delictivos en estruturas empresariales complejas*. CIIDPE, 2009, p. 4.

186. GARCÍA CAVERO, Percy. *La imputación jurídico-penal a los membros de la empresa por delitos de dominio cometidos desde la empresa*. In: CIIDPE, nov/2006, p. 10.

Nessa constelação de casos, a primeira dificuldade já aparece na determinação de quem praticou objetivamente a conduta típica.

Os aportes da ação do consulente (que decide) e do consultor (que emite opinião qualificada com orientações sobre como decidir) possibilitam que os elementos do tipo sejam realizados por diversos sujeitos dentro da empresa[187]. Há fragmentação, inclusive, de condutas típicas, diluídas em um emaranhado de comportamentos simultâneos e sucessivos[188], o que torna difícil a imputação do fato ilícito.

Ainda que o sujeito que toma a decisão embasada em parecer técnico ou jurídico detenha poder de mando e pratique o verbo descrito no núcleo do tipo – pense-se que o diretor do departamento ambiental da empresa tenha previamente consultado um especialista sobre a possibilidade de não se trocar o sistema de efluentes no próximo trimestre e, este, depois de verificar as condições das bombas, canos e filtros, concluiu pelas boas condições desses equipamentos –, não parece adequado desde logo se afastar a responsabilidade penal do consultor técnico que referendou previamente a prática da conduta – elaborando parecer que concluiu pelas boas condições do sistema de tratamento de efluentes da empresa – simplesmente porque ele não realizou o comportamento proibido com as próprias mãos – qual seja, provocar, pela emissão de efluentes ou carreamento de materiais, o perecimento de espécimes da fauna aquática (artigo 33 da Lei 9.605/98)[189].

Há, portanto, nítida separação entre a ação e responsabilidade, tornando necessário compreender que a conduta puramente executiva nem sempre é a mais relevante[190].

Além disso, a identificação dos papeis desses sujeitos no concurso de agentes não é tarefa fácil.

O parecerista, consultor ou assessor podem atuar como indutores, "ideólogos", "donos do fato", como "meros conselheiros" mediante ações neutras

---

187. COSTA, Regina Helena Lobo da. *Proteção penal ambiental: viabilidade, efetividade, tutela por outros ramos do direito*. São Paulo: Saraiva, 2010, p. 97.

188. Essa configuração de ações trará impactos na causalidade, como se verá a seguir. As expressões são trazidas nas omissões imprópria por GRECO, Luis. Problemas de causalidade e imputação objetiva nos crimes omissivos impróprios. São Paulo: Marcial Pons, 2018, *passim*.

189. O nosso Código Penal busca resolver este problema com as normas de extensão previstas nos artigos 29 e 31. Entretanto, a definição desses papéis dependerá de outros fundamentos para além da realização do tipo, como a violação de um dever e a criação de riscos juridicamente desaprovados, os quais serão tratados, em detalhes, nos Capítulos 3 e 4.

190. CESANO, José Daniel. *La imputación penal en el ámbito de la empresa y las estructuras omisivas*. Vniversitas: Bogotá (Colombia), n. 119, jul/dez 2009, p. 345.

ou como verdadeiros coautores[191]. Já aquele que atua de acordo com o parecer técnico ou jurídico pode ser autor imediato, coautor ou mero instrumento do plano de ação arquitetado pelo *expert*, o que dependerá, em certa medida, da forma de manifestação concreta da ideia de domínio[192].

Constitui outro obstáculo para a imputação penal no concurso de agentes a prática dos chamados delitos especiais[193] pois, faltando a qualidade do sujeito ativo exigida pelo crime[194], o fato será considerado atípico[195].

Assim, o administrador da instituição financeira que, depois de consultar o especialista do departamento de crédito do banco, concede empréstimo para uma empresa em que existe um diretor comum a ambas as instituições, o que é vedado[196], poderá ser considerado o único responsável pelo crime, embora sua conduta tenha sido lastreada exclusivamente no parecer prévio de um sujeito que, por lhe faltar a qualidade exigida pela lei, quedará impune[197]. Situação diversa poderia conduzir à punição de ambos por meio da norma de extensão prevista no artigo 30 do Código Penal[198] ou, ainda, afastar a responsabilidade de ambos por ausência de dolo do administrador, o que também afastaria a punição do especialista, que não pode ser considerado autor, ainda que mediato, por lhe faltar a qualidade exigida pela lei penal[199].

---

191. CERVINI, Raúl; ADRIASOLA, Gabriel. *Responsabilidade penal dos profissionais jurídicos: os limites entre a jurídico-notarial lícita e a participação*. São Paulo: RT, 2013, p. 113.

192. GRECO, Luís; LEITE, Alaor. O que é e o que não é a teoria do domínio do fato: sobre a distinção entre autor e partícipe no direito penal. In: GRECO, Luís et. al. *Autoria como domínio do fato: estudos introdutórios sobre o concurso de pessoas no direito penal brasileiro*. São Paulo: Marcial Pons, 2014, p. 25 e ss.

193. Também comumente chamados de delitos próprios. Pela qualidade do autor consistir em uma posição de dever extrapenal, ROXIN os considera como delitos de infração de dever. ROXIN, Claus. *Derecho penal: parte general*. Tomo I. Madrid: Civitas, 2008. p. 338.

194. Na definição de MAGALHÃES NORONHA, "crime especial é o que exige determinada qualidade do sujeito ativo, seja de natureza social - funcionário público, militar, etc., seja natural - mãe, mulher, etc.", MAGALHÃES NORONHA, Edgard. *Direito Penal*. Vol. 1. São Paulo: Saraiva, 2003, p. 112.

195. BACIGALUPO, Enrique. *Manual de derecho penal: parte general*. Coimbia: Editora Temis, 1996, p. 86.

196. Artigo 17 da Lei 7.492/1986 c.c. artigo 34 da Lei 4594/1964. Trata-se de crime especial por força do artigo 25 da Lei 7.492/1986.

197. É possível que o *extraneus* responda como partícipe em alguns casos. Nesse sentido, HADWA, Marcelo. *El sujeto activo en los delitos tributarios, y los problemas relativos a la participación criminal*. Polít. Crim. nº 3, 2007. A5, p. 18.

198. GRECO, Luís; ASSIS, Augusto. O que significa a teoria do domínio do fato para a criminalidade de empresa. In: GRECO, Luís et. al. *Autoria como domínio do fato: estudos introdutórios sobre o concurso de pessoas no direito penal brasileiro*. São Paulo: Marcial Pons, 2014, p. 117-118.

199. ORTIZ, Mariana Tranchesi. *Concurso de agentes nos delitos especiais*. São Paulo: IBCCRIM, 2011, p. 189-192. Existe ainda outro obstáculo adicional, mas aqui não será enfrentado, que reside nos casos em que a qualidade especial exigida pelo tipo é detido apenas pela pessoa jurídica, mas a conduta é, evidentemente, praticada pela pessoa natural (como, por exemplo, o artigo 168-A

Ainda quanto a tipicidade objetiva, é difícil a imputação objetiva do resultado[200].

Como a ideia de risco se fundamenta no fato de que o Direito Penal, para proteger bens jurídicos e cumprir sua função preventiva, somente pode proibir ações *ex ante* perigosas[201], somente se punem as condutas com capacidade de lesionar diretamente um bem jurídico, ainda que se entenda ser um modelo idealizado de lesão[202].

Resgatando nosso exemplo, suponha-se que, depois de parecer técnico que concluiu pelas boas condições dos equipamentos do sistema de tratamento de efluentes da empresa de celulose, as bombas, canos e filtros não foram trocados, e nem o seriam nos próximos três meses para evitar custos, e, dias após, um pequeno pedaço de toco de madeira é arrastado diretamente do sistema de produção para o sistema de tratamento e causa o rompimento da bomba e do filtro, o que leva ao despejo de efluentes não tratados para o rio e, consequentemente, ao perecimento da fauna aquática nele existente.

São muitas as dificuldades para a determinação da responsabilidade por esse resultado típico[203]. Em primeiro lugar, como há um desvio causal, é preciso definir se a primeira análise deve ser feita à luz da causalidade ou da teoria da imputação objetiva[204]. Em segundo lugar, é preciso verificar se a conduta

do Código Penal). Sobre esse problema e as possíveis soluções, v. GRECO, Luís; ASSIS, Augusto. O que significa a teoria do domínio do fato para a criminalidade de empresa. In: GRECO, Luís et. al. *Autoria como domínio do fato: estudos introdutórios sobre o concurso de pessoas no direito penal brasileiro.* São Paulo: Marcial Pons, 2014, p. 118-120.

200. A moderna teoria da imputação objetiva integra a dogmática funcionalista do delito e modifica o conteúdo do tipo objetivo proposto pelo finalismo. Se por uma lado há dúvidas quanto a adoção do funcionalismo no Brasil, essa teoria não parece encontrar óbices em ser recepcionada pelo nosso ordenamento, tanto em razão da sua semelhança com a teoria do crime culposo, como em razão da possibilidade de se fixar o seu fundamento constitucional, pois atende à função do Direito Penal de proteção subsidiária de bens jurídicos e se coaduna com a máxima de que a liberdade do indivíduo é a regra (artigo 5°, incisos LIV e LVII, da Constituição da República). Do mesmo modo, a redação do artigo 13, *caput*, do Código Penal permitiria a sua complementação através dessa teoria e o §1° do mesmo dispositivo pode ser compreendido como um ponto de apoio legislativo expresso para ela. Nesse sentido, CIRINO DOS SANTOS, Juarez. *Manual de direito penal: parte geral.* Florianópolis: Conceito Editorial, 2012, 65-68; D'ÁVILA, Fábio Roberto. *Crime culposo e a teoria da imputação objetiva.* São Paulo: RT, 2001, p. 19 e ss.; ROXIN, Claus. *Funcionalismo e imputação objetiva no direito penal.* Rio de Janeiro: Renovar, 2002, *passim.*

201. ROXIN, Claus. *Funcionalismo e imputação objetiva no direito penal.* Rio de Janeiro: Renovar, 2002, p. 82.

202. ROXIN, Claus. *Derecho penal: parte general.* Tomo I. Madrid: Civitas, 2008. p. 60, 407-410.

203. Como já ressaltado anteriormente, não se tratará nessa pesquisa da responsabilidade penal da pessoa jurídica. De todo modo, não há dúvida de que a empresa será penalmente responsável desde que observados os artigos 2° e 3° da Lei 9.605/1998.

204. A discussão doutrinária não se pacificou, havendo ainda quem entenda tratar-se de problema relacionado a aspectos objetivos. A posição de ROXIN, por exemplo, se firma na teoria da

final - deixar de trocar os canos, filtros e bombas - é suficientemente idônea para lesionar o bem jurídico no caso concreto[205] - o meio ambiente ou, mais precisamente, a fauna aquática. Em terceiro lugar, é necessário que se avalie se essa conduta omissiva não teria eliminado um perigo anteriormente existente - por exemplo, as precárias condições dos equipamentos que deveriam ter resistido ao impacto do pequeno toco de madeira -, o que deve ser cotejado com a existência de um parecer técnico prévio - que, no nosso exemplo, concluiu pelo bom estado de funcionamento desses equipamentos. Em quarto lugar, é preciso identificar se a conduta omissiva de não trocar os equipamentos nos próximos três meses constitui um risco permitido ou proibido, o mesmo devendo ser feito em relação ao parecer técnico, pois somente se punirá um risco juridicamente relevante de lesão típica de um bem jurídico[206], ou seja, uma conduta proibida[207]. E, em quinto lugar, se a atuação que se deu conforme ao parecer técnico diminuiu o risco, o que excluiria a imputação de responsabilidade penal[208] e se sobra alguma responsabilidade sobre o parecerista que deu uma orientação jurídica equivocada.

Para além, e se desprendendo do nosso exemplo inicial, a aplicação da imputação objetiva traz, ainda, outros desafios para a dogmática quando aplicada a casos em que há a atuação conforme a parecer técnico ou jurídico. Se, por exemplo, o parecer não é integralmente seguido, a parte da orientação que não foi cumprida corresponde ao aumento do risco de modo relevante a justificar a imputação do resultado ao sujeito; se o princípio da autorresponsabilidade opera

imputação objetiva pois, para ele, o decisivo é que o desvio do curso causal seja essencial, o que somente é definido com os critérios da imputação objetiva, pouco importando o que o autor do fato realiza psicologicamente, uma vez que a imputação fracassa unicamente por uma falha na realização objetiva do perigo (por inexistir a adequação do curso causal). Contrariamente, Hirsh entende que o deslocamento da questão para o tipo objetivo é errôneo pois se trata de um caso em que o resultado ocorre de maneira diversa da representada pelo autor e Küpper, diversamente, reconhece que nos desvios causais há um problema de falta de controle do autor do fato, de modo que o resultado não pode ser objetivamente imputável ante a ausência de uma finalidade a ele direcionável. Sobre essa discussão, ver ROXIN, Claus. Teoria da imputação objetiva. In: *Revista Brasileira de Ciências Criminais*, n. 38, 2002, p. 29-30.

205. O injusto do delito, seja crime de lesão, seja crime de perigo, se fundamenta na periculosidade geral de certas condutas, informada pela experiência, que é o que legitima a motivação do legislador de puni-las com a ameaça de pena.

206. ROXIN, Claus. *Funcionalismo e imputação objetiva no direito penal*. Rio de Janeiro: Renovar, 2002, p. 82.

207. Frisch entende que se não há criação de um perigo desaprovado unido à conduta, mas uma conduta proibida, sendo o perigo desaprovado pressuposto da tipicidade. FRISCH, Wolfgang. La teoría de la imputación objetiva del resultado: lo fascinante, lo acertado e lo problemático. In: FRISCH, Wolfgang; ROBLES PLANAS, Ricardo. *Desvalorar e imputar: sobre la imputación objetiva em derecho penal*. Montevideo: BdeF, 2006, 49 e ss.

208. ROXIN, Claus. *Funcionalismo e imputação objetiva no direito penal*. Rio de Janeiro: Renovar, 2002, p. 82 e JAKOBS, Günther. A imputação objetiva no direito penal. São Paulo: RT, 2007, p. 40, que entende pela exclusão da tipicidade em condutas que representam riscos permitidos.

nesse contexto de modo a limitar o alcance do tipo[209] quando se decide não cumprir integralmente o parecer, afastando a responsabilidade do parecerista, sob pena de se imputar o resultado no âmbito de responsabilidade alheia[210], o que feriria a premissa de imputação do resultado ao autor somente nos casos em que este resultado for obra dele[211]; se o parecer técnico ou jurídico equivocado corresponde à colocação do empresário que tomará a decisão em perigo, quando o parecerista sabe da ação extremamente arriscada que empresário quer tomar e o empresário está igualmente ciente desse risco[212]; ou, ainda, se tudo isso, no fim, não ultrapassa o campo das ações neutras impuníveis[213].

Como se não bastasse, é preciso avaliar se esses possíveis riscos proibidos foram realizados no resultado, ou melhor, se o resultado lesivo ao final verificado decorreu justamente de tais riscos[214].

Por fim, ainda carece de resposta quanto a posição de garantidor do sujeito que repassa a informação qualificada (parecerista ou consultor técnico ou jurídico) e, portanto, quanto ao seu dever impedir a ocorrência do resultado típico por parte do sujeito que, com base em sua orientação, tomará uma decisão concreta[215].

Já os desafios para a determinação dos aspectos subjetivos da teoria do delito, decorrentes da filtragem da informação entre consultor e consulente, logo aparecem na delimitação entre dolo e culpa.

Sendo o dolo a realização de um plano pelo sujeito, em uma valoração objetiva[216], a dissociação entre decisão e informação, característica dos casos

---

209. ROXIN, Claus. Teoria da imputação objetiva. In: *Revista Brasileira de Ciências Criminais*, n. 38, 2002, p. 15-16.

210. ROXIN, Claus. Teoria da imputação objetiva. In: *Revista Brasileira de Ciências Criminais*, n. 38, 2002, p. 19.

211. CIRINO DOS SANTOS, Juarez. *Manual de direito penal: parte geral*. Florianópolis: Conceito Editorial, 2012, 65-66.

212. Aqui, a depender da resposta, as responsabilidades se alteram por completo. Enquanto a heterocolocação em perigo consentida tornaria o fato impunível ao parecerista, a atuação conjunta de ambos para a prática da conduta arriscada e, ao final, lesiva, pode muito bem corresponder à coautoria. Não se desconhece, entretanto, a discussão quanto a aplicação do primeiro entendimento em nosso ordenamento jurídico, até mesmo por conta do artigo 122 do Código Penal e da semelhança existente com a autocolocação em perigo dolosa. Essa discussão será retomada, em detalhes, e com uma tomada de posição, nos Capítulos 3 e 4. Sobre o tema, ver ROXIN, Claus. Sobre a discussão acerca da heterocolocação em perigo consentida. In: In: ROXIN, Claus. *Novos estudos de direito penal*. São Paulo: Marcial Pons, 2014, p. 129 e ss.

213. A ação socialmente neutra é um dos reflexos da teoria da imputação objetiva no plano da autoria e da participação. Sobre o tema, ver RASSI, João Daniel. *Imputação das ações neutras e o dever de solidariedade no direito penal*. São Paulo: LiberArs, 2014, passim.

214. A aplicacão da teoria da imputação objetiva ao problema concreto dessa pesquisa será feita, em detalhes, nos Capítulos 3 e 4.

215. Retomaremos especificamente esse problema nos Capítulos 3 e 4.

216. ROXIN, Claus. *Derecho penal: parte general*. Tomo I. Madrid: Civitas, 2008. p. 350.

de atuação conforme a parecer técnico ou jurídico, dificulta, ou até mesmo impossibilita, a identificação desse plano.

Nos casos em que a tomada de decisão dependerá da análise e da recomendação prévia de especialistas, haverá um filtro analítico da informação por parte desse *expert* e o sujeito que decide receberá apenas o conteúdo técnico ou jurídico transmitido pelo consultor[217], o que pode impactar no estado de ignorância deste sujeito acerca dos elementos constitutivos do tipo penal, o que afasta o dolo do crime[218] ou até conduzir à sua impunidade[219].

Digno de nota que a existência desse canal de transmissão de informação qualificada para quem toma a decisão indica técnica de racionalização e prudência[220], consistindo em um verdadeiro cumprimento dos deveres de cuidado[221], e não se confunde com a criação de barreiras para evitar que os sujeitos do alto escalão tenham o conhecimento da alta probabilidade da ocorrência de crimes (a chamada cegueira deliberada)[222].

2.3. Algumas propostas dogmáticas e estratégicas para a superação dessas dificuldades

Foram várias as propostas elaboradas para tentar escapar desse *caos dogmático*[223].

---

217. ESTELLITA, Heloisa. *Responsabilidade penal de dirigentes de empresa por omissão: estudo sobre a responsabilidade omissiva imprópria de dirigentes de sociedades anônimas, limitadas e encarregados de cumprimento por crimes praticados por membros da empresa*. São Paulo: Marcial Pons, 2017, p. 288-289.

218. CEZAR ROBERTO BITENCOURT sintetiza que "dolo é a vontade de realizar o tipo objetivo, orientada pelo conhecimento de suas elementares no caso concreto". BITENCOURT, Cezar Roberto. *Tratado de Direito Penal: parte geral*. Vol. 1. São Paulo: Saraiva, 2012, p. 356.

219. O erro de tipo exclui o dolo, conforme dispõe o artigo 20 do Código Penal, e, embora permita a punição por culpa, a maioria dos crimes econômicos do nosso ordenamento não prevê a punibilidade da modalidade culposa.

220. ESTELLITA, Heloisa. *Responsabilidade penal de dirigentes de empresa por omissão: estudo sobre a responsabilidade omissiva imprópria de dirigentes de sociedades anônimas, limitadas e encarregados de cumprimento por crimes praticados por membros da empresa*. São Paulo: Marcial Pons, 2017, p. 49.

221. Esse cumprimento refletirá também nos crimes culposos, eis que se fundam na violação de deveres de cuidado. Nesse sentido, TAVARES, Juarez. *Teoria do crime culposo*. Florianópolis: Empório do Direito, 2016, p. 265.

222. Ainda que tais canais sejam precários, relevando uma desídia ou negligência na criação desses fluxos de informação, não se aplicará a cegueira deliberada, pois não haverá a configuração prévia do dolo eventual na criação, consciente e voluntária, de barreiras ao conhecimento do agente. BADARÓ, Gustavo Henrique; BOTTINI, Pierpaolo Cruz. *Lavagem de Dinheiro: aspectos penais e processuais*. São Paulo: RT, 2013, p. 97-100.

223. A expressão é de SCHÜNEMANN ao tratar do "inabarcável número de teorias que se contradizem" sobre a teoria dos crimes omissivos impróprios que foram desenvolvidas na Alemanha. SCHÜNEMANN, Bernd. Sobre a posição de garantidor nos delitos de omissão imprópria: possibilidades histórico-dogmáticas, materiais e de direito comparado para escapar de um caos. In:

Quanto a tipicidade objetiva, pretende-se superar as dificuldades de imputação individual de responsabilidade, principalmente quanto há ofensa a bens jurídicos coletivos, a partir dos delitos de acumulação[224]. No concurso de pessoas, por meio de um conceito fático de autoria nos casos dos delitos de organização[225] ou pela cláusula de extensão da autoria consistente no atuar em lugar do outro, com vistas a preencher os vazios de punibilidade que são verificados nos delitos especiais[226].

Para a imputação objetiva, há proposta de que o critério de incremento do risco substitua a própria causalidade quando for difícil a apuração ou comprovação do nexo causal[227].

Ao lado da expansão dos crimes omissivos[228], para a posição de garantidor se propôs uma espécie de teoria da organização, fundada na ideia de responsabilidade através da competência por organização ou da competência institucional[229], tornando garantidor quem tem poder de mando dentro da empresa[230]. Também se buscou ampliar o âmbito de responsabilidade do superior hierárquico sobre fatos cometidos pelos subordinados, a título de omissão imprópria, a partir da re-significação do termo domínio do fato e da sua equiparação ao domínio da organização[231].

SCHÜNEMANN, Bernd. *Estudos de direito penal, direito processual penal e filosofia do direito*. São Paulo: Marcial Pons, p. 163.

224. DIAS, Augusto Silva. What if everybody did it?: sobre a (in)capacidade de ressonância do direito penal à figura da acumulação. In: *Revista Portuguesa de Ciência Criminal*. Ano 13, V. 3, 2003, p. 303-345.

225. A proposta é de SCHÜNEMANN, conforme expõe COSTA, Regina Helena Lobo da. *Proteção penal ambiental: viabilidade, efetividade, tutela por outros ramos do direito*. São Paulo: Saraiva, 2010, p. 102-103.

226. BAUTISTA, Silvia Fernández. El administrador como autor: la validez del criterio de la pertenencia del hecho. In: Revista Derecho Penal, Ano II, n. 4, abril/2013, Sarmiento, p. 164-167.

227. A posicão é minoritária, aparecendo principalmente em três autores, a saber, HARRO OTTO, JUAN BUSTOS RAMÍREZ e DAMÁSIO DE JESUS, e nos parece equivocada pois existe nítida separação entre causalidade e imputação objetiva, além da intransponível barreira quanto a positivação da teoria da equivalência no artigo 13 do Código Penal, afinal, imputar o resultado a alguém que não lhe deu causa, mas apenas incrementou o risco, seria clara violação ao princípio da reserva legal. Por isso, a causalidade, na verdade, é pressuposto para a imputação objetiva do resultado, de modo que o seu exame, na estrutura analítica do crime, antecede à valoração ínsita a esta imputação. Sobre outros argumentos dogmáticos e de política criminal que rechaçam esse entendimento, ver ROCHA, Ronan. *A relação de causalidade no direito penal*. Belo Horizonte: Editora D'Plácido, 2016, p. 67 e ss.

228. Essa expansão se daria, segundo JUAREZ TAVARES, pela instituição do Estado Social, pela falência desse Estado Social e pela globalização, cf. TAVARES, Juarez. *Teoria dos crimes omissivos*. São Paulo: Marcial Pons, 2012, p. 39 e ss.

229. JAKOBS, Günther. *Tratado de direto penal: teoria do injusto e culpabilidade*. Belo Horizonte: Del Rey, 2008, p. 307 e ss.

230. SILVEIRA, Renato de Mello Jorge. *Direito penal empresarial: a omissão do empresário como crime*. Belo Horizonte: D'Plácido, 2016, p. 190-191

231. Os equívocos da fundamentação da responsabilidade penal nesses termos estão pormenorizadamente esclarecidos em LEITE, Alaor. Domínio do fato, domínio da organização e responsabilidade

Quanto ao aspecto subjetivo, um dos destaques é o uso cada vez maior da teoria da cegueira deliberada, fundada no conceito de *recklessness*[232], cujas dificuldades de aplicação nos países que adotam o *civil law*, tal como o Brasil, são tamanhas que parece demandar a criação de uma terceira categoria de imputação, para além do dolo e da culpa, o que é um problema de *lege ferenda*[233].

Para superar o desafio de se provar um mero dado interno do autor na prática dolosa, consistente no "querer" o resultado ou "assumir o risco de produzi-lo"[234], vinculados ao plano psicológico do acusado no momento em que veio a delinquir, tem sido proposto um conceito de dolo exclusivamente pautado no conhecimento, dispensando-se o elemento volitivo[235].

Além das propostas dogmáticas, a *praxis*[236] tem apresentado saídas para

penal por fato de terceiros: os conceitos de autor e partícipe na AP 470 do Supremo Tribunal Federal. In: GRECO, Luís et. al. *Autoria como domínio do fato: estudos introdutórios sobre o concurso de pessoas no direito penal brasileiro*. São Paulo: Marcial Pons, 2014, *passim*. Em síntese, a teoria do domínio do fato é uma teoria diferenciadora entre autor e partícipe e não legitimadora de punição pela posição e, além disso, a aplicação da ideia de domínio da organização a empresas é muito controvertida, pois essa forma de domínio pressupõe um aparato organizado de poder desvinculado da ordem jurídica. Há quem entenda a viabilidade da autoria mediata do dirigente da empresa fundada na dependência estrutural econômico-profissional, uma nova categoria de domínio da vontade. Nesse sentido, SOUZA SANTOS, Humberto. Autoria mediata por meio de dependência estrutural econômico-profissional no âmbito das organizações empresariais. In: *Revista Brasileira de Ciências Criminais*, n. 117, 2015, p. 91 e ss.

232. RAGUÉS I VALLES, Ramon. *La ignorancia deliberada en derecho penal*. Barcelona: Atelier, 2007, p. 22.

233. CARUSO TORRES, Tiago; ARRUDA, Ana Luiza Gardiman. Precisamos realmente nos socorrer à teoria da cegueira deliberada no brasil? In: *Boletim IBCCRIM*, n. 299, out/2017, p. 13 e ss.

234. Artigo 18, inciso I, do Código Penal.

235. Há boas razões de ordem jurídico-dogmática para o abandono do elemento volitivo do dolo as quais, entretanto, não serão exploradas nesse trabalho. Atualmente, os autores têm divergido quanto ao conteúdo do elemento cognitivo (se o conhecimento é quanto a probabilidade de que o resultado ocorra, se essa probabilidade é quantitativa ou qualitativa, se o conhecimento é quanto a plausibilidade do perigo criado pelo comportamento autor a partir de um referencial lógico e de dados empíricos, etc.). Nesse sentido, PUPPE, Ingeborg. *A distinção entre dolo e culpa*. São Paulo, Manole, 2004; BUSATO, Paulo César, MARTÍNEZ-BUJÁN PÉREZ, Carlos, DÍAZ PITA, Maria del. *Modernas tendências sobre o dolo em Direito Penal*. Rio de Janeiro: Lumen Juris, 2008; SOUZA SANTOS, Humberto. Problemas estruturais do conceito volitivo de dolo. In: GRECO, Luis; LOBATO, Danilo. *Temas de direito penal: parte geral*. Rio de Janeiro: Renovar, 2008, p. 263 e ss.; GRECO, Luis. Dolo sem vontade. In: SILVA DIAS et. al. *Liber Amicorum de José de Sousa e Brito*. Coimbra: Almedina, 2009, p. 885 e ss.; SANTOS, Humberto Souza. Elementos fundamentais de um conceito de dolo político-criminalmente orientado. In: *Revista Brasileira de Ciências Criminais*, São Paulo, n. 97, 2012, p. 87 e ss.; GOMES, Eneias Xavier. *Dolo sem vontade psicológica: perspectivas de aplicação no Brasil*. Belo Horizonte: D'Plácido, 2017; VIANA, Eduardo. *Dolo como compromisso cognitivo*. São Paulo: Marcial Pons, 2017; SOUZA SANTOS, Humberto. Dolo nos crimes econômicos empresariais. In: LOBATO, José Danilo Tavares; MARTINELLI, João Paulo Orsini; SANTOS, Humberto Souza (Orgs.). *Comentários ao Direito Penal Econômico Brasileiro*. Belo Horizonte: D'Plácido, 2017, p. 239 e ss.

236. Também entendo ser um reflexo, não só teórico, mas da prática forense, FEIJOO SÁN-

escapar do desconforto das situações em que, embora exista um resultado lesivo, remanesçam com total impunidade[237], ora extremando a responsabilidade penal para cima, em direção à cúpula da estrutura da organização (*top-down*), ora para baixo, em direção à sua base (*bottom-up*)[238].

Há boas razões para a manutenção da abordagem *bottom-up*[239], que parte do método de se provar a responsabilidade penal pela busca de quem causou diretamente o dano, não de quem violou um dever[240].

Considerando que nos casos em que há tomada de decisão embasada em parecer técnico ou jurídico há uma série de dificuldades para a imputação de responsabilidade penal[241], deve-se começar a investigação dessa eventual responsabilidade a partir daquele que está mais próximo do resultado lesivo, ou seja, o sujeito que executou a conduta, em princípio, penalmente proibida com as próprias mãos[242].

CHEZ, Bernardo. *Imputacion de hechos delictivos en estruturas empresariales complejas*. CIIDPE, 2009, p. 8.

237. Sobre esse desconforto, em especial pela falta de pressupostos subjetivos, RAGUÉS I VALLÉS, Ramon. Atribuición de responsabilidad penal en estructuras empresariales. Problemas de imputación subjetiva. *Revista de Derecho Penal*, 2002, 1, *passim*.

238. Há uma terceira via, a responsabilidade penal da própria empresa que, como já esclarecido, não será objeto de estudo neste trabalho.

239. V. ESTELLITA, Heloisa. *Responsabilidade penal de dirigentes de empresa por omissão: estudo sobre a responsabilidade omissiva imprópria de dirigentes de sociedades anônimas, limitadas e encarregados de cumprimento por crimes praticados por membros da empresa*. São Paulo: Marcial Pons, 2017, p. 60. A mesma autora traz diversas outras ponderações e críticas entre os dois modelos, com ampla referência doutrinária (v. especialmente p. 51-73).

240. SIQUEIRA, Flávia. Responsabilidade penal pelo produto e imputação: delimitação de âmbitos de responsabilidade na empresa pela produção e comercialização de produtos defeituosos ou "impróprios para o consumo". In: LOBATO, José Danilo Tavares; MARTINELLI, João Paulo Orsini; SANTOS, Humberto Souza (Orgs.). *Comentários ao Direito Penal Econômico Brasileiro*. Belo Horizonte: D'Plácido, 2017, p. 222-223.

241. Pense-se, por exemplo, no parecer dado por um especialista externo à empresa, em que desaparece a hierarquia ou o vínculo de subordinação entre consultor e consulente, ou na decisão tomada por um gerente que está em uma camada intermediária da estrutura da empresa que pode determinar que um subordinado a execute ou, ainda, intermediar a tomada de decisão por algum superior seu, em que haverá uma imputação escalonada de responsabilidades.

242. Feijóo Sánchez divide a análise de imputação em duas etapas: primeiro, determinar se o delito é objetivamente imputável ao âmbito da organização (empresa) e, segundo, uma vez preenchida a primeira análise, determinar quais as pessoas físicas que, dentro do emaranhado profissional, são competentes pelos fatos que deram causa ao crime. Essa competência estaria ligada aos deveres de cada um dos integrantes da estrutura empresarial, inclusive levando-se em conta as funções inerentes a cada cargo. FEIJOO SÁNCHEZ, Bernardo. *Imputacion de hechos delictivos en estruturas empresariales complejas*. CIIDPE, 2009, p. 17-18. Como interessa para a presente pesquisa a análise detalhada dessas competências, o tema será resgatado nos Capítulos 3 e 4.

2.4. Balanço: a capacidade de rendimento do modelo clássico de responsabilidade individual no âmbito empresarial

Sob a ameaça de se instaurar uma *irresponsabilidade penal organizada*, há quem defenda ser necessário um novo mecanismo de imputação para a criminalidade de empresa, que esteja apto a examinar o crime a partir do "todo" da ação coletiva e não mais da atuação individual em si, o que evitaria certos bloqueios por falta de preenchimento de critérios objetivos ou subjetivos[243].

Também se busca rechaçar o modelo clássico de imputação individual (*bottom-up*) na criminalidade empresarial em razão do fato de quem se encontra no final da cadeia produtiva possuir uma *cegueira cognitiva*[244] e não compreender o significado concreto da sua ação, ou por não conseguir resistir a *atitudes criminais de grupo*[245], o que afastaria os efeitos preventivos da pena[246].

Tal posicionamento, entretanto, não parece nem correto, nem adequado.

De saída, não se observam novas categorias sistemáticas do delito que não sucumbam garantias fundamentais e o próprio Estado Social de Direito[247].

---

243. Nesse sentido, SCHÜNEMANN, Bernd. Los fundamentos de la responsabilidad penal de los órganos de dirección de las empresas. In: SCHÜNEMANN, Bernd. *Temas actuales y permanentes del Derecho penal después del milenio*. Madrid: Tecnos, 2002, p. 129; questionando também a capacidade de rendimento da teoria da imputação objetiva no âmbito das organizações empresariais, FEIJÓO SÁNCHEZ, Bernardo. *Derecho Penal de la empresa e imputación objetiva*. Madrid: Editorial Reus, 2007, p. 14; entendo ser conveniente, inclusive, uma revisão e (re)normativização da teoria geral do delito, MOURA, Bruno. *Autoria e participação nos crimes desde a empresa: bases para um modelo de imputação individual*. In: Revista CEPPG do CESUC, Ano XIV, nº 25, 2º semestre/2011, p. 54. Propondo a superação dessas dificuldades a partir da responsabilidade penal da pessoa jurídica, FEIJÓO SÁNCHEZ, Bernardo. Cuestiones actuales de derecho penal económico. Buenos Aires: B de F, 2009, p. 3; reconhecendo um modelo de responsabilidade por imputação para a pessoa jurídica, SILVA SÁNCHEZ, Jesús-María. *Fundamentos del derecho penal de la empresa*. Buenos Aires: B de F, 2016, p. 285 e ss. e sugerindo um novo modelo, dissociado do fato típico, antijurídico e culpável, mas ancorado na infração a um dever de organização da empresa, SARCEDO, Leandro. *Compliance e responsabilidade penal da pessoa jurídica: construção de um novo modelo de imputação baseado na culpabilidade corporativa*. São Paulo: LiberArs, 2016, p. 173 e ss.

244. A expressão foi cunhada por Silva Sánchez em SILVA SÁNCHEZ, Jesús-María. Teoría del delito y derecho penal económico. In: *Revista Brasileira de Ciências Criminais*, n. 99, v. 20, 2012, p. 353-354. Estes *cegos cognitivos* são oriundos da habitualidade dos trabalhadores ao risco e da divisão de trabalho e da pouca informação que recebem.

245. A expressão foi cunhada por Schünemann em SCHÜNEMANN, Bernd. *Cuestiones básicas de dogmática jurídico-penal y política criminal acerca de la criminalidad de empresa*. In: Anuario de derecho penal y ciencias penales. n. 2, v. 41, 1988. p. 529-558 e se relaciona a condutas irregulares que estejam enraizadas na empresa.

246. ILABEL, Nelly Salvo. *Modelos de imputación penal a personas jurídicas: estúdio comparado de los sistemas español y chileno*. Tese de Doutorado apresentada ao Departamento de Ciencia Politica y Derecho Público da Universidad Autónoma de Barcelona. Barcelona, 2014, p. 83.

247. Inclusive, o alcance deste trabalho não permite a contribuição de uma nova proposta originária que se ajuste a estes postulados ao mesmo tempo em que, com a facilidade desejada, resolva os problemas da criminalidade empresarial.

Sendo a base do nosso ordenamento jurídico a dignidade da pessoa humana[248], a responsabilidade penal precisa estar calcada, sempre, na ideia reitora da conduta concreta de um indivíduo que, podendo agir de outro modo, pratica um comportamento proibido. Fazer imputações em "bloco" - cuja tendência, como já se assinalou, é direcionada ao alto escalão da empresa - contradiz as exigências da autorresponsabilidade e nega aos sujeitos que estão na base da estrutura da organização a própria autonomia[249] e racionalidade das suas condutas[250].

Assim, para se escapar da aparente ameaça da impunidade[251], é essencial vincular, de maneira mais clara, a responsabilidade penal com o risco típico efetivamente criado pelo indivíduo[252], o que pode muito bem ser incorporado aos casos envolvendo delitos econômicos e empresariais[253].

Esse mecanismo não só mantém observância ao princípio da culpabilidade[254], pois permanece ancorado na responsabilidade pessoal, como permite que o Direito Penal permaneça cumprindo com a sua tarefa de proteção subsidiárias de bens jurídicos[255] na criminalidade de empresa.

Ademais, embora a teoria do delito tenha sido manejada, esgarçada e contraposta ao longo do tempo (desde o causalismo até o funcionalismo teleológico)[256], ela sobreviveu ao conceito mais primeiro e mais primário de

---

248. O fundamento é tanto constitucional (artigo 1°, inciso III e artigo 5°, XLV e XLVI, todos da Constituição da República) quanto penal (artigos 13 e 29 do Código Penal).

249. A autonomia aqui é entendida desde uma perspectiva kantiana, estritamente relacionada à dignidade humana, à liberdade e à vontade do homem enquanto ser racional. A discussão sobre esse conceito e o seu alcance para a imputação de responsabilidade, exclusivamente na área da Filosofia, é muito bem colocada por Oswaldo Giacoia em GIACOIA JUNIOR, Oswaldo. *Nietzsche x Kant: uma disputa permanente a respeito de liberdade, autonomia e dever*. São Paulo: Casa do saber, 2012, *passim*.

250. MANSDÖRFER, Marco. Responsabilidad e imputación individuales en la ejecución de tareas en un grupo. In: *Revista para el análisis del derecho* (InDret), nº 2/2007, Barcelona, abril/2007, p. 5.

251. A ameaça é aparente pois o argumento somente faz sentido se entende que a função do Direito Penal se resume a ser um instrumento interventivo de força.

252. Essa proposta é atrelada à periculosidade da conduta a um bem jurídico, sendo esse o primeiro passo para proibição penal. Nesse sentido, PUSHKE, Jens. Origen, esencia y límites de los tipos penales que elevan actos preparatorios a la categoría de delito. In: *Revista para el Análisis del Dereto (InDret)*, 4/2010, Barcelona, outubro/2010, p. 15.

253. MANSDÖRFER, Marco. Responsabilidad e imputación individuales en la ejecución de tareas en un grupo. In: *Revista para el análisis del derecho* (InDret), nº 2/2007, Barcelona, abril/2007, p. 6.

254. Este é um dos princípios penais democráticos, o qual provém do mais elementar deles, a dignidade da pessoa humana, cf. BUSTOS RAMÍREZ, Juan. Principios fundamentales de un derecho penal democrático. In: *Revista de la Associación de Ciencias Penales de Costa Rica*, n. 8, março/1994, p. 14.

255. ROXIN, Claus. Reflexões sobre a construção sistemática do direito penal. In: *Novos estudos de direito penal*. São Paulo: Marcial Pons, 2014, p. 109.

256. Há um bom e detalhado panorama da evolução da teoria do delito em GUARAGNI, Fábio

que a responsabilidade penal recai sobre uma conduta humana individual[257], o que a torna especialmente apta para confrontar os novos fenômenos postos pelo Direito Penal Econômico[258].

Para tanto, basta o desenvolvimento de *equivalentes funcionais*[259] para que as estruturas inicialmente construídas para resolver os problemas do Direito Penal Clássico se adequem ao contexto empresarial. Tais equivalentes devem, contudo, observar os princípios democráticos penais (principalmente o Direito Penal do fato e da culpabilidade)[260], partindo da reprovação de ação ou omissão que poderia ter sido individualmente evitada[261].

André. *As teorias da conduta em direito penal: um estudo da conduta humana do pré-causalismo ao funcionalismo pós-finalista*. São Paulo: RT, 2005, *passim*.

257. Esta ideia é tão preliminar que aparece logo na primeira frase do Manual de Direito Penal de ENRIQUE BACIGALUPO ("el derecho penal forma parte de los mecanismos sociales que tienen por finalidade obtener determinados compartamientos individuales en la vida social", BACIGALUPO, Enrique. *Manual de derecho penal: parte general*. Coimbia: Editora Temis, 1996, p. 1), no primeiro parágrafo da obra de CLAUS ROXIN (logo na primeira frase, "el derecho penal se compone de la suma de todos los precptos que regulan los presupuestos o consecuencias de uma conducta cominada com uma pena o com una medida de seguridad y correción" e, em seguida, "toda pena presupone culpabilidad del sujeto cuando cometió un hecho en el pasado, y en cambio toda medida de seguridad presupone una continuada peligrosidad del sujeto para el futuro", ROXIN, Claus. ROXIN, Claus. *Derecho penal: parte general*. Tomo I. Madrid: Civitas, 2008, p. 41-42) e no primeiro tópico da obra de ANÍBAL BRUNO ("direito penal é um sistema jurídico de dupla face, que protege a sociedade contra a agressão do indivíduo e protege o indivíduo contra os possíveis excessos de poder da sociedade na prevenção e repressão dos fatos puníveis", BRUNO, Aníbal. *Direito penal: parte geral*. Rio de Janeiro: Forense, 1984, p. 32-33). O próprio estudo de FÁBIO GUARAGNI se inicia com a evidência de que "todo o crime é uma conduta (compreendida por ora em sentido amplo como ação e omissão – formas do agir humano)", GUARAGNI, Fábio André. *As teorias da conduta em direito penal: um estudo da conduta humana do pré-causalismo ao funcionalismo pós-finalista*. São Paulo: RT, 2005, p. 27; no mesmo sentido, afirma MIR PUIG que "o delito há de ser um fato penalmente antijurídico e pessoalmente proibido ao seu autor", MIR PUIG, Santiago. *Direito penal: fundamentos e teoria do delito*. São Paulo: RT, 2007, p. 112-113.

258. SILVA SÁNCHEZ, Jesús María. Teoría del delito y derecho penal económico. In: *Revista Brasileira de Ciências Criminais*, n. 99, v. 20, 2012, p. 331; CRESPO, Eduardo Demetrio. Del derecho penal liberal ao derecho penal del inimigo. In: *Revista de Derecho Penal y Criminologia*. Toledo: Universidade Castilla de La Macha, n. 14, 2004, p. 112.

259. O termo é proposto por GONZALO GARCÍA – e aparece no já citado artigo de SILVA SÁNCHEZ sobre teoria do delito e direito penal econômico – como forma de solução dos déficits de legitimidade e dogmáticos verificados no mercado de valores. A expressão é um contraponto aos "equivalentes materiais" propostos por HEFENDEHL ante a falta de relação causal e material na estrutura do delito desde uma perspectiva macroindustrial. GARCÍA, Gonzalo. *Equivalentes funcionales en los delitos económicos. Una aproximación de solución ante la falta de lesividad material en delitos de presentación de información falsa al mercado de valores*. In: Política Criminal, n. 23, julho/2017, p. 155.

260. TAVARES, Juarez. Os Princípios Penais Democráticos. In: CERVINI, Raul; TAVARES, Juarez. *Princípios de Cooperação Judicial Penal Internacional no Protocolo do Mercosul*. São Paulo: RT, 2000, p. 177 e ss.

261. ASSIS, Augusto. A responsabilidade penal omissiva dos dirigentes de empresas. In: LOBATO, José Danilo Tavares; MARTINELLI, João Paulo Orsini; SANTOS, Humberto Souza (Orgs.). *Comentários ao Direito Penal Econômico Brasileiro*. Belo Horizonte: D'Plácido, 2017, p. 67.

Essas adaptações já aparecem, por exemplo, no concurso de agentes, com a teoria do domínio do fato; na ampliação da responsabilidade em comissão por omissão no âmbito empresarial, fundamentada na ideia geral de infração a um dever de vigilância; e na proliferação de crimes de perigo abstrato[262].

Ainda que diante de bens jurídicos como a ordem tributária, o mercado de capitais, o sistema financeiro nacional, a administração da justiça etc., a teoria do delito tem rendimento para o Direito Penal Econômico, pois é possível protegê-los de maneira efetiva a partir da proibição de condutas individuais[263].

Como o que marca a empresa é a divisão de trabalho, a capacidade de rendimento da teoria do delito na criminalidade de empresa está em adaptá-la para que a responsabilidade penal individual seja determinada a partir da função que esse sujeito concretamente assumiu no processo produtivo que desencadeou em um resultado lesivo[264].

Nos casos em que o resultado lesivo decorreu de decisão tomada com base em parecer técnico ou jurídico, cuja informação qualificada estava equivocada, está clara a presença de dois sujeitos com aportes contributivos distintos para a realização de um ato: de um lado, a tomada da decisão e a execução da con-

---

262. Um panorama, ainda que resumido, dessas adequações na teoria do delito está colocado por SILVA SÁNCHEZ, Jesús-María, *A expansão do direito penal: aspectos da política criminal nas sociedades pós-industriais*. São Paulo: RT, 2013, p. 116 e ss.

263. É interessante o posicionamento de Schünemann no sentido de que a crise financeira global percebida desde 2007 é resultado de um cometimento orquestrado de condutas criminosas individuais, reconhecendo a capacidade de condutas individuais lesionarem bens jurídicos metaindividuais, como o sistema financeiro. SCHÜNEMANN, Bernd. A chamada crise financeira – falha sistêmica ou criminalidade global organizada? In: SCHÜNEMANN, Bernd. *Estudos de direito penal, direito processual penal e filosofia do direito*. São Paulo: Marcial Pons, p. 185 e ss.

264. Nesse sentido, destacando a importância de se observar os núcleos de competência empresarial, SÁNCHEZ RIOS, Rodrigo; CASTRO, Rafael Guedes. A responsabilização criminal individual em estruturas empresariais complexas: uma análise aplicada. In: *Revista Magister de Direito Penal e Processual Penal*, n. 69, 2016, p. 83 e ss.; reconhecendo a função como primeiro passo, MANSDÖRFER, Marco. Responsabilidad e imputación individuales en la ejecución de tareas en un grupo. In: *Revista para el análisis del derecho* (InDret), nº 2/2007, Barcelona, abril/2007, p. 18; entendo que esse resultado delitivo é fruto de uma má gestão empresarial, e, por isso, a imputação depende da análise das competências internas, MONTANER FERNÁNDEZ, Raquel. *Géstion empresarial y atribuición de responsabilidad penal: a propósito de la gestión medio ambiental*. Barcelona: Atelier, 2008, p. 53 e ss.; chamando a atenção para o concreto círculo de deveres assumidos pelo sujeito na empresa, ROXIN, Imme. Responsabilidade do administrador de empresa por omissão imprópria. In: *Revista Brasileira de Ciências Criminais*, n. 112, 2015. p. 62 e ss.; entendo que posição de garantidor está assentada na assunção fática de tarefas dentro da empresa, ESTELLITA, Heloisa. *Responsabilidade penal de dirigentes de empresa por omissão: estudo sobre a responsabilidade omissiva imprópria de dirigentes de sociedades anônimas, limitadas e encarregados de cumprimento por crimes praticados por membros da empresa*. São Paulo: Marcial Pons, 2017, p. 166 e ss.; ampliando essa premissa até mesmo para o mais alto escalão da empresa, SILVA SÁNCHEZ, Jesús-Maria. Deberes de los membros de um consejo de administración. In: *Revista para el análisis del derecho (InDret)*, nº 2/2011, Barcelona, p. 4 e ss.

duta decidida e, de outro, a análise técnica ou jurídica sobre uma determinada demanda, expressada em parecer ou consultoria.

Logo, a investigação da responsabilidade penal deve começar por quem está mais perto do resultado lesivo verificado – geralmente quem cumpriu a decisão e executou materialmente a conduta, com as próprias mãos.

Como a ordem das categorias sistemáticas da teoria do delito não é aleatória[265], as respostas às perguntas sobre o *se* e *como* da punibilidade[266] devem partir da verificação dos pressupostos da tipicidade objetiva atinentes ao crime identificado. Mais precisamente, a análise deve começar pela identificação da conduta realizada ou não realizada, quando devida, pelo indivíduo, pois a ação é o ponto de partida para as subsequentes valorações da teoria do crime[267].

O estabelecimento dessa ordem de análise do delito é útil para o problema dessa pesquisa. Embora pareça que se disse o óbvio, o item 1.5 do capítulo anterior demonstrou que as decisões dos Tribunais muitas vezes partem diretamente para a análise do elemento subjetivo do tipo para resolver o problema da responsabilidade penal nos casos de atuação conforme a parecer técnico ou jurídico.

Todavia, dessa forma, além de o problema não ser resolvido, o método empregado é contraproducente[268], afinal, a discussão quanto a tipicidade subjetiva será irrelevante sempre que, anteriormente, não tiverem sido preenchidos todos os pressupostos da tipicidade objetiva.

Como a proposta deste estudo é estabelecer quando e de que maneira se poderá começar a falar em imputação de responsabilidade penal de quem atua conforme a parecer técnico ou jurídico e de quem transmite a informação qualificada para a tomada de decisão, no Capítulo 3 serão analisados os reflexos penais da conduta do consulente e, no Capítulo 4, aqueles decorrentes da conduta do consultor.

---

265. TAVARES, Juarez. *Teoria do crime culposo*. Florianópolis: Empório do Direito, 2016, p. 36.

266. Essa é a tarefa da teoria do delito, cf. BACIGALUPO, Enrique. *Manual de derecho penal: parte general*. Coimbia: Editora Temis, 1996, p. 20.

267. GRECO, Luís. Tem futuro o conceito de ação? In: GRECO, Luís; LOBATO, Danilo (Orgs.). *Temas de direito penal: parte geral*. Rio de Janeiro: Renovar, 2008, p. 162.

268. Sem antes identificar a conduta, não se sabe se o dolo deve ser observado na realização dos elementos do tipo (comissão) ou no conhecimento do omitente sobre as circunstâncias que geraram perigo ao bem jurídico e sobre a sua capacidade de agir para salvá-lo (omissão imprópria). Sobre essas diferenças, ver, por todos, CIRINO DOS SANTOS, Juarez. *Manual de direito penal: parte geral*. Florianópolis: Conceito Editorial, 2012, p. 61 e ss e 101 e ss.

2.5. Resultados parciais

1. Para o cumprimento dos deveres objetivos de cuidado, a boa administração demanda a descentralização de funções, que pode ocorrer tanto internamente na empresa (por exemplo, Diretoria Financeira, Gerência de Meio Ambiente, Encarregado da Área de Comunicação, etc.), quanto com a contratação de *experts* externos, como contadores, consultores, auditores, etc.

2. A descentralização de funções fragmenta condutas, inclusive, típicas e divide, naturalmente, o conhecimento dentro da empresa.

3. A complexidade das operações de mercado e a intensa produção normativa exigem a consulta prévia a *experts* para fornecerem informações necessárias para a tomada de decisão sobre a operação pretendida. Não sendo mais suficiente a mera reflexão íntima do sujeito, a ordem jurídica emite um comando para aquele quem tem o poder de decisão: informe-se a respeito da licitude do seu projeto de conduta.

4. Essa dependência da informação qualificada sobre a regularidade e a licitude da decisão a ser tomada fragmenta o poder decisório entre o parecerista ou consultor e quem, ao final, decide e atua.

5. Como quem decide, executa ou deflagra um comando de execução não é quem desenvolveu o plano de ação e quem planejou não executa ação alguma, a imputação de responsabilidade penal se torna mais difícil, pois não é mais possível reconduzir a uma vontade, ou apenas a uma única vontade, o resultado lesivo.

6. Dessa forma, o paradigma clássico da teoria do delito (o crime comissivo doloso individual) não opera nos casos envolvendo a tomada de decisão embasada em pareceres técnicos ou jurídicos. Nestes, há desmembramento entre a atividade de direção, a disponibilidade de informação e o poder de decisão.

7. Enquanto a fragmentação de condutas impacta nos aspectos objetivos, a filtragem da informação apresenta desafios na determinação dos aspectos subjetivos da teoria do delito. Havendo nítida separação entre ação e responsabilidade, a conduta puramente executiva nem sempre é a mais relevante. Ademais, quando a tomada de decisão depender da análise e da recomendação prévia de especialistas, haverá um filtro analítico da informação por parte desse *expert* e o sujeito que decide receberá apenas o conteúdo técnico ou jurídico transmitido pelo consultor, o que pode impactar no estado de ignorância deste sujeito acerca dos elementos constitutivos do tipo penal, o que pode afastar o dolo do crime ou até conduzir à sua impunidade.

8. Embora tenham sido propostos novos instrumentos para impedir a aparente ameaça da impunidade (a exemplo dos delitos de acumulação, da au-

toria nos delitos de organização, da identificação de garantidores com base na competência institucional e da teoria da cegueira deliberada), o modelo clássico de imputação de responsabilidade individual tem capacidade de rendimento na chamada criminalidade de empresa e nos casos de atuação conforme a parecer técnico ou jurídico.

9. Vinculando a responsabilidade penal ao risco típico efetivamente criado pelo indivíduo de maneira mais clara e levando em consideração a função que esse sujeito concretamente assumiu no processo produtivo que desencadeou em um resultado lesivo é possível adaptar a teoria clássica do delito ao moderno Direito Penal Econômico. Os chamados equivalentes funcionais devem observar os princípios democráticos penais e se calcarem na reprovação da ação ou omissão que poderia ter sido individualmente evitada.

10. Nos casos em que o resultado lesivo decorreu de decisão tomada com base em parecer técnico ou jurídico, cuja informação qualificada estava equivocada, a investigação de eventual responsabilidade penal deve começar por aquele que tomou a decisão ou a executou com as próprias mãos, pois é ele quem está mais próximo do resultado lesivo (abordagem *bottom-up*), e partir da verificação dos pressupostos da tipicidade objetiva atinentes ao crime identificado ou, mais precisamente, da identificação da conduta realizada ou não realizada, quando devida, pelo indivíduo, pois a ação é o ponto de partida para as subsequentes valorações da teoria do crime.

3.

ANÁLISE DO PROBLEMA A PARTIR DE QUEM ATUA CONFORME A PARECER TÉCNICO OU JURÍDICO

Conforme já se apontou no capítulo anterior, aquele que está no alto escalão da empresa depende de informações técnicas para poder decidir como agir no caso concreto, pois, em razão da divisão do trabalho e da segmentação de funções, falta-lhe o necessário conhecimento específico sobre a completa regularidade do seu projeto de ação que, no mais das vezes, versa sobre questões bastante complexas[269].

Se a informação recebida é tida como correta no sentido da regularidade da conduta pretendida, a ação empreendida por este sujeito será lícita e não acarretará em responsabilidade penal. O mesmo ocorre quando o sujeito receber a informação sobre a irregularidade do que pretendia e decide abster-se. O problema surge, justamente, quando o parecer é equivocado[270] e, consequentemente, a ação tomada por este sujeito acaba sendo errada, gerando reflexos indesejáveis pela ordem jurídica, como resultados proibidos pela lei penal.

---

269. SCHÜNEMANN, Bernd. *Responsabilidad penal en el marco de la empresa: dificultades relativas a la individualización de la imputación*. ADPCP, vol. LV, 2002, p. 12.

270. Não se discutirá nessa sede quando o parecer ou a consulta são fraudulentos. Nesses casos, quando se constata a existência de um plano delitivo firmado entre o consulente e o consultor, a ordem jurídica oferece respostas bem sedimentadas na seara penal. O enfoque deste trabalho, repise-se, é a situação em que ambos pretendiam agir da maneira correta, mas, ao final, constata-se que a informação técnica ou jurídica recebida era equivocada.

Neste capítulo a proposta é verificar *se, quando* e *como*[271] é possível se iniciar a imputação de responsabilidade penal para este sujeito que atuou de maneira errada, mas conforme a um parecer técnico ou jurídico.

3.1. Qualidades do sujeito que solicita a informação

Para que se possa tratar da sua responsabilidade penal, é preciso definir quem é esse sujeito que atua conforme a parecer técnico ou jurídico. Trata-se de todo aquele que possui o poder de decidir, mas não domina os conhecimentos técnicos ou jurídicos necessários para modular adequadamente o seu projeto de ação em direção aos fins que pretende.

Entretanto, é preciso reconhecer que esse sujeito não é um neófito e, no mais das vezes, possui determinada qualificação, ainda que em outras áreas do conhecimento (como, por exemplo, o empresário formado em administração ou o Prefeito formado em economia), e reúne em si experiências práticas vividas que lhe permitem minimamente avaliar, diante da situação concreta e, principalmente, após o esclarecimento recebido do especialista consultado, se o seu projeto de conduta é ou não permitido.[272]

Todos essas qualidades do sujeito que solicita a informação impactarão na apuração da sua responsabilidade penal, conforme se verá a seguir.

3.2. O dever de informar-se

Quem vai tomar uma decisão diante de uma situação complexa está obrigado a certo grau de diligência para que a sua decisão não gere riscos para terceiros ou lesione bens jurídicos alheios[273]. Esse certo grau de diligência se constitui no dever de informar-se[274].

A ideia desse tipo de dever decorre da multiplicidade de variantes sociais,

---

271. Vale-se, aqui, do que a doutrina alemã convencionou chamar de "sete W dourados" traduzidas como (*Wer? Was? Wo? Womit? Warum? Wie? Wann?*, traduzidas como Quem? O quê? Onde? Por quais meios? Por quê? Como? Quando?), utilizadas pelo ordenamento processual-penal contemporâneo como parâmetro de quesitação fático-circunstancial, com cujas respostas se considera esgotado determinado assunto, cujas respostas servem para verificar a higidez da denúncia. Nesse sentido, ver a lição de JOÃO MENDES JÚNIOR. In: TOURINHO FILHO, Fernando da Costa. *Processo Penal*. São Paulo: Saraiva, 2009, vol. 1, p. 408.

272. Essas características aparecem, de modo mais sintético, em LEITE, Alaor. *Dolo e o crime de dispensa ou inexigência ilegal de licitação (art. 89 da Lei 8.666/1993)*. In: Revista Brasileira de Ciências Criminais, Ano 21, nº 104, set/out 2013, pp. 24-25. Vide, com mais detalhes e indicação de referências específicas, o tópico 1.2., do primeiro capítulo.

273. DOPICO GÓMEZ-ALLER, Jacobo. Posición de garante del compliance officer por infración de deber de control: una aproximación tópica. In: ARROYO ZAPATERO, Luis; NIETO MARTÍN, Adán. *El derecho penal económico en la era compliance*. Valencia: Tirant lo Blanch, 2013, p. 171.

274. WELZEL, Hans. *Derecho penal: parte general*. Buenos Aires: Roque Depalma Editor, 1956, p. 176.

as quais, no mais das vezes, não mais conduzem diretamente à proibição de determinadas ações indesejáveis que, pela experiência, possam produzi-las, mas à imposição de deveres concretos que pretendem evitar esses resultados[275].

Na doutrina, o dever de informar-se aparece em ao menos três pontos da dogmática jurídico penal, a saber, na teoria do erro de proibição, na teoria sobre a omissão imprópria e na teoria dos crimes culposos[276].

Em todas elas, entretanto, parece haver ponto comum de intersecção. O dever de se informar equivale a uma norma mandamental[277], anterior à proibição penal, que, ao mesmo tempo em que impõe ao sujeito a execução de uma atividade (informe-se), veda outra (não atue sem se informar)[278], de modo que este comando prévio garante o verdadeiro sentido que vai ser conferido para a

---

275. TAVARES, Juarez. *Teoria dos crimes omissivos*. São Paulo: Marcial Pons, 2012, p. 294.

276. A título de exemplo, na teoria dos crimes culposos, JUAREZ CIRINO DOS SANTOS aponta que "a realização de ações perigosas impõe o dever de informação sobre riscos para bens jurídicos" (CIRINO DOS SANTOS, Juarez. *Manual de direito penal: parte geral*. Florianópolis: Conceito Editorial, 2012, p. 88). Já na teoria sobre o erro de proibição, JORGE DE FIGUEIREDO DIAS assinala que, no chamado erro intelectual, o qual não afastaria a responsabilidade, "a censura dirige-se a uma falta de conhecimento que o agente não obteve por violação de um dever de atenção ou de informação" (FIGUEIREDO DIAS, Jorge de. *Temas básicos da doutrina penal*. Coimbra: Coimbra Editora, 2001, p. 297). E, ainda, na teoria dos crimes omissivos impróprios, ROXIN consigna que podem existir casos de "omissão precedente que infringe o dever de garante" (ROXIN, Claus. *Derecho Penal. Parte General*. Tomo II. Madrid: Civitas, 2014, p. 888, nossa tradução livre) e, dessa forma, uma omissão na procura de informações sobre quais medidas que devem ser adotadas para se evitar o resultado lesivo, servirá de apoio para conectar esse resultado à omissão do garantidor (p. ex. o dono da cantina de uma escola que não se informa sobre a existência de uma substância perigosa em um dos produtos que está expondo à venda e as crianças que o consumiram acabam sofrendo graves lesões). Inclusive, a recusa propositada em obter o conhecimento de determinada situação chega a encontrar, quando também preenchidos outros requisitos, enquadramento jurídico-penal próprio na chamada teoria da cegueira deliberada, cujos reflexos são atinentes à tipicidade subjetiva. Sobre esta teoria, ver RAGUÉS I VALLES, Ramon. *La ignorancia deliberada en derecho penal*. Barcelona: Atelier, 2007, p. 22 e ss. e sobre a figura do recklessness no erro de proibição, ver HALL, Livingston; SELIGMAN, Selig J. *Mistake of law and mens rea*. University of Chicago Law Review: Vol. 8 : Iss. 4 , Article 2, 1941, p. 641 e ss.

277. Nesse sentido, WELZEL aproxima esse dever ao dever jurídico nos crimes omissivos, em que há uma norma que manda ao sujeito a prática de determinada conduta (abstranha-se, na omissão e atue para evitar o resultado típico, na omissão imprópria). WELZEL, Hans. *O novo sistema jurídico penal*. São Paulo: RT, 2001, p. 128.

278. Dentre os modais deônticos, a norma jurídica permite, obriga ou proíbe comportamentos, de modo que ela somente pode ter como objeto ações ou omissões, gerando um dever em relação aos seus destinatários. Por essa razão, sustenta-se, com acerto, que "os preceitos legais contêm invariavelmente imperativos, quer dizer, proibições ou mandatos de um atuar humano. Por isso, a finalidade imediata das diretivas jurídicas de comportamento é sempre a omissão ou a realização de uma determinada conduta humana", conforme RUDOLPHI, Hans-Joachim. El derecho penal y las formas de imputación jurídico-penal. In: SCHUNEMANN, Bernd (coord.). *El Sistema Moderno del Derecho Penal: cuestiones fundamentales*. Madrid: Tecnos, 1991, p. 81, tradução livre. Sobre a teoria das normas e os contornos específicos da norma penal, ver PRADO, Luiz Regis. *Norma penal como norma de conduta*. São Paulo: RT, Revista Ciências Penais, v. 12, janeiro/2010, p. 231 e ss.

norma penal, permitindo que seja aferido, a partir do seu enunciado, e ao lado da proibição, a lesão ao bem jurídico tutelado[279].

Entretanto, tal conteúdo mandamental (informe-se), por estar condicionado ao pressuposto de que, com a sua transgressão, se estará pondo em perigo ou lesando um bem jurídico tutelado[280], deve ser absolutamente claro ao sujeito, que precisa saber quando há razão suficiente para que ele se informe no caso concreto[281].

De fato, em uma perspectiva *ex post*, sempre será factível se considerar que havia a possibilidade de se alcançar o conhecimento da proibição penal[282] mediante *esforço de consciência*[283]. Mas, exigências tão exageradas entorpeceriam a vida social e não correspondem com os esforços que a própria ordem jurídica espera[284].

Portanto, é preciso verificar se, na situação concreta, era exigível ao sujeito, desde uma perspectiva *ex ante*, obter conhecimentos técnicos ou jurídicos específicos para, somente depois, praticar a conduta pretendida, se permitida, ou abster-se, se proibida. Do contrário, impor a todos um dever *geral* de informação, especialmente capaz de, sozinho, autorizar a imputação de responsabilidade penal[285], implicaria em fundamentar a culpabilidade na violação de um dever, de um delito que sequer existe, e, assim, punir-se-ia a condução de um modo de vida irresponsável, o que desrespeitaria o princípio da legalidade e atrelaria

---

279. A norma somente cumpre seu papel imperativo se ela fizer sentido ao seu destinatário, o que demanda não só uma mera proibição, mas também algum comando. Nesse sentido, TAVARES, Juarez. *Teoria dos crimes omissivos*. São Paulo: Marcial Pons, 2012, p. 295.

280. TAVARES, Juarez. *Teoria dos crimes omissivos*. São Paulo: Marcial Pons, 2012, p. 298.

281. O dever de informação tem, dentro da teoria das normas, a função de norma secundária, cuja finalidade é levar o sujeito a alcançar a consciência segura do injusto. É somente nesse caso que o Estado está em condições legítimas para exigir uma abstenção categórica por parte de seus cidadãos e puni-los em caso de violação dessa exigência. Por isso, citando PETRA VELTEN, ALAOR LEITE consigna que, em havendo um motivo concreto para se informar, a norma secundária não contém mais uma proibição categórica (abstenha-se), mas uma proibição dilatória (informe-se). LEITE, Alaor. *Dúvida e erro sobre a proibição no direito penal: a atuação nos limites entre o permitido e o proibido*. São Paulo: Atlas, 2013, p. 144.

282. Tanto assim que ainda é majoritário o entendimento que a dúvida sobre a proibição exclui o erro, ainda que seja sob uma perspectiva da teoria do dolo (pois na dúvida o agente consideraria a probabilidade de a conduta ser proibida e, mesmo assim, se conformaria em realizá-la), até mesmo porque, como todo indivíduo está em condições de conhecer a lei e procurar instruir-se em relação a ela, torna-se culpável de a ter ignorado. Nesse sentido, BRUNO, Aníbal. *Direito penal: parte geral*. Tomo 2°. Rio de Janeiro: Forense, 1984, p. 110 e ss.

283. TOLEDO, Francisco de Assis. *Princípios básicos de direito penal*. São Paulo: Saraiva, 1994, p. 259.

284. ROXIN, Claus. *Derecho Penal. Parte General*. Tomo I. Madrid: Civitas, 2008, p. 879.

285. Pois a omissão prévia ao dever de informar-se, genericamente imposto, implicaria em afastar qualquer escusa quanto a sua responsabilidade, sendo indiferente o conteúdo da informação que teria recebido.

a culpabilidade a parâmetros meramente objetivos e não segundo as capacidades individuais do sujeito[286].

Essa exigência de o sujeito informar-se depende, então, da existência de um motivo concreto, sendo tarefa da doutrina e da jurisprudência determinarem as situações nas quais surge esse motivo concreto para se informar e quando se pode considerar satisfatório o cumprimento desse dever de informação[287].

No que interessa ao problema central dessa pesquisa, a doutrina já bem determinou a situação que faz surgir o dever concreto de informação, como se verá a seguir. Entretanto, embora existam alguns encaminhamentos já expostos sobre o cumprimento satisfatório de tal dever, ainda não se tem claro os requisitos e os limites desta exigência, principalmente para os casos de decisões tomadas conforme a parecer técnico ou jurídico[288]. Diante disso, a indicação de alguns critérios norteadores sobre este segundo ponto é uma das tarefas deste trabalho.

3.2.1. A necessidade de se informar antes de decidir atuar

Para explicar quando surge o dever concreto de informação dentro da seara do Direito Penal Econômico é necessário voltar um passo e traçar um brevíssimo panorama da problemática.

A ordem jurídica exige, sempre, que o sujeito atue segundo comportamentos permitidos e de modo a evitar que as suas condutas gerem resultados proibidos. Todavia, somente é exigível tal postura do sujeito se ele conhece os limites entre o permitido e o proibido e sabe quando está em situação de risco ou de perigo de lesão a um bem jurídico, ciência esta que seria atingível por meio da *reflexão* e da *informação*[289] que relevariam, *ex ante*, se a conduta pretendida é regular e lícita.

---

286. Essas objeções a um imaginado dever geral de informação são colocadas por ROXIN, Claus. *Derecho Penal. Parte General.* Tomo I. Madrid: Civitas, 2008, p. 878-879 e por LEITE, Alaor. *Existem deveres gerais de informação no direito penal? Violação de um dever, culpabilidade e evitabilidade do erro de proibição.* In: *Revista dos Tribunais*, nº 922, agosto/2012, p. 323 e ss.

287. LEITE, Alaor. *Existem deveres gerais de informação no direito penal? Violação de um dever, culpabilidade e evitabilidade do erro de proibição.* In: *Revista Portuguesa de Ciência Criminal.* n. 2, v. 23, 2013, p. 226.

288. A exceção fica por conta de ROXIN, Claus. *Derecho penal: parte general.* Tomo I. Madrid: Civitas, 2008, p. 888 e ss., LEITE, Alaor. *Dúvida e erro sobre a proibição no direito penal: a atuação nos limites entre o permitido e o proibido.* São Paulo: Atlas, 2013, p. 105 e ss. e 155 e ss., LEITE, Alaor. *Existem deveres gerais de informação no direito penal? Violação de um dever, culpabilidade e evitabilidade do erro de proibição.* In: Revista Portuguesa de Ciência Criminal. n. 2, v. 23, 2013. p. 230 e ss. e TAVARES, Juarez. *Teoria do crime culposo.* Florianópolis: Empório do Direito, 2016, p. 323 e ss., os quais fazem expressa referência a outros autores e obras em alemão, embora não exista claramente uma definição de critérios, mas um emaranhado de exemplos dos quais, com algum esforço, é possível se extrair algumas ideias reitoras.

289. Segundo decisão do BGH datada de 1952, cujo entendimento ainda reverbera tanto na doutrina, quanto na jurisprudência, "a dúvida sobre a proibição deve ser superada através da reflexão e da informação". ROXIN, Claus. *Derecho Penal. Parte General.* Tomo I. Madrid: Civitas, 2008, p. 882.

Antes disso, contudo, entendeu-se, inicialmente, que essa consciência sobre a ilicitude era atingida a partir da *valoração paralela na esfera do profano*[290]. Em síntese, segundo esse critério, a consciência da antijuridicidade seria atingida tão somente com a apreensão, pelo sujeito, do significado social da sua ação[291], tendo por base a experiência adquirida na vida em sociedade[292], o que seria sempre possível a ele, pois a apreensão do caráter ilícito da sua conduta viria naturalmente com o ar que se respira[293].

Todavia, ainda que se entendesse que essa presunção era possível nos delitos chamados *mala in se*[294], ela não sobrevive nos delitos chamados *mala in prohibita*, nos quais a proibição deriva unicamente da lei[295].

Nessa categoria de crimes, que marcam notadamente o Direito Penal Econômico[296], a proibição penal não recai diretamente sobre ações que, *a priori*, sejam consideradas imorais ou antissociais (pense-se, por exemplo, no crime de aplicar recurso obtido em financiamento bancário em finalidade diversa da prevista no contrato: aquele que requereu o financiamento para comprar um

---

290. O critério foi desenvolvido por MEZGER, ainda quando predominavam as teorias do dolo para tratar do erro de proibição. A valoração seria paralela, pois equivaleria à possibilidade de conhecimento análogo ao efetivamente requerido, e na esfera do profano, pois relativa ao conhecimento exigido do homem leigo. Tal proposta tem nítido conteúdo ético e independia do conhecimento da lei. Nesse sentido, MEZGER, Edmund. *Tratado de Derecho Penal.* Madrid: Ed. Revista de Derecho Privado, 1957, p. 195 e ss. e ZAFFARONI, Eugenio Raúl; PIERANGELI, José Henrique. Manual de direito penal brasileiro: parte geral. São Paulo: RT, 1997, p. 623-624.

291. CRUZ, Flávio Antônio da. *O tratamento do erro em um Direito Penal de bases democráticas.* Porto Alegre, Sérgio Antônio Fabris Editor, 2007. p. 264.

292. CHAVES DE CAMARGO fundamentou, apoiando-se na teoria do agir comunicativo de Habermas, que a consciência da ilicitude seria formada no indivíduo a partir da teoria do agir comunicativo, pois desde os primeiros anos de vida, a criança vai construindo o seu código de comunicação e refletindo sobre a sociedade na qual está inserido e, dessa forma, com o seu crescimento, esse código de comunicação lhe permitirá apreender o sentido do que é querido e do que não é querido pelo Direito. CAMARGO, Antonio Luis Chaves de. *Culpabilidade e reprovação penal.* São Paulo: Sugestões literárias, 1994, p. 162 e ss.

293. O argumento é trazido por BINDING para praticamente desconsiderar qualquer alegação de erro de proibição, que não passaria de uma "deslavada mentira", cf. TOLEDO, Francisco de Assis. *Erro de tipo e erro de proibição no projeto de reforma penal.* São Paulo: RT, 1983, p. 291.

294. Posição esta com a qual se descorda pois, ainda nessa categoria de crimes, é necessário considerar a interferência de fatores individuais, e em especial os socioeconômicos, na aferição da culpabilidade pois são fatores condicionantes da formação da personalidade do agente e deve ser considerada na formulação do juízo de reprovação, como propõe JUNQUEIRA, Gustavo Octaviano Diniz. *Liberdade, culpabilidade e individualização da pena.* Tese (Doutorado em Direito). Pontifícia Universidade Católica de São Paulo, São Paulo, 2009, *passim*. Nesse mesmo sentido, CIRINO DOS SANTOS, Juarez. *Manual de direito penal: parte geral.* Florianópolis: Conceito Editorial, 2012, p. 170.

295. DIAS, Augusto Silva. *Delicta in se e delicta mere prohibita: uma análise das descontinuidades do ilícito penal moderno à luz da reconstrução de uma distinção clássica.* Coimbra: Coimbra Editora, 2008, p. 210.

296. SILVEIRA, Renato de Mello Jorge. *Direito penal empresarial: a omissão do empresário como crime.* Belo Horizonte: D'Plácido, 2016, p. 59 e ss.

carro, mas o aplicou para realizar uma viagem em família estaria, em tese, praticando o tipo objetivo previsto no artigo 20 da Lei nº 7.492/1986).

Aliás, atualmente, há ações tidas como imorais que sequer representam crimes, como é o caso, por exemplo, do incesto, que, embora seja reprovável pelo sentimento social, não está tipificado no nosso ordenamento[297].

Portanto, esses delitos estariam fundamentados na necessidade de proteção de determinados bens jurídicos, segundo conveniências políticas ou econômicas[298], muitas vezes distantes da ideia originária do que seja um comportamento criminoso (em seu sentido ético-social), de modo que a sua proibição decorreria tão somente da previsão em lei.

Diante disso, não há como exigir que o agente se motive pela antissocialidade ou pela imoralidade de uma conduta que, embora tipificada, é axiológica-socialmente neutra[299]. Essa consciência seria somente atingível a partir do conhecimento do próprio texto legal[300].

Ocorre que o conteúdo da proibição contido nas normas penais tem sido constantemente preenchido com remissões a outras normas extrapenais[301] e alterado à medida que se aprimora o senso da necessidade civil e a complexidade das relações sociais[302], revelando intensa regulação de matérias complexas (bancária, tributária, concorrencial, ambiental etc.).

Todavia, como a ordem jurídica permanece exigindo, ao fim e ao cabo, que o sujeito conheça todos os campos de afetação da sua conduta[303], sejam penais ou extrapenais, diante de todo este cenário não se encontrará mais na

297. BITENCOURT, Cezar Roberto. *Tratado de Direito Penal: parte geral*. Vol. 1. São Paulo: Saraiva, 2012, p. 538.

298. HORTA, Frederico. Do erro sobre os elementos normativos das leis penais no direito penal econômico. In: LOBATO, José Danilo Tavares; MARTINELLI, João Paulo Orsini; SANTOS, Humberto Souza (Orgs.). *Comentários ao Direito Penal Econômico Brasileiro*. Belo Horizonte: D'Plácido, 2017, p. 315.

299. DIAS, Jorge de Figueiredo; ANDRADE, Manuel da Costa. Problemática geral das infracções contra a ordem econômica nacional. In: PODVAL, Roberto (org.). *Temas de direito penal econômico*. São Paulo: RT, 2000, p. 161-163

300. Como afirma Claudio Brandão, "é a tipicidade o suporte através do qual o direito penal se apóia para a construção de um caminho para o conhecimento da proibição". BRANDÃO, Claudio, *Tipicidade penal: dos elementos da dogmática ao giro conceitual do método enimemático*. São Paulo: Almedina, 2014, p. 37.

301. CALABRIA, Arianna. *Ignorantia legis e parere erroneo del consulente legale*. In: Revista Italiana di Diritto e Procedura Penale, fasc. 1, 1992, p. 156.

302. MUNHOZ NETO, Alcides. *A ignorância da antijuridicidade*. Rio de Janeiro: Forense, 1978, p. 61.

303. HUSAK, Douglas; VON HIRSH, Andrew. Culpability and mistake of law. In: SHUTE, Stephen et al. *Action and value in criminal law*. Oxford, 1993, p. 157.

consciência profana desse sujeito a matéria do injusto, pois, como a proibição é exclusivamente artificial, ela será inatingível por meio das normas de cultura[304].

Aliás, o uso do referido critério é, além de tudo, equivocado, pois confunde a existência, ou não, do erro de proibição com a sua evitabilidade. Argumentar que não há erro de proibição porque a proibição era evidente, ou porque a proibição está enraizada na sociedade e naturalmente acessível mediante as normas de cultura é absolutamente sem sentido, pois estes argumentos somente ganham relevância depois que já foi firmada a existência de um erro de proibição no caso concreto, ou mais precisamente, quando da análise da evitabilidade do erro de proibição já verificado.[305]

Todo esse panorama[306] levou WELZEL a reelaborar o conceito de consciência da ilicitude, introduzindo um novo elemento, o dever de informar-se[307], o que permitiu a reprovação do sujeito quando, em que pese não possua a consciência atual da ilicitude, poderia tê-la adquirido se procurasse se informar previamente sobre o seu projeto de conduta[308].

Ou seja, a nova realidade das proibições penais dificultou a valoração paralela do comportamento na esfera leiga do agente[309] e fortaleceu a imposição do dever de informação ao sujeito para que ele atinja a consciência sobre a licitude do seu comportamento[310].

Portanto, na seara dos crimes afetos ao Direito Penal Econômico, o critério da valoração paralela na esfera do profano é inservível[311]. O excesso regulatório em matéria penal, que aumenta consideravelmente a possibilidade de se estar

---

304. TOLEDO, Francisco de Assis. *Princípios básicos de direito penal.* São Paulo: Saraiva, 1994, p. 259.

305. LEITE, Alaor. *Existem deveres gerais de informação no direito penal? Violação de um dever, culpabilidade e evitabilidade do erro de proibição.* In: Revista Portuguesa de Ciência Criminal. n. 2, v. 23, 2013. p. 234.

306. Esse panorama é exposto, em maior detalhe, em BITENCOURT, Cezar Roberto. *Tratado de Direito Penal: parte geral.* Vol. 1. São Paulo: Saraiva, 2012, p. 514 e ss.

307. WELZEL, Hans. *O novo sistema jurídico penal.* São Paulo: RT, 2001, p. 135.

308. BRANDÃO, Cláudio, *A consciência da antijuridicidade no moderno direito penal.* In: Revista de informação legislativa, v. 34, n. 136, out/dez 1997, p. 56.

309. D'AQUINO, Dante Bruno; GUARAGNI, Fábio André. *"Póstuma modernidade" e erro de proibição.* In: Revista Brasileira de Ciências Criminais, v. 88, 2011 p. 51.

310. GUR-ARYE, Miriam. *Reliance on a lawyer's mistaken advice: should it be an excuse from criminal liability?* American Jornal of Criminal Law, v. 29, 2002, p. 27.

311. Aliás, as dificuldades da aplicação desse critério nos crimes econômico já haviam sido percebido pelo próprio Mezger, ao justificar a opção legislativa que tornava desnecessária a consciência da ilicitude (atual ou atualizável) para esses crimes: "aqui se viu obrigada a legislação do Reich, frente ao imenso número de regulamentações em matéria econômica, de leis sobre impostos da época da guerra e do pós-guerra e de uma defeituosa jurisprudência do Tribunal do Reich no ponto do erro, a criar um estado jurídico claro e indubitável". MEZGER, Edmund. *Tratado de Derecho Penal.* Madrid: Ed. Revista de Derecho Privado, 1957, p. 144 (nossa tradução livre).

atuando em âmbito cercado por proibições penais, e os contornos muitas vezes incertos das leis penais[312], as quais estão cada vez mais recheadas de reenvios normativos[313], facilmente verificáveis na prática[314], tornam o referido critério uma falácia e impõem, ou ao menos deveriam impor[315], a sua total superação ante a sua inadequação à realidade concreta.

Dessa forma, o argumento da consciência profana do injusto, além de equivocado, de nada serve para resolver o problema[316] da dúvida sobre a proibição penal[317], a qual deverá ter o dever de informação como critério dogmático reitor de análise[318].

Resta determinar, então, em quais situações surge o dever concreto do sujeito buscar a informação e quais são os critérios possíveis para se entender

---

312. LEITE, Alaor. *Dúvida e erro sobre a proibição no direito penal: a atuação nos limites entre o permitido e o proibido*. São Paulo: Atlas, 2013, p. 17-18.

313. GUARAGNI, Fábio André. Normal penal em branco, tipos abertos, elementos normativos do tipo e remissões a atos administrativos concretos: o panorama político criminal comum, as distinções e consequências relativas ao princípio da reserva legal. In: GUARAGNI, Fábio André; BACH, Marion. *Normas penais em branco e outras técnicas de reenvio em direito penal*. São Paulo: Almedina, 2014, p. 24.

314. Basta verificar a quantidade regulatória em matéria penal ou com reflexos penais, como as normativas dos órgãos de fiscalização e controle (BACEN, CVM, Receita Federal, etc.).

315. É curioso o entendimento exarado pelo STJ em 2005: "Não há falar em erro de proibição, quando a conduta do agente, ela mesma, o exclui, de forma evidente, *primus ictus oculi*", STJ, HC 35.664/SP, Rel. Ministro HAMILTON CARVALHIDO, SEXTA TURMA, julgado em 17/11/2005, DJ 19/12/2005.

316. O argumento é mesmo de difícil aceitação para a dogmática jurídica, inclusive, para além dos crimes econômicos. Por mais que se tentasse impor padrões objetivos a servirem de *tertium comparationis*, ao fim e ao cabo, a valoração paralela da esfera do profano dependeria das convicções e da consciência íntima do próprio sujeito. O problema é que as convicções morais, políticas, religiosas ou sociais do indivíduo, divergentes dos critérios axiológicos da ordem jurídica, pouco ou nada impactam para a punição penal, pois teriam, no máximo, influência sobre a medida da pena. De igual modo, os fatos de consciência, por mais que estejam nobremente ligados à personalidade ética do agente, encontram seu limite imanente na prática de um crime e, por isso, não operam como causa de justificação, nem têm o condão de excluir a culpa, exceto alguns poucos casos em que tais crenças podem vir a afastar do sujeito a consciência quanto a sua vinculação ao ilícito (como na questão das testemunhas de Jeová e a transfusão de sangue, por exemplo). Sobre o tema, v. SILVA DIAS, Augusto. *A relevância jurídico penal das decisões de consciência*. Coimbra: Almedina, 1987, p. 106 e ss. e 137 e ss. e FIGUEIREDO DIAS, Jorge de. *Temas básicos da doutrina penal*. Coimbra: Coimbra Editora, 2001, p. 307 e ss.

317. Há boas razões para superar os termos "consciência eventual do injusto" ou "potencial consciência da ilicitude" e entender a dúvida sobre a proibição como um caso de existência de erro de proibição, as quais estão pormenorizadamente explicadas em LEITE, Alaor. *Dúvida e erro sobre a proibição no direito penal: a atuação nos limites entre o permitido e o proibido*. São Paulo: Atlas, 2013, p. 31 e ss.

318. Embora este critério de análise tenha sido melhor explorado na doutrina quando trata da teoria da culpabilidade, mais precisamente, para verificar a evitabilidade do erro de proibição, ele será aqui manejado em conjunto com o dever de informação existente na dogmática dos crimes culposos e dos crimes omissivos impróprios, para, a partir dele, se extrair o fundamento inicial para verificação de responsabilidade penal daquele que atua conforme a parecer técnico ou jurídico.

que este dever foi devidamente cumprido pelo agente. O enfrentamento será feito nessa ordem.

3.2.2. Situações que fazem surgir o dever concreto de buscar a informação

Se, por um lado, a ordem jurídica permite excluir a responsabilidade do sujeito quando ele possuía razões sensatas para supor que o seu comportamento era permitido[319], em se tratando de situações envolvendo alta carga de regulações jurídicas, penais e extrapenais, da conduta – tal como ocorre na seara do Direito Penal Econômico[320] –, não basta que essas razões sejam sensatas à luz da consciência individual do sujeito.

A acessoriedade administrativa na tutela de bens jurídicos coletivos[321], que marcam, por vezes, o Direito Penal Econômico, e se manifesta com recurso a leis penais em branco, aos elementos de valoração global do fato e aos elementos normativos do tipo[322], exige que o sujeito conheça o ramo primário de proibição[323], ou seja, não só a lei penal propriamente dita, mas também todas as normas extrapenais que regulam o alcance e o limite do conteúdo proibido.

Ocorre que, comparados ao processo legislativo exigido para a lei penal, esses elementos de remissão são mais flexíveis e variáveis e possibilitam a modificação da matéria de proibição mais facilmente[324] o que, no mais das vezes, reduz a capacidade individual de acesso ao conteúdo da proibição[325], com impactos na tipicidade subjetiva e na culpabilidade[326], fenômeno certamente agravado pela intensa atividade legiferante na seara socioeconômica[327].

---

319. Como aponta ROXIN, com base no artigo 20 do StGB, há de se excluir a responsabilidade jurídico penal quando o sujeito supõe, por razões suficientes, que estava autorizado a se comportar daquela maneira. ROXIN, Claus. *Derecho Penal. Parte General*. Tomo I. Madrid: Civitas, 2008, p. 880.

320. HORTA, Frederico. *Elementos normativos das leis penais e conteúdo intelectual do dolo: da natureza do erro sobre o dever extrapenal em branco*. São Paulo: Marcial Pons, 2016, p. 242.

321. Sobre o fenômeno da acessoriedade administrativa na tutela de bens jurídicos coletivos, ver, em especial, COSTA, Regina Helena Lobo da. *Proteção penal ambiental: viabilidade, efetividade, tutela por outros ramos do direito*. São Paulo: Saraiva, 2010, p. 66 e ss.

322. HORTA, Frederico. Do erro sobre os elementos normativos das leis penais no direito penal econômico. In: LOBATO, José Danilo Tavares; MARTINELLI, João Paulo Orsini; SANTOS, Humberto Souza (Orgs.). *Comentários ao Direito Penal Econômico Brasileiro*. Belo Horizonte: D'Plácido, 2017, pp. 316-317.

323. AFLEN, Pablo. *O risco da técnica de remissão das leis penais em branco no direito penal da sociedade do risco*. In: Política Criminal, n. 3, A7, 2007, p. 7.

324. AFLEN, Pablo. *O risco da técnica de remissão das leis penais em branco no direito penal da sociedade do risco*. In: Política Criminal, n. 3, A7, 2007, p. 4.

325. ESTELLITA, Heloisa. *Responsabilidade penal de dirigentes de empresa por omissão: estudo sobre a responsabilidade omissiva imprópria de dirigentes de sociedades anônimas, limitadas e encarregados de cumprimento por crimes praticados por membros da empresa*. São Paulo: Marcial Pons, 2017, p. 42.

326. Sobre esses impactos, ver LEITE, Alaor. *Dolo e o crime de dispensa ou inexigência ilegal de licitação (art. 89 da Lei 8.666/1993)*. In: Revista Brasileira de Ciências Criminais, Ano 21, nº 104, set/out 2013, *passim* e LEITE, Alaor. *Dúvida e erro sobre a proibição no direito penal: a atuação nos limites entre o permitido e o proibido*. São Paulo: Atlas, 2013, *passim*.

327. Sobre o tema, ver SILVA SÁNCHEZ, Jesús-María, *A expansão do direito penal: aspectos*

Por essa razão, quando o sujeito resolve atuar em âmbitos que possuem regramentos jurídicos especiais é preciso mais. A ordem jurídica exige, nesses casos, que o sujeito obtenha tais razões sensatas para supor que o seu comportamento era permitido em dados externos, o que faz surgir, para ele, o dever de se informar sobre as regras da técnica e da segurança daquela atividade que ele escolheu empreender[328].

Esse dever jurídico *especial* de informar-se[329] surge, justamente, para o exercício de certas atividades que não são autorizadas a todos os cidadãos, por dependerem de habilitações prévias[330], ou que não fazem parte da vida comum de todos[331], havendo um conjunto de normas jurídicas (legais, regulamentares, costumeiras ou estatutárias) que estabelecem condições e regras para este exercício.

Quem quer atuar no mercado de valores, operar uma instituição financeira, gerenciar a produção de medicamentos ou realizar uma complexa operação tributária, para ficarmos com alguns exemplos, sabe que para o exercício destas atividades existem preceitos jurídicos próprios que têm como objetivo excluir, na medida do possível, os perigos inerentes a estas atividades e a existência dessa regulação jurídica específica é motivo suficiente para que esse sujeito se preocupe e, então, busque se informar sobre o funcionamento correto desse setor[332].

Note-se que não é exigido que o sujeito conheça, sozinho, todo o conteúdo dessas normas específicas[333]. O que é exigível do sujeito é que ele saiba, anteriormente, que vai atuar em um setor sobre o qual incide regramento jurídico penal ou extrapenal específico[334] e que, diante deste motivo concreto, informe-

da política criminal nas sociedades pós-industriais. São Paulo: RT, 2013, p. 35 e ss. A sua constatação também é facilmente aferida na prática, bastando observar a quantidade de leis penais editadas para tutelar a economia e a ordem tributária desde a Constituição da República de 1988 e a quase incontrolável publicação de portarias, decretos, regulamentos e instruções normativas pelos órgãos de controle e fiscalização como a CVM, BACEN, Receita Federal, etc.

328. ROXIN, Claus. *Derecho penal: parte general*. Tomo I. Madrid: Civitas, 2008, p. 886.

329. TOLEDO, Francisco de Assis. *Princípios básicos de direito penal*. São Paulo: Saraiva, 1994, p. 261.

330. Como é o caso, a atividade de administração de carteira de valores mobiliários, que só poderá ser exercida por pessoas físicas ou jurídicas previamente autorizadas pela CVM, conforme normas estabelecidas na Instrução CVM 558.

331. Como é o caso, por exemplo, de um médico, que deve conhecer os princípios ativos dos medicamentos e confrontá-los com as condições do paciente, ou do gerente ambiental de uma usina de celulose, que deve conhecer os impactos dos efluentes gerados e o seu respectivo tratamento.

332. ROXIN, Claus. *Derecho penal: parte general*. Tomo I. Madrid: Civitas, 2008, p. 886.

333. HUSAK e VON HIRSH chegam a escrever que o argumento que defende a existência de um dever de conhecer a lei, considerando todo o arcabouço normativo atualmente existente, é ridículo ("the slogan that each person has a duty to know the law is ludicrous"). HUSAK, Douglas; VON HIRSH, Andrew. Culpability and mistake of law. In: SHUTE, Stephen et al. *Action and value in criminal law*. Oxford, 1993, p. 158.

334. Do contrário, dar-se-ia vida para a alegação de que a ignorância da lei exime o agente de responsabilidade. Entretanto, há de se reconhecer que essa circunstância pode impactar na aplicação da pena, conforme artigo 65, inciso II, do Código Penal.

-se sobre as regras específicas desse setor. Trata-se, portanto, de um dever ou incumbência imposta a este sujeito[335].

Contudo, o cumprimento deste dever de informação não dispensa que esse sujeito também faça mínima reflexão acerca das informações que recebe[336]. Não basta que qualquer informação que chegue ao seu conhecimento seja, por si só, suficiente para nortear a sua conduta.

O princípio da autodeterminação, que possui reflexos diretos na atribuição de responsabilidade, ao reconhecer a capacidade individual do sujeito se posicionar diante das situações concretas[337], exige que ele reflita sobre a informação técnica ou jurídica recebida do especialista e, somente assim, parece ser possível esgotar seu dever de se informar e de refletir previamente à sua atuação. Afinal, ao fim e ao cabo, a decisão pelo comportamento lícito ou ilícito é personalíssima desse sujeito, que não está obrigatoriamente vinculada ao conteúdo do parecer que recebera[338], ainda que a ordem jurídica espere que o seu conteúdo não seja contrariado[339]. A capacidade de reflexão do sujeito sobre a informação recebida, dependerá de critérios que serão, mais adiante, referenciados.

---

335. Para ALAOR LEITE, tratar-se-ia de uma incumbência imposta ao agente, não de um dever. LEITE, Alaor. *Existem deveres gerais de informação no direito penal? Violação de um dever, culpabilidade e evitabilidade do erro de proibição.* In: Revista Portuguesa de Ciência Criminal. n. 2, v. 23, 2013. p. 224.

336. Note-se que essa reflexão seria posterior ao dever de informação e servirá para que o sujeito faça mínima ponderação quanto a plausibilidade da informação recebida. O argumento será resgatado mais adiante, mas por ora, pense-se no exemplo do administrador de uma empresa que recebe informação de um especialista tributário no sentido de não incidir ICMS sobre uma operação de venda, sem que se aponte justificativas fundamentadas.

337. A assertiva está calcada na ideia de autonomia dos membros de uma comunidade jurídica, que torna possível reconhecer que cada sujeito é responsável por suas ações e, de maneira mais lapidada e com alcances mais específicos, trata-se do chamado princípio da autorresponsabilidade com capacidade de impactar tanto a determinação da autoria mediata, como na atribuição do papel de garantidor ao agente, em ambas operando como um critério de limitação. Nesse sentido, GRECO, Luis. Domínio da organização e o chamado princípio da autorresponsabilidade. In: GRECO, Luís et. al. *Autoria como domínio do fato: estudos introdutórios sobre o concurso de pessoas no direito penal brasileiro.* São Paulo: Marcial Pons, 2014, pp. 207-214. e TAVARES, Juarez. *Teoria dos crimes omissivos.* São Paulo: Marcial Pons, 2012, p. 340. Sobre outros reflexos deste princípio, ligado à teoria da imputação objetiva, ver MARAVER GÓMEZ, Mario. *El principio de confianza en derecho penal: un estúdio sobre la aplicación del principio de autorresponsabilidad en la teoria de la imputación objetiva.* Tese (Doutorado em Direito). Universidade Autónoma de Madrid, São Paulo, 2007, p. 207 e ss.

338. A ressalva foi feita, na seara administrativa, para casos de parecer vinculante, em que há efetiva partilha do poder decisório no MS 24361 julgado pelo Supremo Tribunal Federal, tendo como base a doutrina de RÉNÉ CHAPUS (CHAPUS, Réné. *Droit administratif général.* T. 1. Paris: Montchrestien, 2001, p. 1028). Para maiores detalhes, v. STF, MS 24631, Relator(a): Min. JOAQUIM BARBOSA, Tribunal Pleno, julgado em 09/08/2007. Esta distinção dos reflexos do parecer vinculante e opinativo são, em parte, superadas no Direito Penal pelas normas de extensão previstas nos artigos 13 e 29 do Código Penal, mas representam critérios iniciais para a melhor fixação de responsabilidades.

339. Contrariar parecer técnico ou jurídico é atuar em desconformidade com uma orientação

O que precisa ficar claro é que esse dever de informação não dependerá, nesses casos, da aferição concreta do estado de dúvida sobre a proibição por parte do sujeito que pretende atuar[340]. Embora seja bastante frequente a sua presença nessas situações concretas, bastará que se esteja diante de um setor especialmente regulado para que se imponha diretamente a esse sujeito o dever prévio de informar-se acerca das regras específicas que ali orbitam, o que dependerá, como já se esclareceu anteriormente, de especialistas técnicos ou jurídicos[341].

Mas, para além da presença dos chamados delitos *mala quia phohibita* e da intensa acessoriedade regulatória dos outros ramos do Direito no Direito Penal Econômico, existem ao menos dois outros fatores que justificam o surgimento do dever concreto de informação em âmbitos especialmente regulados.

A divisão de trabalho e de funções na atividade empresarial acarreta na segmentação de tarefas e na especialização de conhecimento[342] e constitui outra razão concreta a exigir que o sujeito com poder de decisão busque, em terceiros

qualificada o que, em princípio, evidencia *culpa* desse sujeito, porquanto terá desatendido conclusões em relação às quais não tinha competência técnica para contender com conhecimento de causa. Nesse sentido, MELLO, Celso Antônio Bandeira de. *Curso de direito administrativo*. São Paulo: Malheiros, 2012, p. 446.

340. A busca de informações técnica ou jurídicas somente ocorre para superar uma dúvida sobre a proibição já existente. Do contrário, essa busca seria desnecessária ao sujeito. No entanto, não se deve confundir a dispensa da aferição preliminar da dúvida sobre a proibição quando o sujeito quer atuar em âmbitos especialmente regulados com a existência da dúvida sobre a proibição nas demais situações. Nessas outras, quando surgem dúvidas ao sujeito de maneira espontânea ou por indicação de terceiros, tem-se outro motivo concreto para que o sujeito se informe. Vale dizer, sempre que o sujeito estiver em dúvida sobre a proibição, surge para ele um dever concreto de informação. Se isso ocorre em uma situação comum (por exemplo, um jovem está em dúvida se compartilhar um cigarro de maconha com seu amigo é crime), é importante que se constate a existência dessa dúvida anterior à atuação do sujeito pois, sendo verificado que ele não se informou porque negligentemente confiou que sua atuação era penalmente irrelevante, não levando a sério as suas dúvidas sobre o injusto, haveria um erro de proibição inescusável, que impactaria na sua pena a teor do artigo 21 do Código Penal. O mesmo não se opera no caso do empresário que quer remeter recursos para o exterior (nosso Caso 1, exposto no primeiro capítulo), pois, nesse caso, a dúvida sobre a forma de se operacionalizar essa remessa é inerente, uma vez que ele sabe que se trata de setor especialmente regulado, com grande incidência de normas tributárias e, por isso, a ele é imposto o dever de se informar, sendo dispensável verificar a presença dessa dúvida antes da busca pela informação. Um panorama dessa distinção pode ser verificada em ROXIN, Claus. *Derecho penal: parte general*. Tomo I. Madrid: Civitas, 2008, p. 885 e ss.

341. Todas as razões já expostas justificam que será bastante difícil ocorrer de o sujeito ter obtido, sozinho, toda a informação necessária para atuar em âmbitos altamente regulados e, por isso, a dúvida de como agir seria praticamente inerente nessas situações, o que torna sua aferição no caso concreto dispensável. A aferição da existência da dúvida, nesses casos, ganhará relevância se ela persistir depois de cumprido o conteúdo da informação, o que será verificado mais adiante, nos Capítulos 3 e 4.

342. ESTELLITA, Heloisa. *Responsabilidade penal de dirigentes de empresa por omissão: estudo sobre a responsabilidade omissiva imprópria de dirigentes de sociedades anônimas, limitadas e encarregados de cumprimento por crimes praticados por membros da empresa*. São Paulo: Marcial Pons, 2017, p. 37-38.

especialistas, a informação qualificada necessária para compreender o caráter lícito ou ilícito da decisão que pretende tomar. Como não raro tais decisões envolvem questões complexas, a capacidade de o empresário entender sozinho o caráter lícito ou ilícito do seu comportamento é insuficiente[343].

Finalmente, o dever concreto de informação também surge do fato de que as empresas geram *outputs* lesivos[344] (responsabilidade penal pelo produto, delitos contra o sistema financeiro, delitos contra a ordem tributária etc.). Estes exigem do administrador, diretor ou gerente, por exemplo, a observação de determinados preceitos, cuja infração acarretará na aplicação de uma sanção[345] que recairá diretamente sobre eles, na pessoa física[346], o que cria concretamente um motivo para tais profissionais se preocuparem e, então, buscarem informar-se sobre os riscos penais ligados ao exercício das suas atividades ou ao modo de condução das suas tarefas[347].

Visto quais são os motivos concretos que deflagram o dever de o sujeito buscar a informação qualificada, será necessário compreender quando este dever estará satisfatoriamente cumprido, isentando-o de uma busca inacabável e impossível de informação.

3.2.3. Limites ao cumprimento do dever de informação

Ao se estabelecer que a atuação em âmbitos especialmente regulados é motivo concreto suficiente para fazer surgir o dever de informação ao sujeito[348], é preciso considerar que, atualmente, quase não há ambientes sem regulamentação jurídica[349].

---

343. Essa insuficiência é a razão para se buscar a informação em especialistas. Nesse sentido, ROXIN, Claus. *Derecho penal: parte general*. Tomo I. Madrid: Civitas, 2008, p. 891 e BASTIANELLO, Alessandro. *La responsabilità penale dei professionisti: medici, avvocati, notai, commercialisti*. Milão: CEDAM, 2012, p. 250.

344. FEIJOO SÁNCHEZ, Bernardo. *Imputacion de hechos delictivos en estruturas empresariales complejas*. CIIDPE, 2009, p. 1.

345. ROXIN, Claus. *Derecho penal: parte general*. Tomo I. Madrid: Civitas, 2008, p. 883.

346. A exceção é relativa aos crimes ambientais, em que há previsão legal para a responsabilidade penal da pessoa jurídica.

347. Em igual sentido, WELZEL, Hans. *O novo sistema jurídico penal*. São Paulo: RT, 2001, p. 135 e BITENCOURT, Cezar Roberto. *Tratado de Direito Penal: parte geral*. Vol. 1. São Paulo: Saraiva, 2012, pp. 538-539. Esse último autor ressalta a imposição desse ônus aos administradores públicos e a todos os particulares que exercem atividades ou profissões especialmente regulamentadas, em que a mera omissão de uma formalidade poderia configurar um comportamento proibido.

348. Ao lado desse, existem outras duas situações que a doutrina entende que fazem surgir o dever de informação, a dúvida sobre a proibição (a qual parece ser gênero das outras duas) e os casos em que o agente está diante de proibições morais enraizadas ou perceber que a sua ação pode prejudicar terceiros ou a coletividade. Estas outras duas situações não serão aqui abordadas eis que em nada se relacionam ao tema deste trabalho. Sobre todas elas, ver, por todos, ROXIN, Claus. *Derecho penal: parte general*. Tomo I. Madrid: Civitas, 2008, p. 885 e ss.

349. Pense-se, por exemplo, no arcabouço normativo penal e extrapenal que regula o mercado

Logo, fundamentar tal incumbência tão somente com base na existência de regramento jurídico específico seria restabelecer um dever geral de informação[350], onerar o sujeito excessivamente com vários deveres de informação e, ainda, admitir que, caso ele também desconheça o seu dever de informação no caso concreto, estar-se-ia também violando outro dever, qual seja, o dever de conhecer os seus deveres jurídicos (e dentre eles, o de se informar)[351], com o que ter-se-ia de resolver sobre quais dessas violações recairia o reproche da punição (por desconhecer o delito que praticara, por não ter se informado ou por não saber que deveria ter se informado)[352].

Dessa maneira, para evitar o insustentável argumento no sentido de que o sujeito poderia, sempre e em qualquer situação, ter a consciência segura do injusto[353] ou cumprir um dever objetivo de cuidado[354] por meio da busca da informação *ad infinitum*[355], é necessário que se determine quando esse dever terá sido satisfatoriamente cumprido pelo sujeito.

de capitais, as relações de consumo, as práticas de engenharia, a propriedade intelectual, o meio ambiente, etc.

350. LEITE, Alaor. *Existem deveres gerais de informação no direito penal? Violação de um dever, culpabilidade e evitabilidade do erro de proibição.* In: Revista Portuguesa de Ciência Criminal. n. 2, v. 23, 2013, pp. 228-229.

351. Nesse sentido, assevera BACIGALUPO que "este caminho parece não ter saída na teoria das normas, pois desta maneira, o problema será novamente levantado em relação ao conhecimento deste dever de conhecer o direito, o que requereria, então, outro novo dever de conhecer o direito, e assim ao infinito". BACIGALUPO ZAPATER, Enrique. *La evitabilidad o vencibilidad del error de prohibición.* In Revista Brasileira de Ciências Criminais. Vol. 14. São Paulo: RT, 1996, p. 28 (nossa tradução livre).

352. BACIGALUPO, Enrique. *Manual de derecho penal: parte general.* Coimbia: Editora Temis, 1996, p. 155.

353. Assim insistia ANÍBAL BRUNO, ao seu tempo, que "todo o indivíduo está em condições de conhecer a lei e instruir-se a respeito dela, sendo culpável de a ter ignorado". BRUNO, Aníbal. *Direito penal: parte geral.* T. II. Rio de Janeiro: Forense, 1984, p. 114. Interessante perceber que ANÍBAL BRUNO se apoiava em autores italianos para tal afirmação e hoje, ne verdade desde 1988, a Corte Constitucional Italiana declarou ilegítima a regra do Código Italiano sobre "ignorância da lei penal" precisamente porque não admite a hipótese de ignorância inevitável, a afastar a consciência do injusto, cf. aponta CIRINO DOS SANTOS, Juarez. *Manual de direito penal: parte geral.* Florianópolis: Conceito Editorial, 2012, p. 174.

354. O argumento é insustentável porque implica em reconhecer, teoricamente, que todo erro de proibição seria evitável e que o sujeito sempre seria capaz de reconhecer o perigo de lesão ao bem jurídico e, por isso, a previsibilidade do resultado seria sempre possível o que o obrigaria a cumprir, incessantemente, todos os deveres de cuidado incidentes e decorrentes de cada uma de suas condutas, em qualquer situação.

355. Pense-se no nosso "Caso 3", exposto no primeiro capítulo. Se o diretor da empresa não tivesse parado de se informar com o seu departamento jurídico interno e buscado a informação em um especialista tributário externo, ele poderia, teoricamente, ter obtido a informação correta. Todavia, caso ele tivesse recebido a mesma informação, poderia ter recorrido a outro especialista e, assim sucessivamente, até alcançar, em algum momento, o conhecimento da proibição. Entretanto, a falta de qualquer critério torna este raciocínio irrazoável. No mesmo sentido, ROXIN, Claus. *Derecho penal: parte general.* Tomo I. Madrid: Civitas, 2008, p. 879.

Essa delimitação também servirá para afastar o assombroso argumento de que pareceres e consultorias técnico-jurídicas serviram como um *bill de indenidade*[356] ao sujeito, uma espécie de *escudo invulnerável*[357] contra a imputação de responsabilidade.

Adiante-se, desde logo, que haverá casos que não sobrará responsabilidade a ser imputada nem a quem atuou conforme a parecer técnico ou jurídico, nem a quem forneceu a informação qualificada. Em outros, podem os dois responderem ou apenas um dos sujeitos. Não existe uma regra geral e a complexidade jurídica desse tipo de situação impede a formulação de um único *standard* para fins de imputação de responsabilidade penal, de modo que se dependerá de critérios outros a serem observados para cada um desses sujeitos.

Para o sujeito que previamente solicita informação qualificada para embasar a sua tomada de decisão[358], o cumprimento satisfatório do dever de informação compreende duas etapas: a primeira é relativa à qualidade da fonte e a segunda à qualidade da informação recebida.

Ambas visam determinar o caráter *confiável*[359] da fonte e da informação recebida. Ela precisa ser forte o suficiente para poder pautar a tomada de decisão do sujeito, pois este é o argumento jurídico que se opõe ao argumento de senso comum no sentido de taxar todo e qualquer parecer ou consultoria técnica como um salvo-conduto para a prática de crimes[360].

---

356. A expressão foi cunhada por Nelson Hungria, quando da sua contundente defesa do brocardo *error iuris nocet*. HUNGRIA, Nélson. *Comentários ao Código Penal.* V. 1. T. II. Rio de Janeiro: Forense, 1958, p. 221.

357. A expressão foi cunhada pelo Min. Marco Aurélio, do Supremo Tribunal Federal, ao referir-se ao parecer emitido pela Procuradoria Municipal que opinou pela inexigibilidade de licitação para contratar bandas musicais para as festividades de carnaval. O Prefeito Municipal e o Secretário de Esportes e Lazer, por terem seguido essa opinião jurídica e contratado as bandas diretamente, foram denunciados pelo crime do artigo 89 da Lei nº 8.666/93 e coube ao STF decidir pelo recebimento dessa denúncia, que não incluiu no polo passivo quem emitiu o parecer jurídico. Ver, STF, Inq 2482, Relator(a) p/ Acórdão: Min. LUIZ FUX, Tribunal Pleno, julgado em 15/09/2011, já referido no Capítulo 1 deste trabalho.

358. Os critérios em relação ao sujeito que repassa a informação qualificada (parecerista, consultor, assessor) serão abordados no Capítulo 4.

359. PERKINS, Rollim M. *Ignorance and mistake in criminal law.* University of Pennsylvania Law Review, n. 35, 1939, p. 42 e

360. Essa origem aponta claramente que as raízes para se imputar ou para se afastar a responsabilidade criminal nesses casos são eminentemente subjetivas, ligadas à vontade ou à intenção de praticar um crime. Nesse sentido, VERNON OWEN JR., G. *Criminal law – mistake of law – reliance upon advice of public official.* Case Western Reserve Law Review, v. 2, i. 1, 1950, p. 91. Essa premissa ainda reverbera nas decisões dos Tribunais: "Mas, de qualquer maneira, quem consulta não tem dolo. Quem consulta não tem vontade de fraudar, porque está consultando" (trecho do voto do Min. LUIZ FUX, na p. 56 do inteiro teor do acórdão, STF, Inq 2559, Relator(a): Min. DIAS TOFFOLI, Tribunal Pleno, julgado em 18/08/2011).

Como a confiança não é um princípio genérico e etéreo e só se configura a partir de elementos objetivos colhidos em cada situação concreta, são necessários critérios que estabeleçam a confiabilidade daquele que toma a decisão sobre aquele que repassa a informação qualificada, até porque somente pode confiar quem se comportou corretamente e desde que não existam circunstâncias concretas que evidenciem que o comportamento do outro é incorreto[361]. São esses critérios que serão definidos a seguir.

a) A qualidade da fonte da informação técnica ou jurídica

Em relação ao sujeito que embasará a sua decisão em um parecer ou consultoria, o primeiro aspecto que precisa ser observado quanto a qualidade da fonte se refere à *escolha* daquele que vai prestar a opinião técnica ou jurídica sobre determinado assunto.

A complexidade da matéria envolvida na decisão que vai ser tomada exige que a análise seja realizada por um profissional técnica ou juridicamente qualificado, conforme o caso. É preciso, então, que o sujeito, que vai tomar uma decisão sobre um assunto complicado, selecione adequadamente quem vai assessorá-lo do ponto de vista técnico e lhe fornecer a informação qualificada necessária para a sua tomada de decisão[362].

Em se tratando, por exemplo, de controvertida discussão quanto a incidência de determinado tributo em uma operação comercial, não é adequado que a informação técnico-jurídica seja ofertada por um engenheiro civil ou por alguém formado em relações internacionais, ainda que eles estejam familiarizados com a área ou com a matéria orbitante (como seria o caso do sujeito, que embora tenha formação acadêmica em relações internacionais, integre o departamento financeiro da empresa e lide com questões tributárias no seu dia-a-dia). Nesse caso, é preciso que se conte com a avaliação de um profissional com expertise e qualificação na área jurídica.

Entretanto, considerando ser necessária uma seleção correta do consultor ou do parecerista, este critério exige um maior refinamento. A depender do nível de complexidade do assunto e do grau da controvérsia técnica nele existente, não bastaria a opinião de um profissional não tarimbado naquela matéria, pois diante de uma questão de difícil resposta ou interpretação é necessário um parecer ou uma consultoria de uma fonte de informação especializada[363].

---

361. MARAVER GÓMEZ, Mario. *El principio de confianza en derecho penal: un estúdio sobre la aplicación del principio de autorresponsabilidad en la teoria de la imputación objetiva*. Tese (Doutorado em Direito). Universidade Autónoma de Madrid, São Paulo, 2007, p. 125 e ss.

362. GUR-ARYE, Miriam. *Reliance on a lawyer's mistaken advice: should it be an excuse from criminal liability?* American Jornal of Criminal Law, v. 29, 2002, p. 40.

363. Existe uma relação direta entre a fonte propriamente dita (um advogado) e a capacidade

Assim, no exemplo em tela, não bastaria a contratação de um advogado genérico, pois, como a matéria é controvertida e a seara tributária é recheada de normas com grande divergência de interpretações quanto as hipóteses de incidência em casos concretos[364], torna-se necessária a opinião jurídica de um advogado, ou de um profissional com formação jurídica, que seja especialista em Direito Tributário ou, ainda, de um contador que possua a capacidade de avaliar hipóteses de incidência dos tributos, taxas e contribuições em operações comerciais de produtos e serviços. Até porque, o que se busca, afinal, é que o consultor ou parecerista seja tecnicamente capaz de compreender o conteúdo e o alcance do arcabouço normativo que circunda a matéria sobre a qual se irá decidir e forneça uma informação qualificada a esse respeito[365].

Do contrário, admitir um parecer ou uma consultoria sem a qualificação necessária do profissional que vai elaborar uma opinião técnica sobre um tema intrincado seria, no mínimo, uma conduta negligente por parte do sujeito que, com base nela, tomará a sua decisão[366] (no exemplo dado, se determinado tributo é ou não devido ao Fisco), o que configuraria, do ponto de vista de quem solicita a informação e dela depende para se subsidiar, *culpa in eligendo*[367].

Diante disso, tendo em vista que o que se busca é o esclarecimento de uma dúvida sobre a proibição ou uma opinião técnica e fundamentada acerca da eventual permissão de uma questão complexa e de difícil compreensão do sujeito – pois, do contrário, tivesse ele certeza sobre a licitude ou ilicitude do seu atuar, não necessitaria de informação qualificada[368] –, é preciso observar que quanto maior for o grau de instrução profissional e qualificação técnica do

técnica na matéria espeficiamente consultada (um advogado especializado em Direito Tributário, por exemplo) e é observando a este segundo requisito que a fonte se torna confiável. Nesse sentido, CALABRIA, *Arianna. Ignorantia legis e parere erroneo del consulente legale*. In: Revista Italiana di Diritto e Procedura Penale, fasc. 1, 1992, p. 160 GUR-ARYE, Miriam. *Reliance on a lawyer's mistaken advice: should it be an excuse from criminal liability?* American Jornal of Criminal Law, v. 29, 2002, p. 44.

364. BASTIANELLO, Alessandro. *La responsabilità penale dei professionisti: medici, avvocati, notai, commercialisti*. Milão: CEDAM, 2012, p. 249.

365. CALABRIA, *Arianna. Ignorantia legis e parere erroneo del consulente legale*. In: Revista Italiana di Diritto e Procedura Penale, fasc. 1, 1992, p. 160.

366. GUR-ARYE, Miriam. *Reliance on a lawyer's mistaken advice: should it be an excuse from criminal liability?* American Jornal of Criminal Law, v. 29, 2002, p. 25.

367. Segundo Maria Helena Diniz, a *culpa in eligendo* "advém da má escolha daquele a quem se confia a prática de um ato ou adimplemento da obrigação". DINIZ, Maria Helena. *Curso de Direito Civil Brasileiro*. Vol. VII. São Paulo: Saraiva, 2014, p. 61. Nesse mesmo sentido, CALABRIA, *Arianna. Ignorantia legis e parere erroneo del consulente legale*. In: Revista Italiana di Diritto e Procedura Penale, fasc. 1, 1992, p. 160.

368. LEITE, Alaor. *Dúvida e erro sobre a proibição no direito penal: a atuação nos limites entre o permitido e o proibido*. São Paulo: Atlas, 2013, p. 109; GUR-ARYE, Miriam. *Reliance on a lawyer's mistaken advice: should it be an excuse from criminal liability?* American Jornal of Criminal Law, v. 29, 2002, p. 38.

consulente, mais razão há para exigir, de sua parte, que escolha corretamente o consultor, levando em consideração o nível de especialização, a capacidade técnica e a competência desse *expert* na matéria que lhe é consultada[369].

Mas, a observância da qualificação profissional do consultor ou do parecerista não basta para considerar cumprido tal dever de cautela. É preciso que este *expert* possua uma boa reputação na área em que atua, sendo reconhecido pela sua qualidade técnica[370]. Dessa forma, a escolha de um advogado tributarista que é reconhecido por ter realizado diversos planejamentos tributários taxados pelo Poder Judiciário como meios fraudulentos para a redução indevida da carga tributária, não cumpre o requisito da seleção correta e adequada do profissional[371].

Como o princípio da confiança opera nessas hipóteses, ao sujeito que atua conforme a determinado parecer técnico-jurídico que, posteriormente, é tido por equivocado, só é aproveitável a alegação de escusa de responsabilidade de estar escudado por uma informação técnica se havia, *ex ante*, elementos objetivamente aferíveis de que a fonte emissora da informação qualificada era digna de confiança[372]. Um desses critérios é a *reputação* do parecerista, o qual conferirá razoabilidade à alegação de confiança no aconselhamento técnico ou jurídico recebido[373].

Outro critério diz respeito à *competência* da fonte da informação. A opinião técnico-jurídica solicitada deve advir de um parecerista ou consultor competente para tanto, com expertise na matéria que é objeto da consulta[374], que seja profissionalmente habilitado (como é o caso de advogados que dependem da aprovação no exame da Ordem dos Advogados do Brasil)[375], com preparação

369. CALABRIA, *Arianna Ignorantia legis e parere erroneo del consulente legale*. In: Revista Italiana di Diritto e Procedura Penale, fasc. 1, 1992, p. 160.

370. Esse requisito já aparecia no antigo artigo de ROLLIM PERKINS, da Universidade de Iowa, nos Estados Unidos da América. PERKINS, Rollim M. *Ignorance and mistake in criminal law*. University of Pennsylvania Law Review, n. 35, 1939, p. 42.

371. Aliás, como adiante se verá, a contratação de um professional com esse nível de exposição negativa, poderia vir a representar um *risco* e tal circunstância deve ser levada em consideração pelo consulente. No exemplo dado, é preciso observar que foram várias as situações em que o Poder Judiciário, órgão competente para tanto, taxou os planejamentos tributários como meios fraudulentos para, indevidamente, reduzir o pagamento de tributos, pois não bastaria, nessa situação, meras presunções, pois um planejamento tributário não é, por si, uma manobra ilícita e não se confunde com evasão fiscal.

372. CÓRDOBA, Fernando Jorge. *La evitabilidad del error de prohibición*. Madri: Marcial Pons, 2012, p. 211.

373. GUR-ARYE, Miriam. *Reliance on a lawyer's mistaken advice: should it be an excuse from criminal liability?* American Jornal of Criminal Law, v. 29, 2002, p. 24.

374. CÓRDOBA, Fernando Jorge. *La evitabilidad del error de prohibición*. Madri: Marcial Pons, 2012, p. 212.

375. CALABRIA, *Arianna Ignorantia legis e parere erroneo del consulente legale*. In: Revista Italiana di Diritto e Procedura Penale, fasc. 1, 1992, p. 159.

acadêmica e experiência anterior em assuntos similares[376], de modo que a ele seja possível, de maneira consistente e efetiva, dirimir, ou ao menos esclarecer, fundamentadamente, o ponto da controvérsia que gerou a dúvida no consulente, o que torna a competência do *expert* um elemento objetivo suficiente para também determinar, neste sujeito, uma convicção razoável acerca da regularidade do seu comportamento, caso a informação recebida assim reconheça[377].

Por esses motivos, quando da análise da "Variante 3" do "Caso 3", exposto no primeiro capítulo, a conclusão é que K, diretor da empresa, não cumpriu com o seu dever de informação ao escolher o consultor C para subsidiá-lo na tomada da sua decisão. Em que pese o renome e a boa reputação desse consultor, contratado pelo diretor, lhe falta a expertise necessária para tratar da questão objeto da consulta (a regularidade de uma operação de crédito e seu impacto tributário), principalmente considerando a alta complexidade da matéria e o fato de a Receita Federal já possuir entendimento sobre aquela operação. Superar o entendimento do órgão de fiscalização e controle tributário exigiria capacidade e qualificação técnica ainda maiores, as quais, em princípio, estariam ausentes em um especialista em Direito Civil. Dessa forma, o diretor da empresa não cumpriu satisfatoriamente com o seu dever de informação, pois não selecionou, da maneira correta e adequada, a sua fonte. Nesse caso, um equívoco na opinião advinda de uma fonte não qualificada, diante de um problema jurídico complexo, denota, ao menos, falta de cautela do consulente, de modo que ele não poderá alegar em sua defesa que tomou a sua decisão baseada em um parecer prévio. A exceção ficaria para o caso de se demonstrar que o conteúdo do parecer desse consultor continha toda a fundamentação jurídico-tributária necessária, inclusive para a superação do entendimento do Fisco no caso concreto – o que equivaleria, ao menos em tese, equiparar a qualidade desse estudo ao que seria fornecido por um especialista tributário. Mas essa é uma questão que estaria afeta à instrução processual e dependeria da produção de prova no caso concreto.

Ainda quanto a confiabilidade da fonte da informação, existem divergências quando a opinião jurídica provém de um advogado. A doutrina não poupou esforços para colocar em xeque a confiabilidade do aconselhamento jurídico dado por esse tipo de profissional, chegando a afirmar que os advogados estariam suficientemente tentados à desonestidade[378] e que reconhecê-los como fontes confiáveis envolveriam elevados preços sociais, como obrigar os tribunais a tomarem uma posição sobre a reputação de um advogado, reconhecer neles a competência para decidir sobre a legalidade de uma conduta e, com isso, per-

---

376. ROXIN, Claus. *Derecho penal: parte general*. Tomo I. Madrid: Civitas, 2008, p. 888.

377. CALABRIA, *Arianna. Ignorantia legis e parere erroneo del consulente legale*. In: Revista Italiana di Diritto e Procedura Penale, fasc. 1, 1992, p. 158.

378. HALL, Livingston; SELIGMAN, Selig J. *Mistake of law and mens rea*. University of Chicago Law Review: Vol. 8 : Iss. 4 , Article 2, 1941, p. 652.

der a objetividade na interpretação de proibições criminais, uma vez que eles forneceriam opinião sobre um caso concreto para o qual receberam honorários, de modo que somente se reconheceria imunidade na acusação aos clientes com capacidade financeira para contratar tais serviços[379]. Assim, a escusa somente seria reconhecida se a fonte da informação fosse oficial e pública, como no caso de tribunais, juízes e autoridades administrativas.

Tais fundamentos, contudo, não prosperam. Em primeiro lugar, a imunidade do advogado não é absoluta e ele responderá, sempre, pelos seus atos[380] e, por isso, a sua reputação sempre poderá ser colocada à prova perante o Tribunal. Ademais, além de o advogado ser indispensável à administração da Justiça[381], ele presta um serviço público e exerce função social[382], a qual não se confunde com a competência para solucionar conflitos de interesses ou declarar a regularidade ou a legalidade de um ato[383]. Além disso, as opiniões jurídicas de determinado advogado não podem ser generalizáveis, sob pena de haver resultados absurdos e parciais[384]. Ainda, reconhecer que somente aqueles com capacidade financeira para contratar um advogado é que estariam imunes à responsabilidade penal é vilipendiar o Direito Penal da culpabilidade, que depende, sempre, da análise das condições pessoais do sujeito, as quais incluem o sopesamento de fatores socieconômicos[385]. E, finalmente, a confiança no próprio Estado seria seriamente abalada se os cidadãos fossem punidos tão somente porque praticaram atos baseados no aconselhamento jurídico prévio de profissionais que estão legalmente autorizados pela ordem jurídica[386] a prestar, inclusive de maneira privativa, atividades de consultoria e assessoria jurídicas[387].

---

379. GUR-ARYE, Miriam. *Reliance on a lawyer's mistaken advice: should it be an excuse from criminal liability?* American Jornal of Criminal Law, v. 29, 2002, p. 25 e ss. e 40 e ss.

380. "De outra sorte, igualmente ressalto que o Supremo Tribunal Federal já fixou o entendimento de que não é absoluta a inviolabilidade do advogado, por seus atos e manifestações, o que não infirma a abrangência que a Magna Carta conferiu ao instituto, de cujo manto protetor somente se excluem atos, gestos ou palavras que manifestamente desbordem do exercício da profissão, como a agressão (física ou moral), o insulto pessoal e a humilhação pública a proclamada imunidade profissional do advogado não é absoluta" (STF, HC 105134, Relator(a): Min. DIAS TOFFOLI, Primeira Turma, julgado em 15/03/2011).

381. Artigo 133, da Constituição da República.

382. Artigo 2°, §1°, da Lei n° 8.906/1994.

383. Somente cabe ao Estado "dizer o direito", sendo ele o titular exclusivo do exercício do poder jurisdicional, cf. DEMERCIAN, Pedro Henrique; MALULY, Jorge Assaf. Curso de Processo Penal. Rio de Janeiro: Forense, 2014, p. 229.

384. LEITE, Alaor. *Dúvida e erro sobre a proibição no direito penal: a atuação nos limites entre o permitido e o proibido*. São Paulo: Atlas, 2013, p. 112.

385. JUNQUEIRA, Gustavo Octaviano Diniz. *Liberdade, culpabilidade e individualização da pena*. Tese (Doutorado em Direito). Pontifícia Universidade Católica de São Paulo, São Paulo, 2009, p. 193.

386. PERKINS, Rollim M. *Ignorance and mistake in criminal law*. University of Pennsylvania Law Review, n. 35, 1939, p. 43.

387. Essas atividades não só são privativas dos advogados, como o seu exercício depende da

Assim, o cidadão deve poder partir da premissa de que um advogado, que está regularmente inscrito no seu órgão de classe e devidamente habilitado para o exercício da sua profissão, pode dar um conselho jurídico, em princípio, confiável[388].

E, realmente, essa parece ser a conclusão adequada. Tanto assim, que quem defende que advogados privados não são, em absoluto, confiáveis, curva-se à necessidade de exculpar o sujeito que confiou no aconselhamento equivocado do seu advogado e não sabe que deve determinado tributo, porque nessas situações a configuração típica depende da não observância de um dever legal[389].

Logo, nada justifica que se acredite apenas nas informações qualificadas transmitidas por agentes públicos estatais e se desconfie de uma fonte de informação privada. É insustentável admitir uma separação de confiança a partir do caráter público ou privado da fonte, pois um órgão oficial pode prestar uma

habilitação e da inscrição na Ordem dos Advogados do Brasil (OAB), conforme artigos 1º, inciso II e artigo 3º, ambos da Lei nº 8.906/1994, órgão de classe que exerce o controle dessas atividades.

388. ROXIN, Claus. *Derecho penal: parte general*. Tomo I. Madrid: Civitas, 2008, p. 888.

389. Nesse sentido, GUR-ARYE, Miriam. *Reliance on a lawyer's mistaken advice: should it be an excuse from criminal liability?* American Jornal of Criminal Law, v. 29, 2002, pp. 43-44. Embora confesse tal exceção, a autora confunde o fundamento que implica no reconhecimento da existência dessa confiança ao afirmar que, nesses casos, a opinião jurídica do advogado seria uma ferramenta a afastar a intenção fraudulenta ou maliciosa do sujeito consulente em não recolher o tributo, aspectos muito mais ligados à teoria do dolo do que da culpabilidade. A confusão, entretanto, é compreensível. Nos tipos penais relativos à sonegação fiscal, o erro sobre a regra ou sobre o direito é relevante para o dolo. É elemento integrante do tipo objetivo o tributo ser devido e, portanto, sem saber que deve ao Fisco, o sujeito não tem o dolo de sonegar. O tributo ser devido é, então, ao mesmo tempo, o conteúdo do injusto do delito e o critério para aferição do dolo, de modo que é impossível se distinguir erro de tipo e erro de proibição direto nesses casos. Portanto, a consulta feita ao advogado confiável, gerou um erro de proibição causado por erro de tipo, que fulmina o dolo e, ante a ausência de previsão culposa da conduta, excluiria, *in totum*, a responsabilidade desse sujeito. Nesse sentido, HORTA, Frederico. *Elementos normativos das leis penais e conteúdo intelectual do dolo: da natureza do erro sobre o dever extrapenal em branco*. São Paulo: Marcial Pons, 2016, p. 179 e ss. e FIGUEIREDO DIAS, Jorge de. *Temas básicos da doutrina penal*. Coimbra: Coimbra Editora, 2001, p. 300. Conclusão semelhante chegou o Supremo Tribunal Federal, inclusive, quanto a relação de subsidiariedade existente entre erro de tipo e erro de proibição, embora esta relação não tenha sido posta de maneira expressa ("o erro de tipo ocorre quando o sujeito supõe a ausência de elemento ou circunstância da figura típica incriminadora ou a existência de requisitos que autorizam a sua conduta. A existência do erro faz com que o dolo inexista. Não há vontade de praticar a conduta típica. O erro de tipo essencial é aquele que impede a compreensão da natureza criminosa do ato", v. STF, AP 560, Relator(a): Min. DIAS TOFFOLI, Segunda Turma, julgado em 25/08/2015). O conceito de "tributo devido" pode, ainda, ser entendido como condição objetiva de punibilidade e, nesse caso, deve-se reconhecer a incidência do erro, a excluir a pena. A incidência de erro sobre uma condição objetiva de punibilidade é matéria altamente controvertida e não comporta enfrentamento nessa sede. Sobre o tema, v. ROXIN, Claus. *Derecho penal: parte general*. Tomo I. Madrid: Civitas, 2008, pp. 479-481 e 980, SANCINETTI, Marcelo. *Error de prohibición y error de punibilidade*. In: Doctrina Penal, nº 29 a 32, Buenos Aires: Depalma, 1985, p. 427 e ss. e HIGUERA GUIMERÁ, Juan-Felipe. Las condiciones objetivas de punibilidad y las excusas absolutórias. In: CEREZO MIR, José. *El nuevo código penal: presupuestos y fundamentos: libro homenaje al professor doctor Don Ángel Torío López*. p. 387 e ss.

informação equivocada e o sujeito não poderá ser considerado responsável por erro do próprio Estado[390] ou pela falta de clareza na determinação do que é permitido e proibido[391], quando, por exemplo, não deu a correta interpretação da lei no caso concreto ou concedeu nova ou inaugural interpretação à norma[392].

Firmada a confiabilidade do advogado para prestar serviços de consultoria e assessoria jurídicas, resta esclarecer o alcance desta circunstância aos departamentos jurídicos internos das empresas e instituições[393].

---

390. BRIGGS, Margaret. *Relocating officially induced error of law: fitting the remedy to the wrong*. Commom Law World Review, n. 38, 2009, p. 1 e ss.

391. Nas palavras de Ingeborg Puppe, que se fundamenta no antigo argumento de Binding, "o Estado possui o dever em relação ao cidadão de dizer de forma clara o que lhe é permitido e o que lhe é proibido. Apenas assim tem o Estado pretensão de obediência", PUPPE, *Strafrecht*, AT, §19, n. 16, p. 230 *apud*. LEITE, Alaor. *Dúvida e erro sobre a proibição no direito penal: a atuação nos limites entre o permitido e o proibido*. São Paulo: Atlas, 2013, p. 128. No mesmo sentido é o entendimento de Rollim Perkins, "se o significado de uma não está claro, e não há decisão judicial esclarecendo-o, aquele que atuou com boa-fé, não deverá ser considerado culpado pelo crime se a sua conduta estava adequada ao que ele razoavelmente pode acreditar que aquela norma significava, ainda que, mais tarde, o tribunal decida que a conduta apropriada seria outra". PERKINS, Rollim M. *Ignorance and mistake in criminal law*. University of Pennsylvania Law Review, n. 35, 1939, p. 45 (nossa tradução livre). O Supremo Tribunal Federal também reconheceu que "o réu não pode ser penalizado em razão de o legislador ter adotado um conceito indeterminado, impreciso" (STF. AP 559, Relator(a): Min. DIAS TOFFOLI, Primeira Turma, julgado em 26/08/2014). Quanto ao resgate ao argumento de Binding, no sentido de que "a culpa pela dúvida é exclusivamente do legislador", não podendo ser atribuída ao cidadão, v. LEITE, Alaor. *Dúvida e erro sobre a proibição no direito penal: a atuação nos limites entre o permitido e o proibido*. São Paulo: Atlas, 2013, p. 41 e ss.

392. Reconhecendo a ausência de responsabilidade do sujeito ante a falta de clareza do Estado quanto aos limites da proibição penal, o STJ reconheceu em duas oportunidades, na década de 90, que "não se poderia exigir das empresas que fossem mais realistas que o rei, ou seja, conhecessem melhor as portarias e a complexa legislação fiscal e financeira do que os órgãos fiscalizadores, do Banco Central e da Receita Federal" (STJ, RHC 41463/SP, Rel. Ministro CID FLAQUER SCARTEZZINI, QUINTA TURMA, julgado em 15 de março de 1995) e que "se o Banco Central, por longo período, aceitava como regular a livre disposição de recursos provenientes de taxa de administração dos consórcios, a nova mudança de orientação imposta pela Receita Federal não pode acarretar a condenação criminal dos dirigentes dessas empresas, por ausência de juízo de reprovabilidade, configurando erro inevitável sobre a ilicitude do fato, ou erro de proibição" (STJ, RHC 6.606/SP, Rel. Ministro VICENTE LEAL, SEXTA TURMA, julgado em 19/02/1998).

393. Embora não seja objeto dessa pesquisa, é interessante observar a extensão dessas considerações também aos departamentos internos de *compliance*. Esta atividade tem finalidade preventiva, por meio da programação de uma série de condutas, que estimulam a diminuição dos riscos da atividade que se está a empreender. Considerando que nesses departamentos também se encontrarão profissionais com conhecimentos técnicos especializados, a informação por eles transmitidas poderá servir de base para a atuação do alto escalão da empresa, pois se estará diante de fonte aparentemente competente, inclusive em razão de ser um mecanismo de controle legalmente instituído por meio da Lei 12.846/2013 e da regulamentação dela decorrente. O tema é vasto e não comporta análise nesta sede, pois é indiferente para o problema desta pesquisa se a informação é fornecida por um *compliance-officer* ou por especialista em direito ambiental, por exemplo, pois, na verdade, os deveres de ambos dentro da estrutura empresarial guardam algumas semelhanças que auxiliarão na determinação das respectivas responsabilidades, o que será visto, com mais vagar, no Capítulo 4. Sobre ele, ver a título exemplificativo, MANZI, Vanessa Alessi. *Compliance no Brasil: consolidação e perspectivas*. São Paulo: Saint Paul, 2008; DEBBIO, Alessandra Del; MAEDA, Bruno Carneiro;

Nos departamentos jurídicos internos, encontram-se também advogados profissionalmente habilitados para o exercício da advocacia, regularmente inscritos no órgão de classe e que reúnem, em princípio, os atributos necessários para prestar informações jurídicas especializadas, além de conhecerem, desde uma perspectiva *intramuros*, o próprio negócio da empresa ou da instituição para a qual trabalham[394]. Ademais, esses profissionais estão igualmente sujeitos à punição, inclusive interna, caso transmitam informações não confiáveis àquele que tomará a decisão.

Portanto, como os profissionais dos departamentos jurídicos internos exercem atividade que, além de ser juridicamente autorizada e controlada, é socialmente útil e desejável[395], não há razão para se declarar, de antemão, que os departamentos jurídicos seriam, em geral, suspeitos. Do contrário, não haveria motivo algum para que se instituir departamentos internos como fontes de informação e os proprietários das empresas poderiam economizar na contratação desses profissionais, caso ainda deles se exigisse consultar adicionalmente outros advogados externos[396].

Além disso, não se questiona a confiabilidade dos órgãos jurídicos que assessoram o Poder Executivo[397], como os Advogados da União e as Procuradorias do Estado[398] e do Município[399], os quais são encarregados do controle preventivo de legalidade e legitimidade, cabendo-lhes zelar, na atividade de consultoria jurídica, pelo cumprimento dos princípios constitucionais e pela lei, de forma ampla, independentemente dos interesses político-partidários daqueles

AYRES, Carlos Henrique da Silva (Coords). *Temas de Anticorrupção e compliance*. Rio de Janeiro: Ed. Elsevier, 2013; ROTSCH, Thomas. *Criminal Compliance*. In: *Revista para el análisis del derecho* (InDret), nº 2/2007, Barcelona, janeiro/2012, p. 1 e ss., KUHLEN, Lothar; MONTIEL, Juan Pablo; ORTIZ DE URBINA GIMENO, Íñigo. *Compliance y teoría del Derecho penal*. Madrid: Marcial Pons, 2013.

394. Como se verá adiante, tratam-se de critérios que avaliam qualidades externas da fonte da informação e que determinarão se ela é confiável. Nesse sentido, LEITE, Alaor. *Dúvida e erro sobre a proibição no direito penal: a atuação nos limites entre o permitido e o proibido*. São Paulo: Atlas, 2013, p. 111.

395. Até mesmo porque tais departamentos "ajudam a que se conheça a legislação criminal cada vez mais numerosa e complexa". CALABRIA, *Arianna. Ignorantia legis e parere erroneo del consulente legale*. In: Revista Italiana di Diritto e Procedura Penale, fasc. 1, 1992, pp. 167-168 (nossa tradução livre).

396. ROXIN, Claus. *Derecho penal: parte general*. Tomo I. Madrid: Civitas, 2008, p. 889.

397. Nesse sentido, "o parecer emitido no sentido da inexigibilidade [da licitação] o foi por Procuradores municipais concursados. Portanto, não há uma relação de confiança ou subordinação em relação aos Procuradores e o Prefeito municipal, cuja presença é uma presença de governo; e os Procuradores concursados, na verdade, não têm obviamente essa presença transeunte; são da carreira permanente" (STF, AP 580, Relator(a): Min. ROSA WEBER, Primeira Turma, julgado em 13/12/2016, p. 37 do acórdão).

398. Artigos 131 e 132 da Constituição da República.

399. Quando existentes, pois há municípios que contam com assessoria jurídica contratada de escritórios privados de advocacia.

que, momentaneamente, estejam na chefia desse Poder[400]. Tudo isso visa conferir segurança jurídica nessas decisões[401].

Assim, é certo estender esses predicados a outros departamentos técnicos internos da empresa, os quais estão sujeitos às mesmas premissas, inclusive, de punição, na hipótese de conscientemente transmitirem uma informação qualificada falsa[402]. Se, por exemplo, o engenheiro do departamento ambiental, cuja execução da atividade enseja anotação de responsabilidade técnica perante o CREA[403], é fonte de informação confiável, da mesma forma o contador da empresa também o é, pois o exercício dessas profissões, além de depender de prévia habilitação, está sujeita ao controle do seu órgão de classe[404].

Contudo, não se pode firmar a confiabilidade da fonte da informação tão somente na competência do *expert*. Como a sua função será repassar uma informação técnica ou jurídica sobre um determinado assunto, atuando como assessor na tomada de uma decisão concreta por parte do consulente, é necessário que o consultor não tenha *forte interesse próprio* no objeto da consulta[405].

A ordem jurídica exige, então, uma espécie de *imparcialidade* da fonte emissora da informação qualificada e, desse modo, a escolha dela deve levar em consideração se há envolvimento do parecerista no objeto da consulta e se existe interesse próprio no deslinde da controvérsia a ele colocada, a ponto de comprometer, ainda que potencialmente, a veracidade e a consistência da sua opinião técnica ou jurídica[406]. Do contrário, corre-se o risco de consulente e consultor, por comungarem de interesse comuns, praticarem toda sorte de

---

400. GUEDES, Jefferson Carús; HAUSCHILD, Mauro Luciano. *Nos limites da história: a construção da Advocacia-Geral da União: livro comemorativo aos 15 anos*. Brasília, UNIP, UNAFE, 2009. pp. 88-89.

401. KÜSTER, Mariane. *Atividade de consultoria e assessoramento jurídica do poder executivo antes e depois da constituição federal de 1988*. Revista da AGU, Brasília/DF, n. 111, abr/2011, p. 14.

402. Vide, por exemplo, STF, HC 80797, Relator(a): Min. SYDNEY SANCHES, Primeira Turma, julgado em 07/08/2001, STJ, RHC 28.242/AM, Rel. Ministro JORGE MUSSI, QUINTA TURMA, julgado em 19/02/2013 e TRF-3, Apelação Criminal 2003.03.99.025896-7, Rel. Des. Fed. Andre Nabarrete, Quinta Turma, julgado em 16/08/2004. Para mais, o item 1.5., retro, traz detalhada análise de outros casos enfrentados pelos Tribunais.

403. "Art. 1º - Todo contrato, escrito ou verbal, para a execução de obras ou prestação de quaisquer serviços profissionais referentes à Engenharia, à Arquitetura e à Agronomia fica sujeito à 'Anotação de Responsabilidade Técnica' (ART)", da Lei nº 6.494/1977.

404. Vide Decreto-lei nº 9.292/1946, que determina ao exercício dessa profissão, a necessidade de formação em ciências contábeis, aprovação em exame de suficiência e registro no Conselho Regional competente, e a Resolução CFC nº 803/1996, que institui o Código de Ética Profissional do Contador.

405. Trata-se de pressuposto de objetividade para determinar a confiabilidade de uma fonte, conforme RUDOLPHI, *Unrechtsbewusstsein, Verbotsirrtum und Vermeidbarkeit des Verbotsirrtums, Göttingen*, 1969, p. 251, *apud*. LEITE, Alaor. *Dúvida e erro sobre a proibição no direito penal: a atuação nos limites entre o permitido e o proibido*. São Paulo: Atlas, 2013, p. 111.

406. Não sem razão que, atualmente, os contratos *ad exitum* não têm sido vistos com bons olhos.

condutas, lícitas e ilícitas, para atingirem os seus objetivos primários ou de o consultor emitir opiniões que, em vez de isentas, estão exclusivamente filiadas ao seu próprio interesse no deslinde da causa[407], o que abalaria a premissa da busca da informação em *experts* como instrumento adequado para dirimir uma dúvida sobre a proibição existente em um caso concreto[408].

O caso real envolvendo um planejamento tributário considerado, posteriormente, fraudulento pela Autoridade Fiscal, que fora elaborado pela empresa Deloitte Touche Tohmatsu Auditores Independentes para a empresa Tigre S/A – Tubos e Conexões ilustra bem essa problemática. Segundo consta da sentença[409], a Deloitte apresentou, em 2003, uma operação chamada de "Geração de ICMS e Crédito Presumido de IPI em Decorrência de Exportação", consistente na aquisição, beneficiamento e exploração de soja, que geraria créditos tributários para a Tigre. Esta proposta de operação foi aprovada pelo Conselho de Administração da Tigre, que alterou o seu estatuto social para poder exercer atividade agropecuária e, nos anos de 2003 e 2004, foram realizadas treze operações de "performance de soja", as quais foram, posteriormente, entendidas como equivocadas, o que gerou a lavratura de dois autos de infração e imposição de multa pela Secretaria da Fazenda do Estado de São Paulo. A Tigre, então, demandou judicialmente a Deloitte, cobrando-lhe o pagando de danos morais e materiais decorrentes da falha existente no planejamento tributário ofertado.

Embora não se tenha notícias quanto aos possíveis desdobramentos desse caso na esfera penal, o interessante dessa decisão é que se reconheceu que a Tigre somente realizou o negócio porque a recomendação foi dada pela Deloitte que, por integrar o Comitê Fiscal de Impostos da Tigre, gozava de confiança dessa empresa. Além disso, em razão de a Deloitte atuar como comissionária na operação, pois sua remuneração era proporcional ao volume de soja exportada, afastou-se sua condição de mera auditora independente e se reconheceu que ela passou a ter interesse na concretização das operações, pois era disso dependia o recebimento de honorários, e não do número de horas trabalhadas. Então, como, na prática, Tigre e Deloitte eram parceiras no negócio, esta estaria obrigada a indenizar aquela pelos prejuízos decorrentes da operação[410].

---

407. Daí porque a cautela demanda a elaboração de contratos de consultoria e assessoria técnica e jurídica desvinculados de qualquer resultado sobre o objeto da consulta, sem prejuízo da clara delimitação do objeto da consulta e dos deveres e obrigações de cada uma das partes.

408. LEITE, Alaor. *Dúvida e erro sobre a proibição no direito penal: a atuação nos limites entre o permitido e o proibido*. São Paulo: Atlas, 2013, p. 144 e ss.

409. Sentença proferida pela 31ª Vara Cível do Foro Central Cível de São Paulo/SP nos autos do processo nº 0188622-16.2007.8.26.0100.

410. Consta da decisão que "ao propor o negócio e a outra parceira, atitude aliás incompatível com a sua condição de auditora, a ré se tornou também parceira da autora na operação, tanto que auferia proveito econômico específico, calculado a partir do volume da operação. Assim, deve ser responsabilizada pelo prejuízo sofrido pela sua parceira, a autora, decorrente de falha ocorrida exatamente na atividade da ré no negócio: aferição da idoneidade da operação e da outra parceira".

Entretanto, é preciso compreender que cada um dos critérios que estão aqui estabelecidos não conferem, sozinhos e de maneira independente, uma solução. Chegar-se-á a uma solução somente depois da análise conjunta de todos esses critérios em conjunto com as peculiaridades do caso concreto. Assim, ausência de interesse do parecerista no objeto da consulta não basta, por si só, para afastar a responsabilidade penal daquele que repassa a informação[411] - pense-se no caso de um contador que, embora não seja beneficiário direto ou indireto de eventual recolhimento a menor de tributo, oferece planejamento tributário absolutamente inconsistente, recomendando ao empresário, diretor da indústria de produtos do mercado de linha branca, o não recolhimento de IPI na venda de um bem de consumo direto, como, por exemplo, uma geladeira[412].

Como se observa, *objetividade* e *competência* são fatores que determinarão a confiabilidade da fonte onde, aquele vai decidir, buscará a informação[413]. Trata-se, portanto, de uma das dimensões jurídico-penais do princípio da confiança[414].

Isso significa que, em havendo uma fonte competente, com profissionais especializados na matéria objeto da consulta, dotados de capacidade técnica e sem interesse próprio no deslinde da controvérsia, é possível ao consulente acreditar que o *expert,* que vai assessorá-lo com o repasse de informações técnicas ou jurídicas na tomada da sua decisão, atuará com isenção e lisura, filiando-se

---

411. Por esse motivo, o entendimento do TRF3 para afastar a responsabilidade penal do contador no crime de sonegação fiscal tão somente porque "a acusação não fez prova de que o contador, João Yoshio, auferiu alguma vantagem financeira, isoladamente, com a sonegação, visto não ser sócio-proprietário da empresa e nem mesmo ter com ela vínculo empregatício, não tendo sido, a princípio, beneficiado com a ilegalidade cometida que configurou as condutas delituosas, passíveis de punição penal" não é suficiente, principalmente considerando que nesse caso foi o contador quem prestou diretamente as informações falsas ou incorretas ao Fisco, v. TRF3, Apelação Criminal nº 0002123-39.2006.4.03.6111/SP, Rel Des. Fed. Ramza Tartuce, julgado em 05/05/2010. O mesmo equívoco se repete na sentença que afastou a alegação da responsabilidade penal do contador simplesmente porque ele "não colhe nenhum benefício em fraudar o fisco, pois quem ganha com a sonegação é o proprietário da empresa" não bastaria, principalmente porque, nesse caso, segundo consta da decisão, teria sido o contador a cometer os equívocos nas escriturações contábeis que redundaram na supressão indevida de ICMS, v. Sentença proferida pela 25ª Vara Criminal do Foro Central Criminal de São Paulo/SP nos autos do processo nº 0082297-36.2008.8.26.0050.

412. Segundo consta do sítio eletrônico da Receita Federal do Brasil (http://idg.receita.fazenda.gov.br/acesso-rapido/tributos/ipi, acessado em 25 de junho de 2018), o IPI tem como fato gerador, na operação interna, a saída de produto de estabelecimento industrial. Note-se que o exemplo não indica que o contador teria desenvolvido uma tese juridicamente fundamentada ou legalmente possível de suspensão do IPI.

413. Já se explicou que, em razão da complexidade da regulamentação incidente na tomada de decisão, a regra *neminem laedere* não basta mais como regra de conduta, sendo exigida a busca de uma informação qualificada, a qual é também incapaz de ser encontrada sozinha pelo próprio sujeito e, ante essa insuficiência, a informação necessária para conduzir à clareza sobre a permissão ou proibição de um comportamento, dependerá de uma fonte externa, também qualificada.

414. FEIJOO SÁNCHEZ, Bernardo. *Derecho penal de la empresa e imputación objetiva*. Madrid: Reus, 2007, p. 190 e ss.

aos conhecimentos que detém para a boa condução e solução da questão que lhe é posta[415].

É o preenchimento desses pressupostos que determina o caráter confiável da fonte buscada pelo sujeito e lhe permitirá fiar-se, desde uma perspectiva *ex ante*, à orientação técnica ou jurídica recebida. Todos os pressuspostos até aqui delineados são relativos à primeira etapa do cumprimento do dever de informação, relativa à qualidade da fonte da informação.

b) A qualidade da informação técnica ou jurídica recebida

O cumprimento satisfatório do dever de informação vai além da observância da qualidade da fonte e exige mais uma etapa relativa à qualidade da informação[416], ou mais precisamente, uma espécie de *análise objetiva do conteúdo* da informação efetivamente recebida pelo sujeito, antes da tomada da decisão.

Como dúvidas devem ser dirimidas com informação e reflexão[417], a compreensão quanto ao caráter permitido ou proibido da conduta exige do sujeito não só a busca da informação, mas também a reflexão sobre o conteúdo e as conclusões contidas no parecer ou na consultoria que recebera[418].

Não se exige que o sujeito avalie o mérito ou controle o conteúdo da informação recebida, até porque se trata de uma informação qualificada advinda de um especialista com capacidade técnica sobre a matéria que está sendo consultada. Entretanto, deve ser levado em consideração que o sujeito que procura a informação possui determinada qualificação (o empresário, em geral, conhece no mínimo as linhas mestras da sua atividade) e, dessa forma, se ele sabe que existem gradações de qualidade entre os profissionais, diferenças de

---

415. Trata-se de manifestação do princípio da confiança no âmbito da empresa, a qual terá impacto direto na imputação objetiva do resultado. Sobre o tema, que será resgatado nos próximos tópicos, ver SIQUEIRA, Flávia. *O princípio da confiança no direito penal*. Belo Horizonte: Editora D'Plácido, 2016, P. 79-80.

416. Como bem expõe MIRIAM GUR-ARYE, os riscos envolvidos na tomada de uma decisão complexa que dependa do subsídio de um parecer ténico ou jurídico "leva a que o sujeito tenha maior cuidado na seleção do advogado, assim como na avaliação do parecer e na escolha de agir sobre ele", GUR-ARYE, Miriam. *Reliance on a lawyer's mistaken advice: should it be an excuse from criminal liability?* American Jornal of Criminal Law, v. 29, 2002, pp. 39-40 (nossa tradução livre).

417. ROXIN, Claus. *Derecho Penal. Parte General*. Tomo I. Madrid: Civitas, 2008, p. 882.

418. Trata-se de manifestação do princípio da autorresponsabilidade, corolário da dignidade da pessoa humana e decorrente da premissa de que os indivíduos são dotados de autonomia e são capazes de se autodeterminar, que é o que, inclusive, funda o conceito liberal de Estado. Sobre este princípio, com especial enfoque no direito penal, v. GRECO, Luis. Domínio da organização e o chamado princípio da autorresponsabilidade. In: GRECO, Luís et. al. *Autoria como domínio do fato: estudos introdutórios sobre o concurso de pessoas no direito penal brasileiro*. São Paulo: Marcial Pons, 2014, pp. 207-214. e TAVARES, Juarez. *Teoria dos crimes omissivos*. São Paulo: Marcial Pons, 2012, p. 340.

formação e, inclusive, de reputação, dele também se exige que perceba quando uma informação é absolutamente implausível, ainda que ela tenha conteúdo especificamente técnico ou jurídico[419].

Assim, informações contendo erros grosseiros, pareceres que não apresentam fundamentação normativa, doutrinária ou jurisprudencial, se jurídicos, ou referências teóricas e metodológicas, se técnicos, consultorias de assuntos complexos transmitidas sem formalidades mínimas quanto a exigências de serem preferivelmente fornecidas por escrito[420], informações manifestamente incorretas ou imprecisas que não se vinculam às particularidades do caso concreto, e opiniões inconclusivas no sentido da licitude ou da ilicitude, são motivos que, mesmo a um sujeito inapto para conferir o seu conteúdo, causam, objetivamente, dúvida quanto a sua correção[421].

Uma opinião jurídica sobre a incidência ou não de um tributo em uma operação não trivial da empresa, por exemplo, não pode ser fornecida oralmente ou em apenas duas ou três linhas, sem que contenha mínimos fundamentos a suportar o entendimento do seu emitente (advogado, contador ou outro *expert* na área tributária), pois faltaria a essa informação, que se pretende qualificada, mínimas formalidades, perceptíveis ao próprio consulente[422]. É como se a manifesta implausibilidade da informação recebida arredasse do sujeito sua crença de que seguir aquela orientação seja lícito[423].

Portanto, informações com essas deficiências não podem ser tomadas como base de sua atuação por dois motivos. Primeiro, porque atuar conforme a uma informação absolutamente implausível não equivale ao cumprimento de um dever de informação prévio que se propõe esclarecer se a conduta pretendida é ou não

---

419. LEITE, Alaor. *Dúvida e erro sobre a proibição no direito penal: a atuação nos limites entre o permitido e o proibido*. São Paulo: Atlas, 2013, p. 112.

420. Embora opiniões oferecidas oralmente também possam ser suficientes, o que dependerá da complexidade do assunto. Nesse sentido, ROXIN, Claus. *Derecho Penal. Parte General*. Tomo I. Madrid: Civitas, 2008, p. 892.

421. LEITE, Alaor. *Dolo e o crime de dispensa ou inexigência ilegal de licitação (art. 89 da Lei 8.666/1993)*. In: Revista Brasileira de Ciências Criminais, Ano 21, nº 104, set/out 2013, pp. 25-26.

422. Embora o Supremo Tribunal Federal já tenha reconhecido que informações transmitidas de maneira informal, ainda que sobre assuntos relacionados à contabilidade, sejam suficientes, STF, Inq 2559, Relator(a): Min. DIAS TOFFOLI, Tribunal Pleno, julgado em 18/08/2011.

423. Em sentido aproximado, embora ainda se recorrendo diretamente ao tipo subjetivo, o Supremo Tribunal Federal entendeu, ao julgar caso envolvendo o crime do artigo 89 da Lei nº 8.666/1993, que "sendo flagrante a ilegalidade da dispensa, mostra-se configurada a intenção específica de lesar o erário, mormente quando outros elementos probatórios apontam nessa direção. Embora seja importante elemento de convicção, o fato de a ilegal dispensa de licitação ter sido embasada em parecer jurídico que afirmava a licitude do proceder não é, por si só, suficiente a descaracterizar o dolo, mormente quando os elementos probatórios indicam, com segurança, que o apelado tinha plena ciência da ilicitude da dispensa.", STF, AP 971, Relator(a): Min. EDSON FACHIN, Primeira Turma, julgado em 28/06/2016.

lícita e permitida. Segundo, porque, não tendo sido a dúvida dirimida quando possível ao sujeito, atuar nesse caso equivaleria, no mínimo, à não observância de um dever de cautela e sua conduta apresentaria, então um risco que, por ser oriunda da violação de um dever de cuidado (de informação), seria, em princípio, juridicamente desaprovado[424].

Diante disso, somente uma informação dotada de *plausibilidade jurídica*, desde uma perspectiva *ex ante*[425], servirá como critério confirmador da confiabilidade da fonte e, desse modo, o dever de informação estará satisfatoriamente cumprido pelo sujeito que selecionou da maneira correta e adequada o consultor e, depois disso, ao realizar mínima reflexão sobre a informação recebida, não vislumbrou, objetivamente, nela graves ou manifestas inconsistências[426].

Em outras palavras, não é qualquer parecer ou consultoria que permitirá a escusa do sujeito, mas somente os pareceres *merecedores de confiança*, segundo critérios de coerência quanto a qualidade da fonte emissora da informação e quanto a qualidade da própria informação prestada[427].

Assim, no "Caso 1", exposto no primeiro capítulo, a conclusão é que o dever de informação foi satisfatoriamente cumprido pelo empresário. Colhe-se do caso que o empresário, querendo realizar uma complexa operação de remessa de valores para outro país, busca a informação no renomado advogado tributarista A e no experiente contador C. Portanto, ele cumpriu a primeira etapa do seu dever de informação, selecionando, pela expertise e competência, profissionais habilitados e capacitados para tratar da matéria objeto da sua consulta. O parecer jurídico que o empresário recebeu continha, além de ampla referência às normativas específicas e farta remissão à jurisprudência sobre o tema, o passo a passo sobre como a operação financeira deveria ter sido realizada. Logo, a informação recebida era, *ex ante*, juridicamente plausível e o empresário podia nela se fiar. Foi o que fez e, embora a operação tenha sido, posteriormente, entendida como incorreta por não ter sido declarada da maneira devida à repartição competente, não se nega que ele cumpriu com as cautelas que lhe eram devidas

---

424. A abrangência do dever de informação e seu impacto na teoria do delito será tratada a seguir, mas, por ora, cabe registrar que o dever de prévia informação e preparação é um dever de cuidado na execução da atividade concreta do sujeito. Nesse sentido, TAVARES, Juarez. *Teoria do crime culposo*. Florianópolis: Empório do Direito, 2016, p. 323.

425. LEITE, Alaor. *Dolo e o crime de dispensa ou inexigência ilegal de licitação (art. 89 da Lei 8.666/1993)*. In: Revista Brasileira de Ciências Criminais, Ano 21, nº 104, set/out 2013, p. 26.

426. FIGUEIREDO DIAS, Jorge de. *Temas básicos da doutrina penal*. Coimbra: Coimbra Editora, 2001, p. 306. ROXIN, Claus. *Derecho Penal. Parte General*. Tomo I. Madrid: Civitas, 2008, p. 888.

427. HUSAK, Douglas; VON HIRSH, Andrew. Culpability and mistake of law. In: SHUTE, Stephen et al. *Action and value in criminal law*. Oxford, 1993, p. 159.

e com o dever de informação que lhe era exigido, o que afastaria, desde logo, a sua responsabilidade penal[428] - eventual responsabilidade do advogado e do contador será tratada no Capítulo 4, pois requer a análise de outros critérios.

Mas, nesse contexto, é preciso razoabilidade sobre a exigência[429] da reflexão do sujeito quanto a plausibilidade jurídica do conteúdo da informação que recebe. Nas situações em que o parecer for eminentemente técnico, como, por exemplo, quando as matérias consultadas são exclusivamente afetas à engenharia, química ou medicina, o sujeito, por vezes, sequer consegue ponderar sobre a consistência da informação, por desconhecer, em absoluto, os conceitos e as metodologias próprias dessas áreas do conhecimento.

Por essa razão, casos como esses exigem que o sujeito observe, com muito mais rigor, a primeira etapa do cumprimento do dever de informação, devendo servir-se da assessoria de profissionais de renome, com experiência específica ou bastante próxima da questão que lhe é colocada, com distinta formação acadêmica e alta capacidade técnica na matéria consultada.

Nessas situações, inclusive, sequer caberá ao Poder Judiciário avaliar o conteúdo do parecer, ainda que esteja em jogo a discussão quanto a imputação de responsabilidade penal.

Não é tarefa do Poder Judiciário discutir o acerto ou o erro da opinião técnica ou jurídica que foi ofertada pelo consultor em seu parecer e que foi tomada como base para a atuação do sujeito, não só porque escapa ao jurista e ao julgador o conhecimento técnico suficiente para esse tipo de análise, mas também porque não é sobre o mérito desse documento que recairá a avaliação para fins de imputação de responsabilidade penal, mas sim sobre a análise da postura de fidelidade ao Direito desse sujeito[430] e a sua capacidade de adesão aos postulados da ordem jurídica, que exige um atuar diligente, cauteloso e adequado

---

428. Como observa Roxin, quem honradamente se esforça para observar o Direito e alcança o conhecimento o estado de conhecimento de uma fonte confiável, ainda que equivocada, não merece nenhuma pena. ROXIN, Claus. *Derecho Penal. Parte General.* Tomo I. Madrid: Civitas, 2008, p. 891. Ademais, a conclusão sobre o fundamento para afastar a responsabilidade penal desse empresário dependerá do alcance emprestado ao dever de informação. Se entendido como um dever de cuidado, sua observância mantém a conduta dentro do risco permitido e o afastamento da responsabilidade penal já é excluída na imputação objetiva do resultado, ainda no tipo objetivo. Mas, caso entenda tratar-se de critério relativo à evitabilidade do erro de proibição, o seu cumprimento pelo sujeito torna o seu erro escusável, o que o isenta de pena. Os alcances e efeitos do dever de informação serão tratados no próximo tópico.

429. Sobre a razoabilidade como critério de controle jurídico, v. AFONSO DA SILVA, Virgílio. O proporcional e o razoável. Revista dos Tribunais, n. 798, 2002, p. 23 e ss.

430. ROXIN, Claus. *Derecho Penal. Parte General.* Tomo I. Madrid: Civitas, 2008, p. 879. E FIGUEIREDO DIAS, Jorge de. *Temas básicos da doutrina penal.* Coimbra: Coimbra Editora, 2001, pp. 305-306.

para evitar riscos e lesões aos bens jurídicos[431] e espera que, diante da dúvida sobre a proibição, motive-se a pesquisar os limites do que lhe é permitido[432].

É, portanto, equivocado o proceder dos Juízes, Desembargadores e Ministros ao sopesarem ou realizarem, *ex post*, uma avaliação efetiva acerca do mérito do parecer ofertado pelo *expert*, *ex ante* à tomada de decisão do sujeito[433].

Utilizar-se deste critério para avaliação é temerário e contraproducente. À medida que a situação concreta se torna ainda mais complexa ou tecnicamente mais específica, mais difícil será ao jurista e ao julgador possuírem aptidão para esse tipo de análise. Além disso, nas situações mais complexas será muito pouco provável, ou até mesmo possível, confrontar e discutir o acerto ou erro técnico-jurídico dessas informações[434].

As perguntas a serem feitas para verificar se, no caso concreto, existe responsabilidade penal a ser imputada ao sujeito que atua conforme a parecer técnico ou jurídico são diversas das relativas ao mérito e ao conteúdo da informação contida no parecer que ele recebeu, sendo decisivo verificar se a qualidade da fonte e qualidade da informação recebida permitiram ao sujeito nela confiar[435].

Dessa forma, no "Caso 4" que foi exposto no primeiro capítulo, não cabe avaliar se a informação técnica que os diretores receberam dos químicos da empresa, a qual apontava para a ausência de qualquer indicativo de propriedades tóxicas ou de irregularidades no creme hidratante, estava certa ou errada. Nesse caso, deve ser levado em consideração que os profissionais técnicos do departamento interno da empresa eram, em princípio, confiáveis e especialmente capacitados em química, farmacologia e biomedicina, reunindo os conhecimentos necessários para responder à consulta dos diretores. O fato de existirem notícias de que os consumidores estariam sofrendo queimaduras graves na pele também não seria motivo para que os diretores buscassem a informação em consultores externos. Nesse caso, o máximo que poderia ser

431. HUSAK, Douglas; VON HIRSH, Andrew. Culpability and mistake of law. In: SHUTE, Stephen et al. *Action and value in criminal law*. Oxford, 1993, pp. 160-161,

432. BACIGALUPO, Enrique. *Manual de derecho penal: parte general*. Coimbia: Editora Temis, 1996, p. 156.

433. Para ficarmos com alguns exemplos mais emblemáticos, cuja resolução do caso foi exclusivamente calcada na análise do mérito do parecer jurídico, v. STF, Inq 3074, Relator(a): Min. ROBERTO BARROSO, Primeira Turma, julgado em 26/08/2014, STF, Inq 3077, Relator(a): Min. DIAS TOFFOLI, Tribunal Pleno, julgado em 29/03/2012 e TJMG, Ação Penal 1.0000.13.023303-4/000, Rel. Des. Alberto Deodato Neto, Primeira Câmara Criminal, julgado em 10/09/2013. Para mais, vide a análise de alguns julgados feita no primeiro capítulo.

434. Principalmente considerando que não existe no nosso ordenamento crime de hermenêutica. Nas palavras de Rui Barbosa, tais crimes seriam "a hipérbole do absurdo" e equivaleria a uma "ação cominatória do terror, que dissolve o homem em escravo". BARBOSA, Rui. *Obras completas de Rui Barbosa*. Vol. XXIII. Tomo III. Rio de Janeiro: Fundação Casa de Rui Barbosa, 1986, p. 228.

435. ROXIN, Claus. *Derecho Penal. Parte General*. Tomo I. Madrid: Civitas, 2008, p. 892.

exigido dos diretores seria que eles verificassem se o parecer da equipe técnica fazia referência quanto a observância do produto às normas da ANVISA, que é o órgão de regulação e e controle de produtos e serviços de interesse para a saúde, tal como os cosméticos[436].

Existe, ainda, uma última incumbência imposta ao consulente, consistente no dever de *subsidiar* o especialista com as informações preliminares e com os documentos necessários para que ele compreenda corretamente o objeto da consulta. Se o diretor da empresa está em dúvida sobre a regularidade das declarações constantes nos livros contábeis da companhia, ele deve encaminhar ao contador todos os documentos e informações relativos às operações que geraram resultados, lucros e rendimentos para que, então, o contador possa verificar a regularidade da escrituração contábil da empresa naquele período. Nesse aspecto, a garantia da veracidade das informações transmitidas recai sobre o próprio consulente, de tal forma que, se o parecer do contador estiver equivocado em razão das informações falsas contidas nos documentos relativos às operações da empresa, a responsabilidade penal dele pode ser afastada, alcançando tão somente quem forneceu as informações inverídicas[437].

Por outro lado, também é dever do especialista a solicitação de todos os documentos e informações que entenda necessários para poder responder adequadamente à questão que lhe é posta. Trata-se, portanto, de um *dever compartilhado* entre consultor e consulente[438].

c) Os casos de tomada instantânea da decisão e de dúvida insuperável

Existem duas situações envolvendo o cumprimento do dever de informação que demandam cuidadosa análise.

A primeira delas é relativa aos casos em que não houve tempo hábil ao sujeito para se consultar antes da tomada da sua decisão. Em boa parte das vezes, não faltará tempo para o sujeito se informar, ainda que brevemente, com os próprios departamentos internos especializados da empresa, que, em geral, são fontes confiáveis. Mas, há outras situações que, pela sua relevante urgência, demandam uma *decisão instantânea do sujeito*[439]. Por exemplo, quando ocorre

---

436. Artigos 1º e 2º da Lei 9.782/1999.

437. Conclusão diversa ocorrerá nas situações em que a falsidade constante no documento é evidente ao especialista, que facilmente perceberia os erros nas informações que recebera e, nesse caso, não lhe seria escusável emitir um parecer equivocado. BASTIANELLO, Alessandro. *La responsabilità penale dei professionisti: medici, avvocati, notai, commercialisti*. Milão: CEDAM, 2012, p. 235 e 251.

438. Esse dever compartilhado é a base do princípio da confiança que irá se estabelecer entre consultor e consulente. Nesse sentido, CALABRIA, *Arianna. Ignorantia legis e parere erroneo del consulente legale*. In: Revista Italiana di Diritto e Procedura Penale, fasc. 1, 1992, p. 161.

439. Essa decisão instantânea não se confunde com o aquilo JAKOBS chama de "direção e con-

um acidente na linha de produção de uma fábrica e o sujeito está em dúvida se primeiro socorre a vítima ou se primeiro informa ao seu superior sobre o acidente, solicitando a parada das máquinas. Nesses casos, quando não é possível ao sujeito interromper o processo de atuação e cumprir, naquele momento, com o dever de informação que, inicialmente, lhe seria imposto[440], tanto porque a resposta não está à tempo disponível, quanto porque, mesmo se disponível o tempo e os custos envolvidos na sua obtenção tornaria tal cautela impraticável[441], torna-se necessário que se desloque o critério de análise para um momento anterior[442].

Assim, será preciso avaliar se o sujeito cumpriu com seu dever de informação antes da ocorrência da situação concreta geradora da dúvida[443]. Em caso negativo, a violação desse dever, ainda que em outro momento[444], cronologicamente distante, mas concretamente determinável no tempo[445], implicaria em reconhecer a culpabilidade do autor pela situação de dúvida[446].

Trata-se, portanto, de caso em que há uma espécie de prévia provocação culpável do sujeito pelo seu estado de dúvida que já poderia ter sido dirimida em momento anterior a partir da busca de informação[447], de modo que o que se pune é a omissão do sujeito em adquirir conhecimentos jurídicos especiais

trole dos impulsos", pois nestes, falta, à toda evidência, uma atividade consciente do sujeito, que é pressuposto lógico para uma tomada de decisão, ainda que instantânea. Sobre a questão dos impulsos e sua proposta de inclusão no conceito de ação, ver JAKOBS, Günther. *Tratado de direto penal: teoria do injusto e culpabilidade*. Belo Horizonte: Del Rey, 2008, p. 201 e ss.

440. BACIGALUPO, Enrique. *Manual de derecho penal: parte general*. Coimbia: Editora Temis, 1996, p. 155.

441. VERNON OWEN JR., G. *Criminal law – mistake of law – reliance upon advice of public official*. Case Western Reserve Law Review, v. 2, i. 1, 1950, p. 94.

442. LEITE, Alaor. *Dúvida e erro sobre a proibição no direito penal: a atuação nos limites entre o permitido e o proibido*. São Paulo: Atlas, 2013, p. 156.

443. ROXIN, Claus. *Derecho Penal. Parte General*. Tomo I. Madrid: Civitas, 2008, p. 883.

444. Até porque a consciência do injusto não precisa ser atual, sendo suficiente a possibilidade de tê-la obtido anteriormente. Nesse sentido, ver, por todo, WELZEL, Hans. *Derecho penal: parte general*. Buenos Aires: Roque Depalma Editor, 1956, pp. 175-176.

445. Tal pressuposto, somado à consideração das condições pessoais do sujeito, impedem que se confunda o critério da culpabilidade pela situação da dúvida ou da provocação culpável do erro de proibição como a punição pela condução de um modo de vida, que vilipendiaria as premissas básicas do princípio da culpabilidade. Nesse sentido, ROXIN, Claus. *Derecho Penal. Parte General*. Tomo I. Madrid: Civitas, 2008, p. 883-884.

446. Este seria um critério adicional para análise da evitabilidade do erro de proibição, cf. LEITE, Alaor. *Dúvida e erro sobre a proibição no direito penal: a atuação nos limites entre o permitido e o proibido*. São Paulo: Atlas, 2013, p. 156. Roxin entende ser caso de prévia provocação culpável do erro de proibição, cf. ROXIN, Claus. *Derecho Penal. Parte General*. Tomo I. Madrid: Civitas, 2008, p. 883. Sem prejuízo, é possível compreendê-lo, ainda, como dever de cuidado prévio à execução de uma atividade concreta, cf. TAVARES, Juarez. *Teoria do crime culposo*. Florianópolis: Empório do Direito, 2016, p. 323.

447. HUSAK, Douglas; VON HIRSH, Andrew. Culpability and mistake of law. In: SHUTE, Stephen et al. *Action and value in criminal law*. Oxford, 1993, p. 161.

anteriormente, quando ainda tal incumbência lhe era possível de ser satisfatoriamente realizada[448].

No exemplo dado, se pode exigir que o sujeito tenha, anteriormente, participado dos treinamentos semestrais em segurança do trabalho que indicavam, repetidamente, que, em não havendo perigo iminente a novas vítimas, o socorro ao funcionário acidentado é prioritário, se possível ao agente, inclusive em razão da proibição penal expressa contida no artigo 135 do Código Penal[449]. Se ele não participou desses treinamentos, omitiu-se em se informar, quando ainda lhe era possível adquirir o conhecimento que afastaria a sua dúvida na situação concreta. Logo, se esse sujeito primeiro foi atrás do seu superior para avisá-lo sobre o acidente e solicitar a parada das máquinas, deixando, com isso, de prestar assistência possível à vítima, a sua conduta poderia, em tese, se amoldar à prevista no artigo 135 do Código Penal, ainda que ele alegue que assim agiu para evitar prejuízos ainda maiores, pois danos à vida ou à integridade física é seguramente maior do que danos materiais[450].

A segunda situação envolvendo o cumprimento do dever de informação que demanda cuidadosa análise refere-se aos casos de *dúvida insuperável*. Como já se afirmou, a ordem jurídica somente pode exigir do sujeito que cumpra um

448. BACIGALUPO, Enrique. *Manual de derecho penal: parte general*. Coimbia: Editora Temis, 1996, p. 155; ROXIN, Claus. *Derecho Penal. Parte General*. Tomo I. Madrid: Civitas, 2008, p. 883. Por se tratar de um dever possível, a análise dessa possibilidade, ainda que em momento anterior, dependerá do cotejo com outros fatores pessoais do agente, como o dever de informação exigido para o exercício da sua profissão, as cautelas que devem ser por ele reconhecidas no exercício das suas atividades laborais e a necessidade, quando o caso, de constante assessoramento técnico ou jurídico.

449. ALAOR LEITE restringe esse fenômeno somente para as atividades em que a decisão instantânea e limítrofe é constitutiva e não um acontecimento raro e inesperado, alocando-o somente para as profissões de policiais e médicos. LEITE, Alaor. *Dúvida e erro sobre a proibição no direito penal: a atuação nos limites entre o permitido e o proibido*. São Paulo: Atlas, 2013, p. 157. Entretanto, essa restrição parece sem razão e a sua ampliação para outras atividades, tal como no exemplo colocado, seria viável desde que observados alguns critérios, como a determinação concreta no tempo do momento em que se violou o dever de informação, a identificação precisa do comportamento anterior que violou o dever de informação e a verificação da correspondência direta entre o dever concreto de informação que poderia ter sido cumprido e a dúvida existente na situação posterior. Nesse sentido, é interessante a posição de Roxin que, embora não determine qualquer critério, também não restringe esse fenômeno a um grupo exclusivo de pessoas ou atividades (v. ROXIN, Claus. *Derecho Penal. Parte General*. Tomo I. Madrid: Civitas, 2008, p. 883).

450. O argumento levantado pelo sujeito tenta provocar uma reavaliação do caso a partir da ponderação entre interesses ou deveres aparentemente conflitantes. Esse critério de avaliação é utilizado por ROXIN, JAKOBS e TIMPE e, ainda que ele seja pouco realista, como afirma ALAOR LEITE, é útil na análise do caso concreto e serve como um argumento acessório. Sobre a utilização desse critério nos três autores alemães, ver o posicionamento crítico em LEITE, Alaor. *Dúvida e erro sobre a proibição no direito penal: a atuação nos limites entre o permitido e o proibido*. São Paulo: Atlas, 2013, p. 146 e ss. e 155 e ss.

dever possível de informação[451]. Portanto, quando, mesmo depois de cumprido o dever de informação que lhe era possível no caso concreto, ainda restar ao sujeito dúvidas quanto a permissão do seu comportamento, seja porque a não está claro se a conduta almejada é proibida, seja porque a norma admite mais de uma interpretação possível quanto ao seu conteúdo[452], será caso de se reconhecer ao sujeito a sua liberdade em atuar[453], até que exista uma ordem estatal clara determinando, com segurança, a proibição daquele comportamento[454].

Como a dúvida sobre a proibição não indica ao sujeito um imperativo de abstenção da conduta[455], mas impõe, concretamente, um dever de informação[456], caso ela ainda persista depois de cumprido o dever de informação possível ao sujeito naquela circunstância concreta, não há que se falar que o sujeito estava consciente do seu agir contrário ao Direito, pois a dúvida, nesse caso, permaneceu insuperável pela falta de clareza da proibição. Diante disso, se a lei não pode exigir do jurisdicionado um heroísmo ou um milagre[457], também não se pode colocar na comanda do cidadão o ônus da espera em agir[458]. Em um Estado

---

451. É da letra da lei que se extrai que o erro de proibição somente será evitável somente quando era possível ao agente, nas circunstâncias do caso concreto, ter ou atingir a consciência do injusto (artigo 21, parágrafo único, do Código Penal).

452. VERNON OWEN JR., G. *Criminal law - mistake of law - reliance upon advice of public official*. Case Western Reserve Law Review, v. 2, i. 1, 1950, p. 93.

453. Dentro da concepção de um Estado liberal, a ordem jurídica deve sempre preferir os caminhos que limitam as proibições e aumentam o escopo das liberdades. Nesse sentido, GUR-ARYE, Miriam. *Reliance on a lawyer's mistaken advice: should it be an excuse from criminal liability?* American Jornal of Criminal Law, v. 29, 2002, pp. 40-41. A autora colaciona um caso interessante julgado pela Suprema Corte de Israel (Cr.A. 281/60, Bar Shalom v. State of Israel, 23(2) P.D. 85), em que o motorista havia estacionado no centro da cidade, em horário proibido pois a placa, afixada próxima do local, indicava a proibição de estacionar entre as horas "07:00 - 19:00". Ocorre que, em hebraico, se lê de trás para frente e, portanto, o motorista entendeu que seria proibido estacionar das 19h até às 7h do dia seguinte. A Corte entendeu que a norma tinha capacidade de gerar duas formas razoáveis de interpretação e, por isso, decidiu em favor do motorista, que não foi penalizado pela sua conduta.

454. Nestes casos, o responsável pela dúvida não seria o sujeito, mas o próprio Estado, cf. OLAIZOLA NOGALES, Inés, *El error de prohibición: especial atención a los criterios para su apreciación y para la determinación de su vencibilidad e invencibilidade*. La Ley Wolters Kluver. Madrid, 2007, p. 196, quando isso ocorre, ao indivíduo deve ser assegurada a liberdade de agir, cf. PUPPE, *Strafrecht*, AT, §19, n. 16, p. 230 *apud*. LEITE, Alaor. *Dúvida e erro sobre a proibição no direito penal: a atuação nos limites entre o permitido e o proibido*. São Paulo: Atlas, 2013, p. 128, já referido acima.

455. Em sentido contrário, Aníbal Bruno entende que o sujeito que atua em dúvida, "atua admitindo a possibilidade de que o seu comportamento seja contrário ao dever". BRUNO, Aníbal. *Direito penal: parte geral*. T. II. Rio de Janeiro: Forense, 1984, p. 110, n. 1.

456. Nas exatas palavras de ROXIN, "quem não sabe de uma certa coisa, deve informar-se, quem não pode uma certa coisa, deve abandoná-la", ROXIN, Claus. *Derecho Penal. Parte General*. Tomo I. Madrid: Civitas, 2008, p. 1010 (nossa tradução livre).

457. PASCHOAL, Janaina Conceição. *Ingerência indevida: os crimes comissivos por omissão e o controle pela punição do não fazer*. Porto Alegre: Sergio Antonio Fabris Editor, 2011, p. 187 e ss.

458. Não se encontram divergências quanto a exclusão da responsabilidade penal diante de

Democrático de Direito em que a liberdade é a regra, exigir, nesses casos, uma abstenção categórica do sujeito é ilegítimo, principalmente porque não serão poucas as vezes em que aguardar por um esclarecimento oficial implicará em graves prejuízos ao cidadão[459].

Diante disso, a "Variante 4" do "Caso 3", exposta no primeiro capítulo, demanda uma análise por etapas. O caso informa que o diretor financeiro da empresa Q tinha urgência em decidir sobre a operação de crédito, pois, por questões de oportunidade comercial, o negócio com a outra empresa J poderia ser perdido, o que impactaria negativamente no faturamento da empresa Q. Portanto, à primeira vista, poder-se-ia entender que a decisão do diretor precisava ser instantânea e que os prejuízos decorrentes da espera da informação justificariam a sua liberdade de atuação. Todavia, existem outros critérios a serem aqui analisados que conduzem à conclusão diversa. Em primeiro lugar, a urgência em operações financeiras não equivale, em geral, às graves situações que demandam uma decisão instantânea. Trata-se, como o próprio caso informa, de uma oportunidade de negócio comum, que não colocaria em risco a existência econômica da empresa, nem representaria perdas excessivas no faturamento e que, portanto, surgiu com mínimo espaçamento no tempo a permitir que o diretor financeiro consultasse ao menos o departamento jurídico interno da empresa sobre a regularidade dessa operação de crédito. Hipoteticamente, é plausível entender que o departamento jurídico vislumbrasse a incidência de ICMS, em vez de ISS, por se tratarem de tributos bastante distintos e, dessa forma, a consulta a um especialista era a conduta esperada e juridicamente possível ao diretor. Ademais, ainda que assim não fosse, o caso não informa que o diretor tenha cumprido qualquer dever de informação prévio, o que até poderia ser-lhe em certa medida exigível, porque ele não exerce qualquer cargo de chefia na empresa, mas ocupa a função de diretor financeiro, área afeta a questões tributárias e contábeis, o que também lhe desautorizaria, por esse outro fundamento, a liberdade de atuação. Por fim, não há nenhum indicativo de que a dúvida tenha se tornado insuperável, até porque não consta, nessa variante ora analisada, o cumprimento de qualquer dever de informação anterior. Portanto, a

uma norma obscura, imprecisa ou capaz de receber mais de uma interpretação razoável sobre o seu conteúdo. Nesse sentido, nos Estados Unidos da América, SELIGMAN, Selig J. *Mistake of law and mens rea*. University of Chicago Law Review: Vol. 8 : Iss. 4, Article 2, 1941, p. 654 e ss.; na Alemanha, ROXIN, Claus. *Derecho Penal. Parte General*. Tomo I. Madrid: Civitas, 2008, p. 883, na Espanha, OLAIZOLA NOGALES, Inés, *El error de prohibición: especial atención a los criterios para su apreciación y para la determinación de su vencibilidad e invencibilidade*. La Ley Wolters Kluver. Madrid, 2007, p. 196, na Itália NAPPI, Aniello. *Manuale di diritto penale: parte generali*. Roma: Giuffrè, 2010, p. 677 e no Brasil CIRINO DOS SANTOS, Juarez. A reforma penal: crítica da disciplina legal do crime. In: LEITE, Alaor (Org.). *Reforma penal: a crítica científica à parte geral do projeto do Código Penal (PLS 236/2012)*. São Paulo: Atlas, 2015, p. 37 e ss.

459. VERNON OWEN JR., G. *Criminal law – mistake of law – reliance upon advice of public official*. Case Western Reserve Law Review, v. 2, i. 1, 1950, p. 94.

decisão do diretor da empresa em realizar a operação, posteriormente entendida como fraudulenta pelo Fisco, sem consultar um especialista jurídico pode, em tese, se amoldar, ao menos quanto ao tipo objetivo, ao crime de sonegação fiscal (artigo 1º, inciso II, da Lei 8.137/1990), se restar evidenciado que ele tenha declarado a operação sem o devido recolhimento de ICMS. Mas, a imputação de responsabilidade penal a esse sujeito dependerá, evidentemente, da análise de todas as categorias que compõem a estrutura do delito comissivo doloso, principalmente porque o tipo em análise exige o elemento fraude para a sua caracterização típica. O que ora se propõe, nessa sede, é fincar os pressupostos iniciais que autorizam começar a falar na existência de responsabilidade penal.

Um desses pressupostos é o dever de informar-se, que precisa ser, ao mesmo tempo, satisfatório, possível e eficaz. Em síntese, a ordem jurídica exige do sujeito que atua em ambientes altamente regulados a reflexão e a informação como cautelas prévias à sua atuação, as quais visam permitir que ele alcance a consciência efetiva e segura sobre a permissão ou proibição do seu projeto de conduta no caso concreto.

Portanto, o dever de informação é o critério reitor a orientar a avaliação da responsabilidade penal daquele sujeito que atua conforme a parecer técnico ou jurídico, sendo este o primeiro passo de análise.

Contudo, em razão da importância desse dever não só para o problema que se enfrenta nessa pesquisa, mas para a dogmática jurídico-penal, o seu alcance pode açambarcar novas feições, com conteúdos adjacentes, que impactarão na teoria do delito e determinarão alguns critérios complementares para análise da conduta típica. É a respeito destes reflexos que tratará o próximo tópico.

3.2.4. Alcance do dever de informação e seu impacto na teoria do delito

Como se registrou acima, a doutrina se refere ao dever de informar-se em ao menos três pontos da teoria do delito (na omissão imprópria, nos crimes culposos e no erro de proibição), os quais guardam entre si o ponto comum de entenderem tal dever como um comando positivo imposto ao sujeito (informe-se) antes de realizar o seu projeto de ação.

Entretanto, é de se reconhecer que esse mesmo dever de informação também aparece em mais um momento da dogmática jurídico penal, localizado na base de todas as formas típicas de conduta – dolosas, culposas, omissivas e comissivas –, como um *dever geral de cautela*[460].

---

460. A opção por essa terminologia visa distinguir o conceito ora proposto, pré-típico, daquele inerente aos crimes culposos, por nós conhecido como *dever objetivo de cuidado*. A mesma terminologia foi usada CRUZ, Flavio Antonio da. *O tratamento do erro em um direito penal de bases democráticas*. Porto Alegre: Sergio Antonio Fabris, 2007, p. 289.

A ordem jurídica exige que o indivíduo observe condições mínimas na sua ação para evitar que ela resulte em perigo ou lesão aos bens jurídicos[461], sendo ônus seu adquirir os conhecimentos minimamente necessários para ser capaz de prever os efeitos do seu comportamento e, com isso, dirigir o processo causal dele decorrente[462].

Logo, a incumbência de buscar este conhecimento se dará também por meio de um dever de informação, pois, o que ao final vai ser objetivamente imputado ao sujeito como obra sua é todo o resultado decorrente de uma conduta juridicamente desvalorada que ele praticou[463], o que demanda que esse sujeito, ao menos, conheça os riscos que a orbitam.

É dessa maneira que o dever de informação, enquanto instrumento de compreensão do sujeito acerca dos efeitos do seu projeto de conduta que, ao fim, lhe conferirá domínio sobre o seu comportamento[464], adquire relevância jurídica e opera como um pressuposto da tipicidade da conduta[465].

Nessa perspectiva, a inobservância desse dever geral de cautela corresponde, ainda que com feições bastante simples, a um comportamento não modulado aos limites do risco permitido, revelando uma postura descompromissada do

---

461. Na clareza habitual de Binding: "Deves evitar atuar antijuridicamente enquanto tu (autor), segundo minha concepção (ordenamento jurídico), puderes". BINDING, Karl. Die Normen und ihre Übertretung, tomo IV, 1919, p. 512, apud ROBLES PLANAS, Ricardo. Imputação de responsabilidade penal na empresa e ações neutras. In: ROBLES PLANAS, Ricardo. *Estudos de dogmática jurídico penal: fundamentos, teoria do delito e direito penal econômico*. Belo Horizonte: Editora D'Plácido, 2016, p. 226-227.

462. Tal pensamento tem suas origens mais modernas em KARL LARENZ e RICHARD HONIG. Enquanto LARENZ defendia que a imputação objetiva descreve aquele juízo pelo qual determinado fato surge como obra do sujeito, enfatizando a análise do comportamento dirigido para uma finalidade, Honig parte da imputação objetiva do resultado, a partir da valoração das condutas que a ele deram causa. Assim, apenas os resultados previsíveis e dirigíveis pela vontade são imputáveis e somente a imputação objetiva permite a afirmação da tipicidade de uma ação. Enquanto pressuposto da tipicidade do comportamento, a imputação objetiva do resultado corrige a amplitude da relação de causalidade e explica a imputação de crimes dolosos e culposos ao sujeito. Sobre as concepções desses dois autores, v. a introdução de LUÍS GRECO em ROXIN, Claus. *Funcionalismo e imputação objetiva no direito penal*. Rio de Janeiro: Renovar, 2002, p. 15-22; CAMARGO, Antonio Luis Chaves. Imputação objetiva e direito penal brasileiro. São Paulo: Cultural Paulista, 2002, p. 61 e ss. e PRADO, Luiz Regis. *Tratado de direito penal: parte geral*. Vol. 2. São Paulo: RT, p. 181-188.

463. É este o conceito de tipo objetivo desenvolvido por ROXIN, a partir da ideia do risco que fundamenta a sua teoria da imputação objetiva. ROXIN, Claus. *Funcionalismo e imputação objetiva no direito penal*. Rio de Janeiro: Renovar, 2002, pp. 308-309. Uma aproximação bastante didática do seu conteúdo pode ser encontrada em ROXIN, Claus. *A teoria da imputação objetiva*. In: Revista Brasileira de Ciências Criminais, n. 39, julho-setembro/2002, p. 11 e ss.

464. Esse é um conceito mais basilar do que se entende, hoje, por imputação. Sobre ele, ver, em especial, a introdução de LUÍS GRECO em ROXIN, Claus. *Funcionalismo e imputação objetiva no direito penal*. Rio de Janeiro: Renovar, 2002, p. 15-22.

465. PRADO, Luiz Regis. *Tratado de direito penal: parte geral*. Vol. 2. São Paulo: RT, p. 187.

sujeito com o Direito Penal, cuja finalidade é proteger bens jurídicos de formar subsidiária e fragmentária[466].

Saliente-se, todavia, que esta correspondência não se confunde com um dever geral de informação, pois a sua violação, por si só, não acarretará, sob nenhuma hipótese, na punição do sujeito[467]. Essa cautela geral imposta a todos os cidadãos se resume a uma categoria pré-típica que apenas permitirá a valoração do comportamento do indivíduo e deve estar diretamente ligada à atividade concreta que, sob determinadas cirscunstâncias, se pretende realizar[468].

Assim, não sendo observado esse dever mais primeiro e mais primário de cautela (informe-se antes de atuar para conhecer os riscos orbitantes na sua conduta e assim dirigir o fim pretendido), haverá a prática de uma conduta juridicamente desvalorada e essa característica é pressuposta em toda conduta típica[469]. Inclusive, essa concepção vai ao encontro da ideia de que o dever de informação equivale a uma norma mandamental, anterior à norma penal, que garante o verdadeiro sentido à proibição de determinado comportamento[470].

Embora existam, então, essas quatro[471] aparições do dever de informação, eles não se confundem e impactam, cada um à sua maneira, a teoria do delito. Por essa razão, é importante esclarecer o verdadeiro conteúdo deste dever jurí-

---

466. Essa é a missão do Direito Penal. Ver, por todos, BATISTA, Nilo. *Introdução crítica ao direito penal brasileiro.* Rio de Janeiro: Revan, 2015, pp. 111-113.

467. Sobre esse dever geral e sua difícil aceitação para a dogmática penal, v. LEITE, Alaor. *Existem deveres gerais de informação no direito penal? Violação de um dever, culpabilidade e evitabilidade do erro de proibição.* In: Revista Portuguesa de Ciência Criminal. n. 2, v. 23, 2013. p. 230 e ss.

468. Nesse sentido, a imputação, desde Honig, busca corrigir a amplitude da relação de causalidade, cf. registra HIRSCH, Hans Joachim. *Acerca de la teoría de la imputación objetiva.* In: Revista Brasileira de Ciências Criminais. n. 50, v. 12, 2004. p. 10, embora o referido autor aponte, posteriormente, falhas na teoria da imputação objetiva desenvolvida por Roxin.

469. Nesse sentido, é clara a demonstração de Herzberg no sentido da violação de um dever de cuidado ser pressuposto mínimo para atribuição de resultado ao sujeito, ao menos, na modalidade culposa: "existe uma relação 'plus-minus', no sentido de que a realização do tipo imprudente é condição necessária para o tipo doloso", HERZBERG, Rolf Dietrich. *El delito comisivo doloso consumado como un delito cualificado respecto del delito omisivo, imprudente y en tentativa.* In: Revista brasileira de ciências criminais, v. 13, n. 52, janeiro-fevereiro/2005, p. 191 (nossa tradução livre).

470. A equivalência do dever de informação a essa norma mandamental já foi demonstrada logo no início do tópico anterior.

471. É de se cogitar a existência de um quinto reflexo do dever de informação, relativo ao tipo subjetivo, o qual fora sinteticamente expressado pelo Min. Luiz Fux, do Supremo Tribunal Federal: "Mas, de qualquer maneira, quem consulta não tem dolo. Quem consulta não tem vontade de fraudar, porque está consultando" (STF, Inq 2559, Relator(a): Min. DIAS TOFFOLI, Tribunal Pleno, julgado em 18/08/2011, p. 56 do inteiro teor do acórdão). Nessa perspectiva, o dever de informação refletiria no dolo daquele que atua conforme a parecer técnico ou jurídico. Entretanto, uma conclusão nesse sentido depende da análise desse elemento subjetivo do tipo, o qual demanda reflexões um pouco mais detalhadas não abrangidas nesta pesquisa.

dico de informação, subjacente às atividades reguladas onde atuam os sujeitos que se pautam em pareceres e consultorias técnicas e jurídicas[472].

Não se tratará sobre a pertinência de cada uma dessas incidências. O que se visa é esclarecer de que forma o dever de informação incide em cada um dos pontos da dogmática jurídico penal, pois disso depende a avaliação da responsabilidade penal daquele que atua conforme a parecer técnico ou jurídico, que é o objetivo central deste trabalho.

Enquanto um dever geral de cautela pré-típico, o descumprimento do dever de informação é o que deflagra a relevância jurídico penal do comportamento que pode vir a ser considerado como juridicamente desvalorado a partir de considerações subsequentes (o qual dependerá da verificação da prática da conduta prevista no tipo objetivo, da criação, incremento ou não diminuição de um risco proibido, etc.).

Já como um dever inerente àquele que ocupa a posição de garante em uma situação concreta, impõe-se a esse sujeito o dever de buscar a informação para saber se e quando o bem jurídico está em risco[473] e se há condições reais e possíveis de uma conduta sua salvar o bem jurídico, que está sob a sua custódia, do risco de lesão ou se ele é concretamente capaz de controlar uma fonte ou um foco de perigo. Trata-se de uma medida geral de vigilância (ou de cuidado), a ser cumprida pelo garantidor, ainda em momento no qual não há sequer ameaça ao bem jurídico e, por isso, ela não se confunde com o especial dever de agir para evitar o resultado, no sentido da omissão imprópria[474].

Nos crimes culposos, o dever de informação é expressão do dever de cuidado exigido previamente ao sujeito para a execução de uma atividade correta e está diretamente relacionado ao dever mais primário de reconhecimento de perigo para o bem jurídico[475]. No que interessa ao problema dessa pesquisa, esse

---

472. A dificuldade de se determinar a natureza do dever de informação foi indicada por FLAVIO ANTONIO DA CRUZ em CRUZ, Flavio Antonio da. *O tratamento do erro em um direito penal de bases democráticas*. Porto Alegre: Sergio Antonio Fabris, 2007, p. 289.

473. Como a situação de perigo para o bem jurídico é pressuposto típico para a relevância da omissão, fixar esse marco temporal é necessário, ainda que, no caso concreto, ele seja difícil de ser demarcado. Nesse sentido, CIRINO DOS SANTOS, Juarez. *Manual de direito penal: parte geral*. Florianópolis: Conceito Editorial, 2012, p. 107.

474. Na omissão imprópria, os dois deveres devem ser descumpridos pelo garantidor, o dever de cuidado e o dever de agir, para que o resultado possa ser, ao menos culposamente, a ele imputado, cf. ESTELLITA, Heloisa. *Responsabilidade penal de dirigentes de empresa por omissão: estudo sobre a responsabilidade omissiva imprópria de dirigentes de sociedades anônimas, limitadas e encarregados de cumprimento por crimes praticados por membros da empresa*. São Paulo: Marcial Pons, 2017, p. 106.

475. Na máxima de ROXIN, "quem não sabe de uma certa coisa, deve informar-se, quem não pode uma certa coisa, deve abandoná-la", ROXIN, Claus. *Derecho Penal. Parte General*. Tomo I.

dever serve para que o sujeito possa assenhorar-se sobre a atividade concreta que pretende desempenhar[476], incidindo, inclusive, sobre o dever de buscar conhecer a regulamentação jurídica que sobre ela recai, permitindo, assim, que ele possa diagnosticar eventual situação de risco ou perigo que o seu projeto de conduta pode provocar[477].

No que toca ao erro de proibição, o dever de informação opera como critério de determinação da sua (in)evitabilidade[478]. Diante da dúvida, deve o sujeito informar-se buscando atingir, quando possível, a consciência segura do injusto e, assim, modular a conduta que pretende realizar[479].

Como se percebe, em todas essas aparições, o dever de informação possui natureza *instrumental*[480]. Desse modo, ele não é um fim em si mesmo, mas um meio para aferição de alguns pressupostos da teoria do delito: desvalor da conduta, reconhecimento da situação de perigo, dever objetivo de cuidado ou alcance da consciência da ilicitude[481].

Portanto, a depender do alcance que a ele seja conferido, diferentes serão os impactos que esse dever de informação causará para fins de imputação de responsabilidade penal. Vale dizer, se o sujeito não cumpre com o seu dever de informação sobre uma regra técnica que coincida com o dever de cuidado que lhe é exigido, haverá impacto para a configuração típica do crime culposo; se ele cumpre com o seu dever de informação, no limite do que lhe é possível, e ainda assim não tem a certeza quanto a regularidade da conduta, ele pode ser isentado da pena porque o seu erro de proibição mostrou-se inevitável. Porém, todas essas situações são questões fenomenológicas e devem ser aferidas em casa caso concreto.

O importante de se repisar é que tais manifestações do dever de informação

Madrid: Civitas, 2008, p. 1010 (nossa tradução livre). Sobre o binômio reconhecimento do perigo--informação, como cuidados prévios, v, TAVARES, Juarez. *Teoria do crime culposo*. Florianópolis: Empório do Direito, 2016, p. 323-324.

476. Inclusive, em decorrência de determinação legal prevista no artigo 153 da Lei nº 6.404/1976, que recai especificamente aos administradores de empresa.

477. TAVARES, Juarez. *Teoria do crime culposo*. Florianópolis: Empório do Direito, 2016, p. 323-331.

478. Ver, por todos, CIRINO DOS SANTOS, Juarez. *Manual de direito penal: parte geral*. Florianópolis: Conceito Editorial, 2012, p. 169-170.

479. LEITE, Alaor. *Dúvida e erro sobre a proibição no direito penal: a atuação nos limites entre o permitido e o proibido*. São Paulo: Atlas, 2013, p. 143 e ss.

480. Na Itália se fala em "dever instrumental de conhecer a lei penal", cf. CALABRIA, *Arianna. Ignorantia legis e parere erroneo del consulente legale*. In: Revista Italiana di Diritto e Procedura Penale, fasc. 1, 1992, p. 151 (nossa tradução livre).

481. Sem prejuízo do seu impacto para configuração do dolo.

não se confundem[482], nem se sobrepõem[483], operando, cada uma à sua maneira, dentro da dogmática jurídico penal[484].

No que tange especificamente ao objeto de estudo deste trabalho, é preciso registrar que, para além de cumprir um dever objetivo de cuidado, o sujeito do *nosso* caso tem o dever de se informar porque ele estará atuando em âmbito especialmente regulado e este é um motivo concreto suficiente para que a ele seja imposta tal incumbência de maneira obrigatória[485], de modo que a omissão na obtenção desse conhecimento jurídico especial, quando era possível ao agente, antes de praticar o ato pretendido, é fato juridicamente relevante para deflagrar a apuração de eventual responsabilidade penal[486].

Devido a sua extensão e importância, o dever de informação será, aqui, abordado como a primeira etapa de análise do problema enfrentado neste trabalho: partindo-se da verificação de um resultado típico (*v.g.*, um imposto devido não foi recolhido, uma obra de contenção não foi realizada e a estrutura desabou) a

482. A confusão é oriunda, principalmente, da equivocada equiparação entre delitos culposos e delitos de omissão. Felizmente, a dogmática penal já entendeu que o que se proíbe nos delitos culposo não é a omissão do dever de cuidado, mas a conduta que cria um risco não permitido que tenha se realizado no resultado típico. Do contrário, aliás, se converteria, erroneamente, os crimes comissivos culposos em crimes omissivos. O alerta é feito por D'ÁVILA, Fabio Roberto. *Crime culposo e a teoria da imputação objetiva*. São Paulo: RT, 2001, p. 87.

483. Roxin, por exemplo, tanto faz referência a esse dever de informar-se quando trata do erro de proibição, como o resgata ao tratar dos deveres objetivos de cuidado no crime culposo. Juarez Tavarez, a seu turno, trata do dever de informação como um dever objetivo de cuidado, sem deixar de referenciá-lo com um dever mais primário de reconhecimento da situação de perigo e de fundamentá-lo na premissa de que a atividade deve ser realizada pelo sujeito de maneira regular e sem produzir perigo ou lesão ao bem jurídico. ROXIN, Claus. *Derecho Penal. Parte General*. Tomo I. Madrid: Civitas, 2008, p. 878 e ss e p. 1009 e ss. e TAVARES, Juarez. *Teoria do crime culposo*. Florianópolis: Empório do Direito, 2016, p. 323 e 325.

484. Assim, por exemplo, o dever relativo à evitabilidade do erro de proibição não será mais ou menos abrangente do que o dever de cuidado nos delitos culposos, devendo ambos se pautarem na medida do que é necessário e razoável para se exigir do sujeito o conhecimento das normas e das suas proibições. Nesse sentido, CÓRDOBA, Fernando Jorge. *La evitabilidad del error de prohibición*. Madri: Marcial Pons, 2012, p. 192.

485. Segundo JUAREZ TAVARES, nos delitos omissivos a atuação é sempre obrigatória, enquanto nos delitos culposos o agente pode ou não realizar a atividade, sendo este o fundamento da vinculação prévia dos agentes na configuração do tipo omissivo e a razão para a distinção do dever jurídico nas duas modalidades de crime. TAVARES, Juarez. *Teoria do crime culposo*. Florianópolis: Empório do Direito, 2016, pp. 268-269.

486. Trata-se de manifestação do critério da culpabilidade pela situação da dúvida ou da provocação culpável do erro de proibição, já tratados no tópico anterior. Nesse sentido, ROXIN, Claus. *Derecho Penal. Parte General*. Tomo I. Madrid: Civitas, 2008, p. 883-884.

Esse dever não se confunde com o dever objetivo de cuidado, característica dos delitos imprudentes, de modo que permite, em tese, a punição na modalidade dolosa do sujeito que assim se omitiu. Sobre a distinção entre esses dois deveres, cuja complexidade transborda o que se pretende esclarecer nesse ponto da pesquisa, ver CRUZ, Flavio Antônio da. *O tratamento do erro em um direito penal de bases democráticas*. Porto Alegre: Sergio Antonio Fabris, 2007, p. 51 e ss.

pergunta sobre quem praticou a conduta proibida passará por um primeiro filtro consistente em verificar se o sujeito que atuou conforme a determinado parecer técnico ou jurídico (que entendeu não ser caso de recolhimento do tributo ou que entendeu não ser necessária a execução da obra de contenção) cumpriu satisfatoriamente o seu dever concreto de informação.

3.3. Ação e omissão de quem atua conforme a determinado parecer técnico ou jurídico

Considerando que a ação tem por função fornecer o substrato para as subsequentes valorações da teoria do delito[487], é preciso identificar dentre os diversos atos[488] praticados a partir da decisão tomada com base em determinado parecer, qual conduta deverá ser objeto de análise para apuração da eventual responsabilidade penal desse sujeito.

Ao receber a informação do parecerista ou do consultor, o sujeito, diante dela, tomará, sempre, uma decisão. A sua decisão pode consistir em uma ação – por exemplo, realizar uma operação financeira –, ou em uma omissão – por exemplo, não realizar uma obra de contenção em um túnel. A decisão desse sujeito tem relevância jurídica porque ela será capaz de irromper um curso causal subsequente com resultados também juridicamente relevantes (a operação financeira pode acarretar em sonegação fiscal e a ausência da obra de contenção pode acarretar no desabamento do túnel).

Contudo, essa primeira ação, embora já seja juridicamente relevante, somente ganhará importância para o Direito Penal quando se amoldar a uma conduta típica, a qual pode corresponder a uma ação ou a uma omissão[489]. Assim, por exemplo, ao decidir por praticar a operação financeira sob determinadas premissas (ação), o sujeito pode inserir elementos inexatos em documento exigido pela lei fiscal (ação) ou pode omitir informação à autoridade fazendária (omissão). Essas duas últimas condutas são penalmente proibidas conforme o artigo 1º, incisos I e II, da Lei nº 8.137/1990 e é sobre elas que recairá, se o caso, a punição, ainda que tenha existido uma ação anterior juridicamente relevante, pois só é relevante para o Direito Penal, em razão do princípio da legalidade, a conduta praticada que esteja prevista em lei como penalmente proibida[490].

---

487. GRECO, Luís. Tem futuro o conceito de ação? In: GRECO, Luís; LOBATO, Danilo (Orgs.). *Temas de direito penal: parte geral*. Rio de Janeiro: Renovar, 2008, p. 162.

488. Como bem esclarece Aníbal Bruno, ato e ação não se confundem, pois vários atos podem corresponder a uma única ação, esta última entendida em seu sentido jurídico-normativo. Nesse sentido ver, por todos, BRUNO, Aníbal. *Direito penal: parte geral*. Tomo 2º. Rio de Janeiro: Forense, 1984, p. 298.

489. Nesse sentido ver, por todos, BRUNO, Aníbal. *Direito penal: parte geral*. Tomo 2º. Rio de Janeiro: Forense, 1984, p. 295 e ss. e 339 e ss.

490. Sobre o conteúdo do princípio da legalidade penal, ver a detalhada exposição de HUNGRIA, Nélson. *Comentários ao Código Penal*. V. 1. T. I. Rio de Janeiro: Forense, 1958, p. 21 e ss.

O mesmo ocorrerá com a primeira omissão do sujeito, a qual somente interessará ao Direito Penal se decorrer de uma ação mandada[491], ligada à ideia do dever de proteção de bens jurídicos[492]. Desse modo, se, por exemplo, o sujeito recebe o parecer indicando que seu projeto de conduta é ilícito e decide abster-se, essa omissão não sofrerá qualquer reproche penal[493]. Todavia, se ele recebe uma orientação técnica indicando a regularidade da conduta pretendida e, com base nela, se omite (o parecer do engenheiro entende desnecessária a obra no túnel e, portanto, o sujeito não realiza a contenção), a sua omissão pode ter reflexos penalmente relevantes (se o túnel desabar em razão da ausência daquela obra de contenção), os quais podem, inclusive, se amoldarem a condutas típicas ativas (o crime de desabamento proíbe a conduta de causar desabamento ou desmoronamento, conforme artigo 256 do Código Penal)[494].

Portanto, não é qualquer comportamento que sofrerá punição pelo Direito Penal, mas somente aquele que se amoldar a uma conduta típica[495]. Essa sim será penalmente relevante para avaliação da eventual responsabilidade penal do sujeito, ainda que se enxerguem, na situação concreta, ações e omissões anteriores, as quais somente serão levadas em consideração se tiverem contribuído para o resultado lesivo[496].

Enquanto a decisão de atuar com base em um parecer ou consultoria é a *ação* juridicamente relevante, a violação do dever de subsidiar o especialista com os dados necessários a esclarecer o objeto da consulta e a violação do dever de atuar nos limites do que o parecer lhe informa indicam as *omissões* juridicamente relevantes para quem solicita a informação técnica ou jurídica.

Fixados esses parâmetros que tornarão uma conduta relevante para fins de imputação de responsabilidade penal, não parece haver dúvidas que, em geral,

---

491. TAVARES, Juarez. *Teoria dos crimes omissivos*. São Paulo: Marcial Pons, 2012, p. 47.

492. CIRINO DOS SANTOS, Juarez. *Manual de direito penal: parte geral*. Florianópolis: Conceito Editorial, 2012, p. 101.

493. Nas precisas palavras de ANÍBAL BRUNO, "se não há ação, não há que punir", entendo, nesse ponto, a ação como elemento central do fato punível, ou seja, o comportamento humano (ação e omissão) enquanto requisitos da tipicidade penal. BRUNO, Aníbal. *Direito penal: parte geral*. Tomo 1º. Rio de Janeiro: Forense, 1984, p. 296.

494. A redação do artigo 13 do Código Penal não deixa dúvidas de que a omissão é uma das formas de realização da conduta típica e pode causar um resultado típico.

495. Na síntese de MAGALHÃES NORONHA, "para ser crime, é mister ser típica a ação, isto é, deve a atuação do sujeito ativo do delito ter tipicidade. Atuar tipicamente é agir de acordo com o tipo. Este é a descrição da conduta humana feita pela lei e correspondente ao crime". MAGALHÃES NORONHA, Edgard. *Direito Penal*. Vol. 1. São Paulo: Saraiva, 2003, p. 99. Trata-se, na verdade, do primeiro critério da punição, a qual dependerá do preenchimento de uma série de outros pressupostos para ocorrer, ligados à antijuridicidade e à culpabilidade.

496. ROXIN, Claus. *Derecho penal: parte general*. Tomo I. Madrid: Civitas, 2008. Pp. 345-346.

aquele que atua conforme a parecer técnico ou jurídico é quem praticará, ao menos objetivamente[497], a conduta típica.

No "Caso 2", exposto no primeiro capítulo, ainda que o Procurador do Município tenha ofertado parecer indicando ser caso de dispensa da licitação, a decisão final pela não realização do certame foi do Prefeito e, portanto, sendo posteriormente verificado que era caso de licitar, a ação do Prefeito preenche o tipo objetivo do artigo 89 da Lei nº 8.666/1993 ("dispensar ou inexigir licitação fora das hipóteses legais").

Em sendo aquele que tomou a decisão quem praticou o comportamento proibido descrito no tipo objetivo, é sobre ele que se deve começar a análise de responsabilidade, segundo o critério *bottom-up*[498], pois ele é quem está mais próximo do resultado lesivo, o que também indica, ao menos inicialmente, que ele seria o principal candidato a ser o autor se, ao final, se constatar pela efetiva prática de um crime[499].

Joga papel fundamental nessa análise a realidade de empresa, em que existe, como já se anotou[500], divisão de tarefas e repartição de funções, de modo que, no mais das vezes, quem vai executar a conduta orientada no parecer com as próprias mãos não foi quem solicitou a consulta nem quem decidiu acatar a referida orientação. Pense-se, por exemplo, que o Diretor Financeiro de uma indústria automobilística está em dúvida sobre a necessidade de recolher determinado tributo em uma operação para a aquisição de uma das peças componentes do motor de um determinado veículo que está sendo, pela primeira vez, fabricado no Brasil. Ele solicita o parecer a um especialista externo, que entende que o referido tributo não incide sobre esta operação em especial. Com base nesse entendimento, o Diretor decide realizar a operação de importação sem recolher o valor daquele imposto aos cofres públicos. O gerente da área financeira recebe essa determinação interna e a repassa para o funcionário desse departamento que, então, não lança a incidência desse tributo nos livros contábeis da empresa.

---

497. Desde o finalismo, o tipo foi dividido em tipo objetivo e tipo subjetivo. No tipo objetivo encontram-se a menção ao sujeito ativo do delito, a descrição de uma ação típica e, em geral, a descrição do resultado apenado. Já no tipo subjetivo encontram-se o dolo e a culpa em sentido estrito, cf. GUARAGNI, Fábio André. *As teorias da conduta em direito penal: um estudo da conduta humana do pré-causalismo ao funcionalismo pós finalista*. São Paulo: RT, 2005, p. 150 e ss.

498. Sobre esse critério e a sua pertinência na análise da responsabilidade penal quando há concursos de agentes hierarquicamente organizados, ver, em especial, os tópicos 2.3. e 2.5. do capítulo anterior.

499. Afinal, autor é quem realiza o tipo. Nesse sentido, GRECO, Luís; TEIXEIRA, Adriano. Autoria como realização do tipo: uma introdução à ideia de domínio do fato como fundamento central da autoria no direito penal brasileiro. In: GRECO, Luís et. al. *Autoria como domínio do fato: estudos introdutórios sobre o concurso de pessoas no direito penal brasileiro*. São Paulo: Marcial Pons, 2014, p. 49.

500. Ver, em detalhes, o Capítulo 1 desta pesquisa.

Ao final, se constata um resultado, em tese, típico (artigo 1º, inciso II, da Lei nº 8.137/1990), praticado pelo funcionário do departamento financeiro da empresa, pois foi ele quem, de fato, omitiu a operação no livro exigido pela lei fiscal e acarretou na supressão indevida do referido tributo. Nesse caso, a análise sobre quem deve recair a responsabilidade penal deve começar por este funcionário, pois é ele quem está mais perto do fato típico e deu causa direta ao resultado. Na sequência, se escalonam os demais intervenientes (gerente, diretor e parecerista) e se apura, separadamente, cada uma das contribuições desses outros sujeitos para o resultado. Nesse método ascendente para verificar a existência de responsabilidade penal em contextos com vários intervenientes, horizontal e verticalmente organizados com divisão de tarefas, todos os demais pressupostos objetivos e subjetivos da teoria do delito deverão ser observados, na linha do que já se expôs no Capítulo 2.

Em uma primeira análise, tal raciocínio não parece suscitar grandes dificuldades. Entretanto, existem duas situações que parecem apresentar maiores problemas para a dogmática jurídico penal conseguir identificar sobre quem deve recair a punição.

Ainda que indiciariamente se entenda que o sujeito que atuou conforme a parecer técnico ou jurídico seja o autor do crime, pois teria sido ele quem, em princípio, praticou a conduta típica, casos como esse podem levar a uma inversão de papeis em razão de a orientação, que foi seguida por esse sujeito, ter sido concedida por um especialista, o que poderia indicar a existência de uma hipótese de autoria mediata, cujos contornos serão expostos em tópico próprio, mais adiante[501].

A situação também se torna mais complexa quando se analisa as características da omissão do sujeito que está respaldada por um parecer técnico ou jurídico. Podem ocorrer casos em que o sujeito devia e podia agir para evitar um resultado típico, de modo que a sua omissão se torna penalmente relevante. Contudo, fazer essa afirmação requer que se esteja diante da figura do garantidor. Enxergar essa figura no sujeito que atua conforme a parecer técnico ou jurídico dependerá de outros requisitos, os quais também serão tratados em outro tópico, mais a frente[502].

Abstraídas, por ora, essas duas situações e retomando o raciocínio anterior, é fundamental que a decisão tomada pelo agente esteja dentro dos limites do que consta no parecer ou na consulta, ou seja, que a sua ação ou a sua omissão esteja dentro dos limites da informação qualificada que recebera. Esse é,

501. Ver tópico 3.6., *infra*.
502. Ver tópico 3.5., *infra*.

portanto, mais um critério para aferição de responsabilidade de quem tomou a decisão com base em prévio parecer técnico ou jurídico.

O objeto da consulta coloca uma espécie de moldura sobre a situação concreta e é somente sobre os aspectos que nela se inserem, e não sobre outros fatores, ainda que a ele correlatos, que o especialista formulará sua opinião técnica ou jurídica. Daí porque é necessário que se cumpra o dever compartilhado de informação[503] entre os dois sujeitos, o qual demanda que aquele que solicita o parecer forneça todas as informações sobre a situação fático-real consultada e exige que o especialista determine com clareza o objeto da consulta. É sobre o objeto concreto da consulta que o especialista buscará dirimir a dúvida, esclarecendo os contornos e os reflexos jurídicos da conduta pretendida pelo outro sujeito. Isso significa que aquele que vai atuar conforme a orientação recebida do especialista deverá agir praticando determinado comportamento ou abstendo-se de realizá-lo nos estritos limites da informação recebida, ou seja, dentro dos limites do conteúdo do que objetivamente consta no parecer.

Trata-se de manifestação especial do critério do *atuar nos limites da dúvida*, cuja origem remonta a uma espécie de estado de necessidade em que o sujeito, a despeito da dúvida, está obrigado a, autorizado a ou possui razões juridicamente cogentes para, no caso concreto, atuar, sendo hipótese que faria o dever categórico de abstenção diante da dúvida ceder[504]. Assim, se, por um lado, o parecer técnico ou jurídico advindo de uma fonte confiável pode e deve ser tomado pelo sujeito como base para que ele decida sobre o seu projeto de conduta, por outro, é precisamente o conteúdo da informação qualificada que ele recebeu que demarca os limites da sua atuação[505].

Se, por exemplo, o especialista ambiental entende não ser caso de trocar o filtro de determinada chaminé de uma fábrica de celulose e emite seu parecer técnico nesse sentido, esse é o limite da atuação do gerente da área ambiental da empresa. Ele não poderá, ancorado nesse parecer, decidir não trocar os filtros das demais chaminés e, se assim o fizer, ele não estará mais acobertado por uma orientação técnica, pois não atuou nos limites da dúvida e sobre essa decisão de não trocar o filtro da outra chaminé não recairá sequer o cumprimento do dever prévio de informação (que fica adstrito à outra chaminé, que foi o objeto da consulta).

Logo, a existência de um parecer técnico ou jurídico não é uma autorização

503. Sobre esse dever compartilhado, ver o tópico 3.1.1., acima.

504. O critério foi desenvolvido por Binding, conforme o excurso histórico exposto por Alaor Leite, em LEITE, Alaor. *Dúvida e erro sobre a proibição no direito penal: a atuação nos limites entre o permitido e o proibido*. São Paulo: Atlas, 2013, pp. 46-53.

505. LEITE, Alaor. *Dúvida e erro sobre a proibição no direito penal: a atuação nos limites entre o permitido e o proibido*. São Paulo: Atlas, 2013, pp. 154-155.

geral para que se atue da forma como bem se entenda. Pelo contrário, ele é a moldura que demarca os limites da atuação do sujeito. Ir além desses limites trará consequências jurídicas para esse sujeito e impactará na aferição da sua responsabilidade penal, como se verá no tópico a seguir.

3.4. A criação, o incremento e a diminuição de riscos deste sujeito

No que tange à relação de causalidade[506], não parece existir dificuldade para se conectar o resultado verificado à tomada de decisão do sujeito, ainda que ancorado em prévio parecer ou consultoria, pois ele o incluiu na motivação da realização do seu projeto de conduta[507]. Do mesmo modo, o parecer ou a consultoria, que respaldam a tomada de decisão, contribuíram para o resultado, o que permite conectá-lo também à ação do especialista técnico ou jurídico, ainda que ele não seja formalmente vinculante. Evidentemente que o papel que cada um desses sujeitos ocuparão no fato típico dependerá de outros critérios, os quais serão abordados mais a frente.

O ponto a ser aqui observado é referente ao caráter *eficaz* da informação, que irá estabelecer a relação de causalidade entre o cumprimento do dever de informação e resultado. Suponhamos que o sujeito não se informe e realize o seu projeto de conduta sem estar pautado em nenhum parecer ou consultoria. Diante da violação deste dever de informação, a ordem jurídica estaria, inicialmente, autorizada a imputar a esse sujeito o resultado lesivo ao final verificado. Contudo, nessa hipótese, será preciso verificar, hipoteticamente, se a informação que estava disponível a esse sujeito quando da realização da tomada da sua decisão teria sido capaz, se por ele tivesse sido buscada, de mudar o curso causal dos acontecimentos e evitar o resultado. Em sendo a conclusão negativa, não há como imputar o resultado para esse sujeito, por mais que ele tenha descumprido o seu dever possível de informação.[508]

Entretanto, como a relação de causalidade pautada na teoria da equivalência

---

506. Em maiores detalhes, principalmente quanto as dificuldades da teoria da equivalência entre os antecedentes causais, ver o tópico 2.2.4., no capítulo anterior, em especial, quanto ao impacto no hipotético "Caso 4", proposto no primeiro capítulo.

507. O critério da motivação do ato como correspondente ao conteúdo do parecer técnico-jurídico, ainda que não tenha caráter vinculante, aparece na doutrina de Direito Administrativo, sendo possível sua aplicação para o Direito Penal em razão da norma de extensão prevista no artigo 13, do Código Penal. Nesse sentido, DI PIETRO, Maria Sylvia Zanella. *Direito Administrativo*. São Paulo: Atlas, 2010, p. 230, e MEIRELLES, Hely Lopes. *Direito Administrativo Brasileiro*. São Paulo: Malheiros, 2002, p. 189. Sobre o alcance da relação de causalidade com base no nosso Código Penal, ver, por todos, CIRINO DOS SANTOS, Juarez. *Manual de direito penal: parte geral*. Florianópolis: Conceito Editorial, 2012, p. 62-65.

508. De maneira semelhante, mas exclusivamente voltado para o erro de proibição, não para a imputação objetiva, LEITE, Alaor. *Dúvida e erro sobre a proibição no direito penal: a atuação nos limites entre o permitido e o proibido*. São Paulo: Atlas, 2013, p. 158-160.

dos antecedentes causais e no critério da *conditio sine qua non* é ampla demais e, ao mesmo tempo, não consegue oferecer respostas satisfatórias para alguns casos, como nas hipóteses de crimes qualificados pelo resultado e de concausas supervenientes, foram formuladas propostas de correção e adequação com base em outros critérios normativos de imputação. Dentre essas, elaborou-se a teoria da imputação objetiva do resultado, calcada na ideia do risco, que não substitui a relação de causalidade, mas apenas limita o alcance da cadeia causal no âmbito do tipo objetivo, estabelecendo quando uma conexão causal pode ser considerada relevante para o Direito Penal[509].

A ideia do risco foi proposta como ponto de apoio da teoria da imputação objetiva[510], acrescentando ao tipo objetivo dois outros critérios para sua conformação, a criação de um risco juridicamente desaprovado e a realização desse risco no resultado, o qual deve se encontrar dentro do alcance do tipo, devendo tais critérios serem somados aos demais pressupostos do próprio tipo objetivo (ação, nexo causal e resultado)[511].

Da formulação desse princípio do risco nasceram quatro *topoi* que o concretizam: a diminuição do risco, os riscos juridicamente irrelevantes, o aumento do risco e o fim de proteção da norma[512].

Tendo em vista que a ordem jurídica deve preservar, em primeiro plano, a liberdade de atuação, uma conduta perigosa por si mesma não pode ser objeto de referência de uma norma proibitiva ou mandamental senão na medida em que tenha ultrapassado os limites do risco autorizado[513]. Por isso, a ideia de risco parte das ações que são, *ex ante*, perigosas[514], as quais são passíveis de punição porque possuem a capacidade de lesionar diretamente um bem jurídico.

Qualquer contato social implica em um risco[515]. Mas, não se trata de um risco juridicamente desaprovado *ex ante*, mas de um risco inicialmente permitido, inerente à configuração da própria sociedade e do regular desenvolvimento das atividades no contexto social[516].

---

509. ROCHA, Ronan. *A relação de causalidade no direito penal*. Belo Horizonte: Editora D'Plácido, 2016, p. 67-77.

510. A teoria da imputação objetiva é, atualmente, recepcionada pela quase totalidade da doutrina e também é passível de ser integralmente recepcionada pelo nosso ordenamento jurídico, cf. já se esclareceu no item 2.2.3., do capítulo anterior.

511. ROXIN, Claus. *Derecho penal: parte general*. Tomo I. Madrid: Civitas, 2008. p. 362-364.

512. ROXIN, Claus. *Funcionalismo e imputação objetiva no direito penal*. Rio de Janeiro: Renovar, 2002, p. 57-59.

513. Resgatando o princípio do risco, proposto por ROXIN para tratar da teoria da imputação objetiva, TAVARES, Juarez. *Teoria do crime culposo*. Florianópolis: Empório do Direito, 2016, p. 265.

514. ROXIN, Claus. *Funcionalismo e imputação objetiva no direito penal*. Rio de Janeiro: Renovar, 2002, p. 82.

515. CAMARGO, Antonio Luis Chavez. *Imputação objetiva e direito penal brasileiro*. São Paulo: Cultural Paulista, 2002, p. 138.

516. JAKOBS, Günther. A imputação objetiva no direito penal. São Paulo: RT, 2007, p. 37-40.

Ocorre que a atuação em setores altamente regulados, como o tributário, o ambiental e o bancário, por exemplo, são atividades, em si, potencialmente perigosas ou naturalmente arriscadas, tanto pelo fato de estarem em campo minado de proibições penais e extrapenais, com constante incidência de elementos de remissão[517], como em razão da possibilidade de lesão advindas do desenvolvimento das próprias atividades (responsabilidade penal pelo produto, delitos contra o sistema financeiro, delitos contra a ordem tributária etc., os chamados *outputs* lesivos[518], que geram efeitos com tendência centrífuga, ou seja, para fora da empresa[519]). Como se viu estes são motivos concretos para que o sujeito se informe antes de realizar o seu projeto de conduta, motivo esse que é, inclusive, exigido pela própria ordem jurídica[520].

A busca de informação técnica ou juridicamente qualificada em um especialista devidamente habilitado e capacitado para avaliar a situação concreta que gerou dúvida no outro sujeito, que seja confiável e que apresente um parecer juridicamente plausível, é uma ação que *diminui o risco* inicialmente existente no projeto de conduta e, por essa razão, não é imputável ao tipo objetivo[521].

Assim, ainda que o sujeito, embasado pelo referido parecer ou consultoria, atue e venha a causar um resultado proibido pela lei penal com essa sua ação, ele não será punido[522], porque a ação realizada anteriormente, de consultar um especialista sobre a regularidade e a adequação da decisão que pretendia tomar no caso concreto, visou, justamente, diminuir o risco de lesão ao bem jurídico e o resultado depois verificado estava fora do controle desse sujeito, o que não permite imputá-lo como se obra sua fosse[523].

Diante de setores altamente regulados com conteúdos bastante complexos, o sujeito que toma a decisão, ao previamente se servir de um embasamento técnico ou jurídico plausível e confiável, advindo de um consultor capacitado e

517. HORTA, Frederico. *Elementos normativos das leis penais e conteúdo intelectual do dolo: da natureza do erro sobre o dever extrapenal em branco*. São Paulo: Marcial Pons, 2016, p. 223.

518. FEIJOO SÁNCHEZ, Bernardo. *Imputacion de hechos delictivos en estruturas empresariales complejas*. CIIDPE, 2009, p. 1.

519. A criminalidade de empresa (*Unternehmenskriminalität*) é definida por uma tendência centrífuga, referindo-se aos delitos praticados no seio da empresa, que produzem efeitos externos, fora da organização empresarial e se opõe à criminalidade na empresa (*Betriebskriminalität*), que possui uma tendência centrípeta, cf. MOURA, Bruno. *Autoria e participação nos crimes desde a empresa: bases para um modelo de imputação individual*. In: Revista CEPPG do CESUC, Ano XIV, nº 25, 2º semestre/2011, p. 60 e ss.

520. Vide, sinteticamente, os tópicos 3.2.1. e 3.2.2., acima.

521. ROXIN, Claus. *Funcionalismo e imputação objetiva no direito penal*. Rio de Janeiro: Renovar, 2002, 313.

522. ROXIN, Claus. Teoria da imputação objetiva. In: *Revista Brasileira de Ciências Criminais*, n. 38, 2002, p. 17.

523. CIRINO DOS SANTOS, Juarez. *Manual de direito penal: parte geral*. Florianópolis: Conceito Editorial, 2012, p. 65.

sem interesse no deslinde da causa[524], modificou o curso causal de tal maneira que reduziu o perigo inicialmente existente[525] e aumentou o grau de proteção do bem jurídico.

Como a lesão típica de um bem jurídico não se confunde com a redução do risco[526], para o sujeito que atuou conforme a parecer técnico ou jurídico o problema se resolve já no tipo objetivo, pois exclui, de saída, a imputação objetiva do resultado ou a tipicidade[527], dispensando que se percorram os demais pressupostos da teoria do delito.

Entretanto, esta consequência desloca o centro de gravidade para quem transmitiu a informação técnica ou jurídica, cuja análise dependerá de outros critérios, conforme se verá no próximo capítulo.

Aqui entrará em jogo a menor relevância do equívoco contido na informação qualificada que foi transmitida ao sujeito que vai tomar a decisão, pois o decisivo será observar a sua conduta anterior: cumprindo todos os requisitos necessários e satisfatórios para que a sua fonte de informação seja confiável e a orientação se apresente como minimamente plausível, o equívoco contido no parecer ou na consultoria será obra somente do especialista, não imputável a quem, com base nela, tomou a decisão, sob pena de indevida atribuição ao âmbito de responsabilidade alheio, o que vilipendiaria o princípio da culpabilidade[528].

Além de ser necessário verificar o comportamento desse sujeito ao solicitar a informação, também deverá ser analisado o momento posterior, observando o comportamento do sujeito diante da informação qualificada que recebeu do especialista técnico ou jurídico.

Caso o sujeito tenha cumprido com o seu dever de informação, recebido parecer indicando que o seu projeto de conduta é ilícito ou irregular (por exemplo, que determinada operação tributária pretendida acarreta em supressão indevida de tributo devido ao Fisco) e decidido, então, abster-se, não houve sequer lesão ou ameaça de lesão ao bem jurídico. Todavia, se diante desse mesmo parecer negativo, ou seja, ciente do risco, o sujeito decide, ainda assim, atuar, o resultado será a ele imputado como obra sua, e somente sua, por tal comportamento equivaler a uma *autocolocação em perigo*[529].

---

524. Esses critérios estão, em detalhes, no tópico 3.2., acima e, para fins didáticos, estão sintetizados no item 3.7., abaixo.

525. ROXIN, Claus. *Funcionalismo e imputação objetiva no direito penal*. Rio de Janeiro: Renovar, 2002, 313.

526. ROXIN, Claus. *Derecho penal: parte general*. Tomo I. Madrid: Civitas, 2008. p. 366.

527. JAKOBS, Günther. *A imputação objetiva no direito penal*. São Paulo: RT, 2007, p. 40-41.

528. ROXIN, Claus. *Funcionalismo e imputação objetiva no direito penal*. Rio de Janeiro: Renovar, 2002, 376-379.

529. O BGH, equivalente ao nosso STJ, intitula esse mesmo fenômeno como "autolesão au-

Ademais, como se observou, não basta que o sujeito simplesmente solicite um parecer para que tenha um salvo-conduto para agir da maneira como lhe convier. Os critérios que determinam o cumprimento satisfatório do dever de informação precisam ser observados pelo sujeito que deve atuar nos limites da dúvida[530] sob pena de não haver um enfraquecimento do perigo preexistente, mas somente a substituição dele por outro o que acarreta, ao fim e ao cabo, em um *incremento do risco*[531], e, nesse caso, poderá fazer com que o resultado seja imputado objetivamente a esse sujeito.

Mesmo que não exista certeza de que o comportamento correto desse sujeito - cumprindo satisfatoriamente todo o seu dever de informação - teria evitado o resultado - pois, ainda assim, o parecer poderia conter informação equivocada, que conduziria, de todo modo, ao mesmo resultado -, era possível que ele agisse conforme ao Direito - buscando a informação em fonte confiável visando ao esclarecimento da sua dúvida sobre a proibição[532].

As exceções, como já se anotou, seriam tão somente para os raros casos que demandam uma decisão instantânea do sujeito - os quais, ainda assim, demandarão que se verifique se o sujeito cumpriu, em momento anterior e quando ainda lhe era possível, o seu dever de informação -, bem como para aquelas situações em que a dúvida permaneceu insuperável - de modo que a busca da informação (comportamento conforme ao Direito) não teria evitado o resultado (algo equivalente à ineficácia da informação para alterar o curso causal)[533].

Visto de outro ângulo, tem-se que a decisão embasada em parecer técnico ou jurídico, embora tenha em si riscos inerentes, trata de ação contemplada dentro do risco permitido se observados os critérios da qualidade da fonte selecionada e da plausibilidade da informação qualificada recebida.

Vale dizer que se o sujeito decide atuar fora dos limites da dúvida, ou seja, indo além das orientações ou recomendações que constam no parecer que recebera, ele estará ultrapassando o risco permitido e elevando o perigo ante-

torresponsável", embora se apoie, equivocadamente, na teoria do domínio do fato, que é própria para determinação da autoria e não para fins de imputação objetiva do resultado. Nesse sentido, ver ROXIN, Claus. Sobre a discussão acerca da heterocolocação em perigo consentida. In: ROXIN, Claus. *Novos estudos de direito penal*. São Paulo: Marcial Pons, 2014, p. 135-137 e ROXIN, Claus. *Funcionalismo e imputação objetiva no direito penal*. Rio de Janeiro: Renovar, 2002, 356.

530. Em detalhes, no tópico 3.2., acima e, esquematicamente, no tópico 3.7., abaixo.

531. ROXIN, Claus. *Funcionalismo e imputação objetiva no direito penal*. Rio de Janeiro: Renovar, 2002, 339.

532. ROXIN, Claus. *Derecho penal: parte general*. Tomo I. Madrid: Civitas, 2008. p. 379.

533. Existe uma similaridade entre o comportamento alternativo conforme ao Direito e os cursos causais hipotéticos, cf. ROXIN, Claus. *Funcionalismo e imputação objetiva no direito penal*. Rio de Janeiro: Renovar, 2002, 345-346.

riormente tolerado, criando um risco proibido[534]. Assim, se torna justificável que o *aumento do risco* provocado pelo sujeito que não cumpriu, quando lhe era possível, com o seu dever de informação (ou seja, inobservou o dever de cuidado), seja suficiente para a imputação objetiva do resultado[535].

Aliás, é possível que o sujeito, ao não atuar nos limites da dúvida[536], *crie riscos não permitidos*[537] que, até então, não eram preexistentes. Pense-se no caso do parecer da área técnica de crédito de um banco que avalia a viabilidade de uma operação de empréstimo com a empresa A porque os critérios de seletividade, liquidez e garantia estão atendidos e o controlador dessa instituição financeira, que recebeu essa informação, decidiu também conceder empréstimos para as empresas B, C, D e E, porque faziam parte do mesmo grupo econômico. Como para essas outras empresas os referidos critérios não estavam preenchidos, houve vultuoso impacto negativo destas operações na instituição financeira, acarretando, em princípio, no delito de gestão temerária (artigo 4º da Lei nº 7.492/1986).

A conduta do controlador do banco - que foi além dos limites do parecer da área técnica de crédito - criou um perigo de gestão temerária juridicamente relevante - pois as quatro operações de empréstimo não tiveram a devida análise prévia quanto aos critérios de seletividade, liquidez e garantia por parte da área técnica competente - ainda que se argumente que a operação com a empresa A já apresentasse um risco - o qual seria inerente a qualquer operação financeira, sendo este, inclusive, um dos motivos concretos para se consultar a área técnica competente.[538]

Com relação ao empréstimo concedido para a empresa A, agora considerado isoladamente, ainda que tenha causado grande prejuízo para o banco em razão de a devedora não ter capacidade financeira para adimplir com o pagamento, não se pode imputar o resultado ao sujeito que decidiu com base no parecer ofertado pela área técnica de crédito, pois vigora, aqui, o *princípio da confiança*[539]. Esse princípio permite que esse sujeito confie na informação prestada

534. ROXIN, Claus. *Funcionalismo e imputação objetiva no direito penal*. Rio de Janeiro: Renovar, 2002, 341-342.

535. PRADO, Luiz Regis. *Tratado de direito penal: parte geral*. Vol. 2. São Paulo: RT, p. 613-614.

536. A necessidade da ação estar compreendida dentro da moldura colocada pelo objeto da consulta e pela informação contida na orientação técnica ou jurídica é critério bastante antigo para referendar a escusabilidade da atuação embasada em parecer, ainda quando tal desculpa somente era reconhecida para informações advindas de órgãos e agentes públicos. Nesse sentido, v. SELIGMAN, Selig J. *Mistake of law and mens rea*. University of Chicago Law Review: Vol. 8: Iss. 4, Article 2, 1941, p. 678.

537. ROXIN, Claus. *Derecho penal: parte general*. Tomo I. Madrid: Civitas, 2008. p. 363.

538. Próximo em ROXIN, Claus. Teoria da imputação objetiva. In: *Revista Brasileira de Ciências Criminais*, n. 38, 2002, p. 14.

539. Já nos referimos aos contornos do referido princípio acima, no tópico 3.2.. Para mais, v.

pela área técnica, pois, como não havia qualquer ponto de apoio concreto em sentido contrário, o controlador do banco pode e deve poder acreditar que a área técnica de crédito observou os critérios de seletividade, liquidez e garantia e, por essa razão, ofertou parecer positivo quanto a viabilidade da concessão do empréstimo para a empresa A[540].

A confiança, portanto, está inserida na imputação objetiva e opera como um critério delimitador do risco permitido[541]. Esse princípio corresponde a uma permissão de conduta e, nesse sentido, constitui expressão do risco permitido na medida em que permite que o sujeito realize o seu projeto de conduta partindo do pressuposto de que terceiros observarão as normas de cuidado incidentes em suas respectivas atividades[542]. Dessa forma, o princípio da confiança é o critério por meio do qual se permite identificar se o risco criado foi, de fato penalmente relevante, quando, então, recairá o reproche do Direito Penal e é capaz de tornar um risco que, *prima facie*, seria proibido em permitido[543].

Especificamente para os casos de atuação conforme a parecer técnico ou jurídico, o princípio da confiança estará em vigor, pois como existem regras particulares de precaução em cada uma das atividades, tanto que de quem solicita a informação, quanto de quem a transmite, segue-se que aquele que recebeu uma informação qualificada pode e deve confiar na observância das respectivas regras de precaução por parte do especialista consultado[544].

Esse princípio somente perderá vigência em duas situações: *a)* se o consulente prever, com base em circunstâncias concretas, que o especialista não está cumprindo com os seus deveres, caso em que ele deverá tomar medidas de cautela adicionais para remediar os riscos de uma ação incorreta, já prevista, e *b)* se o consulente estiver em posição hierárquica tal que, em razão dela, sobre ele recaia a obrigação de prevenir e corrigir a irregularidade de outros[545].

o profícuo estudo de MARIO MARAVER, MARAVER GÓMEZ, Mario. *El principio de confianza en derecho penal: un estúdio sobre la aplicación del principio de autorresponsabilidad en la teoria de la imputación objetiva*. Tese (Doutorado em Direito). Universidade Autónoma de Madrid, São Paulo, 2007, p. 125 e ss.

540. Próximo em ROXIN, Claus. Teoria da imputação objetiva. In: *Revista Brasileira de Ciências Criminais*, n. 38, 2002, p. 14.

541. Converge para esse entendimento SIQUEIRA, Flávia. *O princípio da confiança no direito penal*. Belo Horizonte: Editora D'Plácido, 2016, p. 174-178.

542. ROXIN, Claus. *Derecho penal: parte general*. Tomo I. Madrid: Civitas, 2008, p. 1005-1006.

543. SIQUEIRA, Flávia. *O princípio da confiança no direito penal*. Belo Horizonte: Editora D'Plácido, 2016, p. 169.

544. SIQUEIRA, Flávia. *O princípio da confiança no direito penal*. Belo Horizonte: Editora D'Plácido, 2016, p. 189.

545. CALABRIA, *Arianna. Ignorantia legis e parere erroneo del consulente legale*. In: Revista Italiana di Diritto e Procedura Penale, fasc. 1, 1992, p. 161-162.

É por isso que a confiabilidade do parecer técnico ou jurídico demandará a observância da qualidade da fonte da informação e da qualidade da própria informação[546]. Resgatando o exemplo anterior, se o controlador do banco tinha condições concretas de prever que a operação de empréstimo para a empresa A não atenderia aos princípios de seletividade, liquidez e garantia, ele não pode confiar no parecer positivo da área técnica[547] e, inclusive, em razão da sua posição superior de hierarquia, deve, na medida do que lhe é possível, prevenir e corrigir erros cometidos por seus subordinados. Do contrário, pode seguir ele confiando nas informações que recebera e sua atuação consistirá em um risco permitido. Aliás, esses fatores também vão impactar no seu conhecimento sobre o próprio risco do seu projeto de conduta e até mesmo na consciência da ilicitude da sua conduta. O erro desse sujeito será tratado mais a frente.

Como se verá adiante, o dever de prevenir e corrigir erros cometidos por subordinados molda, em princípio, uma posição de garantidor, que atrairá para esse sujeito alguns deveres especiais de vigilância e de proteção do bem jurídico sob pena de o resultado ser a ele imputado a título de omissão imprópria.

Nos casos de crimes omissivos impróprios, a imputação objetiva operará ao lado dos demais pressupostos do tipo objetivo sob o manto da teoria da diminuição do risco, devendo a omissão da ação devida eliminado ou diminuído as possibilidades de salvamento do bem jurídico protegido[548]. Já nos delitos culposos, a teoria da imputação objetiva, ao se somar aos demais pressupostos do tipo objetivo, demandará que se verifique se o sujeito, com a sua conduta arriscada, infringiu o dever de cuidado, cuja observância era necessária no caso concreto, transpondo os limites de perigo que seriam socialmente aceitáveis, segundo as condições concretas existentes, para essa mesma atividade[549].

Problemas ainda maiores surgirão quando esses vários sujeitos com poder de decisão estão organizados em estruturas colegiadas, baseadas na maioria de votos para a tomada da decisão, pois a teoria da equivalência não parece oferecer respostas satisfatórias para os casos de coautoria alternativa e omissões

546. FLÁVIA SIQUEIRA reforça, com especial enfoque na realidade de empresa, os deveres de seleção na contratação de serviços para a configuração do princípio da confiança, cf. SIQUEIRA, Flávia. *O princípio da confiança no direito penal*. Belo Horizonte: Editora D'Plácido, 2016, p. 187-188.

547. Como aponta ARIANNA CALABRIA, a previsibilidade do equívoco pelo sujeito não lhe permite confiar no parecer do especialista, cf. CALABRIA, *Arianna. Ignorantia legis e parere erroneo del consulente legale*. In: Revista Italiana di Diritto e Procedura Penale, fasc. 1, 1992, p. 161-162.

548. ROCHA, Ronan. *A relação de causalidade no direito penal*. Belo Horizonte: Editora D'Plácido, 2016, p. 192.

549. D'ÁVILA, Fábio Roberto. Crime culposo e a teoria da imputação objetiva. São Paulo: RT, 2001, p. 81-82.

simultâneas[550]. Ademais, quando se estiver diante de omissões nas duas pontas – o especialista consultado não transmite uma informação e, em razão disso, o sujeito que solicitou o parecer não age – o critério da *conditio sine qua non* para determinação do nexo de causalidade parece não alcançar tais casos de omissões sucessivas, como se verá ao final do próximo capítulo.

3.5. A posição de garantidor de quem atua conforme a parecer técnico ou jurídico: a esfera de proteção e vigilância do bem jurídico

É intuitivo presumir que quem ocupa uma posição hierárquica superior em determinado grupo (como os dirigentes de empresa ou os chefes do Poder Executivo), por terem o poder de decisão diante de uma situação concreta, sejam garantidores da evitabilidade dos resultados proibidos decorrentes das atividades das quais participam[551]. Essa intuição é bruta e, por isso, está apenas parcialmente correta.

Ao dirigente e a todos aqueles que estão no alto escalão da empresa é o seu controle ou domínio sobre o fundamento do resultado[552] que determina materialmente a sua posição de garantidor. Eles têm o dever de vigilância sobre uma fonte produtora de perigo[553], tal como a empresa[554], embora a sua criação represente um risco permitido[555].

550. Sobre os problemas da teoria da equivalência, v. ROXIN, Claus. *Derecho penal: parte general*. Tomo I. Madrid: Civitas, 2008. p. 350 e ss. Para o panorama detalhado dessas dificuldades e uma proposta de solução para os casos de coautoria alternativa e omissões simultâneas, ver ROCHA, Ronan. *A relação de causalidade no direito penal*. Belo Horizonte: Editora D'Plácido, 2016, p. 143 e ss., 174 e ss.

551. SCHÜNEMANN, Bernd. *Responsabilidad penal en el marco de la empresa: dificultades relativas a la individualización de la imputación*. ADPCP, vol. LV, 2002, p. 10.

552. Essa é a proposta de SCHÜNEMANN que confere a razão de igualdade para se punir a ação da mesma forma que a omissão, tornando ação e omissão equivalentes. SCHÜNEMANN, Bernd. *Fundamento y limites de los delitos de omisión impropria: con uma apotación a la metodologia del derecho penal*. Madrid: Marcial Pons, 2009, p. 279-284;

553. SCHÜNEMANN, Bernd. Sobre a posição de garantidor nos delitos de omissão imprópria: possibilidades histórico-dogmáticas, materiais e de direito comparado para escapar de um caos. In: SCHÜNEMANN, Bernd. *Estudos de direito penal, direito processual penal e filosofia do direito*. São Paulo: Marcial Pons, p. 168.

554. Esse é o entendimento majoritário na doutrina. Nesse sentido, ver, ilustrativamente, ROXIN, Claus. *Derecho penal: parte general*. Tomo II. Madrid: Civitas, 2014, p. 895, ROBLES PLANAS, Ricardo. El responsable de cumplimiento (compliance officer) ante el derecho penal. In: SILVA SÁNCHEZ, Jesús-María; MONTANER FERNÁNDEZ, Raquel. *Criminalidad de empresa y compliance*. Barcelona: Atelier, 2013, p. 322; CRESPO, Eduardo Demetrio. Fundamento da responsabilidade em comissão por omissão dos diretores de empresas. In: *Revista Liberdades*, n. 14, set-dez/2013, p. 73, SILVEIRA, Renato de Mello Jorge. *Direito penal empresarial: a omissão do empresário como crime*. Belo Horizonte: D'Plácido, 2016, p. 205; ESTELLITA, Heloisa. *Responsabilidade penal de dirigentes de empresa por omissão: estudo sobre a responsabilidade omissiva imprópria de dirigentes de sociedades anônimas, limitadas e encarregados de cumprimento por crimes praticados por membros da empresa*. São Paulo: Marcial Pons, 2017, p. 145.

555. Afinal, o desenvolvimento da atividade empresária como uma atividade econômica orga-

O dirigente, por ter a custódia dessa fonte de perigo[556], detém em suas mãos o controle sobre o resultado das atividades econômicas desenvolvidas pela empresa[557] e por isso, assume deveres de vigilância e intervenção para evitar a ocorrência do resultado[558]. Esse dever de velar para que a atividade da empresa não cause danos a bens jurídicos de terceiros é imposto ao dirigente em contrapartida à liberdade de organização empresarial[559].

Mas, para isso, não basta a mera posição hierárquica por ele ocupada[560]. É necessário que o sujeito angarie, em si, o controle fático, concreto e real sobre as atividades econômicas que são desenvolvidas na empresa[561].

Por essa razão, o que fundamenta a posição de garantidor dos dirigentes de empresas não é a lei, o contrato ou a posição hierárquica que ocupam, mas, sim, a assunção, de fato, do controle, total ou parcial, sobre a empresa[562]. Por-

nizada para a produção ou a circulação de bens e serviços é, inclusive, prevista em lei (artigo 966 do Código Civil e Lei 6.404/1976), que encontram amparo constitucional (artigo 5º, incisos XIII, XVII e artigo 170, ambos da Constituição da República).

556. SCHÜNEMANN, Bernd. *Responsabilidad penal en el marco de la empresa: dificultades relativas a la individualización de la imputación*. ADPCP, vol. LV, 2002, p. 30.

557. O domínio sobre o fundamento do resultado não é o único critério para fundamentar a responsabilidade penal por omissão imprópria dos diretores de empresas. Um panorama dos outros pontos de legitimação dessa posição de garantidor é encontrado em CRESPO, Eduardo Demetrio. Fundamento da responsabilidade em comissão por omissão dos diretores de empresas. In: *Revista Liberdades*, n. 14, set-dez/2013, p. 61 e ss. Ocorre que os argumentos de SCHÜNEMANN não só encontraram aprovação essencial em muitos autores, como também é o único que não perde de vista a argumentação com a parte subjetiva do fato, na medida em que deriva a posição de garante dos dirigentes da assunção da canalização do poder objetivo sobre o fato e do seu conhecimento subjetivo nas esferas superiores de gestão.

558. No mesmo sentido, ROXIN, Claus. *Derecho penal: parte general*. Tomo II. Madrid: Civitas, 2014. p. 896-897; ESTELLITA, Heloisa. *Responsabilidade penal de dirigentes de empresa por omissão: estudo sobre a responsabilidade omissiva imprópria de dirigentes de sociedades anônimas, limitadas e encarregados de cumprimento por crimes praticados por membros da empresa*. São Paulo: Marcial Pons, 2017, p. 117-120, 128-130; ASSIS, Augusto. A responsabilidade penal omissiva dos dirigentes de empresas. In: LOBATO, José Danilo Tavares; MARTINELLI, João Paulo Orsini; SANTOS, Humberto Souza (Orgs.). *Comentários ao Direito Penal Econômico Brasileiro*. Belo Horizonte: D'Plácido, 2017, p. 56-57.

559. Esse é o entendimento majoritário na doutrina. Ver, por todos, ilustritativamente, DOPICO GÓMEZ-ALLER, Jacobo. Posición de garante del compliance officer por infración de deber de control: una aproximación tópica. In: ARROYO ZAPATERO, Luis; NIETO MARTÍN, Adán. *El derecho penal económico en la era compliance*. Valencia: Tirant lo Blanch, 2013, p. 169; CRESPO, Eduardo Demetrio. Fundamento da responsabilidade em comissão por omissão dos diretores de empresas. In: *Revista Liberdades*, n. 14, set-dez/2013, p. 61 e ss., ambos com amplas referências para demais autores que tratam do tema.

560. SILVEIRA, Renato de Mello Jorge. *Direito penal empresarial: a omissão do empresário como crime*. Belo Horizonte: D'Plácido, 2016, p. 206-207.

561. FEIJOO SÁNCHEZ, Bernardo. *Derecho penal de la empresa e imputación objetiva*. Madrid: Reus, 2007, p. 187.

562. SCHÜNEMANN, Bernd. *El dominio sobre el fundamento del resultado: base lógico-objetiva común para todas las formas de autoria incluyendo el actuar en lugar de outro*. Revista de Derecho Penal, Buenos Aires, n. 2, 2005, p. 41; ROXIN, Claus. *Derecho penal: parte general*. Tomo II. Madrid: Civitas, 2014. p. 896.

tanto, o fundamento legal da posição de garantidor de quem tem esse domínio sobre a atividade empresarial é o artigo 13, §2°, alínea *b*, do Código Penal[563].

Deveres extrapenais de base legal ou contratual (como as normas de direito societário, o estatuto ou contrato social da empresa, o contrato de trabalho ou instrumentos correlatos que prevejam as incumbências e os deveres de determinado cargo) são meramente indiciários da posição de garantidor, pois o decisivo será verificar, sempre, a assunção fática desta posição[564].

Esse raciocínio visa fundamentar a posição de garantidor em um critério material, pois ancorar o especial dever de agir do garante apenas na lei ou no contrato, ou seja, em critérios meramente formais, é ampliar indevidamente o instituto[565] e caracteriza uma forma de responsabilização penal calcada na mera ocupação de uma posição, característica de sociedades arcaicas e primitivas[566].

Assim, no "Caso 4" que foi exposto no primeiro capítulo, a primeira premissa a ser fixada é que os diretores da empresa fabricante do creme hidratante ocupam posição de garantidores, pois assumem o dever de proteção em relação aos consumidores do produto que não têm condições de avaliar os riscos ligados ao seu consumo. Como os fabricantes estão em posição privilegiada para identificar possíveis falhas no creme hidratante, eles possuem o domínio sobre a situação de desamparo da vítima[567].

Pois bem. Uma vez fixada a posição de garantidor do sujeito que detém o poder concreto de decisão, é preciso verificar se esses fundamentos podem servir

---

563. "Art. 13. § 2° - A omissão é penalmente relevante quando o omitente devia e podia agir para evitar o resultado. O dever de agir incumbe a quem: *b)* de outra forma, assumiu a responsabilidade de impedir o resultado". No mesmo sentido, GRECO, Luís; ASSIS, Augusto. O que significa a teoria do domínio do fato para a criminalidade de empresa. In: GRECO, Luís et. al. *Autoria como domínio do fato: estudos introdutórios sobre o concurso de pessoas no direito penal brasileiro*. São Paulo: Marcial Pons, 2014, p. 113-114.

564. ESTELLITA, Heloisa. *Responsabilidade penal de dirigentes de empresa por omissão: estudo sobre a responsabilidade omissiva imprópria de dirigentes de sociedades anônimas, limitadas e encarregados de cumprimento por crimes praticados por membros da empresa*. São Paulo: Marcial Pons, 2017, p. 145.

565. ASSIS, Augusto. A responsabilidade penal omissiva dos dirigentes de empresas. In: LOBATO, José Danilo Tavares; MARTINELLI, João Paulo Orsini; SANTOS, Humberto Souza (Orgs.). *Comentários ao Direito Penal Econômico Brasileiro*. Belo Horizonte: D'Plácido, 2017, p. 54.

566. Essas sociedades fundamentavam a responsabilidade em razão do mero pertencimento a um clã. SCHÜNEMANN, Bernd. El propio sistema de la teoía del delito. In: *Revista para el análisis del derecho* (InDret), n° 1/2008, Barcelona, janeiro/2008, p. 3.

567. O nosso "Caso 4" é bastante próximo do famoso caso do spray de couro, realmente ocorrido na Alemanha e que suscitou intensos debates na doutrina depois que o BGH, equivalente ao nosso Superior Tribunal de Justiça, condenou os fabricantes do spray que estaria causando riscos à saúde dos consumidores. A solução aqui apontada foi dada por SCHÜNEMANN em SCHÜNEMANN, Bernd. *Responsabilidad penal en el marco de la empresa: dificultades relativas a la individualización de la imputación*. ADPCP, vol. LV, 2002, p. 31-33 e é compartilhada por Roxin em ROXIN, Claus. *Derecho penal: parte general*. Tomo II. Madrid: Civitas, 2014. p. 925-926.

para fundamentar a posição de garantidor de quem atua conforme a determinado parecer técnico ou jurídico.

A resposta parecer ser positiva. Aquele que atua conforme a parecer técnico ou jurídico tem sob a sua custódia um *foco de perigo*[568] (os produtos fabricados pela empresa, a execução de uma complexa operação financeira, a realização de uma cirurgia etc.) e, por isso, tem o dever de *vigiar* para conter os riscos que possam emanar desse foco (um produto que venha a causar lesões aos seus consumidores, uma operação financeira que venha a acarretar na supressão indevida de tributos, uma cirurgia mal executada que leve o paciente à morte etc.) e o dever de *intervir* para evitar os resultados lesivos aos bens jurídicos tutelados. Aliás, não será incomum que quem solicita a informação esteja no controle da atividade empresarial, sendo o próprio dirigente que demandará a análise de um especialista (interno ou externo à empresa) acerca da regularidade de determinada situação concreta sobre a qual ele precisa tomar uma decisão.

Ocorre que, como se viu[569], falta a esse sujeito o conhecimento técnico ou jurídico necessário para entender se o seu projeto de conduta é ou não proibido, ou, mais precisamente, qual é o comportamento lícito e regular que ele pode empreender diante da situação concreta. Por essa razão, ele buscará em um especialista técnico ou jurídico confiável a informação qualificada e juridicamente plausível de que precisa para tomar uma decisão consciente.

Diante disso, é necessário verificar se, além dos deveres de vigilância e proteção sobre o foco de perigo (a situação concreta complexa sobre a qual ele vai tomar uma decisão), recairá também sobre esse sujeito o dever de vigilância sobre o parecerista que lhe fornecerá a informação de que necessita para tomar essa decisão.

Como já se assinalou[570], a dissociação entre poder de decisão e concentração da informação técnica ou jurídica implicará em uma repartição de funções: o especialista consultado subsidiará a tomada de decisão por meio de uma infor-

---

568. Optou-se aqui pela expressão *foco de perigo* para se referenciar à situação concreta complexa sobre a qual quem tem o poder de mando precisa tomar uma decisão. As expressões são sinônimas e a sua diferenciação aqui é apenas didática, como forma de precisá-la mais em relação à ideia de foco de perigo que, seria, por exemplo, a própria empresa como um todo (suas atividades e as tarefas dos seus integrantes). A expressão foco de perigo é usada por DOPICO GÓMEZ-ALLER ao se referir especificamente aos deveres remanescentes nos garantes originários quando há delegação de tarefas, cf. DOPICO GÓMEZ-ALLER, Jacobo. Posición de garante del compliance officer por infración de deber de control: una aproximación tópica. In: ARROYO ZAPATERO, Luis; NIETO MARTÍN, Adán. *El derecho penal económico en la era compliance*. Valencia: Tirant lo Blanch, 2013, p. 170.

569. Vide, em detalhes, o tópico 1.1., do primeiro capítulo e diversas outras referências ao longo do trabalho.

570. Vide, em detalhes, o tópico 2.1., do capítulo anterior.

mação qualificada e o consulente tomará a decisão e executará determinado comportamento com base na informação qualificada que recebera.

Essa divisão de funções acarretará na delegação de tarefas[571], pois, enquanto o poder último de decisão remanesce nas mãos de quem solicitou o parecer ou a consultoria, caberá ao *expert* a coleta e o balizamento das informações necessárias para esclarecer as possibilidades e os limites técnicos e jurídicos sobre a situação concreta consultada.

Entretanto, essa divisão de funções ocorrerá de modo horizontal, não vertical. Como o parecer recebido pelo sujeito não tem, em geral, caráter vinculante[572] - afinal, é plenamente possível que o sujeito tome uma decisão contrária ao parecer recebido -, não existirá hierarquia ou subordinação entre quem solicita a informação e quem a transmite, ainda que a fonte da informação seja, dentro da estrutura da empresa, subordinada ao solicitante (como no caso dos integrantes de departamentos jurídicos que transmitem informações qualificadas aos diretores da empresa).

Assim, enquanto na delegação vertical de tarefas é clara a multiplicação de garantidores[573], cujo conteúdo dos deveres de proteção e vigilância se modificam a depender da configuração de cada situação concreta e da tarefa assumida pelo delegado[574], na divisão horizontal de atividades a pergunta a ser respondida é *se* e *em que medida* haveria um dever de vigilância paralelo entre o titular originário e o titular derivado de tais deveres, dado que na estrutura horizontal haverá domínios e competências próprias que já repercutirão em responsabilidades específicas[575].

---

571. SILVA SÁNCHEZ, Jesús-María. Responsabilidad penal de las empresas y de sus órganos en el derecho español. In: SILVA SÁNCHEZ, Jesús María. *Fundamentos de un sistema europeo del derecho penal*. Bosch: Barcelona, 1995, p. 368-369.

572. É interessante a classificação dada pelo Ministro JOAQUIM BARBOSA: "Repercussões da natureza jurídico-administrativa do parecer jurídico: (i) quando a consulta é facultativa, a autoridade não se vincula ao parecer proferido, sendo que seu poder de decisão não se altera pela manifestação do órgão consultivo; (ii) quando a consulta é obrigatória, a autoridade administrativa se vincula a emitir o ato tal como submetido à consultoria, com parecer favorável ou contrário, e se pretender praticar ato de forma diversa da apresentada à consultoria, deverá submetê-lo a novo parecer; (iii) quando a lei estabelece a obrigação de decidir à luz de parecer vinculante, essa manifestação de teor jurídico deixa de ser meramente opinativa e o administrador não poderá decidir senão nos termos da conclusão do parecer ou, então, não decidir." (STF, MS 24.631, Rel. Min. Joaquim Barbosa, julgado em 09/08/2007).

573. LASCURAÍN, Juan Antonio. La responsabilidad penal individual por los delitos de empresa. *In*: NIETO MARTÍN, Adán. *Manual de cumplimiento penal en la empresa*. Valencia: Tirant lo Blanch, 2015 15, p. 286.

574. Nesse sentido, ver as diversas configurações possíveis em DOPICO GÓMEZ-ALLER, Jacobo. Posición de garante del compliance officer por infración de deber de control: una aproximación tópica. In: ARROYO ZAPATERO, Luis; NIETO MARTÍN, Adán. *El derecho penal económico en la era compliance*. Valencia: Tirant lo Blanch, 2013, p. 172 e ss.

575. Ver, ilustrativamente, dentre outros, GARCÍA CAVERO, Percy. *La responsabilidade penal*

Caso se entendesse que a posição de garantidor é decorrente da possibilidade de evitar o resultado em virtude do poder diretivo e decisório detido pelo consulente, seria de se negar, de plano, a configuração de uma posição de garantidor dele sobre o especialista consultado, dado que não existirá relação de hierarquia ou subordinação e, normalmente, ele não terá a possibilidade de intervir diretamente na atividade de consultoria técnica ou jurídica executada pelo parecerista[576].

Contudo, o fundamento da posição de garantidor de quem solicita uma informação técnica ou jurídica permanece sendo o seu controle sobre determinado foco de perigo, que é, precisamente, a situação concreta complexa sobre a qual ele deve tomar uma decisão, que poderá ocasionar os chamados *outputs* lesivos[577], alcançando terceiros ou a coletividade[578] e é para conter e evitar esses danos que se exige do garantidor deveres de proteção e de vigilância[579].

Como a orientação técnica ou jurídica recebida de uma fonte confiável será, via de regra, seguida para a tomada da decisão[580] – pois, ainda que o parecer não seja vinculante, a *ratio* da consulta é balizar, embasar e nortear o projeto de conduta pretendido pelo consulente – haverá uma *interdependência parcial* entre o consulente e o consultor, que trabalharão de forma parcialmente coordenada – tanto que existirá um *dever compartilhado* entre ambos[581] consistente, de

del administrador de hecho de la empresa: criterios de imputación. Barcelona: Jose Maria Bosch Editor, 1999, p. 95; ABELLO GUAL, Jorge Arturo. *La delincuencia empresarial y la responsabilidad penal del socio*. In: Panorama, Vol. 3, nº. 7, 2009, p. 78; FEIJOO SÁNCHEZ, Bernardo. *Imputacion de hechos delictivos en estruturas empresariales complejas*. CIIDPE, 2009, p. 26; RIOS, Rodrigo Sánchez; CASTRO, Rafael Guedes de. *A responsabilização criminal individual em estruturas empresariais complexas: uma análise aplicada*. In: Revista Magister de Direito Penal e Processual Penal. n. 69, v. 12, 2016, p. 93-94.

576. Converge para esse entendimento, mas de maneira mais ampla relacionada aos administradores da empresa, ESTELLITA, Heloisa. *Responsabilidade penal de dirigentes de empresa por omissão: estudo sobre a responsabilidade omissiva imprópria de dirigentes de sociedades anônimas, limitadas e encarregados de cumprimento por crimes praticados por membros da empresa*. São Paulo: Marcial Pons, 2017, p. 161-162.

577. FEIJOO SÁNCHEZ, Bernardo. *Imputacion de hechos delictivos en estruturas empresariales complejas*. CIIDPE, 2009, p. 1.

578. DIAS, Jorge de Figueiredo. *Direito Penal: parte geral*. São Paulo: RT, 2007, p. 136

579. SCHÜNEMANN, Bernd. *El dominio sobre el fundamento del resultado: base lógico-objetiva común para todas las formas de autoria incluyendo el actuar en lugar de outro*. Revista de Derecho Penal, Buenos Aires, n. 2, 2005, p. 42; ROBLES PLANAS, Ricardo. El responsable de cumplimiento (compliance officer) ante el derecho penal. In: SILVA SÁNCHEZ, Jesús-María; MONTANER FERNÁNDEZ, Raquel. *Criminalidad de empresa y compliance*. Barcelona: Atelier, 2013, p. 323.

580. Essa conclusão parte do critério das chamadas "regras da experiência" cuja função é heurística, conforme aponta MENDES, Paulo de Sousa. A prova penal e as regras da experiência. In: ANDRADE, Maria João; ANTUNES, Susana Aires de Sousa (Orgs.). *Estudos em homenagem ao Prof. Doutor Jorge Dias de Figueiredo Dias*. Vol 3. Coimbra: Coimbra Editora, 2009, p. 1011.

581. Esse dever compartilhado é a base do princípio da confiança que irá se estabelecer entre consultor e consulente. Nesse sentido, CALABRIA, *Arianna. Ignorantia legis e parere erroneo del consulente legale*. In: Revista Italiana di Diritto e Procedura Penale, fasc. 1, 1992, p. 161.

um lado, no dever do *subsidiar* o especialista com as informações preliminares e com os documentos necessários para que ele compreenda corretamente o objeto da consulta e, por outro lado, no dever do especialista *demandar* todos os documentos e informações que entenda necessários para poder responder adequadamente à questão que lhe é posta.[582]

Assim, tendo em vista que a atividade do parecerista ampará a tomada de uma decisão concreta, uma informação equivocada desse especialista poderá inaugurar cursos causais lesivos a bens jurídicos[583], o que demanda a necessidade de existir um dever de vigilância por parte do consulente sobre o especialista consultado[584].

Contudo, tendo em vista que não há subordinação ou hierarquia entre consultor e consulente, a posição de garantidor deste em relação àquele não consistirá em um controle – tal como ocorre com os dirigentes de empresas em relação aos seus subordinados[585] –, mas em um dever de vigilância com conteúdos próprios.

Considerando que o Direito Penal somente pune uma conduta consciente[586], pois ações ou omissões inconscientes não são punidas, seja porque se está diante de um inimputável, seja porque o sujeito está em erro de proibição inevitável[587], a consciência, enquanto conhecimento do injusto que permite ao

---

582. Um raciocínio semlhante, para fundamentar a posição de garantidor em estruturas horizontais é colocado por ESTELLITA, Heloisa. *Responsabilidade penal de dirigentes de empresa por omissão: estudo sobre a responsabilidade omissiva imprópria de dirigentes de sociedades anônimas, limitadas e encarregados de cumprimento por crimes praticados por membros da empresa*. São Paulo: Marcial Pons, 2017, p. 164-165.

583. Isso é reflexo da autorresponsabilidade, no sentido de que todo o sujeito é responsável pelos cursos causais perigosos que ele coloca em marcha e terminem em um resultado lesivo. Nesse sentido, ROXIN, Claus. *Derecho penal: parte general*. Tomo II. Madrid: Civitas, 2014. p. 885.

584. Esse dever de vigilância será, contudo, balizado a partir do princípio da autorresponsabilidade. Sobre a autorresponsabilidade como limitador da posição de garantidor, ver MARAVER GÓMEZ, Mario. *El principio de confianza en derecho penal: un estúdio sobre la aplicación del principio de autorresponsabilidad en la teoria de la imputación objetiva*. Tese (Doutorado em Direito). Universidade Autónoma de Madrid, São Paulo, 2007, p. 207 e ss.

585. TAVARES, Juarez. *Teoria dos crimes omissivos*. São Paulo: Marcial Pons, 2012, p. 321-322.

586. Ainda que na culpa *stictu sensu* o resultado de dano ou de perigo que configura o crime não seja querido pelo sujeito, ele é minimamente previsível, de modo que a previsibilidade é o limiar mínimo para a culpa, que é a forma mais atenuada do elemento psicológico-normativo da culpabilidade. Contudo, já na culpa existe consciência, a qual se aloca em um momento inicial, quando o agente atua de forma contrária ao dever objetivo de cuidado, pois somente haverá culpabilidade se há uma conduta consciente contrária ao dever da qual provém o resultado lesivo, afinal o que fundamenta a punição por culpa é o fato de o agente ter, ao menos, a capacidade de prever o resultado, a qual depende da consciência de que a sua ação não observa determinado dever objetivo de cuidado, embora o resultado não seja por ele querido. Nesse sentido, BRUNO, Aníbal. BRUNO, Aníbal. *Direito penal: parte geral*. Tomo 2. Rio de Janeiro: Forense, 1984, p. 79-84.

587. REALE JR., Miguel. *Instituições de direito penal: parte geral*. Vol 1. Rio de Janeiro: Forense, 2006, p. 205, 208.

autor saber, realmente, o que faz e, portanto, controlar o seu comportamento[588], é juridicamente relevante para a imputação de responsabilidade penal, porque é a presença desse conhecimento no autor que autoriza o juízo de reprovação pela ordem jurídica, de modo que a sua consciência é fundamental no conceito de fato culpável[589].

Ocorre que, como já se demonstrou[590], justamente falta ao sujeito que tomará a decisão a consciência sobre a permissão ou proibição do seu projeto de conduta, a qual ele buscará atingir com o recebimento da informação qualificada. É, portanto, tarefa do especialista fornecer a ele os conhecimentos técnicos ou jurídicos de que precisa para compreender as possibilidades e os limites da licitude e da regularidade do seu comportamento e, assim, ser capaz de balizar a sua decisão[591].

Como se percebe, nos casos em que a tomada da decisão é embasada em pareceres ou consultorias, a concentração do conhecimento e da informação estará exclusivamente nas mãos do especialista técnico ou jurídico[592]. O parecerista ou o consultor tem, portanto, o controle da informação que conduzirá o sujeito com poder de decisão à consciência segura do injusto[593], de modo que esse controle é *penalmente relevante*[594].

Mais do que isso. Se se impõe ao sujeito com poder jurídico de decisão o dever de evitar o resultado ou minimizar os riscos de lesão ao bem jurídico, isso

---

588. CIRINO DOS SANTOS, Juarez. *Manual de direito penal: parte geral*. Florianópolis: Conceito Editorial, 2012, p. 151.

589. BRUNO, Aníbal. BRUNO, Aníbal. *Direito penal: parte geral*. Tomo 2. Rio de Janeiro: Forense, 1984, p. 80.

590. Este ponto foi exaustivamente tratado ao longo dessa pesquisa, bastando um correr de olhos sobre os capítulos anteriores.

591. Há certa similaridade entre os deveres do parecerista técnico ou jurídico e os deveres dos encarregados de cumprimento.

592. Em sentindo próximo, alertando que a informação se concentra na base da empresa, onde estão alocados profissionais especializados, GARCÍA CAVERO, Percy. *La responsabilidade penal del administrador de hecho de la empresa: criterios de imputación*. Barcelona: Jose Maria Bosch Editor, 1999, p. 96.

593. Nesse sentido, LEITE, Alaor. *Dúvida e erro sobre a proibição no direito penal: a atuação nos limites entre o permitido e o proibido*. São Paulo: Atlas, 2013, p. 105-106.

594. Como se observará melhor no Capítulo 4, existe certa similaridade entre os deveres do *compliance-officer* e os deveres do parecerista, principalmente para a fixação da sua posição de garantidor. Sobre a relevância penal do controle da informação, ver LASCURAÍN, Juan Antonio. Salvar al oficial Ryan (sobre la responsabilidad pernal del oficial de cumplimiento). In: MIR PUIG, Santiago et. al. *Responsabilidad de la empresa y compliance: programas de prevención, detección y reacción penal*. Madrid: Edisofer, 2014, p. 327-328; ROBLES PLANAS, Ricardo. El responsable de cumplimiento (compliance officer) ante el derecho penal. In: SILVA SÁNCHEZ, Jesús-María; MONTANER FERNÁNDEZ, Raquel. *Criminalidad de empresa y compliance*. Barcelona: Atelier, 2013, p. 324-325; DOPICO GÓMEZ-ALLER, Jacobo. Posición de garante del compliance officer por infración de deber de control: una aproximación tópica. In: ARROYO ZAPATERO, Luis; NIETO MARTÍN, Adán. *El derecho penal económico en la era compliance*. Valencia: Tirant lo Blanch, 2013, p. 174.

implica que ele procure os conhecimentos necessários sobre esses perigos[595]. Então, a atividade do parecerista ou do consultor será, inclusive, a de revelar para o consulente a eventual existência de uma situação típica de perigo, que é o motivo jurídico que deflagra no garantidor o seu dever de agir para evitar o resultado, salvando ou diminuindo o risco de lesão do bem jurídico[596], o que também torna o controle da informação penalmente relevante.

Todavia, não se desconhece que o não cumprimento do dever de se informar sobre a existência de situação de perigo ao bem jurídico (omissão) é diferente do cumprimento do dever de se informar sobre as consequências possíveis da sua conduta (ação), cujos reflexos serão tratados mais a frente dentro da temática do erro. O que se esclarece nesse momento é que, por vezes, pode o parecerista ter sido consultado sobre a regularidade de uma decisão pretendida e, na sua atividade, revelar que há um bem jurídico em perigo. Pense-se, por exemplo, no especialista que é consultado sobre a necessidade de se trocar os filtros de uma bomba de uma estação de tratamento de efluentes de uma empresa no próximo trimestre e, durante a sua avaliação, percebe que a bomba está prestes a se danificar devido ao entupimento das suas válvulas, o que pode ocasionar o lançamento de poluentes diretamente no córrego (situação que pode configurar o crime do artigo 54 da Lei 9.605/98).

O que determina que um sujeito detenha domínio sobre o fundamento do resultado (e legitima a sua posição de garantidor) é a *soma* do seu poder diretivo com o controle da informação, os quais, juntos, lhe permitem exercer o seu poder jurídico de decisão[597]. Ou seja, forma parte do dever original de garantia, como *prius* lógico do mesmo, o conhecimento do grau de perigo da atividade que pretende executar[598]. Portanto, o controle da informação é elemento essencial ao exercício do poder de decisão – para que se possa decidir sobre algo, é preciso que o sujeito conheça, domine e controle o objeto da sua decisão[599].

---

595. ROBLES PLANAS, Ricardo. El responsable de cumplimiento (compliance officer) ante el derecho penal. In: SILVA SÁNCHEZ, Jesús-María; MONTANER FERNÁNDEZ, Raquel. *Criminalidad de empresa y compliance*. Barcelona: Atelier, 2013, p. 323.

596. TAVARES, Juarez. *Teoria dos crimes omissivos*. São Paulo: Marcial Pons, 2012, p. 355.

597. SCHÜNEMANN, Bernd. *Responsabilidad penal en el marco de la empresa: dificultades relativas a la individualización de la imputación*. ADPCP, vol. LV, 2002, p. 30.

598. LASCURAÍN, Juan Antonio. Salvar al oficial Ryan (sobre la responsabilidad pernal del oficial de cumplimiento). In: MIR PUIG, Santiago et. al. *Responsabilidad de la empresa y compliance: programas de prevención, detección y reacción penal*. Madrid: Edisofer, 2014, p. 330.

599. Segundo SCHÜNEMANN, "as normas do Direito Penal com ameaça de pena devem dirigir-se, com interesse desta finalidade, àquelas pessoas que tomam a decisão determinante para lesão ao bem jurídico. É dizes, àquelas pessoas que dominam o sucesso" SCHÜNEMANN, Bernd. El dominio sobre el fundamento del resultado: base lógico-objetiva común para todas las formas de autoria incluyendo el actuar en lugar de outro. Revista de Derecho Penal, Buenos Aires, n. 2, 2005, p. 42 (nossa tradução livre).

Por esses motivos, a atividade exercida pelo parecerista técnico ou jurídico não se resume à mera opinião calcada na sua livre convicção diante dos fatos. O especialista tem o dever de prestar uma informação correta e fundamentada e, por isso, deve buscar o arcabouço normativo técnico e jurídico que orbita a situação concreta, que é objeto da consulta, e deve transmitir a sua recomendação ou, no limite, o seu entendimento de forma clara, apresentando o seu raciocínio e os fundamentos que suportam as conclusões a que chegou[600].

Todavia, ainda que o controle da informação e do conhecimento esteja nas mãos do especialista consultado[601], isso não exonera os deveres de vigilância e proteção daquele que tem o poder decisório, mas apenas altera o seu conteúdo[602]. Quem solicita a informação passará a ter dois deveres, o de *supervisão* e o de *intervenção*.

Nesse diapasão, é importante registrar que qualquer que seja a divisão de funções ou delegação de tarefas, o delegante ou o titular originário dos deveres sempre permanecerá com o dever de intervenção[603], pois é ele que permitirá ao sujeito cumprir com a parte final do artigo 13, §2°, do Código Penal, que é evitar o resultado, de modo que o dever-poder de intervenção é o dever último e genuíno do garantidor[604].

Quanto ao dever de supervisão do sujeito que solicita a informação, o seu cumprimento consubstancia-se, justamente, nos pressupostos ínsitos ao seu dever de informação, quais sejam, o dever de seleção de uma fonte de informação confiável e o dever de verificação da plausibilidade jurídica da informação recebida[605].

---

600. Os deveres específicos que incidem na transmissão da informação pelo especialista técnico ou jurídico serão tratados, em detalhes, no Capítulo 4, quando também se esclarecerá se o parecerista ou o consultor também ocupam posição de garantidores da evitabilidade do resultado.

601. Como se verá no tópico 3.6., abaixo, essa circunstância impactará diretamente na distribuição dos papéis de autoria e participação.

602. A alteração do conteúdo de deveres de proteção e vigilância ocorre nas hipóteses de delegação de funções e tarefas, cf. DOPICO GÓMEZ-ALLER, Jacobo. Posición de garante del compliance officer por infración de deber de control: una aproximación tópica. In: ARROYO ZAPATERO, Luis; NIETO MARTÍN, Adán. *El derecho penal económico en la era compliance*. Valencia: Tirant lo Blanch, 2013, p. 173.

603. LASCURAÍN afirma tratar-se de um "função indelegável", LASCURAÍN, Juan Antonio. Salvar al oficial Ryan (sobre la responsabilidad pernal del oficial de cumplimiento). In: MIR PUIG, Santiago et. al. *Responsabilidad de la empresa y compliance: programas de prevención, detección y reacción penal*. Madrid: Edisofer, 2014, p. 328.

604. ESTELLITA, Heloisa. *Responsabilidade penal de dirigentes de empresa por omissão: estudo sobre a responsabilidade omissiva imprópria de dirigentes de sociedades anônimas, limitadas e encarregados de cumprimento por crimes praticados por membros da empresa*. São Paulo: Marcial Pons, 2017, p. 158.

605. Assim expressamente em ROXIN quando aos deveres do delegante, ROXIN, Claus. *Derecho penal: parte general*. Tomo II. Madrid: Civitas, 2014. p. 899.

Mas, se por um lado vigora na relação entre consulente e consultor o princípio da confiança[606], por outro, o dever de supervisão, como corolário do dever último de intervenção para evitar o resultado ou diminuir o nível do perigo, determina que o consulente desenvolva mecanismos de monitoramento em caso de indícios de superação do risco permitido no desempenho da tarefa pelo consultor técnico ou jurídico[607].

Assim, quando o consulente perceber que a fonte não é merecedora de confiança ou a informação prestada não é juridicamente plausível, é dever do consulente *não aprovar* aquele parecer, nem o tomar como base para a sua atuação e, mais do que isso, é seu dever intervir para *substituir* o especialista consultado por outro[608]. O dever de supervisão é, portanto, ao fim e ao cabo, um

606. Nesse sentido, ver o tópico 3.4., acima. No mesmo sentido, para os casos de delegação de tarefas, SILVEIRA, Renato de Mello Jorge. *Direito penal empresarial: a omissão do empresário como crime*. Belo Horizonte: D'Plácido, 2016, p. 209.

607. ROBLES PLANAS, Ricardo. El responsable de cumplimiento (compliance officer) ante el derecho penal. In: SILVA SÁNCHEZ, Jesús-María; MONTANER FERNÁNDEZ, Raquel. *Criminalidad de empresa y compliance*. Barcelona: Atelier, 2013, p. 323.

608. LASCURAÍN menciona que a função do delegante é vigiar a execução das tarefas pelo delegado, cabendo-lhe, quando mal executadas pelo delegado, "corrigir-lhe ou substituir-lhe". LASCURAÍN, Juan Antonio. Salvar al oficial Ryan (sobre la responsabilidad pernal del oficial de cumplimiento). In: MIR PUIG, Santiago et. al. *Responsabilidad de la empresa y compliance: programas de prevención, detección y reacción penal*. Madrid: Edisofer, 2014, p. 328. Na nossa legislação, o dever de aprovação prévia de determinada atividade e o dever de destituição do executor de determinada atividade são funções impostas ao Conselho de Administração de uma empresa (artigo 142, incisos II, III, V, VI, VII e IX, da Lei 6.404/1976). Apesar disso, tais deveres parecem também se amoldar àquele que solicita um parecer técnico ou jurídico. Isso porque, o mesmo dever de supervisão e intervenção que é imposto ao Conselho de Administração também recai sobre quem solicita uma informação para tomar a sua decisão e é esse, aliás, o fundamento para que o Conselho de Administração ocupe posição de garantidor diante da fonte de perigo empresa. Ademais, se incumbe ao sujeito que solicita a informação supervisionar a atividade do parecerista, nos limites dos deveres de verificar se a fonte é merecedora de confiança e se a informação é juridicamente plausível, e intervir para evitar o resultado, ele deve ter alguma capacidade físico-real de controle, a qual se materializa justamente no poder-dever de destituir o especialista que não se apresenta como merecedor de confiança para nomear outro em seu lugar e de não aprovar a informação advinda de uma fonte não confiável ou que não se apresente como juridicamente plausível diante do caso concreto consultado. Sobre o conteúdo de cada uma das competências do Conselho de Administração, ver CARVALHOSA, Modesto. Comentários à Lei de Sociedades Anônimas. Vol 2. São Paulo: Saraiva, 2011, p. 89 e ss. e CAMPOS, Luiz Antonio. Deveres e responsabilidades. In: LAMY FILHO, Alfredo; PEDREIRA, Luiz Bulhões (coord.). *Direito das companhias*. Vol 1. Rio de Janeiro: Forense, 2009, p. 1.084 e ss. Sobre a correlação dessas competências com a posição de garante e suas implicações penais, ver MOCHALES, Teresa Ruano. *La incidência de los deberes de los administradores y auditores em la manipulación de las cuentas anuales: posición de garante y responsabilidad penal*. Tese de doutorado, Facultad de Dierecho da Universidadad Autónoma de Madrid, 2015, p. 77 e ss. e ESTELLITA, Heloisa. *Responsabilidade penal de dirigentes de empresa por omissão: estudo sobre a responsabilidade omissiva imprópria de dirigentes de sociedades anônimas, limitadas e encarregados de cumprimento por crimes praticados por membros da empresa*. São Paulo: Marcial Pons, 2017, p. 185 e ss., quem, salvo melhor juízo, é a única que, entre nós, enfrentou o intrincado tema da posição de garantidor dos membros do Conselho de Administração.

dever de vigilância do consulente sobre o consultor com conteúdo próprio para os casos em que a decisão será embasada em pareceres técnicos ou jurídicos.

A exceção ao cumprimento desse dever de supervisão fica, mais uma vez, por conta dos casos que demandam uma atuação instantânea do sujeito[609], que dependerá da demonstração, no caso concreto, de que o acesso à informação qualificada se mostrou inviável ao sujeito que tomou a decisão. Imagine-se a seguinte situação: o médico precisa realizar uma cirurgia cardíaca no paciente e depende dos resultados de alguns exames de sangue para se certificar se o paciente é ou não diabético (pois a diabetes é, em geral, um fator de risco para cirurgias cardíacas). Entretanto, o enfermeiro responsável pelo teste de glicemia não se apresenta como confiável para o médico ou a informação por ele apresentada não lhe parece inicialmente plausível. Como não há tempo hábil para submeter o paciente a novos exames, é permitido que o médico realize a cirurgia sem o resultado do teste de glicemia, desde que, evidentemente, ele observe todos os procedimentos da sua *lex artis*.

Todavia, a extensão desse dever de supervisão (vigilância) do consulente sobre o consultor é limitada aos seus deveres específicos de verificar, formalmente, a qualidade da fonte e a qualidade da informação prestada por essa fonte, não podendo ser conferido caráter mais elástico, como, por exemplo, analisar o mérito do parecer ou da consultoria. Joga um papel fundamental, portanto, a clareza e a objetividade dos contratos de prestação dos serviços de consultoria, os quais devem prever de maneira bastante transparente o objeto da consulta e o objetivo dela, a fim de delimitar a esfera de deveres do consultor e colocar freios aos deveres de vigilância do consulente. Afinal, o Direito (Penal) não pode *trucar*. A ordem jurídica não pode conferir ao sujeito liberdade nas suas relações profissionais e licitude na prestação de serviços por meio de outros colaboradores (artigos 593 e ss. do Código Civil e dispositivos espalhados na Consolidação das Leis Trabalhistas) e, depois, surpreendentemente virar as regras do jogo e exigir do sujeito dever maiores ou mais abrangentes do que os previstos no contrato, que é o instrumento lícito e legalmente instituído para arrematar o acordo de vontades e a definir as responsabilidades de cada uma das partes diante do seu objeto (artigos 421 e ss. do Código Civil).

Nesse contexto, é o compartilhamento desses deveres de proteção e vigilância entre o delegante e o delegado que não permite confundir a delegação de uma atividade como um subterfúgio exoneratório de responsabilidades. Na verdade, a busca da informação qualificada para a tomada de uma decisão visa, justamente, aumentar o nível de proteção do bem jurídico, pois, como se viu[610],

609. Vide tópico 3.2.1., acima.

610. Vide especificamente o tópico 3.4., acima.

ao se servir de um parecer ou de uma consultoria de um especialista técnico ou jurídico confiável, o que se busca é diminuir os riscos desvalorados na tomada da decisão.

Finalmente, é preciso relembrar que a posição de garantidor é um dos pressupostos da responsabilidade penal por omissão imprópria e, portanto, a determinação dessa posição em relação àquele que atua conforme a determinado parecer técnico ou jurídico é apenas o começo da análise da sua responsabilidade penal, a qual dependerá do preenchimento de todos os demais pressupostos do tipo objetivo (a existência de uma situação de perigo ao bem jurídico e de um resultado, a omissão de uma ação exigida que evitaria esse resultado, apesar da capacidade físico-real de fazê-lo, a relação de causalidade entre a omissão e o resultado e a satisfação dos critérios normativos de imputação) e do tipo subjetivo (dolo ou culpa, quando prevista), além da verificação da ausência de causas de justificação e de causas de exclusão da culpabilidade.[611]

3.6. O dolo e o erro de quem toma a decisão embasado em parecer técnico ou jurídico

Embora o cumprimento do dever de informação, segundo os critérios expostos no tópico 3.5., *supra*, mantenha a decisão embasada em parecer técnico ou jurídico dentro dos limites do risco permitido, o que resolveria o problema já no tipo objetivo, sendo o parecer merecedor de confiança e o equívoco da informação qualificada recebida escusável haverá também impacto no tipo subjetivo e na culpabilidade.

O objeto desta pesquisa, como já se esclareceu, são os casos em que a decisão foi tomada com base em informação qualificada equivocada, gerando um resultado lesivo. Nestes, há, em princípio, ações que não visam a prática de um crime: o consulente solicita a informação técnica ou jurídica para saber qual a decisão correta a ser tomada e o consultor transmite a informação qualificada para esclarecer as possibilidades e os limites lícitos daquele projeto de conduta.

O cumprimento do dever de informação do sujeito, buscando-a em especialistas técnicos ou jurídicos, é uma ferramenta que refuta a intenção da prática de uma conduta criminosa[612], pois representa, ao contrário, ao menos um dever de cuidado ou um dever instrumental de solidariedade social[613].

---

611. ESTELLITA, Heloisa. *Responsabilidade penal de dirigentes de empresa por omissão: estudo sobre a responsabilidade omissiva imprópria de dirigentes de sociedades anônimas, limitadas e encarregados de cumprimento por crimes praticados por membros da empresa*. São Paulo: Marcial Pons, 2017, p. 33.

612. GUR-ARYE, Miriam. *Reliance on a lawyer's mistaken advice: should it be an excuse from criminal liability?* American Jornal of Criminal Law, v. 29, 2002, p. 45.

613. É essa a posição adotada pela Corte Constitucional Italiana na Sentença nº 364/88 e, por

Assim, será difícil afirmar que aquele que não se informou antes de atuar tenha agido com dolo, pois ocorrerá, em princípio, a violação de um dever objetivo de cuidado[614]. A saída para o dolo eventual também deve ser observada com cautela, pois nem sempre se captura na inobservância ao dever de se informar antes de agir uma decisão do sujeito em se colocar contrariamente ao bem jurídico, essencial para a afirmação do dolo[615].

Aliás, hoje é, inclusive, discutível a necessidade do elemento volitivo no dolo, havendo boas razões para abandoná-lo, cujas ponderações não cabem nessa sede[616].

Seja como for, dolo é, no mínimo, conhecimento[617] e, por essa razão, a fragmentação, segmentação e filtragem da informação entre o parecerista e o consulente apresentará, por vezes, verdadeiro empecilho para a formação do elemento cognitivo do dolo em quem solicita a informação de um especialista técnico ou jurídico[618]. Inclusive, não é incomum que o consulente somente possa intervir para evitar o resultado se tiver conhecimento da situação típica de perigo, que dependerá do devido reporte e alerta por parte do consultor que examinou, de maneira qualificada, a situação concreta[619].

este motivo, começa-se a se afastar o reproche penal desse sujeito diligente que buscou a informação jurídica antes de atuar. Nesse sentido, CALABRIA, *Arianna. Ignorantia legis e parere erroneo del consulente legale*. In: Revista Italiana di Diritto e Procedura Penale, fasc. 1, 1992, pp. 152-153.

614. TAVARES, Juarez. *Teoria do crime culposo*. Florianópolis: Empório do Direito, 2016, p. 323 e ss.

615. ROXIN, Claus. *Derecho Penal. Parte General*. Tomo I. Madrid: Civitas, 2008, p. 424 e ss.

616. Não se discutirá aqui a melhor opção jurídico-dogmática para o tratamento do dolo. Sobre os argumentos que ensejam o abandono do elemento volitivo do dolo, ver PUPPE, Ingeborg. *A distinção entre dolo e culpa*. São Paulo, Manole, 2004; BUSATO, Paulo César, MARTÍNEZ-BUJÁN PÉREZ, Carlos, DÍAZ PITA, Maria del. *Modernas tendências sobre o dolo em Direito Penal*. Rio de Janeiro: Lumen Juris, 2008; SOUZA SANTOS, Humberto. Problemas estruturais do conceito volitivo de dolo. In: GRECO, Luis; LOBATO, Danilo. *Temas de direito penal: parte geral*. Rio de Janeiro: Renovar, 2008, p. 263 e ss.; GRECO, Luis. Dolo sem vontade. In: SILVA DIAS et. al. *Liber Amicorum de José de Sousa e Brito*. Coimbra: Almedina, 2009, p. 885 e ss.; SANTOS, Humberto Souza. Elementos fundamentais de um conceito de dolo político-criminalmente orientado. In: *Revista Brasileira de Ciências Criminais*, São Paulo, n. 97, 2012, p. 87 e ss.; GOMES, Eneias Xavier. *Dolo sem vontade psicológica: perspectivas de aplicação no Brasil*. Belo Horizonte: D'Plácido, 2017; VIANA, Eduardo. *Dolo como compromisso cognitivo*. São Paulo: Marcial Pons, 2017; SOUZA SANTOS, Humberto. Dolo nos crimes econômicos empresariais. In: LOBATO, José Danilo Tavares; MARTINELLI, João Paulo Orsini; SANTOS, Humberto Souza (Orgs.). *Comentários ao Direito Penal Econômico Brasileiro*. Belo Horizonte: D'Plácido, 2017, p. 239 e ss. Atualmente, os autores têm divergido quanto ao conteúdo do elemento cognitivo (se o conhecimento é quanto a probabilidade de que o resultado ocorra, se essa probabilidade é quantitativa ou qualitativa, se o conhecimento é quanto a plausibilidade do perigo criado pelo comportamento autor a partir de um referencial lógico e de dados empíricos, etc.).

617. GRECO, Luis. Dolo sem vontade. In: SILVA DIAS et. al. *Liber Amicorum de José de Sousa e Brito*. Coimbra: Almedina, 2009, p. 903.

618. RAGUÉS I VALLÉS, Ramon. Atribuición de responsabilidad penal en estructuras empresariales. Problemas de imputación subjetiva. Revista de Derecho Penal, 2002, 1, p. 203.

619. Vide, em especial, os tópicos 3.6. e 4.6., dos capítulos anteriores. Chega a uma conclusão

Fica evidente, portanto, que o domínio da informação é a categoria central para a solução desta constelação de casos. Como o domínio da informação nada mais é do que conhecimento, a sua existência, ou mais precisamente, a sua ausência impacta diretamente no elemento subjetivo do tipo para a formação do dolo e na consciência da ilicitude para determinar se o sujeito atuou ou não em erro de proibição. Conhecimento e erro são estados psíquicos em relação de lógica exclusão: sem conhecer o fato há erro de tipo, sem conhecer o injusto há erro de proibição[620].

Como age com dolo somente quem sabe o que quer e decide atuar, consciente que a sua ação é ilícita[621], o defeito de conhecimento das circunstâncias de fato do tipo penal exclui o dolo[622] e, quanto não incidir erro de tipo essencial inevitável, é possível a punição por culpa, se prevista (artigo 20, do Código Penal[623]). O sujeito que, embora pratique formalmente uma conduta típica, não possui consciência dos elementos objetivos do tipo (tanto os descritivos, como os normativos[624]) ou possui falsamente essa consciência obra em erro de tipo[625].

Embora ainda vigente a discutível máxima *error juris nocet, ignorantia juris non excusat*[626], obra em erro de proibição o sujeito que não compreende que a sua conduta é ilícita ou a entende como permitida[627]. Sendo invencível seu estado de ignorância sobre a ilicitude da sua conduta, não há culpabilidade e o sujeito estará isento de pena; se havia meios para evitar permanecer na ignorância, sua pena poderá ser reduzida (artigo 21 do Código Penal[628]).

próxima, ESTELLITA, Heloisa. *Responsabilidade penal de dirigentes de empresa por omissão: estudo sobre a responsabilidade omissiva imprópria de dirigentes de sociedades anônimas, limitadas e encarregados de cumprimento por crimes praticados por membros da empresa*. São Paulo: Marcial Pons, 2017, p. 291-292.

620. CIRINO DOS SANTOS, Juarez. *Manual de direito penal: parte geral*. Florianópolis: Conceito Editorial, 2012, p. 165.

621. BRUNO, Aníbal. *Direito penal: parte geral*. Tomo 2º. Rio de Janeiro: Forense, 1984, p. 60.

622. CIRINO DOS SANTOS, Juarez. *Manual de direito penal: parte geral*. Florianópolis: Conceito Editorial, 2012, p. 75.

623. "Art. 20 – O erro sobre elemento constitutivo do tipo legal de crime exclui o dolo, mas permite a punição por crime culposo, se previsto em lei".

624. Há, todavia, casos em o que erro sobre os elementos normativos do tipo geram erro de proibição. Nesse sentido, HORTA, Frederico. *Elementos normativos das leis penais e conteúdo intelectual do dolo: da natureza do erro sobre o dever extrapenal em branco*. São Paulo: Marcial Pons, 2016, p. 173 e ss.

625. TAVARES, Juarez. *Fundamentos da teoria do delito*. Florianópolis: Tirant lo Blanch, 2018, p. 301.

626. Artigos 3º da LINDB e 21 do Código Penal. Por outro lado, ANÍBAL BRUNO já apontava tratar-se de ficção jurídica, desconforme com a realidade. BRUNO, Aníbal. *Direito penal: parte geral*. Tomo 2º. Rio de Janeiro: Forense, 1984, p. 113.

627. ROXIN, Claus. *Derecho Penal. Parte General*. Tomo I. Madrid: Civitas, 2008, p. 861.

628. "Art. 21 – O desconhecimento da lei é inescusável. O erro sobre a ilicitude do fato, se inevitável, isenta de pena; se evitável, poderá diminuí-la de um sexto a um terço".

Apesar de a natureza do erro sobre deveres extrapenais (sejam estes elementos normativos do tipo, elementos de valoração global do fato ou leis penais em branco) ser controvertida, há boas razões para não se adotar regra geral que indica uma única solução para todos os casos, mas pautar a diferença da espécie de erro a depender se a lei penal menciona o dever extrapenal infringido no tipo, como um elemento imperativo do tipo, ou se excluir referido dever extrapenal do tipo, substituindo-o pelos pressupostos da sua infração. Assim, se o sentido social da conduta incriminada já é conferido pela descrição legal, ainda que exista norma extrapenal a compor o tipo, haverá erro de proibição se o sujeito desconhece a ofensividade da conduta praticada ao bem jurídico, a exemplo do artigo 54, §2°, da Lei 9.605/98 em que o conteúdo da proibição já consta no tipo (causar poluição ambiental) independente do dever extrapenal infringido (em desacordo com as exigências estabelecidas em leis ou regulamentos). Quando o conhecimento do desvalor social da conduta depende da norma complementar, haverá erro de tipo se o sujeito não conhece a proibição administrativa, como é o caso do artigo 34 da Lei 9.605/98 em que só há ofensividade de determinada pesca se infringido dever extrapenal de proteção da fauna aquática (por exemplo, em certo rio e no período específico em que há reprodução dos peixes) que, por essa razão, constitui elemento do tipo.[629] Vale dizer, cada caso é um caso e, a depender da forma de avaliação procedida pelo agente, poderá o erro sobre o dever extrapenal consistir em erro de tipo ou erro de subsunção[630].

Nos casos em que a decisão foi tomada pelo sujeito com base em prévio parecer técnico ou jurídico, cada modalidade de parecer impactará de forma diferente na teoria do delito.

Pareceres técnicos, assim entendidos como a manifestação de um especialista em determinada área do conhecimento não jurídica, ancorado em pressupostos teóricos e geralmente ofertados após a realização de perícia[631], são, em geral, solicitados para subsidiar decisões que demandam expertise científica de engenharia, biologia, química, economia etc. Exemplo é o caso do Diretor do projeto de uma usina hidrelétrica a ser construída próxima da divisa entre o estado do Mato Grosso do Sul e o estado de São Paulo que está em dúvida sobre a possibilidade de suprimir a vegetação de determinada área e consulta um

629. Nesse sentido, em detalhes e com farta bibliografia sobre o tema, v. HORTA, Frederico. Do erro sobre os elementos normativos das leis penais no direito penal econômico. In: LOBATO, José Danilo Tavares; MARTINELLI, João Paulo Orsini; SANTOS, Humberto Souza (Orgs.). *Comentários ao Direito Penal Econômico Brasileiro*. Belo Horizonte: D'Plácido, 2017, p. 313 e ss. e em especial p. 331-334.

630. TAVARES, Juarez. *Fundamentos da teoria do delito*. Florianópolis: Tirant lo Blanch, 2018, p. 302.

631. Já se anotou no item 1.2. do primeiro capítulo que não há consenso sobre a definição de parecer técnico.

especialista em biologia para saber se nela há vegetação primária ou secundária, em estágio avançado ou médio de regeneração, do Bioma Mata Atlântica que tornaria proibida a sua supressão (artigo 38-A, da Lei 9.605/98).

Nessa hipótese, o parecer técnico vai informar ao consulente se está ou não presente elemento constitutivo do tipo penal ("vegetação primária ou secundária, em estágio avançado ou médio de regeneração, do Bioma Mata Atlântica").

Assim, se o especialista em biologia indicar em seu parecer técnico que aquela área não pertence ao Bioma Mata Atlântica e o Diretor do projeto da usina hidrelétrica decidir suprimir a vegetação nela constante, valendo-se tão somente da licença de instalação concedida pelas autoridades ambientais competentes para este empreendimento, há, em princípio, o preenchimento do tipo objetivo do artigo 38-A da Lei 9.605/98 ("destruir ou danificar vegetação primária ou secundária, em estágio avançado ou médio de regeneração, do Bioma Mata Atlântica, ou utilizá-la com infringência das normas de proteção").

Contudo, o seu desconhecimento sobre aquela área pertencer ao Bioma Mata Atlântica afeta a formação do seu dolo de destruí-la (tipo subjetivo). Fiando-se no parecer técnico que recebera de um especialista competente na área de biologia e verificando que o parecer continha fundamentos plausíveis, pautados em estudos feitos no local e a comparação com mapas e literaturas específicas, para não incluir aquela área no Bioma Mata Atlântica (afinal, a área estava inseria na divisa entre os estados Mato Grosso do Sul e São Paula, uma zona limite da floresta da mata atlântica), havia razão jurídica suficiente para o Diretor do projeto confiar no parecer técnico recebido e a informação nele contida o conduziu a obrar em erro de tipo (artigo 20 do Código Penal)[632]. Embora exista previsão culposa deste crime (artigo 38-A, parágrafo único, da Lei 9.605/98), não parece possível a punição do Diretor do projeto por culpa (segunda parte do artigo 20 do Código Penal) pois o parecer técnico confiável e plausível que recebera tornou o seu desconhecimento sobre a proibição inevitável, não ocorrendo a violação do dever de cuidado, nem a realização do risco não permitido no resultado, pressupostos da modalidade culposa de delito[633].

Já os pareceres jurídicos, ou seja, aquelas opiniões fundamentadas na lei, na doutrina e/ou na jurisprudência, dadas por especialistas na área jurídica sobre uma situação fática concreta em que exista um conflito efetivo ou potencial[634],

---

632. Não se desconsidera que o cumprimento do dever de informação (quanto a qualidade da fonte consultada e quanto a qualidade da informação recebida) mantem a decisão do Diretor do projeto dentro do risco permitido e tais condutas não merecem o reproche penal, o que permite resolver o problema já no tipo objetivo. V. tópico 3.5., *supra*.

633. CIRINO DOS SANTOS, Juarez. *Manual de direito penal: parte geral*. Florianópolis: Conceito Editorial, 2012, p. 87.

634. Sem prejuízo da definição dada no item 1.2. do primeiro capítulo, v. GRAU, Eros Roberto.

são, via de regra, solicitados para esclarecerem se determinado projeto de conduta é ou não penalmente proibido. É exemplo o caso do sujeito que possui dinheiro de origem lícita comprovada em uma conta bancária no exterior, mas não declarado para as autoridades competentes brasileiras, e está em dúvida se investir tal quantia na compra de ações da empresa *start-up* brasileira criada pelo seu filho é lícito e consulta, conjuntamente, um advogado tributarista e um criminalista (com reflexo no artigo 1º da Lei 9.613/98).

Todavia, há casos em que a consulta jurídica visa ao esclarecimento de determinado conteúdo específico como, por exemplo, se determinada prestação pecuniária é tributo (taxa) ou tarifa, sendo consultado um advogado tributarista (situação com reflexo nos artigos 1º e 2º da Lei 8.137/90).

Na primeira hipótese, o parecer jurídico vai informar ao consulente o conteúdo da proibição penal, fornecendo elementos para que ele compreenda a natureza permitida ou proibida do seu projeto de conduta (consciência da ilicitude ou conhecimento do injusto do fato). Já no exemplo seguinte, o parecer jurídico tem a função de revelar ao consulente se estão ou não presentes elementos constitutivos do tipo penal naquela situação concreta consultada (conhecimento do fato).[635]

Suponhamos que os advogados tributarista e criminalista opinem, em seu parecer jurídico, com base em doutrina e em precedentes dos Tribunais brasileiros, que o investimento daquela quantia na empresa *start-up* brasileira não é ilícito e não configura crime de lavagem de capitais e o sujeito, portanto, realiza a operação financeira. Por considerar o crime de evasão de divisas (artigo 22 da Lei 7.492/86) como antecedente do crime de lavagem, a Unidade de Inteligência Financeira (UIF) elabora relatório de inteligência comunicando a operação suspeita ao Ministério Público para a tomada de medidas para a persecução penal. Em princípio, foi praticada a conduta objetivamente prevista no §1º do artigo 1º da Lei 9.613/98 (o dinheiro proveniente da evasão de divisas teria sido utilizado e convertido em ativos lícitos por meio da compra de ações da empresa *start-up*).

No entanto, ao acreditar que a compra daquelas ações com o dinheiro que mantinha no exterior era permitida, o sujeito não tinha consciência da ilicitude da sua conduta (culpabilidade). Estando em dúvida se podia ou não realizar a compra daquelas ações com aquele dinheiro, o sujeito contratou parecer jurídico de dois advogados especializados nas áreas tributária e criminal e recebeu informação

Pareceres, juristas e apedeutas. In: Revista da Faculdade de Direito da UFGRS, Vol. 18, 2000, p. 86 e ss.

635. CIRINO DOS SANTOS, Juarez. *Manual de direito penal: parte geral*. Florianópolis: Conceito Editorial, 2012, p. 165.

qualificada plausível, fundamentada em doutrina e em jurisprudência, indicando a permissão da conduta pretendida. Cumprindo integralmente com seu dever de informação - tanto na observância da qualidade da fonte selecionada, quanto na plausibilidade da informação recebida -, existiam razões jurídicas suficientes para o sujeito confiar neste parecer jurídico que lhe arredou a consciência da ilicitude da sua conduta, fazendo-o obrar em erro de proibição inevitável, o que o isenta de pena (artigo 21 do Código Penal)[636].

Por outro lado, se o parecer jurídico justificasse a permissão da conduta ao argumento de que é impossível lavar dinheiro que, na origem, não era sujo e a origem lícita daquela quantia estava comprovada, é possível que o erro do sujeito resida, então, na utilização de valor "proveniente de infração penal", que é elemento constitutivo do tipo. Sem conhecer o fato de que o dinheiro mantido na conta no exterior constituía infração penal antecedente (evasão de divisas), não pode o sujeito ter o dolo de praticar o crime de lavagem. Como nas circunstâncias em que realizou a conduta, o sujeito havia cumprido com seu dever prévio de informação e recebido parecer jurídico indicando que a origem comprovadamente lícita daquela quantia tornava a operação financeira pretendida lícita, seu dolo e sua culpa foram fulminados pelo erro essencial invencível quanto ao elemento constitutivo "valores provenientes de infração penal" (artigo 20 do Código Penal)[637]. Nessa hipótese, o parecer jurídico causou no sujeito erro quanto ao elemento normativo do tipo penal.[638]

O parecer jurídico que informará ao consulente se determinada prestação pecuniária consiste em tributo (taxa) ou tarifa pode, igualmente, causar erro de tipo quanto ao elemento normativo "tributo" inviabilizando a formação do dolo para a prática de crime contra a ordem tributária e exonerando o consulente de responsabilidade penal por inexistir previsão culposa dos crimes previstos nos artigos 1º e 2º da Lei 8.137/90. Aliás, se o consulente buscou a informação em um advogado tributarista qualificado e recebeu parecer jurídico plausível indicando, fundamentadamente, tratar-se de tarifa, realizou toda a diligência necessária e o cumprimento integral do seu dever de informação implica no

---

636. Igualmente nesta hipótese não se desconsidera que o cumprimento integral do dever de informação (quanto a qualidade da fonte consultada e quanto a qualidade da informação recebida) mantem a decisão do sujeito dentro do risco permitido e tais condutas não merecem o reproche penal, o que permite resolver o problema já no tipo objetivo. V. tópico 3.5., *supra*.

637. Não há erro de tipo permissivo nessa hipótese pois este incide sobre uma causa justificante (p.ex. legítima defesa, estado de necessidade, cumprimento de dever legal), ou seja, o sujeito age dolosamente, mas crê estar amparado em situação permitida pelo direito, o que não é o caso. Sobre o tema, v. GOMES, Luiz Flávio. *Erro de tipo e erro de proibição*. São Paulo: RT, 1994, p. 88.

638. Nesse sentido, LEITE, Alaor. *Dolo e o crime de dispensa ou inexigência ilegal de licitação (art. 89 da Lei 8.666/1993)*. In: Revista Brasileira de Ciências Criminais, Ano 21, nº 104, set/out 2013, p. 27-28 e STF, AP 560, Relator(a): Min. DIAS TOFFOLI, Segunda Turma, julgado em 25/08/2015, p. 59-61.

reconhecimento de erro de tipo essencial escusável incidente sobre elementar do tipo, o que exclui o crime (artigo 20 do Código Penal).

É de se notar em todos os casos que o erro do consulente foi determinado por terceiro (parecerista ou consultor), de modo que a responsabilidade penal deste deve ser também avaliada nos termos do artigo 20, §2º, do Código Penal[639].

Para o sujeito que solicita a informação o fundamental é, mais uma vez, a observância dos critérios que terminam a confiabilidade do parecer técnico ou jurídico recebido: seleção de fonte competente e imparcial e a verificação da plausibilidade técnica ou jurídica da informação recebida, desde uma perspectiva *ex ante*. Somente informações confiáveis podem impactar na formação do dolo ou na formação da consciência da ilicitude do sujeito pois possuem relevância jurídica suficiente para determinar a inevitabilidade do desconhecimento sobre a proibição penal.[640]

Pareceres técnicos ou jurídicos com falhas graves ou erros grosseiros não são dignos de confiança, pois falhas graves podem permitir a formação do dolo, ainda que eventual, no agente ou podem tornar o erro quanto a proibição penal inescusável, o que acarretaria somente na possível redução da sua pena. O grau de evitabilidade do erro de tipo e erro de proibição vai ser determinado pelo grau de cumprimento do dever possível de informação[641] pelo sujeito que, estando em dúvida sobre a proibição do seu projeto de conduta, busca a informação qualificada em parecer técnico ou jurídico. Nos casos em que, mesmo cumprido o dever de informação, a dúvida permenceu insuperável é de se reconhecer a inevitabilidade do erro de proibição[642].

Quando o sujeito está em dúvida sobre a proibição, se informa em uma fonte confiável e recebe uma informação técnica ou juridicamente plausível, cumprindo com o seu dever de informar-se, ele recebe uma informação que, se positiva, confirma a legalidade do ato e, nesse caso, este sujeito adquire a representação positiva da licitude daquele comportamento[643], que é mais do que

639. "Art. 20. § 2º – Responde pelo crime o terceiro que determina o erro".

640. Sobre esses critérios para o cumprimento do dever de informação por parte de quem a solicita, v. tópico 3.5.

641. A informação deve ser viável e o sujeito deve se motivar a acessá-la pois a "infidelidade ao ordenamento jurídico" afasta a escusabilidade do erro de proibição. Nesse sentido, JAKBOS, Günther. *Fundamentos do Direito Penal*. São Paulo: RT. 2003. p. 33.

642. São exemplos os casos em que a jurisprudência acerca da matéria é controvertida e não revelam ao sujeito, com clareza e segurança, se o seu projeto de conduta é permitido ou proibido. Nesse sentido, TAVARES, Juarez. *Fundamentos da teoria do delito*. Florianópolis: Tirant lo Blanch, 2018, p. 490.

643. LEITE, Alaor. *Dúvida e erro sobre a proibição no direito penal: a atuação nos limites entre o permitido e o proibido*. São Paulo: Atlas, 2013, p. 143 e ss.

se exige para caracterizar o erro de proibição, o qual se basta com a mera falta de representação da proibição da conduta[644].

Igualmente, quando a dúvida se mostrar insuperável no caso concreto, mesmo depois de cumprido o dever de informação, é de afirmar que o sujeito está em erro de proibição inevitável, pois já não lhe era mais possível, nas circunstâncias, ter ou atingir essa consciência[645].

Entretanto, nos crimes pertencentes à categoria do Direito Penal Econômico, por vezes já não haverá mais como distinguir erro de tipo e erro de proibição. Há tipos penais que, por força da estrutura de criminalização escolhida pelo legislador, o erro sobre uma regra jurídica, ou seja, sobre o Direito, pode ser relevante para o dolo. São os casos em que o legislador decidiu lançar no tipo objetivo uma conotação da ilicitude, soldando os dois elementos[646]. É o que se verifica especialmente nas leis penais em branco, que marcam os chamados crimes econômicos em que a remissão a normas extrapenais possui natureza altamente técnica, não admitindo um juízo vulgar. Ou o sujeito conhece a proibição, ou estará em constante erro, sendo difícil delimitar, neste campo, o erro de tipo e erro de proibição[647].

É o caso, por exemplo, do crime de dispensa indevida de licitação (artigo 89 da Lei nº 8.666/1993), delineado no nosso "Caso 2", no primeiro capítulo deste trabalho. Nesse crime, é elemento do tipo objetivo a "desconformidade com a lei ou com alguma formalidade", de modo que sem conhecer a lei ou a formalidade, o sujeito atua sem dolo, e este elemento normativo do tipo é, justamente, o elemento que constitui o conteúdo de injusto do delito, pois caso o sujeito dispense a licitação, por razões plausíveis como é o caso do parecer jurídico que recebera do Procurador do Município, que é uma fonte confiável, possui a mesma representação do legislador, no sentido de atuar em conformidade com a lei[648].

Ou seja, é impossível distinguir erro de tipo e erro de proibição nesses casos, pois há verdadeira fusão entre dolo e consciência da ilicitude[649]. Nessas situações, quando o sentido social da conduta incriminada for conferido exclu-

644. Ver, por todos, CIRINO DOS SANTOS, Juarez. *Manual de direito penal: parte geral.* Florianópolis: Conceito Editorial, 2012, p. 165.

645. Sobre este ponto, ver os tópicos 3.2. e 4.2., dos capítulos anteriores.

646. CRUZ, Flávio Antônio da. *O tratamento do erro em um Direito Penal de bases democráticas*. Porto Alegre, Sérgio Antônio Fabris Editor, 2007. p. 299.

647. ROXIN, Claus. *Derecho Penal. Parte General.* Tomo I. Madrid: Civitas, 2008, p. 465.

648. LEITE, Alaor. *Dolo e o crime de dispensa ou inexigência ilegal de licitação (art. 89 da Lei 8.666/1993).* In: Revista Brasileira de Ciências Criminais, Ano 21, nº 104, set/out 2013, pp. 27-28.

649. LEITE, Alaor. *Dolo e o crime de dispensa ou inexigência ilegal de licitação (art. 89 da Lei 8.666/1993).* In: Revista Brasileira de Ciências Criminais, Ano 21, nº 104, set/out 2013, p. 28.

sivamente pela infração à norma complementar extrapenal, o tipo de injusto correspondente somente poderá ser de desobediência dessa norma extrapenal, sendo a consciência dela o que dá sentido à proibição típica[650].

Assim, nos crimes cuja base seja axiologicamente neutra (*mala quia prohibita*) e dependente do preenchimento de outras normas, penais e extrapenais, o conhecimento da proibição é requerido para afirmação do próprio dolo do tipo, de modo que o erro sobre essa proibição já exclui o dolo[651].

Nessas situações, quando o dever extrapenal for determinante para a compreensão da tipicidade concreta, há exclusão do dolo no erro de proibição causado por erro de tipo, sendo desnecessária a análise da evitabilidade desse erro, seja porque o erro de tipo é *lex specialis* do erro de proibição[652], seja porque a sequência sistemática destas categorias na teoria do delito obriga a comprovar primeiro se há erro de tipo (tipicidade subjetiva) e, somente depois de solucionado este, é possível verificar se há erro de proibição[653].

Assim, no nosso "Caso 2", o Prefeito estava em verdadeiro erro de proibição causado por erro de tipo e, considerando a relação de subsidiariedade entre erro de tipo e erro de proibição, ocorrerá a exclusão do dolo, nos termos do artigo 20 do Código Penal, o que leva a ausência de responsabilidade penal ao Prefeito porque não está prevista a modalidade culposa do crime de dispensa indevida de licitação. Nem poderia aqui recorrer-se ao dolo eventual do Prefeito, pois como já se observou, como eram constantes as reclamações dessa comunidade local, a qual vem sendo acometida por diversas doenças decorrentes da falta de saneamento básico é razoável que para o Prefeito, não versado em Direito, pudesse mesmo se tratar de um estado calamitoso, tal como foi esposado no parecer jurídico do Procurador do Município.[654]

Nos casos em que a decisão que causou um resultado proibido pela lei penal foi embasada em pareceres ou consultorias, o cumprimento do dever de informação por este sujeito que tomou a decisão pode já determinar sua isenção

---

650. HORTA, Frederico. Do erro sobre os elementos normativos das leis penais no direito penal econômico. In: LOBATO, José Danilo Tavares; MARTINELLI, João Paulo Orsini; SANTOS, Humberto Souza (Orgs.). *Comentários ao Direito Penal Econômico Brasileiro*. Belo Horizonte: D'Plácido, 2017, p. 337.

651. DIAS, Jorge de Figueiredo. Questões fundamentais do direito penal revisitadas. São Paulo: RT, 1999, p. 302.

652. LEITE, Alaor. *Dolo e o crime de dispensa ou inexigência ilegal de licitação (art. 89 da Lei 8.666/1993)*. In: Revista Brasileira de Ciências Criminais, Ano 21, nº 104, set/out 2013, p. 28.

653. CONDE, Muñoz. *El error en Derecho Penal*. p. 60 *apud* BITENCOURT, Cezar Roberto. *Tratado de direito penal: parte geral*. São Paulo: Saraiva, 2012, p. 507.

654. Chega a solução semelhante, LEITE, Alaor. *Dolo e o crime de dispensa ou inexigência ilegal de licitação (art. 89 da Lei 8.666/1993)*. In: Revista Brasileira de Ciências Criminais, Ano 21, nº 104, set/out 2013, p. 28.

de responsabilidade penal por ausência de preenchimento dos pressupostos do tipo objetivo, seja por colocar a sua conduta dentro do risco permitido ou, no limite, por indicar conduta que visou diminuir o risco e aumentar o grau de proteção do bem jurídico (item 3.5, *supra*). Todavia, nesses casos, a concentração do conhecimento e da informação qualificada estará nas mãos do especialista técnico ou jurídico que tem a função de conduzir quem vai tomar a decisão à consciência segura do injusto[655], o que pode impactar também nos pressupostos do tipo objetivo e da culpabilidade desse último sujeito. Como, em geral, pareceres técnicos servirão para esclarecer se estão ou não presentes aspectos do tipo objetivo e pareceres jurídicos podem tanto incidir sobre a compreensão de elementos constitutivos do tipo penal, quando houver elementos de reenvio para outros ramos do Direito, como sobre o conteúdo da proibição, é possível estabelecer, como regra geral - sem prejuízo das exceções - que pareceres técnicos podem gerar erro de tipo e pareceres jurídicos podem gerar erro de tipo ou erro de proibição no consulente.

3.7. Definindo os papeis deste sujeito: a autoria e a participação delitivas

Decisões tomadas conforme a parecer técnico ou jurídico são casos que podem conformar concurso de pessoas[656], pois ambas as condutas (atuar com base em uma informação qualificada e transmitir uma opinião ou uma orientação técnica ou jurídica) podem contribuir para a realização de um só fato punível.

No Direito Penal brasileiro, ainda parece[657] ser o artigo 13 do Código

---

655. Afinal, a busca da informação é meio possível para se atingir o conhecimento do injusto de tipos penais, cf. ROXIN, Claus. *Derecho Penal. Parte General*. Tomo I. Madrid: Civitas, 2008, p. 882.

656. Essa é a expressão adotada pelo Código Penal, no seu Título IV. Há também outras expressões encontradas na doutrina, como *concurso de agentes*, ainda mantida por Nilo Batista, em BATISTA, Nilo. *Concurso de agentes: uma investigação sobre os problemas da autoria e da participação no direito penal brasileiro*. Rio de Janeiro: Lumen Juris, 2005, p. xii. Antes disso, o mesmo fenômeno era chamado de *co-delinquência*, como se verifica, por exemplo, em Aníbal Bruno, em BRUNO, Aníbal. *Direito penal: parte geral*. Tomo 2°. Rio de Janeiro: Forense, 1984, p. 256. Todas essas expressões serão aqui tratadas como sinônimas.

657. Diz-se parece, porque o artigo 29 foi mal escrito pelo legislador de 1984. Tanto que a doutrina diverge quanto a teoria adotada na Reforma do Código Penal. O confuso raciocínio de MAGALHÃES NORONHA e de BITENCOURT revelam, exemplificadamente, a dificuldade de se interpretar o referido dispositivo. Assinala MAGALHÃES NORONHA que a reforma de 1984 "passou da teoria extensiva (todos são autores) para a teoria restritiva, estabelecendo a distinção entre autor e partícipe", mas conclui, logo em seguida, que "abraçou a nossa lei a teoria unitária ou monística. Equipara, em princípio, o art. 29 todos os que intervêm no delito" e, para tentar escapar dessa contradição, mas sem qualquer sucesso, arremata anotando que "o Código Penal não diz que todos os concorrentes no crime são autores, mas sim que todos respondem pelo resultado, na medida de sua participação" cf. MAGALHÃES NORONHA, Edgard. *Direito Penal*. Vol. 1. São Paulo: Saraiva, 2003, p. 214. Já BITENCOURT afirma que o nosso Código Penal distingue, e ao mesmo tempo não distingue, autor e partícipe, ao consignar que a reforma de 1984 "adotou, como regra, a teoria monista, determinando que todos os integrantes de uma infração penal incidem nas

Penal que informa o conteúdo do artigo 29 desse mesmo diploma[658]. Assim, a causalidade se mantém como sendo o centro de gravidade para se resolver as questões de autoria e participação[659]. Baseado na teoria unitária, autor é quem contribui causalmente para o resultado típico, sem distinção do partícipe no plano de injusto, de modo que as diferenças objetivas e subjetivas dos aportes de cada um dos intervenientes será somente tratada na fixação da quantidade de pena, como medida da culpabilidade[660].

Esse conceito extensivo de autor tem apresentado diversos problemas dogmáticos e pragmáticos[661]. Para superar esses inconvenientes, socorreu-se

sanções de um único e mesmo crime e, como exceção, a concepção dualista, mitigada, distinguindo a atuação de autores e partícipes, permitindo uma efetiva dosagem de pena de acordo com a efetiva participação e eficácia causal da conduta de cada partícipe", cf. BITENCOURT, Cezar Roberto. *Tratado de direito penal: parte geral*. Vol. 1. São Paulo: Saraiva, 2008, p. 378.

658. Nesse sentido, CIRINO DOS SANTOS, Juarez. *Manual de direito penal: parte geral*. Florianópolis: Conceito Editorial, 2012, p. 196.

659. BRUNO, Aníbal. *Direito penal: parte geral*. Tomo 2°. Rio de Janeiro: Forense, 1984, p. 258.

660. PRADO, Luiz Regis. *Tratado de direito penal: parte geral*. Vol. 2. São Paulo: RT, p. 577-578. Embora a própria Exposição de Motivos da Reforma Penal de 1984 (Lei n° 7.209/1984) tenha consignado que "Código de 1940 rompeu a tradição originária do Código Criminal do Império, e adotou neste particular a teoria unitária ou monística do Código italiano, como corolário da teoria da equivalência das causas (Exposição de Motivos do Ministro Francisco Campos, item 22). Sem completo retorno á experiência passada, curva-se, contudo, o Projeto aos críticos dessa teoria, ao optar, na parte final do artigo 29, e em seus dois parágrafos, por regras preciosas que distinguem a autoria da participação. Distinção, aliás, reclamada com eloqüência pela doutrina, em face de decisões reconhecidamente injustas." (Disponível em http://www2.camara.leg.br/legin/fed/lei/1980-1987/lei-7209-11-julho-1984-356852-exposicaodemotivos-148879-pl.html, acessado em 16 de julho de 2018), apenas acrescentar a expressão "na medida da sua culpabilidade" não permite se extrair tal mudança de postura do legislador, pois a adoção de um conceito restritivo de autor requer que autor e partícipe sejam diferenciados ainda no plano do injusto e não somente quando da análise da culpabilidade. Nesse sentido, MIR PUIG, Santiago. *Direito penal: fundamentos e teoria do delito*. São Paulo: RT, 2007, pp. 333-334.

661. Não é tarefa desta pesquisa aprofundar essas dificuldades. Mas, para ficarmos com alguns exemplos, o conceito extensivo de autor não permite a compreensão dos delitos especiais próprios e de mão própria e, além disso, apresenta uma contradição interna ao prever a figura da participação de menor importância (artigo 29, §1° do Código Penal), porque, ao mesmo tempo em que essa cumplicidade não é necessária para a realização do crime, a supressão mental dessa contribuição, à luz da teoria da equivalência dos antecedentes, conduziria à inexistência do delito. Ademais, essa mesma regra do nexo causalilidade também incluiria como autor todos aqueles que, com seus aportes, contribuíram, de algum modo, para o resultado, de modo que tal concepção causal de autoria implicaria em reconhecer como típica qualquer atuação de um interveniente, ainda que temporalmente distante do resultado. Como se não bastasse, levar o critério da causalidade para determinar a tipicidade, com base na teoria da equivalência das condições, até suas últimas consequências, acarretou, nas legislações que reconhecem a distinção entre autor e partícipe - como a alemã -, no surgimento de uma teoria subjetiva de autor, absolutamente vaga e imprecisa, alicerçada em critérios psíquicos (intelectuais ou emocionais) que entendem autor todo aquele que age com *animus auctoris*, ainda que não realize a conduta típica, e partícipe todo aquele que age com *animus socii*, apesar de realizar a ação típica, a qual conduziu a soluções altamente questionáveis. Sobre um panorama dessas dificuldades, v. VALLEJO, Manuel Jaén. El concepto de acción en la dogmática penal. Madrid: Codex, 1994, p. 22-53; MIR PUIG, Santiago. *Direito penal: fundamentos e teoria do delito*. São

de outro critério para determinar a autoria, a ação. Com suporte no finalismo, autor não seria mais quem *causou* um resultado típico, mas quem *praticou* um crime[662]. Autor é, portanto, quem realiza o comportamento descrito no tipo[663] e os demais intervenientes que não realizam os tipos são instigadores ou cúmplices, cuja punição dependerá de uma cláusula de extensão da punibilidade[664].

Esta nova perspectiva privilegiou a própria natureza das coisas, segundo o qual, para diferentes formas de agir, diferente deve ser o tratamento jurídico-penal[665].

Assim, inicialmente entendeu-se que autor era quem, com as próprias mãos, realizava a ação descrita no tipo e os partícipes eram todos os demais concorrentes do fato punível[666]. Contudo, uma teoria calcada em critérios puramente formais olvida que há casos em que o sujeito não realiza o fato punível com as suas próprias mãos, mas por meio de outra pessoa – aquele que coage um menor a esfaquear outro, não pratica formalmente a conduta de "matar alguém" –, e que há outras situações em que o sujeito contribui de maneira importante para o fato punível, sem que, todavia, a sua conduta corresponda especificamente ao

Paulo: RT, 2007, pp. 330-333; PRADO, Luiz Regis. *Tratado de direito penal: parte geral*. Vol. 2. São Paulo: RT, pp. 577-578, CIRINO DOS SANTOS, Juarez. *Manual de direito penal: parte geral*. Florianópolis: Conceito Editorial, 2012, pp. 195-197; REALE JR., Miguel. *Instituições de direito penal: parte geral*. Vol 1. Rio de Janeiro: Forense, 2006, pp. 314-315, BITENCOURT, Cezar Roberto. *Tratado de direito penal: parte geral*. Vol. 1. São Paulo: Saraiva, 2013, pp. 554-555; e, detalhadamente, BATISTA, Nilo. *Concurso de agentes: uma investigação sobre os problemas da autoria e da participação no direito penal brasileiro*. Rio de Janeiro: Lumen Juris, 2005, pp. 27-56.

662. MIR PUIG, Santiago. *Direito penal: fundamentos e teoria do delito*. São Paulo: RT, 2007, p. 334.

663. ROXIN, Claus. *Derecho penal: parte general*. Tomo II. Madrid: Civitas, 2014, p. 66 e BRUNO, Aníbal. *Direito penal: parte geral*. Tomo 2º. Rio de Janeiro: Forense, 1984, p. 265. A relação entre autoria e tipo é revelada desde FRANK, entendo que autor era quem realizava todo o tipo penal. Afinal interessaria ao Direito Penal, não qualquer ilícito jurídico, mas somente um ilícito típico, cf. BRUNO, Aníbal. *Direito penal: parte geral*. Tomo 2º. Rio de Janeiro: Forense, 1984, p. 265, nota 7, com expressa referência ao conceito proposto por FRANK. LUIS GRECO revela, entretanto, que a ideia de autoria como realização do tipo pode ser enxergada desse a concepção mais tradicional de autoria como causação de um resultado, cf. GRECO, Luís; TEIXEIRA, Adriano. Autoria como realização do tipo: uma introdução à ideia de domínio do fato como fundamento central da autoria no direito penal brasileiro. In: GRECO, Luís et. al. *Autoria como domínio do fato: estudos introdutórios sobre o concurso de pessoas no direito penal brasileiro*. São Paulo: Marcial Pons, 2014, p. 49. Essa relação entre autoria e tipo será retomada adiante

664. ROXIN, Claus. *Derecho penal: parte general*. Tomo II. Madrid: Civitas, 2014, p. 66 e PRADO, Luiz Regis. *Tratado de direito penal: parte geral*. Vol. 2. São Paulo: RT, p. 577-578.

665. A necessidade de se reconhecer juridicamente que as condutas são, no mundo físico-real, diferentes, foi exposta, dentre outros, por REALE JR., Miguel. *Instituições de direito penal: parte geral*. Vol 1. Rio de Janeiro: Forense, 2006, pp. 314-315; FERRAZ, Esther de Figueiredo. *A co-delinqüência no direito penal brasileiro*. São Paulo: Buschatsky, 1976, p. 48-49 e BATISTA, Nilo. *Concurso de agentes: uma investigação sobre os problemas da autoria e da participação no direito penal brasileiro*. Rio de Janeiro: Lumen Juris, 2005, p. 59.

666. ROXIN, Claus. *Autoría y dominio del hecho en derecho penal*. Marcial Pons: Madrid, 2016, p. 50.

verbo previsto no tipo – aquele que segura a vítima para que outro a esfaqueie não pratica o verbo "matar"[667].

Logo, seria necessária uma construção material capaz de explicar os casos de autoria mediata e de coautoria e reconhecer a importância da diferença de cada um dos aportes de conduta dos intervenientes no fato punível, o que deslocaria o centro de gravidade do concurso de pessoas para outra base. A formulação mais bem acabada dessa construção material é a teoria do domínio do fato[668] segundo a qual autor é aquele que tem o domínio final do fato[669] e, por controlar o fato típico[670], o autor é a *figura central do acontecer típico*[671].

Disso decorre que a autoria é, antes de tudo, uma categoria relacionada ao tipo[672]. Assim, autor é quem domina as suas ações e, portanto, domina o risco do resultado[673]. Já o partícipe é aquele que presta uma contribuição para esse resultado, mas sem domínio, sendo sua participação indireta ou assessória à ação típica conduzida pelo autor[674].

Esse resultado, corolário do fato punível, pode ser dominado de três maneiras distintas: por meio do domínio sobre a própria ação, que configura a autoria

---

667. CIRINO DOS SANTOS, Juarez. *Manual de direito penal: parte geral*. Florianópolis: Conceito Editorial, 2012, p. 196; MIR PUIG, Santiago. *Direito penal: fundamentos e teoria do delito*. São Paulo: RT, 2007, pp. 334-335.

668. Esse atributo é conferido, entre nós, por LUIS GRECO, ALAOR LEITE e ADRIANO TEIXEIRA. GRECO, Luís, LEITE, Alaor. O que é e o que não é a teoria do domínio do fato: sobre a distinção entre autor e partícipe no direito penal. In: GRECO, Luís et. al. *Autoria como domínio do fato: estudos introdutórios sobre o concurso de pessoas no direito penal brasileiro*. São Paulo: Marcial Pons, 2014, p. 20 e GRECO, Luís; TEIXEIRA, Adriano. Autoria como realização do tipo: uma introdução à ideia de domínio do fato como fundamento central da autoria no direito penal brasileiro. In: GRECO, Luís et. al. *Autoria como domínio do fato: estudos introdutórios sobre o concurso de pessoas no direito penal brasileiro*. São Paulo: Marcial Pons, 2014, p. 55. Sobre as outras teorias objetivo-materiais, v. ROXIN, Claus. *Autoría y dominio del hecho en derecho penal*. Marcial Pons: Madrid, 2016, p. 53 e ss.

669. Relembre-se que são as ações que podem ser controladas, orientadas e conduzidas e, por isso, é sobre elas que se dirige a proibição, cf. WELZEL, Hans. *Derecho penal: parte general*. Buenos Aires: Roque Depalma Editor, 1956, p. 40; VALLEJO, Manuel Jaén. El concepto de acción en la dogmática penal. Madrid: Codex, 1994, p. 44-45.

670. CIRINO DOS SANTOS, Juarez. *Manual de direito penal: parte geral*. Florianópolis: Conceito Editorial, 2012, p. 197.

671. Como escreve ROXIN, é este o "princípio orientador para determinar o conceito de autor", cf. ROXIN, Claus. *Autoría y dominio del hecho en derecho penal*. Marcial Pons: Madrid, 2016, p. 42 e ss. (nossa tradução livre).

672. A autoria é indiferente à culpabilidade, ainda que ela forneça para essa categoria determinados elementos que a ela sistematicamente pertençam. ROXIN, Claus. *Autoría y dominio del hecho en derecho penal*. Marcial Pons: Madrid, 2016, pp. 324-325.

673. ROXIN, Claus. *Autoría y dominio del hecho en derecho penal*. Marcial Pons: Madrid, 2016, pp. 324-328.

674. BATISTA, Nilo. *Concurso de agentes: uma investigação sobre os problemas da autoria e da participação no direito penal brasileiro*. Rio de Janeiro: Lumen Juris, 2005, pp. 157-159.

imediata, por meio do domínio sobre a vontade de um terceiro, que configura a autoria mediata, e por meio do domínio do acontecer típico em conjunto com outra pessoa, que configura a coautoria[675].

Como domínio pressupõe conhecimento[676], e este componente é indispensável ao dolo[677], a teoria do domínio do fato não se aplica para os delitos culposos[678]. Nesses, o reproche penal recai sobre a violação de um dever[679] objetivo de cuidado[680] que está inserido na concepção do tipo culposo[681], sendo autor quem, com o seu comportamento, criou um risco não permitido, violando um dever objetivo de cuidado, e causou o resultado proibido[682]. Entretanto, o delito culposo somente se configurará se também estiverem preenchidos os critérios desenvolvidos pela teoria da imputação objetiva[683].

---

675. Ver esquematicamente ROXIN, Claus. *Autoría y dominio del hecho en derecho penal.* Marcial Pons: Madrid, 2016, p. 504.

676. GRECO, Luis. Dolo sem vontade. In: SILVA DIAS et. al. *Liber Amicorum de José de Sousa e Brito.* Coimbra: Almedina, 2009, p. 891-892.

677. Nesse sentido, ver, ilustrativamente, PUPPE, Ingeborg. *A distinção entre dolo e culpa.* São Paulo, Manole, 2004, p. 79 e ss.; SANTOS, Humberto Souza. Elementos fundamentais de um conceito de dolo político-criminalmente orientado. In: *Revista Brasileira de Ciências Criminais*, São Paulo, n. 97, 2012, p. 87 e ss.; VIANA, Eduardo. *Dolo como compromisso cognitivo.* São Paulo: Marcial Pons, 2017, p. 251 e ss.

678. Ver, por todos, PRADO, Luiz Regis. *Tratado de direito penal: parte geral.* Vol. 2. São Paulo: RT, p. 582.

679. ROXIN, ao tratar da autoria, propôs uma grande distinção entre os delitos, classificando-os em delitos de domínio e delitos de dever. ROXIN, Claus. *Autoría y dominio del hecho en derecho penal.* Marcial Pons: Madrid, 2016, pp. 344-345.

680. HUNGRIA, Nélson. *Comentários ao Código Penal.* V. 1. T. II. Rio de Janeiro: Forense, 1958, p. 185 e BRUNO, Aníbal. *Direito penal: parte geral.* Tomo 2°. Rio de Janeiro: Forense, 1984, p. 83.

681. Embora sejam tipos abertos e dependentes de valoração judicial, o tipo objetivo do injusto imprudente é o mesmo que o tipo objetivo do injusto doloso e os critérios para definição de imprudência serão fornecidos por normas jurídicas, regras profissionais e dados da experiência. Nesse sentido, CIRINO DOS SANTOS, Juarez. *Manual de direito penal: parte geral.* Florianópolis: Conceito Editorial, 2012, p. 84.

682. A doutrina é divergente quanto a admissibilidade do concurso de pessoas em crimes culposos. Tem predominado o entendimento que, nos delitos imprudentes, vigora o conceito unitário de autor (ver, ilustrativamente, WELZEL, Hans. Derecho penal alemán: parte general. Santiago: Editora Jurídica de Chile, 1970, p. 143, BATISTA, Nilo. *Concurso de agentes: uma investigação sobre os problemas da autoria e da participação no direito penal brasileiro.* Rio de Janeiro: Lumen Juris, 2005, p. 79 e PRADO, Luiz Regis. *Tratado de direito penal: parte geral.* Vol. 2. São Paulo: RT, p. 577-578). Em sentido contrário, dentre outros, REALE JR., Miguel. *Instituições de direito penal: parte geral.* Vol 1. Rio de Janeiro: Forense, 2006, pp. 323-325 e MIR PUIG, Santiago. *Direito penal: fundamentos e teoria do delito.* São Paulo: RT, 2007, pp. 341-342. O cenário fica mais nebuloso ao se tratar da participação dolosa em crime culposo. Sobre o panorama das discussões, ver, detalhadamente, TAVARES, Juarez. *Teoria do crime culposo.* Florianópolis: Empório do Direito, 2016, p. 469 e ss., que não admite concurso de pessoas em crime culposo, somente autoria colateral.

683. Esses critérios já foram expostos, com especial enfoque para o problema da presente pesquisa, no tópico 3.4., *supra*.

Tendo em vista que os crimes omissivos próprios e impróprios também consituem delitos de dever[684], a produção do resultado está em segundo plano[685]. Então, desde que realizados os atos expressamente previstos no tipo[686], o decisivo para a punição é a violação de um dever específico que assiste ao sujeito, de modo que somente será autor o titular do dever descrito no tipo (o *intraneus*)[687]. Assim, ainda que o domínio do acontecer típico esteja nas mãos de um *extraneus*, ele será sempre considerado partícipe, pois o dever descrito no tipo não lhe diz respeito[688]. Entretanto, há aqui de se considerar a norma de extensão prevista no artigo 30 do Código Penal, que poderia conduzir a punibilidade de ambos[689].

Em especial, nos delitos omissivos impróprios, a imputação a título de autoria recairá sobre quem tem o dever de evitar o resultado[690], ou seja, será autor quem, possuindo a posição de garantidor, viola o dever de proteção do bem jurídico que está sob sua custódia ou de vigilância do foco de perigo que está sob seu controle e, assim, não impede o resultado típico, apesar da capacidade físico-real de fazê-lo[691]. Igualmente aqui, se se considera a posição de garantidor

684. TAVARES, Juarez. *Teoria dos crimes omissivos*. São Paulo: Marcial Pons, 2012, p. 47.

685. ROXIN, Claus. *Derecho penal: parte general*. Tomo II. Madrid: Civitas, 2014, p. 179-180.

686. A ressalva é feita por Mir Puig para escapar da crítica que considera os delitos consistentes em infração de um dever uma construção teórica oposta ao princípio da legalidade. MIR PUIG, Santiago. *Direito penal: fundamentos e teoria do delito*. São Paulo: RT, 2007, p. 342.

687. ROXIN, Claus. *Autoría y dominio del hecho en derecho penal*. Marcial Pons: Madrid, 2016, pp. 344-345.

688. Contrário a esse entendimento para os crimes omissivos impróprios, SCHÜNEMANN, Bernd. El dominio sobre el fundamento del resultado: base lógico-objetiva común para todas las formas de autoria incluyendo el actuar en lugar de outro. Revista de Derecho Penal, Buenos Aires, n. 2, 2005, p. 40-46, para os delitos omissivos próprios e impróprios REALE JR., Miguel. *Instituições de direito penal: parte geral*. Vol. 1. Rio de Janeiro: Forense, 2006, p. 325. Nega a existência de concurso em crimes omissivos, TAVARES, Juarez. *Teoria dos crimes omissivos*. São Paulo: Marcial Pons, 2012, p. 404 e ss., para quem haveria, quando muito, uma forma especial de autoria colateral.

689. GRECO, Luís; ASSIS, Augusto. O que significa a teoria do domínio do fato para a criminalidade de empresa. In: GRECO, Luís et. al. *Autoria como domínio do fato: estudos introdutórios sobre o concurso de pessoas no direito penal brasileiro*. São Paulo: Marcial Pons, 2014, p. 117-118.

690. BITENCOURT, Cezar Roberto. *Tratado de direito penal: parte geral*. Vol. 1. São Paulo: Saraiva, 2013, p. 310.

691. ESTELLITA, Heloisa. *Responsabilidade penal de dirigentes de empresa por omissão: estudo sobre a responsabilidade omissiva imprópria de dirigentes de sociedades anônimas, limitadas e encarregados de cumprimento por crimes praticados por membros da empresa*. São Paulo: Marcial Pons, 2017, p. 78. Não se desconhece, entretanto, a proposta de SCHÜNEMANN que entende existir domínio na omissão imprópria, que fundamenta a posição de garantidor no caso concreto. SHÜNEMANN, Bend. Sobre a posição de garantidor nos delitos de omissão imprópria: possibilidades histórico-dogmáticas, materiais e de direito comparado para escapar de um caos. In: SCHÜNEMANN, Bernd. *Estudos de direito penal, direito processual penal e filosofia do direito*. São Paulo: Marcial Pons, p. 159 e ss.

Essa proposta parece apontar soluções possíveis para tratar da posição de garantidor do parecerista ou do consultor e, por isso, ela será resgatada no tópico 4.5, *infra*.

elementar do tipo objetivo da omissão imprópria, incide a regra do artigo 30 do Código Penal e tal circunstância se comunica aos demais intervenientes[692].

Vistas todas as categorias do tipo penal - comissivo, omissivo, doloso e culposo - o que se percebe é que a descrição típica neles prevista representa, ao mesmo tempo, uma descrição do autor, o que conduz à conclusão de que a definição da autoria, em Direito Penal, consiste em saber se o sujeito realizou o tipo[693]. Nos crimes comissivos dolosos, as três formas de domínio são hipóteses de se realizar os verbos do tipo. Nos crimes omissivos e nos crimes culposos, a violação de um dever é a razão de ser do tipo. Logo, os tipos não são meras causações, mas descrições de ações arriscadas[694].

Olhando para o nosso Código Penal, em especial para os artigos 29 a 31, não parecem existir barreiras para se transportar tais construções dogmáticas - conceito restritivo de autor e teoria do domínio do fato -, porque a introdução legal dos critérios de distinção entre autor e partícipe transformaram o paradigma monístico da teoria unitária em paradigma diferenciador[695].

Não só a Exposição de Motivos da Reforma Penal de 1984 deixa claro que o legislador curvou-se à necessidade de se distinguir autor e partícipe[696], como também a própria redação legal do artigo 29 do Código Penal se compatibiliza com essa distinção, pois ao prever que responde "quem, de qualquer modo" concorreu para o crime, pressupõe a existência de mais de uma maneira de imputação da responsabilidade penal, a qual pode se dar a título de autoria, coautoria, autoria mediata, instigação ou cumplicidade[697]. Além disso, o artigo 31 do Código Penal decreve expressamente as formas clássicas de participação em sentido estrito (a instigação e o auxílio ou cumplicidade), atribuindo-lhes uma consequência jurídica (de impunidade se o crime praticado pelo autor não

---

692. REALE JR., Miguel. *Instituições de direito penal: parte geral*. Vol 1. Rio de Janeiro: Forense, 2006, p. 325. Contrário a esse entendimento, TAVARES, Juarez. *Teoria dos crimes omissivos*. São Paulo: Marcial Pons, 2012, p. 404 e ss.

693. GRECO, Luís; ASSIS, Augusto. O que significa a teoria do domínio do fato para a criminalidade de empresa. In: GRECO, Luís et. al. *Autoria como domínio do fato: estudos introdutórios sobre o concurso de pessoas no direito penal brasileiro*. São Paulo: Marcial Pons, 2014, p. 66.

694. Essa é a perspectiva funcionalista da teoria do delito, conforme já se apontou no tópico 3.4, acima.

695. CIRINO DOS SANTOS, Juarez. *Manual de direito penal: parte geral*. Florianópolis: Conceito Editorial, 2012, p. 198.

696. "Sem completo retorno á experiência passada, curva-se, contudo, o Projeto aos críticos dessa teoria, ao optar, na parte final do artigo 29, e em seus dois parágrafos, por regras preciosas que distinguem a autoria da participação." (Disponível em http://www2.camara.leg.br/legin/fed/lei/1980-1987/lei-7209-11-julho-1984-356852-exposicaodemotivos-148879-pl.html, acessado em 16 de julho de 2018)

697. BATISTA, Nilo. *Concurso de agentes: uma investigação sobre os problemas da autoria e da participação no direito penal brasileiro*. Rio de Janeiro: Lumen Juris, 2005, p. 45.

chega a ser tentado), revelando a incidência do princípio da acessoriedade[698]. E, na Parte Especial, essas mesmas formas são encontradas no artigo 122, que pune, autonomamente, a participação em suicídio, o que afasta a concepção causal de autoria, sob pena de se dissolver o tipo do artigo 122 com o tipo do artigo 121, o que atritaria sensivelmente com o princípio da legalidade[699].

Portanto, resta justificado que o ponto de partida para análise do papel que aquele que atua conforme a parecer técnico ou jurídico ocupará, dentro na teoria do delito, será o conceito restritivo de autor e a teoria do domínio do fato, pois tais construções superam a proposição teórica inaceitável da *panaceia do princípio causal*[700].

Por esse prisma, considerando que quem tem o poder para tomar uma decisão diante de uma situação concreta, tem a capacidade de solicitar uma informação qualificada e tem a autonomia para, com base na informação recebida, determinar "se" e "como"[701] realizará o projeto de conduta, o consulente, inicialmente, é a figura central do acontecer típico.

Ao receber a informação do parecerista ou do consultor, o sujeito tem discricionariedade para definir qual será a decisão que irá tomar no caso concreto - pois, como já se observou, esta informação técnica não lhe é nem formal, nem materialmente vinculante[702] -, e domina a sua própria ação realizando, por vezes, de mão própria, o núcleo do tipo objetivo. Assim, será ele autor[703], ainda que, ao final, exculpado, pois o que torna a autoria inquestionável é a tipicidade do comportamento desse sujeito[704].

Todavia, os casos tratados nessa pesquisa correspondem, justamente, às situações nas quais quem tem o poder de decidir não tem o conhecimento técnico ou jurídico necessário e adequado para tomar a sua decisão, que buscará suplantar este *déficit* a partir de um *expert* que lhe fornecerá uma informação qualificada.

Portanto, nesses casos, existe uma nítida fragmentação de condutas e uma

---

698. BRUNO, Aníbal. *Direito penal: parte geral*. Tomo 2°. Rio de Janeiro: Forense, 1984, p. 272-275.

699. GRECO, Luis. *Cumplicidade através das ações neutras: a imputação objetiva na participação*. Rio de Janeiro: Renovar, 2004, pp. 11-12.

700. BATISTA, Nilo. *Concurso de agentes: uma investigação sobre os problemas da autoria e da participação no direito penal brasileiro*. Rio de Janeiro: Lumen Juris, 2005, p. 54.

701. Essa é a clássica definição de autoria para WELZEL. WELZEL, Hans. Derecho penal alemán: parte general. Santiago: Editora Jurídica de Chile, 1970, p. 143.

702. Embora as consequências advindas dessa escolha do sujeito - seguir ou não seguir o parecer - acarrete em consequências jurídicas absolutamente distintas.

703. O domínio sobre a própria ação é uma das três manifestações concretas da ideia de domínio do fato que, portanto, caracteriza a figura do autor do delito, no caso, do autor imediato, cf. ROXIN, Claus. *Autoría y dominio del hecho en derecho penal*. Marcial Pons: Madrid, 2016, pp. 133-136.

704. ROXIN, Claus. *Derecho penal: parte general*. Tomo II. Madrid: Civitas, 2014, p. 83.

segmentação de informações que não permitem que se reconduza a uma única pessoa o controle sobre toda a ação[705].

A falta de sincronia entre poder de decisão e acesso à informação impacta na determinação da autoria nesses casos, pois quem detém o conhecimento técnico ou jurídico específico sobre a situação concreta pode ser capaz de dominar a ação de quem detém o poder de decisão, colocando este consulente em erro (de tipo ou de proibição, a depender da situação concreta)[706]. Essa dinâmica transforma o parecerista em autor mediato[707], com controle sobre a ação do consulente, que passa a ser mero instrumento[708].

A situação não é incomum[709]. Diante da dúvida sobre a necessidade de recolhimento dos tributos "x, y e z" na operação com um novo produto, o diretor da empresa consulta contadores e tributaristas que informam que esta operação demanda tão somente o recolhimento dos tributos "w e q" (próximo ao "Caso 1" e ao "Caso 3", do primeiro capítulo). O Prefeito não sabe se pode dispensar a licitação diante de uma situação que considera urgente e consulta o Procurador do Município que lhe informa sobre a possibilidade jurídica de dispensa do certame ("Caso 2" do primeito capítulo). Não sabendo se o creme hidratante causa riscos para a saúde dos consumidores, os diretores da indústria de cosméticos consultam a equipe técnica da empresa, os quais informam sobre a ausência de qualquer indício de propriedades tóxicas ou outro tipo de irregularidade com o produto ("Caso 4" do primeiro capítulo).

Em todos esses exemplos, o conhecimento técnico ou jurídico necessário e adequado para a tomada consciente da decisão não estão nas mãos de quem decide, mas de terceiros que não possuem esse poder decisório. São esses especialistas que, por vezes, dirigem os processos nos quais intervém quando consultados, o que pode impedir que o sujeito hierarquicamente superior ou que, concretamente, detenha o poder de mando, consiga, efetivamente, não compreende nem controlar os fatos[710].

Nesses casos, o fundamento principal para o domínio da vontade, por parte

705. Ver detalhadamente essa dinâmica no tópico 2.1., do capítulo anterior.

706. Trata-se de manifestação do domínio da vontade em virtude de erro em que o executor atua sem dolo ou em erro de proibição. Nesse sentido, ROXIN, Claus. *Derecho penal: parte general*. Tomo II. Madrid: Civitas, 2014, p. 91 e ss.

707. A responsabilidade penal do consultor técnico ou jurídico será tratada no próximo capítulo.

708. O domínio sobre a ação de um terceiro é outra manifestação concreta da ideia de domínio do fato, caracterizando como autor aquele que domina a vontade do outro, cf. ROXIN, Claus. *Autoría y dominio del hecho en derecho penal*. Marcial Pons: Madrid, 2016, pp. 147-148.

709. Em razão disso, serão mais raros os casos em que o especialista será mero partícipe, por ter tão somente auxiliado para a realização do crime, sem realizar o injusto descrito no tipo.

710. CERVINI, Raúl. *Abordaje metodológico de la delincuencia económica sofisticada*. CIIDPE, 2007, pp. 17-18.

do parecerista ou do consultor, sobre o sujeito que, propriamente, executa a ação, é o fato de que o conhecimento mais amplo, mais aprofundado e, portanto, mais especializado desse *expert* lhe permite dirigir o acontecer típico, pois o executor direto, ainda que resguarde para si o poder de decisão, não será capaz de opor sua livre vontade inibitória e autônoma ao que não é acessível para o seu entendimento[711].

Por essa razão, não será raro que a decisão será tomada pelo consulente em estado de erro de tipo ou erro de proibição (em todas as suas escalas), ficando incapaz de poder motivar-se de acordo com a norma[712], o que desloca todo o controle sobre o acontecer típico para as mãos de quem detém a informação qualificada[713].

Na hipótese de quem toma a decisão que acarretou no resultado lesivo estar em erro (de tipo ou de proibição) causado pela informação confiável e plausível transmitida pelo parecerista técnico ou jurídico, aquele sujeito (que toma a decisão) será mero instrumento que atua em erro e, em sendo este erro escusável, a punibilidade, em princípio, recairá tão somente ao autor mediato (parecerista ou consultor), pois, de início, quem determina o erro responde pelo crime (artigo 20, §2°, do Código Penal)[714].

Como se percebe, o que gerará domínio não é só um poder decisório assim entendido como mero ato executivo[715], mas também o controle sobre a informação técnica ou jurídica, a qual se concentra quase que inteiramente na esfera

711. ROXIN, Claus. *Autoría y dominio del hecho en derecho penal.* Marcial Pons: Madrid, 2016, p. 228.

712. BACIGALUPO, Enrique. *Manual de derecho penal: parte general.* Coimbia: Editora Temis, 1996, p. 193.

713. As conclusões a partir da constatação do erro serão várias, a depender da modalidade de erro verificada, do acesso à informação para a formação do dolo no sujeito e para a formação da sua consciência sobre a ilicitude, aspectos todos ligados ao elemento subjetivo do tipo e à culpabilidade, que, como já anotado, não se inserem no âmbito de investigação desta pesquisa e, por vezes, consistirão em inúmeros exemplos e hipóteses relacionadas ao objeto deste estudo, o que também transcenderia ao propósito dessa dissertação. De todo modo, registre-se, de saída, que para ROXIN, qualquer que seja a modalidade de erro, ainda que não afete o dolo ou a culpabilidade, como o erro sobre a pessoa, basta para configurar a autoria mediata, pois esta encontra a sua razão última no conhecimento superior do homem de trás, que lhe permite controlar e dominar o homem da frente, cf. ROXIN, Claus. *Autoría y dominio del hecho en derecho penal.* Marcial Pons: Madrid, 2016, p. 228. Entretanto, SCHÜNEMANN apresenta restrições a esse entendimento de ROXIN, as quais podem ser observadas em SCHÜNEMANN, Bernd. A figura do autor por trás do autor e o princípio dos níveis do domínio do fato. In: SCHÜNEMANN, Bernd. *Estudos de direito penal, direito processual penal e filosofia do direito.* São Paulo: Marcial Pons, p. 142 e ss.

714. A resposabilidade penal do parecerista será tratada no próximo capítulo.

715. Aliás, esse é o fundamento para reconhecer a autoria mediata, em que o autor, diferentemente da perspectiva objetivo-formal, seria também aquele que não executa materialmente conduta típica alguma. Nesse sentido, MIR PUIG, Santiago. *Direito penal: fundamentos e teoria do delito.* São Paulo: RT, 2007, p. 342-344.

do parecerista ou do consultor especializado, o que conduz a uma *inversão dos papéis*[716] que inicialmente seriam distribuídos a esses dois sujeitos[717].

Um argumento contra essa perspectiva poderia consistir no fato de o sujeito que toma a decisão nos casos tratados nessa pesquisa possuir determinada qualificação, ainda que na área de conhecimento diversa do consultor (como, por exemplo, o empresário formado em administração, o Prefeito formado em economia, o dono de um estabelecimento comercial formado em publicidade), de modo que, por conhecerem regras gerais sobre as atividades que desenvolvem, não poderiam ser convertidos em meros instrumentos, pois atuariam de maneira plenamente responsável, até porque eles podem, mas não devem, seguir a orientação recebida no parecer. O argumento parece frágil por cinco razões.

Em primeiro lugar, o controle da informação é forma de controle penalmente relevante, pois gera domínio e influencia diretamente na atuação do outro sujeito, que é o destinatário da informação qualificada. Em segundo lugar, o fato de o homem da frente atuar de maneira penalmente responsável não exclui a possibilidade de que um domínio da vontade também surja nessas circunstâncias, pois o princípio da autorresponsabilidade é um critério que somente afirma que é mais fácil verificar a autoria mediata nas hipóteses em que o homem da frente não atua de modo penalmente responsável e a interpretação correta do domínio do fato é em sentido fático, e não meramente normativo, requerendo que se observe, sempre, os contornos do caso concreto[718] (nos quais o controle da informação poderá sim inverter os papéis, sem prejuízo de quem tomou a decisão também responder pelo seu ato, configurando o chamado *autor por trás do autor*[719]). Em terceiro lugar, a busca pela informação visa diminuir os riscos e aumentar o grau de proteção ao bem jurídico que pode ser afetado pela conduta empreendida, de modo que dificilmente não se seguirá a orientação técnica ou jurídica recebida[720]. Em quarto lugar, o fato de quem toma a deci-

716. A expressão é de Mir Puig, em MIR PUIG, Santiago. *Direito penal: fundamentos e teoria do delito*. São Paulo: RT, 2007, p. 343.

717. Chega a uma conclusão semelhante, entendo que profissionais como os pareceristas e consultores podem determinar erros invencíveis no outro sujeito, o que os transforma em autores mediatos, ROBLES PLANAS, Ricardo. El responsable de cumplimiento (compliance officer) ante el derecho penal. In: SILVA SÁNCHEZ, Jesús-María; MONTANER FERNÁNDEZ, Raquel. *Criminalidad de empresa y compliance*. Barcelona: Atelier, 2013, p. 328.

718. SOUZA SANTOS, Humberto. *Autoria mediata por meio de dependência estrutural econômico-profissional no âmbito das organizações empresariais*. In: *Revista Brasileira de Ciências Criminais*, n. 117, 2015, p. 128-130.

719. A autoria mediata estaria, assim, vinculada à *posição-chave* que determinado sujeito ocupe para a integridade do bem jurídico, sem descartar a responsabilidade das demais pessoas de acordo com a sua respectiva posição diante desse mesmo bem jurídico, cf. SCHÜNEMANN, Bernd. A figura do autor por trás do autor e o princípio dos níveis do domínio do fato. In: SCHÜNEMANN, Bernd. *Estudos de direito penal, direito processual penal e filosofia do direito*. São Paulo: Marcial Pons, p. 153-154.

720. Vide tópico 3.4., acima.

são possuir certa qualificação não diminui a sua dúvida sobre a proibição em ambientes altamente regulados, nos quais as normas, além de se caracterizarem como *mala quia prohibita*, são dotadas de elementos de remissão extrapenal, em constante alteração, e ainda que quem decida possua certa qualificação, esta geralmente será em área diversa daquela em que o especialista é consultado, o que a torna menos relevante para que esse sujeito esteja em estado de erro sobre a proibição, que poderá ser causado pelo parecerista[721]. Finalmente, como se esclareceu quando se tratou dos crimes omissivos impróprios, a ausência de um poder diretivo ou de tomar decisões sequer afeta a posição de garantidor de quem detém a informação, pois, no máximo, a limita e, além disso, caso o parecerista não informe da maneira adequada o outro sujeito, a ausência deste conhecimento não faz deflagrar o dever de agir diante de uma situação típica, o que reforça o argumento no sentido de que o consultor é capaz de dominar a ação de quem tem o poder de decidir no caso concreto[722].

Entretanto, quando quem decide estiver em condições reais e efetivas de avaliar as consequências do seu projeto de conduta – o que, naturalmente, dependerá de elementos do caso concreto –, a sua redução a mero instrumento dificilmente será observada, pois inexistirá o domínio, pelo homem de trás, de um *deficit* de responsabilidade do homem da frente e quem solicitou a informação tomará uma decisão plenamente responsável, sendo recolocado na condição de autor em razão da sua capacidade de autodeterminação que afasta o estado de erro desse sujeito sobre a situação fática e jurídica concreta.[723]

Outra particularidade a ser melhor observada nos casos de atuação conforme parecer técnico ou jurídico se referem aos chamados delitos especiais. Essa categoria de crimes exige, tanto na sua versão comissiva, quanto omissiva, que o autor apresente uma qualidade especial[724] (*intraneus*), como ocorre no crime gestão temerária (artigo 4º, parágrafo único, da Lei nº 7.492/1986), que exige a qualidade especial de ser controlador, administrador ou gerente de instituição financeira (artigo 25 da Lei nº 7.492/1986). Pense-se, então, no controlador de um banco de investimentos (*intraneus*) que, suportado por pareceres positivos da área técnica de crédito do banco (*extraneus*), realizou diversas operações de empréstimo para um determinado grupo de empresas, as quais, por falta de

721. Vide tópico 3.1., acima.

722. Vide tópico 3.5., acima.

723. SCHÜNEMANN, Bernd. A figura do autor por trás do autor e o princípio dos níveis do domínio do fato. In: SCHÜNEMANN, Bernd. *Estudos de direito penal, direito processual penal e filosofia do direito*. São Paulo: Marcial Pons, p. 147-148 e CIRINO DOS SANTOS, Juarez. *Manual de direito penal: parte geral*. Florianópolis: Conceito Editorial, 2012, p. 200.

724. MAGALHÃES NORONHA, Edgard. *Direito Penal*. Vol. 1. São Paulo: Saraiva, 2003, p. 112; BACIGALUPO, Enrique. *Manual de derecho penal: parte general*. Coimbia: Editora Temis, 1996, p. 193.

observância aos critérios de seletividade, liquidez e garantia, configuraram atos gestão temerária dessa instituição financeira, pois, em razão do inadimplemento da dívida, tais operações, não pagar, geraram prejuízo correspondente a 40% (quarenta por cento) do valor das ações do banco.

Nessas situações, não será incomum que o *extraneus* domine faticamente o acontecer típico materialmente executado pelo *intraneus*[725]. Via de regra, a solução é a *simples* aplicação da norma de extensão prevista no artigo 30 do Código Penal[726], comunicando as circunstâncias de caráter pessoal que sejam elementares do crime para o *extraneus*[727]. Entretanto, quando o *intraneus* age sem dolo, ou seja, como mero instrumento do *extraneus*, haverá bloqueio de imputação de responsabilidade penal, tanto porque falta a existência de um plano comum para fins de determinação de uma coautoria, quanto porque é impossível a autoria mediata já que o *extraneus* não pode ser autor pois lhe falta a qualidade especial exigida pelo tipo[728]. Assim, no exemplo posto, o controlador do banco consultou a área técnica de crédito sobre a regularidade de cada uma das operações que pretendia realizar e somente as realizou em razão de os pareceres terem sido positivos, o que, em princípio, para afastar dele o dolo na prática de qualquer ato temerário[729], o que rompe a existência de um plano delitivo comum. Por outro lado, como os integrantes dessa área técnica de crédito não podem ser autores sozinhos, pois não são titulares da qualidade especial exigida pelo crime de gestão temerária, sobre eles também não recairá a punição.

---

725. Embora a teoria dos delitos de dever, defendida principalmente por Roxin e por Jakobs, não inclua nessa categoria de crimes a ideia do domínio do fato, parte da doutrina reconheceu a existência de um "dever mais domínio" nos delitos especiais a fim de viabilizar o correto distinto tratamento jurídico-penal nos em que diferentes *intranei* intervém para a comissão do mesmo delito especial. Sobre esse panorama, com contundente avaliação crítica, ver ORTIZ, Mariana Tranchesi. *Concurso de agentes nos delitos especiais*. São Paulo: IBCCRIM, 2011, p. 176-177.

726. O caráter simplista dessa solução já havia sido apontado por Esther de Figueiredo Ferraz: o legislador "ambicionou inserir num só dispositivo de diminutas dimensões toda a regulamentação de um assunto que é inegavelmente complexo e cheio de dificuldades [...] abrindo válvula para uma série de perplexidades", FERRAZ, Esther de Figueiredo. *A co-delinqüência no direito penal brasileiro*. São Paulo: Buschatsky, 1976, p. 436-437.

727. BATISTA, Nilo. *Concurso de agentes: uma investigação sobre os problemas da autoria e da participação no direito penal brasileiro*. Rio de Janeiro: Lumen Juris, 2005, p. 169. Ver também, ASSIS, Augusto. *O delito de peculato na APn 470 do STF: Caso Mensalão*. In: Revista Brasileira de Ciências Criminais, n. 106, v. 22, 2014. p. 106, que reflete sobre a compatibilidade desse artigo com o modelo restritivo e diferenciador de autor.

728. Este é um limite da autoria mediata, relacionada ao instrumento qualificado que atua sem dolo, cf. MIR PUIG, Santiago. *Direito penal: fundamentos e teoria do delito*. São Paulo: RT, 2007, p. 351-352. Em igual sentido, ORTIZ, Mariana Tranchesi. *Concurso de agentes nos delitos especiais*. São Paulo: IBCCRIM, 2011, p. 189-192.

729. Sobre o impacto que a dissociação entre o controle da informação e o poder de decisão acarretam para a formação do dolo e, por conseguinte, da conduta típica, ver RAGUÉS I VALLÉS, Ramon. Atribuición de responsabilidad penal en estructuras empresariales. Problemas de imputación subjetiva. *Revista de Derecho Penal*, 2002, 1, p. 216 e ss., em especial sobre o instrumento qualificado que atua em erro.

Também quanto ao aspecto subjetivo do tipo, não se enxerga viabilidade de punição nesses casos, pois a dissociação entre a esfera de controle da informação e a esfera do poder de decisão impactam na formação do dolo e, por conseguinte, na conformação da conduta típica do *intraneus* que, por vezes, está, por falta de conhecimento, em estado de erro causado pelo *extraneus*[730].

Se a dupla impunidade incomoda[731], antes de se pensar na necessidade de criação de outras normas de extensão, será preciso refletir em que medida o próprio artigo 30 do Código Penal não desrespeita o princípio da culpabilidade, tornando destinatário um sujeito a quem não pertence determinado dever, e retoma um conceito extensivo e unitário de autor, igualando, desde o plano do injusto e não só na aplicação da quantidade de pena, *intraneus* e *extraneus*, com todos os problemas daí decorrentes[732].

Enfim, em síntese, o autor precisa dominar o acontecer típico, ou seja, o "se" e o "como" da realização do delito, pois um fato somente pode ser imputado como pertencente ao sujeito, como obra sua, se ele teve a capacidade de dirigir o seu comportamento e se as consequências do seu projeto de ação lhe eram, ao menos, previsíveis[733], pois, do contrário, esse sujeito estará em erro inevitável sobre a proibição[734]. Assim, o domínio não se resume ao poder decisório enquanto um mero ato de execução, mas requer, em conjunto com esse poder, a existência de conhecimento, o que pode colocar o controle sobre o fato exclusivamente nas mãos do especialista consultado.

Todo esse panorama se aplica aos crimes comissivos dolosos, para os quais é possível a aplicação da teoria do domínio do fato. Nos crimes culposos e nos crimes omissivos, quando há mais de um interveniente, existe, ao menos, uma

---

730. Sobre o o instrumento qualificado que atua em erro, ver RAGUÉS I VALLÉS, Ramon. *Atribuición de responsabilidad penal en estructuras empresariales. Problemas de imputación subjetiva. Revista de Derecho Penal*, 2002, 1, p. 216 e ss.

731. Para tentar escapar dela, ROXIN propõe que o *extraneus*, nesses casos, seja responsabilizado como instigador, tornando o *intraneus* autor, ainda que este possa não ser punível, pois, para a sua teoria, a participação em delitos de dever prescinde de uma conduta principal dolosa, bastando seja a intervenção do *intraneus* típica quanto aos pressupostos objetivos, cf. ROXIN, Claus. *Autoría y dominio del hecho en derecho penal.* Marcial Pons: Madrid, 2016, p. 403.

732. GRECO, Luís; TEIXEIRA, Adriano. Autoria como realização do tipo: uma introdução à ideia de domínio do fato como fundamento central da autoria no direito penal brasileiro. In: GRECO, Luís et. al. *Autoria como domínio do fato: estudos introdutórios sobre o concurso de pessoas no direito penal brasileiro.* São Paulo: Marcial Pons, 2014, p. 73-76.

733. Como já se observou no tópico 3.2.2., acima, tal pensamento tem suas origens mais modernas em LARENZ e HONIG e, atualmente, se manifestam, de maneira mais acabada na teoria da imputação objetiva desenvolvida por ROXIN. Sobre o tema, v. as obras de ROXIN, Claus. *Funcionalismo e imputação objetiva no direito penal.* Rio de Janeiro: Renovar, 2002, p. 15-22; de CAMARGO, Antonio Luis Chaves. Imputação objetiva e direito penal brasileiro. São Paulo: Cultural Paulista, 2002, p. 61 e ss. e de PRADO, Luiz Regis. *Tratado de direito penal: parte geral.* Vol. 2. São Paulo: RT, p. 181-188.

734. O erro não será tratado nesta pesquisa, embora não se desconheça sua importância para este tema.

autoria colateral[735] e o motivo apto a deflagrar a imputação de responsabilidade penal é a violação do dever por cada um dos intervenientes.

Nos delitos culposos, o autor será aquele que viola a proibição penal mediante o descumprimento de um dever de cuidado, que lhe era exigido nas circunstâncias para evitar a lesão ao bem jurídico[736]. Essa cautela corresponde ao dever de informação delineado no início deste capítulo[737], que vincula o modo de condução da ação pelo sujeito a uma série de sub-deveres (de escolher um parecerista objetivamente competente e capacitado, de se certificar quanto a independência da fonte, de observar critérios mínimos relacionados a plausibilidade jurídica da informação recebida, etc.), de modo que o descumprimento desses sub-deveres, ou mais precisamente, o cumprimento insatisfatório do dever de informação remeterá às clássicas formas de culpa: *culpa in elegendo, culpa in vigilando, culpa in instruendo* e *culpa in custodiendo*[738]. Por isso não será incomum, como já observado, que ao sujeito que atua conforme a parecer técnico ou jurídico somente se possa imputar o resultado na modalidade culposa, se prevista, ainda que essa circunstância represente uma lacuna de punibilidade, o que seria um problema do legislador, ou seja, de *lege ferenda*[739].

Já nos delitos omissivos, será autor quem se encontrar apto a agir diante de uma situação típica, nos crimes omissivos próprios, e quem, estando em condições reais de impedir a concretização do perigo, tenha uma vinculação especial de proteção de determinado bem jurídico, de forma que esteja submetido a um dever especial de impedir o resultado, na omissão imprópria[740]. Esse dever de agir ou, mais precisamente, a violação no atendimento de uma ação mandada, é que deflagrará a responsabilidade para quem atua conforme parecer técnico ou jurídico, principalmente por esse sujeito ocupar a posição de garantidor de vigilância sobre o foco de perigo que está sob a sua custódia, como se viu no tópico anterior[741].

---

735. Como já se anotou acima, é controversa a admissibilidade da coautoria e da participação nessas categorias de crimes e não cabe, nessa sede, aprofundar as discussões, embora se partilhe do entendimento que, em ambos os casos, não incidirão as regras do concurso de pessoas, aplicando-se em ambas a autoria colateral, como propõe JUAREZ TAVARES, em TAVARES, Juarez. *Teoria do crime culposo*. Florianópolis: Empório do Direito, 2016, p. 469 e ss. e TAVARES, Juarez. *Teoria dos crimes omissivos*. São Paulo: Marcial Pons, 2012, p. 404 e ss.

736. TAVARES, Juarez. *Teoria do crime culposo*. Florianópolis: Empório do Direito, 2016, p. 440, 475.

737. Vide, em detalhes, o tópico 3.2.

738. FEIJÓO SÁNCHEZ, Bernardo. *Derecho Penal de la empresa e imputación objetiva*. Madrid: Editorial Reus, 2007, p. 201-202 e ESTELLITA, Heloisa. *Responsabilidade penal de dirigentes de empresa por omissão: estudo sobre a responsabilidade omissiva imprópria de dirigentes de sociedades anônimas, limitadas e encarregados de cumprimento por crimes praticados por membros da empresa*. São Paulo: Marcial Pons, 2017, p. 151.

739. Por força do artigo 18, parágrafo único, do Código Penal.

740. TAVARES, Juarez. *Teoria dos crimes omissivos*. São Paulo: Marcial Pons, 2012, p. 405.

741. Vide, em detalhes, o tópico 3.5., acima. A posição de garantidor de quem informa será tratada no tópico 4.6., abaixo.

3.8. Resultados parciais

O presente capítulo buscou verificar *se*, *quando* e *em que medida* é possível se iniciar a imputação de responsabilidade penal para o sujeito que atua conforme a parecer técnico ou jurídico equivocado (nem falso, nem fraudulento).

O dever de informar-se é incumbido àquele que pretende tomar uma decisão diante de uma situação complexa como certo grau de diligência para que a sua decisão não gere riscos para terceiros ou lesione bens jurídicos alheios. Como o sujeito deve saber quando há um motivo concreto para que ele busque a informação antes de realizar o seu projeto de conduta, são necessários critérios que determinem *se* e *quando* o sujeito deve buscar a informação e *em que medida* esse dever terá sido satisfatoriamente cumprido por ele.

Não se deve objetar a definição desses critérios com a alegação de que o estado mental interno do sujeito (a sua capacidade de compreender se o seu projeto de conduta é ou não permitido) deverá ser sempre provado subjetivamente, pois, nos casos de atuação conforme a parecer técnico ou jurídico, o decisivo será verificar objetivamente se o equívoco da informação qualificada que recebera da sua fonte é ou não escusável, afinal, o sujeito somente pode atuar embasado em determinado parecer se as informações forem merecedoras de confiança.

Embora já tenham sido expostos ao longo deste capítulo, visando atender à melhor didática, os critérios para a determinação do cumprimento satisfatório do dever de informação ao sujeito que atua conforme parecer técnico ou jurídico serão sinteticamente numerados abaixo:

(i) O cumprimento satisfatório do dever de informação compreende duas etapas: a primeira é relativa à qualidade da fonte e a segunda é relativa à qualidade da informação recebida, ambas visando determinar o caráter confiável da fonte e da própria informação transmitida pelo parecerista ou pelo consultor técnico ou jurídico.

(ii) Quanto a primeira etapa, aquele que atua conforme a parecer ou consultoria deve escolher adequadamente o especialista que vai assessorá-lo (dever de seleção da fonte da informação), observando a capacidade e a qualificação técnica do profissional escolhido na área do conhecimento sobre a qual ele está sendo consultado (competência da fonte da informação), a reputação que esse especialista goza na área em que atua (confiabilidade da fonte da informação), e a falta de interesse próprio ou negocial no objeto da consulta (imparcialidade da fonte da informação). Objetividade e competência são, portanto, os fatores que determinarão o caráter confiável da fonte onde, quem vai decidir, buscará a informação, não havendo óbices

que advogados ou encarregados técnicos, inclusive os pertencentes aos departamentos internos das empresas sejam fonte confiável de informação.

(iii) Quanto a segunda etapa, aquele que atua conforme a parecer ou consultoria deve realizar uma análise objetiva e formal do conteúdo da informação recebida, observando a sua plausibilidade técnica ou jurídica, desde uma perspectiva *ex ante*. Não se exige a avaliação quanto ao mérito do parecer ou da consultoria, mas erros grosseiros; pareceres que não apresentam fundamentação normativa, doutrinária ou jurisprudencial, se jurídicos, ou referências teóricas e metodológicas, se técnicos; consultorias de assuntos complexos transmitidas sem formalidades mínimas; informações manifestamente incorretas ou imprecisas que não se vinculam às particularidades do caso concreto; e, opiniões inconclusivas no sentido da licitude ou da ilicitude da conduta pretendida, são motivos que não permitem ao sujeito confiar na informação qualificada recebida, ainda que tenha advindo de uma fonte, inicialmente, tida como confiável. Entretanto, é preciso razoabilidade quanto a essa exigência de reflexão sobre a plausibilidade técnica ou jurídica da informação recebida. Quanto maior a complexidade técnica ou jurídica da situação consultada, menos se exige quanto a análise objetiva e formal da informação qualificada recebida e, em contrapartida, a primeira etapa, relativa à qualidade da fonte da informação, deve ser observada com maior rigor.

(iv) Existe ainda um dever compartilhado entre o consultor e consulente. Em relação a quem solicita a informação técnica ou jurídica, incumbe o dever de subsidiar o especialista com as informações preliminares e com os documentos necessários para que ele compreenda corretamente o objeto da consulta. Já ao especialista consultado, lhe incumbe o dever de demandar todos os documentos e todas as informações que entenda serem necessários para poder responder adequadamente à questão que lhe é posta.

1. A exceção ao dever de buscar a informação ocorrerá nos casos em que, em razão da sua urgência, demandam uma decisão instantânea do sujeito. Já a dúvida sobre a proibição não indica ao sujeito um imperativo de abstenção da conduta, mas impõe, concretamente, um dever de informação. Portanto, quando a dúvida restar insuperável no caso concreto, mesmo cumprido o dever possível de informação pelo sujeito, será caso de reconhecer a sua liberdade em atuar até que exista uma ordem estatal clara determinando a proibição específica daquele comportamento.

2. O objeto da consulta sobre a situação concreta coloca uma espécie de moldura sobre o alcance do exame que será procedido pelo especialista técnico ou jurídico consultado. Assim, o solicitante da informação deve atuar nos limites da dúvida, ou, mais precisamente, nos limites da informação qualificada que consta no parecer ou na consultoria.

3. O cumprimento do dever de informação pelo sujeito mantém, então, a sua conduta dentro dos limites do risco permitido ou, ao menos, indica conduta que modificou o curso causal, diminuindo o risco previamente existente e aumentando o grau de proteção do bem jurídico. A observância à qualidade da fonte da informação e à qualidade da própria informação técnica ou jurídica recebida permite que o consulente possa confiar na recomendação, orientação ou conselho transmitido pelo especialista consultado, isentando-o de posterior responsabilidade penal, já no tipo objetivo, se a informação qualificada que recebera estava equivocada.

4. Em determinados casos, quem atua conforme parecer técnico ou jurídico, ocupa posição de garantidor da evitabilidade do resultado por assunção (artigo 13, §2°, alínea *b*, do Código Penal). Esse sujeito detém o poder de decisão sobre a situação concreta (é ele quem decide o se e como praticará determinada conduta) e tem sob a sua custódia um foco de perigo (os produtos fabricados pela empresa, a execução de uma complexa operação financeira, a realização de uma cirurgia, etc.) e, por isso, tem o dever de *vigiar* para conter os riscos que possam emanar desse foco (um produto que venha a causar lesões aos seus consumidores, uma operação financeira que venha a acarretar na supressão indevida de tributos, uma cirurgia mal executada que leve o paciente à morte, etc.) e o dever de *intervir* para evitar os resultados lesivos aos bens jurídicos tutelados.

5. Como lhe falta o conhecimento técnico ou jurídico necessário para compreender a permissão ou a proibição do seu comportamento, fica com esse sujeito o dever de supervisão sobre a qualidade da fonte da informação e a plausibilidade da informação prestada e o dever último de intervenção caso o parecerista técnico ou jurídico alerte e reporte eventuais riscos e perigos a bens jurídicos existentes no projeto de conduta pretendido.

6. O cumprimento do dever de informação, que torna o parecer técnico ou jurídico merecedor de confiança e o equívoco da informação qualificada recebida escusável, também impacta na formação do dolo e no alcance da consciência da ilicitude por parte do consulente. O cumprimento desse dever representa ao menos a observância do dever de cuidado, tornando difícil afirmar a prática de uma conduta dolosa. A observância a esse mesmo dever de informação pode fazer o consulente acreditar que o seu projeto de conduta não é proibido – seja por desconhecer elemento constitutivo do tipo penal, seja por desconhecer o

caráter ilícito da decisão pretendida - e, nessa hipótese, ainda que a informação qualificada seja equivocada, seu erro será escusável, pois já não lhe era mais possível, nas circunstâncias, ter ou atingir essa consciência.

7. O grau de evitabilidade do erro de tipo e erro de proibição vai ser determinado pelo grau de cumprimento do dever possível de informação. Como, em geral, pareceres técnicos servirão para esclarecer se estão ou não presentes aspectos do tipo objetivo e pareceres jurídicos podem tanto incidir sobre a compreensão de elementos constitutivos do tipo penal, quando houver elementos de reenvio para outros ramos do Direito, como sobre o conteúdo da proibição, é possível estabelecer, como regra geral - sem prejuízo das exceções - que pareceres técnicos podem gerar erro de tipo e pareceres jurídicos podem gerar erro de tipo ou erro de proibição no consulente.

8. Quanto ao concurso de pessoas, quem toma a decisão embasado em parecer técnico ou jurídico será, em geral, autor. Todavia, essa distribuição de papéis dependerá da análise das circunstâncias do caso concreto, não sendo incomum que esse sujeito seja mero executor que atua em erro (de tipo ou de proibição) provocado pelo parecerista técnico ou jurídico que, por deter o domínio da informação, se transforma em autor mediato.

4.

ANÁLISE DO PROBLEMA A PARTIR DE QUEM REPASSA A INFORMAÇÃO TÉCNICA OU JURÍDICA

Diante de uma situação complexa, que envolva, concomitantemente, variados temas e assuntos conflituosos, a decisão empresarial será, em geral, embasada em parecer ou consultoria elaborados por especialista técnico ou jurídico com a finalidade de esclarecer qual a conduta lícita e regular que poderá ser adotada naquele caso concreto e quais são os riscos que esse ou outros comportamentos poderão gerar para a empresa, para terceiros e para o próprio sujeito que irá tomar a decisão[742].

Mais uma vez aqui, sendo correta a informação transmitida e lícita a decisão nela embasada, não se deflagrará qualquer apuração de responsabilidade penal, o mesmo valendo para as abstenções diante de alertas dados pelo especialista técnico ou jurídico quanto a irregularidade daquele projeto de conduta.

Entretanto, se o especialista consultado transmite uma informação qualificada equivocada (não fraudulenta, nem falsa, mas errada), segundo o entendimento posterior da ordem jurídica, de modo que a ação tomada pelo consulente gerou um resultado proibido pela norma penal[743], é preciso determinar *se*, *quando*

---

742. PLANAS, Ricardo Robles. Riscos penais da assessoria jurídica. In: ROBLES PLANAS, Ricardo. *Estudos de dogmática jurídico penal: fundamentos, teoria do delito e direito penal econômico*. Belo Horizonte: Editora D'Plácido, 2016, p. 261-262.

743. SILVA SÁNCHEZ, Jesús-María. *El nuevo escenario del delito fiscal en España*. Barcelona: Atelier, 2006, p. 79-80.

e *como*[744] é possível iniciar a imputação de responsabilidade penal para quem repassou a informação técnica ou jurídica que embasou a tomada da decisão do consulente[745]. Este é o objetivo do presente capítulo.

4.1. Qualidades do sujeito que transmite a informação

Quem transmite ou repassa uma informação qualificada é o consultor, assessor ou parecerista que tenha especialidade técnica ou jurídica e experiência específica em determinada área do conhecimento[746]. Como ele é o sujeito que informa, ele deve ser fonte confiável[747]. A atividade deste profissional é especializada e independente e, em geral, externa à empresa (é mais comum que pareceristas sejam contratados para prestarem seus serviços pontualmente em casos concretos). Além disso, esse sujeito não tem função diretiva ou poder de decisão sobre a situação consultada e, via de regra, não realiza diretamente atividades executivas. O seu objetivo é suprir a falta de conhecimento especializado em quem tem poder de decisão, fornecendo informações técnica ou juridicamente qualificadas sobre determinada demanda, diagnosticando problemas relacionados à política, organização, procedimentos e métodos, bem como recomendando ações adequadas para a sua implementação.[748]

4.2. O dever de informar

Tal como o dever de informar-se[749], o dever de repassar ou transmitir uma informação está calcado na premissa de que aquele que subsidiará técnica ou juridicamente a tomada de uma decisão - e, portanto, a sua atividade integrará a conduta final, de modo a que se tenha uma atuação conforme a parecer técnico ou jurídico - está obrigado a certo grau de diligência[750] para que a sua conduta não gere riscos para terceiros ou lesione bens jurídicos alheios[751].

---

744. Tal como no capítulo anterior, tais objetivos são resgatados dos chamados "sete W dourados" da doutrina alemã. Sobre o tema, v. TOURINHO FILHO, Fernando da Costa. *Processo Penal*. São Paulo: Saraiva, 2009, vol. 1, p. 408.

745. CERVINI, Raúl; ADRIASOLA, Gabriel. *Responsabilidade penal dos profissionais jurídicos*. São Paulo: RT, 2013, p. 112.

746. BASTIANELLO, Alessandro. *La responsabilità penale dei professionisti: medici, avvocati, notai, commercialisti*. Milão: CEDAM, 2012, p. 7.

747. LEITE, Alaor. *Dolo e o crime de dispensa ou inexigência ilegal de licitação (art. 89 da Lei 8.666/1993)*. In: Revista Brasileira de Ciências Criminais, Ano 21, nº 104, set/out 2013, pp. 25.

748. Vide, com mais detalhes e indicação de referências específicas, o tópico 1.2., do primeiro capítulo.

749. Sobre esse dever ver, em detalhes, o tópico 3.2., no capítulo anterior.

750. O raciocínio de DOPICO GÓMEZ-ALLER foi aqui estendido, considerando que a decisão final será também composta pela informação qualificada fornecida pelo especialista consultado pois, do contrário, não haverá uma atuação conforme a parecer técnico ou jurídico, mas em desacordo com este. Sobre essa premissa, ver DOPICO GÓMEZ-ALLER, Jacobo. Posición de garante del compliance officer por infración de deber de control: una aproximación tópica. In: ARROYO ZAPATERO, Luis; NIETO MARTÍN, Adán. *El derecho penal económico en la era compliance*. Valencia: Tirant lo Blanch, 2013, p. 171.

751. Estendendo o raciocínio anterior, explicitamente, para os assessores e conselheiros jurídicos,

Da mesma forma, o dever de informar também representa um dever concreto imposto ao sujeito com a finalidade de evitar resultados indesejáveis pela ordem jurídica[752], tal como os ilícitos penais.

Contudo, se foram poucas as linhas dedicadas pela doutrina sobre o dever de informar-se, limitadas ao momento em que trata do crime culposo e do erro de proibição, o mesmo não se pode dizer sobre o estudo do dever de prestar ou transmitir uma informação[753]. Não há praticamente registros sobre o assunto nos autores brasileiros e são poucas as referências específicas sobre esse tema em Portugal, na Espanha, na Itália e nos Estados Unidos da América[754].

Embora seja tema candente, pouco ou nada se disse sobre o dever de informar e os reflexos criminais dele decorrentes, o qual se vê praticamente restrito a abordagens enquanto uma obrigação de natureza administrativa imposta às pessoas obrigadas na lei de lavagem de capitais, cujo descumprimento prevê sanções de mesma natureza[755], ou enquanto uma espécie de ato administrativo, também se limitando a sinalizar as consequências não penais da inobservância desse dever[756], ou, ainda, como um dever não penal imposto aos agentes que atuam no mercado de valores[757]. A exceção fica por conta das poucas páginas dedicadas ao dever de cuidado, relacionado à obediência aos regulamentos profissionais, na teoria do delito culposo[758].

CERVINI, Raúl; ADRIASOLA, Gabriel. *Responsabilidade penal dos profissionais jurídicos*. São Paulo: RT, 2013, p. 112.

752. TAVARES, Juarez. *Teoria dos crimes omissivos*. São Paulo: Marcial Pons, 2012, p. 294.

753. Como revela Luís Greco, os poucos que se aventuraram sobre investigar a responsabilidade penal do consultor técnico ou jurídico o fizeram com enfoque exclusivo no tipo subjetivo, não no tipo objetivo. GRECO, Luís. *Cumplicidade através de ações neutras: a imputação objetiva na participação*. Rio de Janeiro: Renovar, 2004, p. 160 e ss.

754. As exceções serão referidas durante o desenvolvimento do presente capítulo. Como essas pouco ou nada se referenciam a doutrinas alemãs, parece que neste país pouco se escreveu sobre esse tema.

755. KAPPEL, Mariana Pancini de Andrade. Operações suspeitas: o dever de comunicação e a responsabilização do gerente de instituição financeira pelo delito de lavagem de dinheiro. In: FELDENS, Luciano et. al. (Orgs). *Direito penal econômico e empresarial: estudos dos grupos de pesquisa em direito penal econômico e empresarial da PUCRS e da FGV Direito SP*. Rio de Janeiro: Lumen Juris, 2016, p. 291.

756. MELLO, Celso Antônio Bandeira de. *Curso de direito administrativo*. São Paulo: Malheiros, p. 446; CARVALHO FILHO, José dos Santos. *Manual de Direito Administrativo*. Rio de Janeiro: Lumen Juris, 2010, 178.

757. MOCHALES, Teresa Ruano. *LA incidência de los deberes de los administradores y auditores em la manipulación de las cuentas anuales: posición de garante y responsabilidad penal*. Tese de doutorado, Facultad de Dierecho da Universidadad Autónoma de Madrid, 2015, p. 93-94; RODRIGUES, Pedro Miguel S. M. *A intermediação financeira: em especial, os deveres de informação do intermediário perante o cliente*. Dissertação de Mestrado. Faculdade de Direito da Universidade de Lisboa, 2011, p. 24 e ss.

758. BASTIANELLO, Alessandro. *La responsabilità penale dei professionisti: medici, avvocati, notai, commercialisti*. Milão: CEDAM, 2012, p. 16 e ss. e TAVARES, Juarez. *Teoria dos crimes omissivos*. São Paulo: Marcial Pons, 2012, p. 326-331, com poucas referências à doutrina nacional

4.2.1. *O dever de transmitir uma informação confiável*

Tal como o dever de buscar se informar, o dever de transmitir uma informção também aparece como uma norma de conteúdo mandamental[759], anterior à proibição penal. Assim, a ordem jurídica estabelece que determinados sujeitos, em determinadas situações, transmitam ou repassem uma informação (execute uma atividade) que seja confiável[760] (vedando a prestação de uma informação falsa ou conscientemente equivocada[761]).

Como este enunciado tem por objetivo permitir ao sujeito aferir o conteúdo da proibição ante o desrespeito desta prescrição[762], o conteúdo mandamental (transmita ou repasse uma informação confiável) deve, necessariamente, ser claro ao sujeito, sob pena de causar-lhe dúvida sobre a proibição, o que poderia afastar a sua culpabilidade[763].

Entretanto, enquanto o dever de informar-se tem a finalidade de suprir a falta de consciência do injusto do sujeito, impondo a ele, seja como medida geral de cautela, seja como dever objetivo de cuidado, o ônus de buscar suprir essa ausência de conhecimento para que possa, assim, ser capaz de determinar o seu comportamento e decidir sobre o seu projeto de conduta[764], o dever de prestar a informação parte do pressuposto de que o sujeito, sobre o qual recaia tal incumbência, já reúne, em si, a informação necessária para conhecer

e estrangeira. Não se desconhece, entretanto, obrigações de informação específicas contidas na Lei das S.A. aos administradores de empresa (artigo 157 da Lei nº 6.404/1976) e aos que operam no mercado de capitais (Lei nº 6.385/1976, Instrução CVM 358, entre outras normativas), embora esses deveres tenham outros aspectos não estando diretamente relacionados ao dever de informação qualificada para assessorar a tomada de uma decisão empresarial, que é o objeto deste trabalho.

759. Relembre-se os modais deônticos da norma jurídica e os deveres que elas emanam aos jurisdicionados, as quais poderiam se resumir a dois principais imperativos, a saber, proibições e mandatos. Sobre o tema, ver RUDOLPHI, Hans-Joachim. El derecho penal y las formas de imputación jurídico-penal. In: SCHUNEMANN, Bernd (coord.). *El Sistema Moderno del Derecho Penal: cuestiones fundamentales*. Madrid: Tecnos, 1991, p. 81 e ss. e PRADO, Luiz Regis. *Norma penal como norma de conduta*. São Paulo: RT, Revista Ciências Penais, v. 12, janeiro/2010, p. 231 e ss.

760. Assim ocorre no mercado de capitais em relação aos agentes financeiros, cf. RODRIGUES, Pedro Miguel S. M. *A intermediação financeira: em especial, os deveres de informação do intermediário perante o cliente*. Dissertação de Mestrado. Faculdade de Direito da Universidade de Lisboa, 2011, p. 24-25; RODRIGUES, Pedro Miguel S. M. *A intermediação financeira: em especial, os deveres de informação do intermediário perante o cliente*. Dissertação de Mestrado. Faculdade de Direito da Universidade de Lisboa, 2011, p. 93, e no caso dos advogados, médicos, notários e comerciantes, cf. BASTIANELLO, Alessandro. *La responsabilità penale dei professionisti: medici, avvocati, notai, commercialisti*. Milão: CEDAM, 2012, p. 18.

761. CERVINI, Raúl; ADRIASOLA, Gabriel. *Responsabilidade penal dos profissionais jurídicos*. São Paulo: RT, 2013, p. 113.

762. TAVARES, Juarez. *Teoria dos crimes omissivos*. São Paulo: Marcial Pons, 2012, p. 295, 298.

763. Nesse sentido, LEITE, Alaor. *Dúvida e erro sobre a proibição no direito penal: a atuação nos limites entre o permitido e o proibido*. São Paulo: Atlas, 2013, p. 31 e ss.

764. Ver extensamente o tópico 3.2., do capítulo anterior.

o conteúdo da proibição, embora, no que tange ao problema investigado nesta pesquisa, não lhe caiba a decisão final sobre a conduta pretendida, que ficará a cargo daquele que detenha tal poder de execução.

Por conta disso, a delimitação do dever de informar terá por baliza a influência que a informação qualificada prestada pelo especialista terá na tomada de decisão do outro sujeito, perquirindo o delineamento do conteúdo deste dever para que a sua informação seja confiável[765].

Já se esclareceu quando surge o dever do outro sujeito buscar a informação. As mesmas circunstâncias que lá aparecem, também se aplicam para aquele a quem incumbe transmitir ou repassar a informação, pois esse ônus decorre do dever de informação imposto ao primeiro sujeito, de modo que o dever de informar é correlato e, ao mesmo tempo, acessório do dever de informar-se.

Nesse contexto, é importante observar que não se tratará de mero fornecimento de uma informação qualquer, mas de informações técnicas ou jurídicas especializadas e relevantes[766], que sejam capazes de dirimir a dúvida do outro sujeito sobre o seu projeto de conduta, esclarecendo as possibilidades e os limites entre o que é permitido e o que é proibido diante da situação concreta consultada[767], o que reveste esta informação da especial característica de ser qualificada[768].

Assim, o objetivo, aqui, é determinar o que torna a informação prestada pelo especialista uma informação confiável[769] e o raciocínio, por vezes intuitivo, será desenvolvido a partir do espelho do conteúdo do dever de informar-se. Tais critérios terão, igualmente, como ponto de partida, situações concretas e a análise do conteúdo deste dever deverá ser sempre feita desde uma perspectiva *ex ante*, ou seja, antes de a ordem jurídica reconhecer que o parecer ou a consultoria foram equivocados[770].

---

765. RODRIGUES, Pedro Miguel S. M. *A intermediação financeira: em especial, os deveres de informação do intermediário perante o cliente*. Dissertação de Mestrado. Faculdade de Direito da Universidade de Lisboa, 2011, p. 30; MONTANDER FERNÁNDEZ, *La posible responsabilid penal del auditor ambiental*. In: *Revista para el análisis del derecho* (InDret), nº 2/2012, Barcelona, abril/2012, p. 13.

766. MOCHALES, Teresa Ruano. *LA incidência de los deberes de los administradores y auditores em la manipulación de las cuentas anuales: posición de garante y responsabilidad penal*. Tese de doutorado, Facultad de Dierecho da Universidadad Autónoma de Madrid, 2015, p. 93.

767. CALABRIA, *Arianna*. *Ignorantia legis e parere erroneo del consulente legale*. In: Revista Italiana di Diritto e Procedura Penale, fasc. 1, 1992, p. 162.

768. CERVINI, Raúl; ADRIASOLA, Gabriel. *Responsabilidade penal dos profissionais jurídicos*. São Paulo: RT, 2013, p. 64.

769. Sobre a incidência do princípio da confiança e seus contornos específicos entre o consulente e o consultor de uma informação qualificada, ver, em diversas passagens, o Capítulo 3.

770. Sobre a importância desse critério temporal para definição da licitude ou ilicitude, ver MACHADO, Hugo de Brito. *Crimes contra a ordem tributária*. São Paulo: Atlas, 2009, p. 282 e ss.

Isso porque, não interessará o conteúdo propriamente dito ou o mérito constante no parecer ou na consultoria. Afinal, trata-se, ao fim e ao cabo, de uma opinião técnica ou jurídica, fruto de uma reflexão de um profissional escolhido como fonte de informação[771] que funcionará, no mais das vezes, como base para que o outro sujeito tenha condições de decidir, pois como já se esclareceu, a decisão pressupõe conhecimento e, uma vez sem ele, o sujeito é incapaz de deliberar[772]. Como se verá adiante, o que se analisará, dentre outros critérios, é a *plausibilidade técnica ou jurídica da informação*, também com a finalidade de *creditar confiança* à informação prestada pelo especialista consultado.

4.2.2. Limites ao cumprimento do dever de informar

O dever de informar que recairá sobre o parecerista, consultor, assessor ou conselheiro será também apreciado em dois momentos: primeiramente, em relação aos aspectos formais que tornam a sua informação *confiável* (qualidade da fonte propriamente dita) e, em uma segunda etapa, quanto aos aspectos formais que tornam essa informação *plausível* e *qualificada* o suficiente para embasar a tomada da decisão pelo consulente (qualidade da informação prestada pela fonte).

A delimitação desses critérios é de suma importância para que não se dê *carta branca* ao parecerista ou consultor opinar, recomendar ou aconselhar o que bem entender. Como ele será responsável pelos seus atos, a liberdade de manifestação do seu pensamento e da sua opinião[773] precisa encontrar contrapartida clara[774], em prestigio à segurança jurídica, inclusive para que o indivíduo

---

771. LEITE, Alaor. *Dúvida e erro sobre a proibição no direito penal: a atuação nos limites entre o permitido e o proibido*. São Paulo: Atlas, 2013, p. 110.

772. Segundo o dicionário, decisão significa "ato ou efeito de decidir; deliberação, determinação [...] capacidade de solucionar algo difícil sem hesitar; firmeza [...] opção por uma determinada estratégia para a solução de alguma coisa." MICHAELIS. *Moderno Dicionário da Língua Portuguesa*. Disponível em: <http://michaelis.uol.com.br/moderno/portugues/index.php>. Acessado em 19 de julho 2018.

773. A Constituição da República assegura a liberdade de pensamento em, ao menos, três dispositivos: no artigo 5º, inciso IV ("é livre a manifestação do pensamento, sendo vedado o anonimato") e inciso XIV ("é assegurado a todos o acesso à informação e resguardado o sigilo da fonte, quando necessário ao exercício profissional"), e artigo 220 ("a manifestação do pensamento, a criação, a expressão e a informação, sob qualquer forma, processo ou veículo não sofrerão qualquer restrição, observado o disposto nesta Constituição", ressaltando-se a redação de seu parágrafo 2º, segundo o qual "é vedada toda e qualquer censura de natureza política, ideológica e artística").

774. Como qualquer outro direito fundamental, a liberdade de pensamento não é absoluta e encontra limites impostos por outros direitos também fundamentais resguardados pela Constituição da República. Nesse sentido, o Supremo Tribunal Federal já conferiu correto entendimento nos casos em que há colisão de direitos fundamentais: "a Lei Fundamental do Brasil veicula o mais democrático e civilizado regime da livre e plena circulação das ideias e opiniões, assim como das notícias e informações, mas sem deixar de prescrever o direito de resposta e todo um regime de responsabilidades civis, penais e administrativas." (STF, ADPF 130, Rel. Min. Ayres Britto, julgamento em 30/04/2009, Plenário).

possa compreender quando terá cumprido esse ônus, desonerando-se em relação às ulteriores consequências advindas da decisão que será tomada pelo outro sujeito (consulente). Do contrário, o parecerista ficaria infinitamente preso à repreensão penal, o que não prospera desde o ponto de vista de sua liberdade de manifestação do pensamento, até o fato de a sua atividade ser reconhecida como lícita pela própria ordem jurídica[775].

a) A confiabilidade da fonte da informação técnica ou jurídica

É ônus do parecerista ou consultor ser uma *fonte confiável*[776]. Para tanto, o primeiro aspecto que precisa ser por ele observado é a sua *independência* e *falta de interesse negocial*[777] ou no *deslinde da causa* sobre a qual está sendo consultado[778].

O especialista precisa atuar de maneira despreocupada com as vantagens ou desvantagens próprias da decisão que será tomada pelo solicitante da informação, de modo a não contaminar a sua análise e avaliação sobre o caso concreto que lhe é consultado (independência). O parecerista precisa estar isento, inclusive, da influência ou direcionamento do consulente, que possa limitar ou dificultar o acesso, a utilização ou o conhecimento de dados e documentos que sejam relevantes para a qualidade das suas respectivas conclusões. De igual modo, os honorários a serem pagos ao consultor pelo seu contratante não devem estar sujeitos ao, ou, de qualquer forma, dependerem do resultado da decisão que será tomada pelo consulente (falta de interesse negocial).

Em ocorrendo quaisquer das hipóteses acima, é dever do especialista declarar-se impedido ou suspeito para realizar a tarefa. Do contrário, já por isso não será fonte confiável. O caso envolvendo o planejamento tributário elaborado pela empresa de auditoria Deloitte Touche Tohmatsu Auditores Independentes para a empresa Tigre S/A - Tubos e Conexões, em que os honorários da De-

---

775. CERVINI, Raúl; ADRIASOLA, Gabriel. *Responsabilidade penal dos profissionais jurídicos*. São Paulo: RT, 2013, p. 113.

776. LASCURAÍN, Juan Antonio. Salvar al oficial Ryan (sobre la responsabilidad pernal del oficial de cumplimiento). In: MIR PUIG, Santiago et. al. *Responsabilidad de la empresa y compliance: programas de prevención, detección y reacción penal*. Madrid: Edisofer, 2014, p. 308.

777. O critério é sacado do denominado "propósito negocial" que, por vezes, o Fisco leva em consideração para determinar a ilicitude de um planejamento tributário. Sobre o tema, ver MACHADO, Hugo de Brito. *Crimes contra a ordem tributária*. São Paulo: Atlas, 2009, p. 280-281.

778. Esse critério também aparece nos julgamentos do Conselho Administrativo de Recursos Fiscais (CARF). CARF, Processo 15983.720065/2015-11 (Acórdão 2402-005.703), voto da Conselheira Bianca Rothschild, ao balizar o conteúdo do "interesse comum" previsto no artigo 124, inciso I, do Código Tributário Nacional: "não basta que haja interesse financeiro nos resultados advindos da situação, mas um envolvimento direto na materialização do fato econômico tributável. Em outras palavras, há que se reconhecer que tal interesse comum é um interesse jurídico e não um interesse meramente econômico".

loitte dependiam diretamente das operações que eram realizadas pela Tigre, é um bom exemplo de questionável confiabilidade da fonte[779].

É dever do consultor esclarecer, no seu parecer, que a sua opinião não vincula[780], formal ou materialmente, a decisão que será posteriormente tomada pelo consulente que o contratou, o qual estará livre para seguir as suas orientações ou discordar das suas recomendações e tomar caminho diverso, consultando outro especialista ou contrariando o próprio parecer, o que, nesse último caso, evidentemente, geraria responsabilidades apenas ao consulente que assim procedeu[781].

Além disso, o parecerista ou consultor deve ser *competente* para realizar a tarefa que lhe é demandada. Como, em geral, a consulta recairá sobre casos de alta complexidade, é necessário que o especialista tenha formação acadêmica e experiência profissional específica na área do conhecimento que orbita o objeto da consulta[782]. Sendo um complexo projeto de engenharia de uma barragem, por exemplo, o consultor deve ter formação específica em engenharia e geotecnia, além de experiência nesse tipo de estrutura.

Também se espera que o especialista consultado observe, quando existentes, as normas, escritas ou mesmo consuetudinárias, que regulamentem a sua profissão (advocacia, medicina, engenharia, contabilidade, etc.) no contexto sobre o qual ele prestará a sua atividade de consultoria[783]. Assim, por exemplo, advogados devem observar o Estatuto da Ordem dos Advogados do Brasil e o Código de Ética e Disciplina da Ordem dos Advogados do Brasil, engenheiros o o Código de Ética Profissional da Engenharia, da Agronomia, da Geologia, da Geografia e da Meteorologia do Conselho Federal de Engenharia e Agronomia, bem como as Normas Regulamentadoras relacionados à saúde e à segurança no trabalho e contadores o Código de Ética Profissional do Contador.

Isso porque, uma atuação pautada no *cumprimento das regras deontológicas da profissão*[784] é o ponto de partida para o exame do caráter juridicamente de-

---

779. Vide análise do caso no tópico 3.2.1., do capítulo anterior.

780. A situação será diversa quando a lei impuser o parecer como vinculante à decisão, o que geralmente acontecerá quando tratar-se de atos administrativos que lidam com a coisa pública. Sobre o parecer vinculante, ver CARVALHO FILHO, José dos Santos. *Manual de direito administrativo*. Rio de Janeiro: Lumen Juris, 2010, 152-153.

781. Contrariar parecer técnico ou jurídico é atuar em desconformidade com uma orientação qualificada o que, em princípio, evidencia *culpa* desse sujeito, porquanto terá desatendido conclusões em relação às quais não tinha competência técnica para contender com conhecimento de causa. Nesse sentido, MELLO, Celso Antônio Bandeira de. *Curso de direito administrativo*. São Paulo: Malheiros, p. 446.

782. CALABRIA, *Arianna*. *Ignorantia legis e parere erroneo del consulente legale*. In: Revista Italiana di Diritto e Procedura Penale, fasc. 1, 1992, p. 163-164.

783. GRANDIS, Rodrigo de. O exercício da advocacia e o crime de "lavagem" de dinheiro. In: DE CARLI, Carla Veríssimo; MENDONÇA, Andrey Borges de. Lavagem de dinheiro: prevenção e controle penal. Porto Alegre: Verbo Jurídico, 2011, p. 138-139.

784. SÁNCHEZ RIOS, Rogério. *Advocacia e lavagem de dinheiro: questões de dogmática*

saprovado de uma ação perigosa[785], tal como pode vir a ser a prestação de uma informação técnica ou juridicamente qualificada sobre uma situação complexa que acarreta em um resultado indesejável pela ordem jurídica[786].

Já se esclareceu que advogados, inclusive aqueles integrantes do departamento jurídico interno das empresas são fontes confiáveis e competentes de informação, o mesmo valendo para os técnicos que integram departamentos dessa natureza dentro das companhias, de modo que as consultas feitas a eles ou os pareceres deles advindos podem, e devem, ser levados em consideração para a tomada da decisão por parte do solicitante da informação, desde que, evidentemente, não existam outros indícios que afastem a referida condição[787].

É o grau de complexidade da matéria sobre a qual se consulta e da situação fática consultada que determinarão o nível de exigência e rigor a ser colocado sobre a competência do consultor, o qual deve sempre ter conhecimento especializado sobre o arcabouço jurídico que recai sobre o objeto da consulta[788].

Estando consciente da sua própria incapacidade para realizar a análise e a avaliação técnica ou jurídica devidas e esperadas, deve o consultor renunciar à demanda e comunicar a sua falta de competência ao consulente para que ele escolha outro especialista. Se assim não proceder, a sua aceitação para uma tarefa que sabe não ter o necessário conhecimento técnico ou jurídico poderá caracterizar um atuar precedente perigoso que colocará em risco o bem jurídico tutelado, gerando responsabilidade penal ao consultor[789].

Na “Variante 3” do “Caso 3”, exposto no primeiro capítulo deste trabalho, não só o diretor da empresa não cumpriu com o seu dever de informar ao se embasar em um parecer ofertado por um especialista em Direito Civil sobre

jurídico-penal e de política criminal. São Paulo: Saraiva, 2010, p. 329-331, que é seguido por GRANDIS, Rodrigo de. O exercício da advocacia e o crime de “lavagem” de dinheiro. In: DE CARLI, Carla Veríssimo; MENDONÇA, Andrey Borges de. Lavagem de dinheiro: prevenção e controle penal. Porto Alegre: Verbo Jurídico, 2011, p. 138-139.

785. GRECO, Luís. *Cumplicidade através de ações neutras: a imputação objetiva na participação.* Rio de Janeiro: Renovar, 2004, p. 59.

786. CALABRIA, *Arianna. Ignorantia legis e parere erroneo del consulente legale.* In: Revista Italiana di Diritto e Procedura Penale, fasc. 1, 1992, p. 165.

787. Sobre o tema, ver, em maior detalhe, o tópico 3.2.1., no capítulo anterior.

788. ARIANNA CALABRIA alerta, inclusive, para as diversas consequências sobre o parecerista que não se atualiza nem busca conhecer as normas e regulamentos que incidem especificamente sobre o objeto de conduta, denotando até mesmo um dever dele de também buscar informar-se, nesse sentido, CALABRIA, *Arianna. Ignorantia legis e parere erroneo del consulente legale.* In: Revista Italiana di Diritto e Procedura Penale, fasc. 1, 1992, p. 163-164.

789. LASCURAÍN, Juan Antonio. Salvar al oficial Ryan (sobre la responsabilidad pernal del oficial de cumplimiento). In: MIR PUIG, Santiago et. al. *Responsabilidad de la empresa y compliance: programas de prevención, detección y reacción penal.* Madrid: Edisofer, 2014, p. 308. Essa responsabilidade dependerá de se firmar, antes, a sua posição de garantidor, a qual será vista, em detalhes, no tópico 4.6., abaixo.

uma complexa operação financeira de crédito, mas também o próprio consultor externo não deveria ter aceitado a referida incumbência, o que indica que, nesse caso, haverá motivos para se deflagrar a persecução penal sobre esses dois sujeitos, consulente e consultor. Embora o consultor escolhido seja renomado, fato é que falta para ele expertise em direito financeiro e tributário que lhe torne capaz de prestar uma informação jurídica qualificada sobre a referida operação de crédito pretendida pelo diretor da empresa. A ressalva fica por conta de se comprovar que o parecer proferido pelo especialista em Direito Civil contém toda a fundamentação jurídica necessária, inclusive para a superação do entendimento preponderante do Fisco – o que equivaleria, ao menos em tese, equiparar a qualidade do seu estudo a de um especialista tributário. Todavia, essa questão dependeria da produção de provas no caso concreto.

Também é dever do especialista solicitar ao consulente todos os dados, documentos e informações que entenda serem necessários para compreender o objeto da consulta e, assim, responder adequadamente à questão que lhe é posta[790]. Trata-se do dever de esclarecer o *objeto da consulta*, delimitando o alcance da sua análise e a profundidade da sua avaliação sobre o caso concreto, que devem constar também em seu parecer.

Relembre-se que esse dever é *compartilhado* com o consulente[791], a quem incumbe subsidiar o especialista com tudo o que for necessário para que bem compreenda o objeto da consulta. Entretanto, não se espera simples passividade do consultor[792]. Percebendo a ausência de algum dado ou documento relevante para a sua análise, deve demandá-lo ao consulente e, não sendo fornecida a informação faltante, deverá constar em seu parecer a ausência dela e seu impacto na análise técnica ou jurídica.

Logo, cabe ao parecerista expor com objetividade e clareza o objeto da consulta e justificar a metodologia de análise que adotará para a avaliação daquela situação concreta. Por exemplo, sendo consultado para realizar avaliação técnica do valor de mercado de uma empresa e recebendo tão somente demonstrações contábeis não auditadas, deve o consultor sinalizar tal fato em seu parecer.

Quanto aos dados, documentos e informações que o parecerista recebe do

790. Esse mesmo dever também aparece nos intermediários financeiros do mercado de valores mobiliários, cf. revela RODRIGUES, Pedro Miguel S. M. *A intermediação financeira: em especial, os deveres de informação do intermediário perante o cliente*. Dissertação de Mestrado. Faculdade de Direito da Universidade de Lisboa, 2011, 34-35.

791. Esse dever compartilhado é a base do princípio da confiança que irá se estabelecer entre consultor e consulente. Nesse sentido, CALABRIA, *Arianna. Ignorantia legis e parere erroneo del consulente legale*. In: Revista Italiana di Diritto e Procedura Penale, fasc. 1, 1992, p. 161.

792. O fundamento jurídico que desautoriza essa passividade será melhor tratado no tópico 4.5. Adiante-se, desde logo, que o seu dever de informação, por ser penalmente relevante, impõe o ônus de se cercar dos subsídios necessário para cumprir tal dever.

consulente, vigorará o *princípio da confiança*, devendo o especialista partir da premissa de que se tratam de informações e documentos verdadeiros e que os dados neles constantes estão corretos[793]. Contudo, se a falsidade constante nessas informações for evidente ou claramente perceptível ao especialista, que facilmente notaria o erro nos dados que recebera, deve ele comunicar ao consulente a divergência ou o erro[794]. Se não o fizer, a ele poderá recair a pecha de ter sido, ao menos, conivente com o resultado proibido, ainda que este tenha sido executado diretamente por quem tomou a decisão[795].

No entanto, em se tratando de erros ou falsificações habilidosas e capazes de enganar o próprio *expert*, que parte, como se esclareceu, do princípio da confiança sobre esses dados, poderá ele se escusar da responsabilidade sobre o equívoco do seu parecer, uma vez que a garantia da veracidade das informações fornecidas recai sobre aquele que as transmite. Nessa hipótese, pode, inclusive, o especialista ser vítima da manipulação dos dados e documentos perpetrada pelo consultente.[796]

Já no que tange à indicação da metodologia de análise e ao delineamento do objeto da consulta, deve o parecerista explicitar se a sua avaliação consiste em um *mero fornecimento de informação* técnica ou jurídica ou se corresponde ao *aconselhamento, assessoramento, recomendação* ou *orientação* sobre a matéria consultada[797]. Essas situações são diferentes e podem impactar na valoração jurídica que recairá, posteriormente, sobre o parecer emitido quando se verificar o seu acerto ou equívoco[798].

---

793. Já se tratou sobre o referido princípio no capítulo anterior, em especial nos tópicos 3.2. e 3.4.

794. BASTIANELLO, Alessandro. *La responsabilità penale dei professionisti: medici, avvocati, notai, commercialisti*. Milão: CEDAM, 2012, p. 235 e 251

795. Na Espanha, o Tribunal de Madrid entendeu que o contador da empresa poderia e deveria ter percebido que a declaração contábil que estava realizando tinha como base faturas que refletiam gastos inexistentes, que não correspondiam à realidade. Para tanto, utilizou-se do fato desse contador também ser sócio da empresa com 44% das ações. Contudo, o dever do contador saber se as informações com as quais trabalha são ou não verídicas decorre, na verdade, de um outro dever mais especial do que o fato circunstancial de ele ser sócio da empresa, o qual será visto, em maiores detalhes, no tópico 4.5., abaixo. Esse julgado da SAP de Madrid, de 11 de abril de 2001 (relator Martínez Lázaro) é trazido por ROBLES PLANAS em PLANAS, Ricardo Robles. Riscos penais da assessoria jurídica. In: ROBLES PLANAS, Ricardo. *Estudos de dogmática jurídico penal: fundamentos, teoria do delito e direito penal econômico*. Belo Horizonte: Editora D'Plácido, 2016, p. 275-276.

796. O fundamental, aqui, é não confundir a figura do consultor técnico ou jurídico com a figura específica do auditor, que tem o dever de checar a veracidade das informações, como um verdadeiro investigador. Sobre os deveres do auditor, ver MOCHALES, Teresa Ruano. *LA incidência de los deberes de los administradores y auditores em la manipulación de las cuentas anuales: posición de garante y responsabilidad penal*. Tese de doutorado, Facultad de Dierecho da Universidad Autónoma de Madrid, 2015, p. 150 e ss.

797. BASTIANELLO, Alessandro. *La responsabilità penale dei professionisti: medici, avvocati, notai, commercialisti*. Milão: CEDAM, 2012, p. 236.

798. Também faz essa distinção SILVA SÁNCHEZ, Jesús-María. *El nuevo escenario del delito fiscal en España*. Barcelona: Atelier, 2006, p. 87 e ss.

Dessa forma, por um lado, em se tratando do mero fornecimento de uma informação técnica ou jurídica prevalece a descrição objetiva da valoração de uma determinada realidade (o que se diferenciará do aconselhamento ou assessoria, na qual prevalecerá o componente pessoal por parte do profissional). Logo, a responsabilidade do especialista limita-se à correção das correspondentes informações constantes no seu parecer ou consultoria, em atenção aos fins propostos[799].

A situação é diversa quando o especialista consultado dá indicações concretas, faz sugestões, recomenda a forma de atuação ou fornece conselhos sobre os caminhos a serem seguidos por quem tomará a decisão (e é nesta modalidade de assessoria onde se encontram boa parte dos casos, pois, em geral, a busca por uma informação qualificada visa a obtenção de um aconselhamento por parte daquele que detém o conhecimento técnico ou jurídico sobre o assunto consultado[800]). Nesses casos, na medida em que o consultor não descreve mais abstratamente uma realidade, mas contribui para configurar a situação do consulente no futuro, já não se pode mais reclamar a distância profissional com relação ao fato punível que venha a ser realizado[801].

Nas hipóteses de aconselhamento ou assessoria em sentido estrito o fundamental será, então, observar o nível de intervenção do especialista no projeto de conduta do consulente. Assim, por exemplo, no "Caso 1", descrito no primeiro capítulo, o advogado tributarista e o contador orientaram o passo a passo para a realização da operação financeira pretendida pelo empresário, o que torna essa assessoria relevante para o resultado final verificado (em tese, o crime de evasão de divisas). Isso não significa, todavia, que a atuação desses profissionais esteja recortada ou direcionada para prática delitiva e a análise da sua responsabilidade penal dependerá, ainda, de outros fatores relacionados à qualidade da informação transmitida, como se verá em seguida.

b) A qualidade da informação técnica ou jurídica transmitida

Observados os sub-deveres que cumprem a primeira etapa do dever de informar e se relacionam à incumbência de o parecerista ou consultor ser uma fonte confiável de informação, a segunda etapa está voltada a determinar o caráter confiável do conteúdo da informação efetivamente prestada pelo especialista técnico ou jurídico, a qual requer o cumprimento de outros sub-deveres.

799. PLANAS, Ricardo Robles. Riscos penais da assessoria jurídica. In: ROBLES PLANAS, Ricardo. *Estudos de dogmática jurídico penal: fundamentos, teoria do delito e direito penal econômico*. Belo Horizonte: Editora D'Plácido, 2016, p. 271-272.

800. BASTIANELLO, Alessandro. *La responsabilità penale dei professionisti: medici, avvocati, notai, commercialisti*. Milão: CEDAM, 2012, p. 235-236.

801. PLANAS, Ricardo Robles. Riscos penais da assessoria jurídica. In: ROBLES PLANAS, Ricardo. *Estudos de dogmática jurídico penal: fundamentos, teoria do delito e direito penal econômico*. Belo Horizonte: Editora D'Plácido, 2016, p. 272.

Quanto a qualidade da informação prestada, a regra geral consiste na proibição do parecerista ou consultor transmitir uma informação técnica ou jurídica que saiba ser equivocada ou que tenha ciência de que a sua recomendação ou orientação consiste na prática de uma atividade considerada ilícita ou criminosa[802]. Assim, quanto a qualidade da informação repassada, é dever do especialista informar da maneira que entenda ser *correta, completa, regular* e *adequada*[803].

Contudo, não se exige do consultor o acerto sobre o conteúdo propriamente técnico ou jurídico das informações, pois a valoração não recairá sobre o mérito do parecer ou da consultoria[804], mas sobre outras características formais constantes no seu parecer que permitam a um terceiro (ao próprio consulente ou até mesmo ao Juiz, por exemplo) verificar a *plausibilidade técnica ou jurídica*, desde uma perspectiva *ex ante*[805], das orientações, recomendações ou aconselhamentos que constam no seu parecer ou consultoria[806].

Logo, como este é um dos critérios para avaliar a confiabilidade da informação transmitida[807], é dever do especialista *fundamentar* o seu parecer, contemplando todo o arcabouço normativo, jurisprudencial e doutrinário que orbite a situação consultada, se se tratar de parecer jurídico[808], ou abrangendo

---

802. CERVINI, Raúl; ADRIASOLA, Gabriel. *Responsabilidade penal dos profissionais jurídicos*. São Paulo: RT, 2013, p. 113; PLANAS, Ricardo Robles. Riscos penais da assessoria jurídica. In: ROBLES PLANAS, Ricardo. *Estudos de dogmática jurídico penal: fundamentos, teoria do delito e direito penal econômico*. Belo Horizonte: Editora D'Plácido, 2016, p. 271. Tanto assim que, por exemplo, o Código de Ética e Disciplina da Ordem dos Advogados do Brasil, dispõe que o advogado deve abster-se de "a) utilizar de influência indevida, em seu benefício ou do cliente; b) patrocinar interesses ligados a outras atividades estranhas à advocacia, em que também atue; c) vincular o seu nome a empreendimentos de cunho manifestamente duvidoso; d) emprestar concurso aos que atentem contra a ética, a moral, a honestidade e a dignidade da pessoa humana; e) entender-se diretamente com a parte adversa que tenha patrono constituído, sem o assentimento deste"(cf. artigo 2°, inciso VIII, da referida norma).

803. CALABRIA, *Arianna. Ignorantia legis e parere erroneo del consulente legale*. In: Revista Italiana di Diritto e Procedura Penale, fasc. 1, 1992, p. 161; RODRIGUES, Pedro Miguel S. M. *A intermediação financeira: em especial, os deveres de informação do intermediário perante o cliente*. Dissertação de Mestrado. Faculdade de Direito da Universidade de Lisboa, 2011, p. 24; MOCHALES, Teresa Ruano. *LA incidência de los deberes de los administradores y auditores em la manipulación de las cuentas anuales: posición de garante y responsabilidad penal*. Tese de doutorado, Facultad de Dierecho da Universidadad Autónoma de Madrid, 2015, p. 48, 93.

804. CALABRIA, *Arianna. Ignorantia legis e parere erroneo del consulente legale*. In: Revista Italiana di Diritto e Procedura Penale, fasc. 1, 1992, p. 164.

805. Sobre a importância desse critério temporal para definição da licitude ou ilicitude, ver MACHADO, Hugo de Brito. *Crimes contra a ordem tributária*. São Paulo: Atlas, 2009, p. 282.

806. Em sentido semelhante, LEITE, Alaor. *Dolo e o crime de dispensa ou inexigência ilegal de licitação (art. 89 da Lei 8.666/1993)*. In: Revista Brasileira de Ciências Criminais, Ano 21, nº 104, set/out 2013, p. 26.

807. GUR-ARYE, Miriam. *Reliance on a lawyer's mistaken advice: should it be an excuse from criminal liability?* American Jornal of Criminal Law, v. 29, 2002, p. 40.

808. CALABRIA, *Arianna. Ignorantia legis e parere erroneo del consulente legale*. In: Revista Italiana di Diritto e Procedura Penale, fasc. 1, 1992, p. 167.

as referências teóricas e metodógicas, se o parecer for eminentemente técnico[809]. O seu raciocínio técnico-jurídico deve estar sedimentado nas regras e normas profissionais que incidem sobre o objeto da consulta e as suas conclusões precisam guardar pertinência direta com a sua fundamentação[810].

Não se exige que o parecer ou a consultoria sejam, necessariamente, escritos, embora essa seja a *forma preferível*[811] pois, informações transmitidas apenas oralmente tendem a ser mais rasas e incompletas, o que pode apresentar deficiências diante de situações de alta complexidade[812].

A sua análise também deve ser completa, abrangendo todos os pontos que fazem parte do objeto da consulta. Um enfrentamento parcial do problema dificilmente apresentará soluções adequadas. Por isso, é ideal que o parecer ou a consultoria contenha a descrição completa do objeto da consulta e que, durante a sua fundamentação, se resgate cada um dos pontos que integram esse objeto para que, sobre eles, recaia a valoração técnica ou jurídica do especialista consultado[813].

Além disso, não se desconhece que, principalmente na área jurídica, a opinião de um especialista estará vinculada à sua interpretação da lei diante do caso concreto que é objeto da consulta que lhe é formulada[814].

Por essa razão, divergências de interpretação ou opiniões diversas que estejam devidamente fundamentadas não são equiparadas a condutas voltadas para a prática de crimes[815], nem podem ser entendidas como se servissem, de antemão, a tal desiderato[816]. Atuando nos limites da lei, não há que se falar em

809. RODRIGUES, Pedro Miguel S. M. *A intermediação financeira: em especial, os deveres de informação do intermediário perante o cliente*. Dissertação de Mestrado. Faculdade de Direito da Universidade de Lisboa, 2011, p. 32; HALL, Livingston; SELIGMAN, Selig J. *Mistake of law and mens rea*. University of Chicago Law Review: Vol. 8 : Iss. 4 , Article 2, 1941, p. 652-653.

810. BASTIANELLO, Alessandro. *La responsabilità penale dei professionisti: medici, avvocati, notai, commercialisti*. Milão: CEDAM, 2012, p. 7. Além disso, anota o manual de boas práticas da atividade de consultoria da Advocacia-Geral da União que "é importante que o Parecer contenha os seguintes elementos: a) Ementa; b) Relatório; c) Regra jurídica e sua explicação; d) Análise (adequação da regra ao caso) e e) conclusão". AGU. *Manual de Boas Práticas Jurídicas*. 4ª ed. 2016, p. 19-20.

811. Nesse sentido é a orientação da Advocacia-Geral da União sobre as boas práticas na atividade de consultoria jurídica. AGU. *Manual de Boas Práticas Jurídicas*. 4ª ed. 2016, p. 19-20, 92.

812. Reconhecendo a viabilidade de opiniões oferecidas oralmente ROXIN, Claus. *Derecho Penal. Parte General*. Tomo I. Madrid: Civitas, 2008, p. 892.

813. É esta a recomendação da Advocacia-Geral da União para a atividade de consultoria jurídica. AGU. *Manual de Boas Práticas Jurídicas*. 4ª ed. 2016, p. 24.

814. HALL, Livingston; SELIGMAN, Selig J. *Mistake of law and mens rea*. University of Chicago Law Review: Vol. 8 : Iss. 4 , Article 2, 1941, p. 666.

815. PERKINS, Rollim M. *Ignorance and mistake in criminal law*. University of Pennsylvania Law Review, n. 35, 1939, p. 51.

816. Sobre a interpretação da lei tributária e ilicitude penal, ver, em detalhes, MACHADO,

responsabilidade penal do parecerista ou consultor, até mesmo porque essa sua atividade consistirá, nessa medida, em exercício regular de direito[817].

A complexidade das regulações jurídicas e extrajurídicas da conduta, a constante mutação das normas que informam os conteúdos de proibições penais e as dificuldades técnicas que circundam as mais novas tecnologias justificam a divergência de interpretação[818] e promovem relação saudável de embate entre a ordem jurídica e o alcance do conteúdo da proibição[819].

Não se pode criminalizar uma opinião técnica ou jurídica. Mas, por ela ser expressão de um conhecimento qualificado com capacidade de influenciar a tomada de uma decisão concreta[820], é necessário que essa espécie de manifestação do pensamento possua critérios mínimos que visem mantê-la dentro dos limites do que é permitido[821].

No Direito Tributário, por exemplo, é comum existirem questões passíveis de debate, podendo abarcar diferentes entendimentos e não raro o posicionamento do Fisco ou do Poder Judiciário frente a determinados temas não é o mais acertado. Logo, uma posição contrária ao Fisco ou à jurisprudência não se confunde com a prática delitiva[822], pois se resumem a interpretações distintas, mas possíveis, da lei[823].

Hugo de Brito. *Crimes contra a ordem tributária*. São Paulo: Atlas, 2009, p. 69 e ss.; DI PIETRO, Maria Sylvia Zanella. *Direito Administrativo*. São Paulo: Atlas, 2010, p. 163.

817. QUEIJO, Maria Elizabeth. Responsabilidade penal do advogado parecerista em matéria tributária. In: TANGERINO, Davi Paiva Costa; GARCIA, Denise Nunes. *Direito penal tributário*. São Paulo: Quartier Latin, 2007, p. 266.

818. CALABRIA, *Arianna. Ignorantia legis e parere erroneo del consulente legale*. In: Revista Italiana di Diritto e Procedura Penale, fasc. 1, 1992, p. 169.

819. MACHADO, Hugo de Brito. *Crimes contra a ordem tributária*. São Paulo: Atlas, 2009, p. 279-280.

820. MOCHALES, Teresa Ruano. *LA incidência de los deberes de los administradores y auditores em la manipulación de las cuentas anuales: posición de garante y responsabilidad penal*. Tese de doutorado, Facultad de Dierecho da Universidadad Autónoma de Madrid, 2015, p. 40.

821. CALABRIA, *Arianna. Ignorantia legis e parere erroneo del consulente legale*. In: Revista Italiana di Diritto e Procedura Penale, fasc. 1, 1992, p. 167; BASTIANELLO, Alessandro. *La responsabilità penale dei professionisti: medici, avvocati, notai, commercialisti*. Milão: CEDAM, 2012, p. 7. Sobre o tema, é interessante decisão do Supremo Tribunal Federal sobre os limites da manifestação de ideias e opiniões, inclusive, por meio da divulgação e venda de livros, onde se lê que "o direito à livre expressão não pode abrigar, em sua abrangência, manifestações de conteúdo imoral que implicam em ilicitude penal" (STF, HC 82424 RS, Rel. Ministro Moreira Alves, Tribunal Pleno, julgado em 19/03/2004).

822. Nesse mesmo sentido, QUEIJO, Maria Elizabeth. Responsabilidade penal do advogado parecerista em matéria tributária. In: TANGERINO, Davi Paiva Costa; GARCIA, Denise Nunes. *Direito penal tributário*. São Paulo: Quartier Latin, 2007, p. 273-275.

823. Encontra-se uma única exceção no nosso ordenamento, dirigido aos funcionários públicos: no crime de prevaricação é vedada a prática de atos contra disposição expressa de lei, para satisfazer interesse ou sentimento pessoal (artigo 319 do Código Penal). Esta exceção, entretanto, não se confunde com o que Rui Barbosa chamou de "crime de hermenêutica", hoje reconhecidamente

Por essa razão, a interpretação deve ser conforme a Constituição da República e sistemática diante dos demais dispositivos do ordenamento jurídico pátrio, de modo a se promover a integração do próprio Direito e o preenchimento ou a colmatação das lacunas eventualmente existentes[824], desde que respeitados os limites impostos à hermenêutica aplicada ao Direito Penal, que veda a analogia *in malam partem*, a interpretação extensiva que extrapole o conteúdo da proibição contido no tipo penal e o uso dos costumes como forma de ampliação ou redução do alcance da lei penal[825].

Desse modo, por mais que o órgão fiscalizador ou regulador ou o Poder Judiciário tenham entendimentos preponderantes sobre determinadas questões de natureza técnica ou jurídica, é lícito ao especialista propor caminho diverso à luz das peculiaridades da situação concreta consultada[826]. E mais. Ainda que, ao final, essa interpretação seja tida como equivocada pela ordem jurídica, ela não se confunde, em absoluto, com a prática de um crime[827] se foram observados os métodos hermenêuticos adequados para a referida interpretação, se a divergência está fundamentada em elementos justificadores oriundos das peculiaridades do caso concreto e se o raciocínio constante na opinião do especialista é lógico e ponderado[828].

Aliás, a interpretação dada pelo órgão ou pelo Judiciário não deixa de ter a mesma natureza da interpretação fundamentada do parecerista, ainda que possuam força cogente, como as súmulas vinculantes, por exemplo. Tanto assim, mudanças bruscas na jurisprudência dos Tribunais ou interpretações inaugurais a respeito de determinado instituto pelos órgãos reguladores podem dar ensejo a um erro de proibição inevitável no jurisdicionado[829].

inexistente e desamparado por nosso ordenamento jurídico. Sobre o "crime de hermenêutica", ver Rui Barbosa. *Obras Completas*, Vol. XXIII, Tomo III, p. 235 e ss.

824. Sobre a teoria da interpretação, ver, por todos, FERRAZ JR., Tercio Sampaio. *Introdução ao estudo do direito*. São Paulo: Atlas, p. 251 e ss.

825. Sobre as fontes do direito penal e os métodos hermenêuticos para este ramo do direito, ver, por todos, BRUNO, Aníbal. *Direito penal: parte geral*. T. I. Rio de Janeiro: Forense, 1984, p. 200 e ss. e 220 e ss.

826. Afinal, uma má interpretação do Direito não conduz à configuração de um ilícito penal, ou, para usar a expressão contida na jurisprudência do STF, não há "crime de exegese", cf. STF, Inq 3753, Relator(a): Min. LUIZ FUX, Primeira Turma, julgado em 18/04/2017; STF, Inq 3077, Relator(a): Min. DIAS TOFFOLI, Tribunal Pleno, julgado em 29/03/2012 e STF, Inq 2482, Relator(a) p/ Acórdão: Min. LUIZ FUX, Tribunal Pleno, julgado em 15/09/2011.

827. Seria, quando muito, um "erro de diagnóstico", nas palavras de BASTIANELLO, Alessandro. *La responsabilità penale dei professionisti: medici, avvocati, notai, commercialisti*. Milão: CEDAM, 2012, p. 21.

828. MACHADO, Hugo de Brito. *Crimes contra a ordem tributária*. São Paulo: Atlas, 2009, p. 73-74.

829. Nesse sentido, ROXIN, Claus. *Derecho penal: parte general*. Tomo I. Madrid: Civitas, 2014, p. 890-891.

Quando o conteúdo da proibição não for claro, a margem de atuação do sujeito se amplia e permite que ele trafegue livremente por todo o espaço até os limites do permitido[830]. Assim, quando houver jurisprudência divergente ou claudicante, quando o mesmo órgão público possuir interpretações diversas para fatos semelhantes ou quando a norma admitir mais de um entendimento possível quanto ao seu conteúdo[831], isso será um problema que cabe ao Estado resolver[832]. Ao sujeito, é lícito e permitido que atue nos chamados *limites da dúvida*[833], critério que também se aplica àquele que transmite ou repassa uma informação técnica ou jurídica.

O especialista, quando consultado sobre determinado fato em que existe dúvida sobre a sua correta subsunção à norma, cuja exegese permita alocá-lo sob o manto de mais de um instituto, tem a permissão de contrariar o entendimento dos órgãos oficiais, ainda que predominantes, desde que apresente todos os fundamentos para superá-los naquele caso concreto[834]. Assim, planejamentos tributários podem ser desenhados contemplando os mais diversos raciocínios acerca das hipóteses de incidência sobre fatos geradores, tudo visando a redução

---

830. Essa é a premissa de um modelo liberal de Estado, em que a preferência é sempre pela liberdade. Nesse sentido, GUR-ARYE, Miriam. *Reliance on a lawyer's mistaken advice: should it be an excuse from criminal liability?* American Jornal of Criminal Law, v. 29, 2002, pp. 40-41.

831. HALL, Livingston; SELIGMAN, Selig J. *Mistake of law and mens rea.* University of Chicago Law Review: Vol. 8 : Iss. 4 , Article 2, 1941, p. 652-653.

832. O responsável pela dúvida nesses casos não seria o sujeito, mas o próprio Estado, cf. OLAIZOLA NOGALES, Inés, *El error de prohibición: especial atención a los criterios para su apreciación y para la determinación de su vencibilidad e invencibilidade.* La Ley Wolters Kluver. Madrid, 2007, p. 196. Quando isso ocorre é assegurado ao sujeito a sua liberdade de agir, conforme esclarece INGEBORG PUPPE, "o Estado possui o dever em relação ao cidadão de dizer de forma clara o que lhe é permitido e o que lhe é proibido. Apenas assim tem o Estado pretensão de obediência", PUPPE, *Strafrecht*, AT, §19, n. 16, p. 230 *apud*. LEITE, Alaor. *Dúvida e erro sobre a proibição no direito penal: a atuação nos limites entre o permitido e o proibido.* São Paulo: Atlas, 2013, p. 128. No mesmo sentido é o entendimento de ROLLIM PERKINS, "se o significado de uma não está claro, e não há decisão judicial esclarecendo-o, aquele que atuou com boa-fé, não deverá ser considerado culpado pelo crime se a sua conduta estava adequada ao que ele razoavelmente pode acreditar que aquela norma significava, ainda que, mais tarde, o tribunal decida que a conduta apropriada seria outra". PERKINS, Rollim M. *Ignorance and mistake in criminal law.* University of Pennsylvania Law Review, n. 35, 1939, p. 45 (nossa tradução livre). O Supremo Tribunal Federal também reconheceu que "o réu não pode ser penalizado em razão de o legislador ter adotado um conceito indeterminado, impreciso" (STF. AP 559, Relator(a): Min. DIAS TOFFOLI, Primeira Turma, julgado em 26/08/2014). Quanto ao resgate ao argumento de BINDING, no sentido de que "a culpa pela dúvida é exclusivamente do legislador", não podendo ser atribuída ao cidadão, v. LEITE, Alaor. *Dúvida e erro sobre a proibição no direito penal: a atuação nos limites entre o permitido e o proibido.* São Paulo: Atlas, 2013, p. 41 e ss.

833. O critério foi desenvolvido por BINDING, conforme o excurso histórico exposto por ALAOR LEITE, em LEITE, Alaor. *Dúvida e erro sobre a proibição no direito penal: a atuação nos limites entre o permitido e o proibido.* São Paulo: Atlas, 2013, pp. 46-53.

834. MACHADO, Hugo de Brito. Planejamento tributário e crime. In: MACHADO, Hugo de Brito. *Estudos de direito penal tributário.* São Paulo: Atlas, 2002, p. 60-61.

do pagamento de tributos, pois se conformam como mera interpretação da lei tributária[835] e, nessa medida, representam, *in totum*, uma atividade lícita[836], não equivalendo a meios fraudulentos para sonegação fiscal[837].

O mesmo raciocínio vale para questões técnicas, como por exemplo, quando o engenheiro especialista em segurança do trabalho é consultado sobre qual área deve ser isolada em determinada operação de içamento de carga, em que se admite, em razão da falta de clareza da própria norma regulamentadora, que se isole tanto a área de projeção da lança do guindaste ou quanto apenas a área de projeção da carga içada[838].

É este também o fundamento que autoriza o parecerista ou o consultor, diante de uma dúvida que se mostrou *insuperável* no caso concreto, recomendar ou aconselhar quaisquer dos caminhos possíveis de serem perseguidos pelo consulente[839]. Se não está claro que o projeto de conduta almejado é proibido, deverá ser reconhecido ao sujeito a sua liberdade em atuar[840], até que exista uma ordem estatal clara determinando, com segurança, a proibição daquele

---

835. QUEIJO, Maria Elizabeth. Responsabilidade penal do advogado parecerista em matéria tributária. In: TANGERINO, Davi Paiva Costa; GARCIA, Denise Nunes. *Direito penal tributário*. São Paulo: Quartier Latin, 2007, p. 276.

836. RIBEIRO, Ricardo Lodi. Justiça, Interpretação e Elisão Tributária. Rio de Janeiro: Lumen Juris, 2003, p 145-146, quem, inclusive, detalha os requisitos que um planejamento tributário deve conter para ser considerado lícito.

837. ILLG, Matias. Planejamento tributário: estamos diante de uma conduta neutra? In: FRANCO, Alberto Silva; LIRA, Rafael de Souza (Coord.). *Direito penal econômico: questões atuais*. São Paulo: RT, 2011, p. 289.

838. A NR 18, que regulamenta essa atividade, tão somente que "18.14.3 Devem ser observados os seguintes requisitos de segurança durante a execução dos serviços de montagem, desmontagem, ascensão e manutenção do elevador: a) isolamento da área de trabalho", sem explicitar, no caso de guindastes ou equipamentos com lanças, qual é, necessariamente, a área a ser isolada.

839. É importante que a opinião exarada no parecer seja sempre conclusiva em determinado sentido (é lícito tal projeto ou é ilícito tal projeto de conduta), pois pareceres e consultoria inconclusivos são inaptos para esclarecer as dúvidas do consulente. Nesse sentido, LEITE, Alaor. *Dolo e o crime de dispensa ou inexigência ilegal de licitação (art. 89 da Lei 8.666/1993)*. In: Revista Brasileira de Ciências Criminais, Ano 21, nº 104, set/out 2013, pp. 25-26.

840. Dentro da concepção de um Estado liberal, a ordem jurídica deve sempre preferir os caminhos que limitam as proibições e aumentam o escopo das liberdades. Nesse sentido, GUR-ARYE, Miriam. *Reliance on a lawyer's mistaken advice: should it be an excuse from criminal liability?* American Jornal of Criminal Law, v. 29, 2002, pp. 40-41. A autora colaciona um caso interessante julgado pela Suprema Corte de Israel (Cr.A. 281/60, Bar Shalom v. State of Israel, 23(2) P.D. 85), em que o motorista havia estacionado no centro da cidade, em horário proibido pois a placa, afixada próxima do local, indicava a proibição de estacionar entre as horas "07:00 - 19:00". Ocorre que, em hebraico, se lê de trás para frente e, portanto, o motorista entendeu que seria proibido estacionar das 19h até às 7h do dia seguinte. A Corte entendeu que a norma tinha capacidade de gerar duas formas razoáveis de interpretação e, por isso, decidiu em favor do motorista, que não foi penalizado pela sua conduta.

comportamento[841], pois, como já se observou, a dúvida sobre a proibição não é um imperativo de abstenção categórica da conduta[842].

Por outro lado, é certo que, em havendo erros grosseiros, o parecerista ou consultor será responsabilizado pela sua opinião técnico-jurídica[843]. Mas, em sendo o equívoco consistente na sua interpretação plausível sobre a aplicação de uma norma, não haverá que se perquirir sobre a sua responsabilidade, pois o nosso ordenamento jurídico não criminaliza o *crime de hermenêutica*[844].

Contudo, como contrapartida à não punição de uma má interpretação da situação fática-normativa, desde que plausível e devidamente fundamentada, não se reconhece ao parecerista ou consultor a liberdade de manifestar sua opinião técnica ou jurídica como fruto de uma decisão da sua consciência[845] e, por isso,

---

841. Nestes casos, o responsável pela dúvida não seria o sujeito, mas o próprio Estado, cf. OLAIZOLA NOGALES, Inés, *El error de prohibición: especial atención a los criterios para su apreciación y para la determinación de su vencibilidad e invencibilidade*. La Ley Wolters Kluver. Madrid, 2007, p. 196, quando isso ocorre, ao indivíduo deve ser assegurada a liberdade de agir, cf. PUPPE, *Strafrecht*, AT, §19, n. 16, p. 230 *apud*. LEITE, Alaor. *Dúvida e erro sobre a proibição no direito penal: a atuação nos limites entre o permitido e o proibido*. São Paulo: Atlas, 2013, p. 128, já referido acima.

842. Em sentido contrário, ANÍBAL BRUNO entende que o sujeito que atua em dúvida, "atua admitindo a possibilidade de que o seu comportamento seja contrário ao dever". BRUNO, Aníbal. *Direito penal: parte geral*. T. II. Rio de Janeiro: Forense, 1984, p. 110, n. 1.

843. Há, inclusive, previsão legal dessa responsabilidade no artigo 28 da Lei nº 4.657/1942 (LINDB).

844. A expressão é de RUI BARBOSA e foi acolhida pelo Supremo Tribunal Federal em acórdão de fevereiro de 1897, sendo reiterado em outubro de 1899 ao tratar do caso do Juiz Alcides de Mendonça Lima, da Comarca do Rio Grande do Sul e, em suma, significa que o fato de alguém errar sobre a interpretação da lei não é sinônimo de delinquência penal. Recentemente, o tema veio novamente à tona na Corte Suprema quando se repisou: "hoje, é certo, de tão definitivamente incorporada ao saber comum dos juristas e à práxis cotidiana do Judiciário, a doutrina da inexistência do 'crime de hermnêutica' tem um certo sabor da obviedade" (STF, HC 84492, Relator(a): Min. SEPÚLVEDA PERTENCE, Primeira Turma, julgado em 15/12/2005, p. 24 do acórdão). A exceção ficaria por conta da interpretação expressamente contrária à literalidade da lei, que constituiria crime próprio de prevaricação exclusivamente destinado aos funcionários públicos (artigo 319 do Código Penal). Sobre o crime de hermenêutica ver BARBOSA, Rui. *Obras completas de Rui Barbosa*. Vol. XXIII. Tomo III. Rio de Janeiro: Fundação Casa de Rui Barbosa, 1986, p. 228 e ss.

845. Uma decisão de consciência é aquela decisão séria e moralmente orientada segundo as categorias de bom e de mau, oriundas do íntimo do indivíduo que tornam referida conduta ou tomada de postura como um imperativo, pois se contrariar, estará diante de um sério problema com a sua consciência. Essas decisões de consciências não estão isentas de pena se o fato ultrapassa os limites do direito fundamental. Assim, um homicídio praticado por uma questão de honra ou um ato terrorista executado em razão de compromissos político-ideológicos não deixam de ser punidos. A exceção fica por conta de alguns poucos casos em que tais crenças éticas, morais, religiosas ou políticas podem vir a afastar do sujeito a consciência quanto a sua vinculação ao ilícito (como na questão das testemunhas de Jeová e a transfusão de sangue, por exemplo). Dessa forma, não pode o especialista consultado exarar parecer fundamentando a ausência de tributação sobre um caso em que claramente há um fato gerador porque é partidário da concepção política de um Estado Liberal com intervenção mínima que não lhe autoriza tributar as atividades dos jurisdicionados que gerem riquezas. Embora, em contrapartida, seja permitido ao *expert*, em havendo dúvida plausível quanto a existência de um

devem ser observados todos os critérios de cumprimento do seu dever concreto de prestar uma informação confiável ao consulente.

Seguindo esse raciocínio, conseguimos, então, resolver o "Caso 2", exposto no primeiro capítulo dessa pesquisa. Embora exista constante reclamação da comunidade do bairro afetado e essa população esteja sendo acometida por diversas doenças em razão da falta de saneamento básico, o caso não é de dispensa de licitação com fundamento no estado de calamidade pública, previsto no artigo 24, inciso IV, da Lei nº 8.666/1993. Isso porque, o estado de calamidade pública somente é reconhecido por meio de um ato administrativo de natureza declaratória, expedido pelo Poder Público, que reconheça ter ocorrido "situação anormal, provocada por desastres, causando danos e prejuízos que impliquem o comprometimento substancial da capacidade de resposta do poder público do ente atingido"[846]. Assim, vendavais, enchentes, inundações, doenças infectocontagiosas em largas proporções e seca prolongada podem ensejar a declaração de calamidade pública, mas não as reclamações de uma comunidade local, tanto que não havia sequer declaração de calamidade. O parecer, portanto, possui erro grosseiro (artigo 28 da Lei nº 4.657/1942), devendo ser o resultado objetivamente imputado ao Procurador do Município. Como o Prefeito estava, nesse caso, em erro de proibição causado por erro de tipo que exclui o dolo[847], em princípio o crime de dispensa indevida de licitação (artigo 89, da Lei nº 8.666/1993) somente pode ser imputado ao Procurador do Município que determinou o referido erro (artigo 20, §2º do Código Penal). Todavia, imputar referido crime ao parecerista jurídico depende do preenchimento dos demais pressupostos da punibilidade (tipicidade subjetiva, antijuridicidade e culpabilidade), a qual ainda ficará sujeita às regras dos delitos especiais, eis que o Procurador do Município é, nesse caso, um *extraneus*.

Como se observa, a tarefa que incumbe ao especialista é projetar a sua valoração sobre a antijuridicidade ou não antijuridicidade do projeto de conduta pretendido pelo consulente, avaliando *se* e *qual* conduta poderá vir a conformar um fato antijurídico[848], sinalizando tais limites ao solicitante da informação.

fato gerador, fundamentar a sua posição quanto a não incidência de determinado tributo, ainda que, posteriormente, esse entendimento juridicamente fundamentado venha a ser considerado equivocado pela ordem jurídica (pois, como se alinhavou, não existe crime de exegese). Sobre as decisões de consciência ver SILVA DIAS, Augusto. *A relevância jurídico penal das decisões de consciência*. Coimbra: Almedina, 1987, p. 106 e ss. e 137 e ss.; FIGUEIREDO DIAS, Jorge de. *Temas básicos da doutrina penal*. Coimbra: Coimbra Editora, 2001, p. 307 e ss. e ROXIN, Claus. Mais uma vez: sobre a valoração jurídico-penal do fato de consciência. In: ROXIN, Claus. *Novos estudos de direito penal*. São Paulo: Marcial Pons, 2014, p. 191 e ss.

846. Artigo 1º, inciso IV, do Decreto nº 7.257/2010.

847. V. tópico 3.6. do capítulo anterior.

848. PLANAS, Ricardo Robles. Riscos penais da assessoria jurídica. In: ROBLES PLANAS, Ricardo. *Estudos de dogmática jurídico penal: fundamentos, teoria do delito e direito penal econômico*. Belo Horizonte: Editora D'Plácido, 2016, p. 277.

Esse dever de alertar o consulente para os possíveis riscos decorrentes da tomada de determinada decisão é um dos mais importantes a serem observados pelo parecerista ou consultor[849]. Como ele não definirá a decisão final que será tomada nem terá poder diretivo ou executivo sobre o comportamento de quem lhe solicitou a informação, a medida de cumprimento satisfatório do seu dever de informar se esgotará com os reportes sobre os riscos evidentes e inerentes às decisões[850], devendo tais alertas e sinais constarem de maneira explícita no seu parecer ou consultoria[851]. É somente assim que ele poderá exonerar-se das ulteriores consequências que poderão advir da tomada de decisão pelo consulente naquela situação concreta[852].

4.2.3. Alcance do dever de transmitir uma informação confiável e seu impacto na teoria do delito

O fundamento mais primeiro e mais primário do dever de informar parece residir no *dever de solidariedade*. Este dever tem sua origem nas ciências sociais e corresponde aos vínculos estabelecidos entre os homens que vivem em uma coletividade articulada. Enquanto a solidariedade é um fenômeno social objetivo resultante da divisão de trabalho, o dever de solidariedade é, antes, um dever de vigilância[853].

A especialização das tarefas cotidianas decorrentes da divisão de trabalho fortaleceu os vínculos entre aqueles que dividem essas tarefas, gerando entre eles um sentimento de solidariedade[854]. Essa interdependência proporcionou maior grau de cooperação entre os membros[855], pois a ação de determinado

---

849. Como se observará, adiante, esse dever é oriundo daqueles que são atribuídos aos encarregados de cumprimento na empresa, sendo a sua função principal detectar eventuais problemas e realizar a ideal comunicação desses problemas aos órgãos competentes para a tomada da decisão. Sobre a função dessa categoria de profissionais, ver SILVEIRA, Renato de Mello Jorge. Autorregulação, responsabilidade empresarial e criminal compliance. In: Silveira, Renato de Mello Jorge; SAAD-DINIZ, Eduardo. *Compliance, direito penal e lei anticorrupção*. São Paulo: Saraiva, 2015, p. 145-146.

850. COSTA, Helena Regina Lobo da; ARAÚJO, Marina Pinhão Coelho. *Compliance e o julgamento da APn 470*. Revista Brasileira de Ciências Criminais, São Paulo, v. 22, n. 106, jan./fev. 2014, p. 223.

851. MONTANDER FERNÁNDEZ, *La posible responsabilid penal del auditor ambiental*. In: *Revista para el análisis del derecho* (InDret), nº 2/2012, Barcelona, abril/2012, p. 14-15.

852. CERVINI, Raúl; ADRIASOLA, Gabriel. *Responsabilidade penal dos profissionais jurídicos*. São Paulo: RT, 2013, p. 117.

853. RASSI, João Daniel. *Imputação das ações neutras e o dever de solidariedade no direito penal brasileiro*. São Paulo: LiberArs, 2014, p. 129. Embora se recorte, aqui, apenas o conceito objetivo de solidariedade, não se desconhece outros conceitos, mais subjetivos, ligados a ideias de generosidade, sentimento de simpatia, agir cristão, etc. os quais, entretanto, por se constituírem meros deveres morais do bom cidadão não são suficientes para se contraporem a deveres jurídicos.

854. DURKHEIM, Émile. *Da divisão social do trabalho*. São Paulo: Martins Fontes, 1999, p. 21.

855. DURKHEIM, Émile. *Da divisão social do trabalho*. São Paulo: Martins Fontes, 1999, p. 156.

indivíduo que ocupa posição estratégica na divisão de trabalho pode acarretar consequências para outras pessoas, o que impôs, com mais força, o dever de vigilância entre os cidadãos para evitar ou impedir a ocorrência de resultados indesejados pela ordem jurídica[856].

A alta complexidade da divisão de trabalho tornou um sujeito dependente do conhecimento acumulado de um terceiro para que a sua ação ou condução de vida seja segura[857]. Sob pena de se inviabilizar a vida cotidiana, este indivíduo deve poder confiar nos mais diversos profissionais, saberes e estruturas institucionais que estão fora do seu controle, mas que, ainda sim, são frutos da intervenção racional humana[858].

Em contrapartida dessa confiança, aos profissionais detentores de conhecimento altamente especializado incumbe um dever indireto de vigilância[859], ou, mais precisamente, um dever de supervisão por meio do *controle da informação*[860]. É o que se apelidou de sistema peritos[861], cujo conhecimento está nas mãos de especialistas técnicos ou jurídicos e tem por objetivo principal assegurar que as ações cotidianas fluam sem encontrar problemas, daí porque o outro sujeito pode conficar neste especialista e tomar a sua decisão com base na informação qualificada por ele repassada[862].

Eis, portanto, o fundamento mais anterior do dever de informar: a intensa divisão de trabalho promoveu uma alta especialização do conhecimento que se concentrou nas mãos de *experts* que detém domínio da informação sobre deteterminada área do conhecimento (direito, engenharia, medicina, economia etc.) e, por conta disso, os demais sujeitos dependem da informação idônea (dever de solidariedade) prestada por esses especialistas para que possam, então, agir de maneira a não lesar bens jurídicos de terceiros ou da coletividade[863].

---

856. RASSI, João Daniel. *Imputação das ações neutras e o dever de solidariedade no direito penal brasileiro*. São Paulo: LiberArs, 2014, p. 124.

857. GIDDENS, Anthony. *As consequências da modernidade*. São Paulo: Unesp, 1991, p. 34-35; BASTIANELLO, Alessandro. *La responsabilità penale dei professionisti: medici, avvocati, notai, commercialisti*. Milão: CEDAM, 2012, p. 7.

858. RASSI, João Daniel. *Imputação das ações neutras e o dever de solidariedade no direito penal brasileiro*. São Paulo: LiberArs, 2014, p. 127.

859. BASTIANELLO, Alessandro. *La responsabilità penale dei professionisti: medici, avvocati, notai, commercialisti*. Milão: CEDAM, 2012, p. 39.

860. GIDDENS, Anthony. *As consequências da modernidade*. São Paulo: Unesp, 1991, p. 55.

861. O apelido foi dado por Giddens em GIDDENS, Anthony. *As consequências da modernidade*. São Paulo: Unesp, 1991, p. 30.

862. Giddens chama esse fenômeno de "fé" na "autenticidade do conhecimento perito" que esses profissionais especializados possuem e que permitem ao cidadão neles se fiar para, então, praticarem seus atos da vida cotidiana. GIDDENS, Anthony. *As consequências da modernidade*. São Paulo: Unesp, 1991, p. 77-79.

863. Em sentido próximo, RODRIGUES, Pedro Miguel S. M. *A intermediação financeira: em especial, os deveres de informação do intermediário perante o cliente*. Dissertação de Mestrado. Faculdade de Direito da Universidade de Lisboa, 2011, p. 24 e ss.

Este dever de informar, enquanto expressão de um dever anterior de solidariedade, aparece em três pontos da teoria do delito: como critério para se punir, ou não, uma ação inicialmente tida como neutra[864], na teoria do crime culposo, como uma expressão do dever objetivo de cuidado[865], e na omissão imprópria, como uma faceta do dever de vigilância[866].

Ações neutras representam riscos permitidos[867] e não devem ser punidas pelo Direito Penal. Um dos critérios para determinar essas ações é o dever de solidariedade. Quando o indivíduo violar seu dever de solidariedade (referido em nosso ordenamento nos crimes omissivos impróprios), sua conduta deixa de ser neutra e passa a representar um incremento do risco proibido, podendo ser punida a título de participação[868]. Segundo este critério, então, chegar-se-ia à conclusão quanto a impunidade do advogado tributarista que elaborou planejamento tributário resultante em indevida supressão tributos, porque sua opinião não é vinculante, nem estaria ele obrigado a evitar o resultado decorrente da tomada de decisão do consulente[869].

Já na teoria do delito culposo, o dever de informar se relaciona com a violação das normas técnicas de profissão desses *experts*[870] (infrações éticas médicas ou de engenharia, normas de proteção ao comércio e ao meio ambiente, regulamentos relativos ao Direito Tributário e demais normativos relacionados

---

864. GRECO, Luís. *Cumplicidade através de ações neutras: a imputação objetiva na participação*. Rio de Janeiro: Renovar, 2004, p. 157 e ss.

865. CALABRIA, *Arianna*. *Ignorantia legis e parere erroneo del consulente legale*. In: Revista Italiana di Diritto e Procedura Penale, fasc. 1, 1992, p. 168.

866. MONTANDER FERNÁNDEZ, *La posible responsabilid penal del auditor ambiental*. In: *Revista para el análisis del derecho* (InDret), nº 2/2012, Barcelona, abril/2012, p. 14 e ss.

867. Um panorama dos diversos critérios para aferição de uma ação neutral é encontrado em GRECO, Luís. *Cumplicidade através de ações neutras: a imputação objetiva na participação*. Rio de Janeiro: Renovar, 2004, p. 19 e ss.

868. Defende esse critério como seguro para a aferição das condutas neutras RASSI. Sua tese pode ser verificada em RASSI, João Daniel. *Imputação das ações neutras e o dever de solidariedade no direito penal brasileiro*. São Paulo: LiberArs, 2014, p. 145 e ss. Todavia, tal critério parecer ser impreciso e não responder satisfatoriamente como é possível fundamentar o critério legitimador para ações neutras exclusivamente na omissão imprópria se tais ações também podem se externar por meio de condutas comissivas.

869. Essa solução é apresentada por RASSI com a qual também se discorda pois, como se verá em maior detalhe no tópico 4.4., abaixo, o fato de o parecer jurídico do advogado tributarista não ser formalmente vinculante é irrelevante para se fixar o nexo de causalidade e os motivos que levam a afastar a sua punição, neste caso, deve partir da análise sobre o cumprimento do seu dever de informar, já referido no tópico 4.2.1., acima. Ademais, não parece acertado simplesmente lançar mão do argumento de que o advogado não está "obrigado a evitar o resultado praticado pelo seu cliente", pois evitar é diferente de impedir o resultado e, já por isso, a forma como este caso foi resolvido parece equivocada. Retomaremos este caso, com maior precisão, no tópico 4.5. Sobre essa solução, ver RASSI, João Daniel. *Imputação das ações neutras e o dever de solidariedade no direito penal brasileiro*. São Paulo: LiberArs, 2014, p. 214.

870. BASTIANELLO, Alessandro. *La responsabilità penale dei professionisti: medici, avvocati, notai, commercialisti*. Milão: CEDAM, 2012, p. 15-18.

a farmacêuticos, dentistas, economistas etc.) ser indiciária da inobservância ao dever objetivo de cuidado[871].

Por fim, o dever de informar pode aparecer, ainda, na omissão imprópria como faceta do dever de vigilância[872]. O especialista consultado sobre uma situação complexa terá, sob seu controle, o conhecimento técnico ou jurídico necessário para dirimir a dúvida sobre a proibição que se instaurou no consulente diante do caso concreto[873]. Logo, o seu domínio sobre a informação lhe permite alertar ao consulente os riscos do seu projeto de conduta ou a existência de uma situação típica de perigo, que deflagrará no consulente o dever de agir para salvar o bem jurídico do risco de lesão[874].

Contudo, mesmo diante de uma eventual inobservância destes deveres, é necessário um ulterior juízo para determinar se, com a conduta que quebrou o dever, foi produzido o resultado ou, ao menos, foi criado um risco desaprovado, de modo que a infração de tais deveres não implica, por si só, em responsabilidade penal[875]. Aliás, sequer se consegue firmar a tipicidade da conduta do parecerista ou do consultor, que também dependerá da verificação da presença do tipo subjetivo (dolo ou culpa, se prevista).

O dever de informar, tal como o dever de buscar a informação, possui natureza *instrumental* e, por isso, é apenas um meio para aferição de alguns pressupostos da punibilidade: imputação objetiva do resultado, dever objetivo de cuidado ou dever de vigilância sobre um foco de perigo[876].

Como o objetivo desta pesquisa é verificar se há contribuição penalmente relevante do parecerista técnico ou jurídico, o dever de informar será abordado

---

871. TAVARES, Juarez. *Teoria do crime culposo*. Florianópolis: Empório do Direito, 2016, p. 330.

872. No mesmo sentido, indicando uma aproximação entre o dever de reporte e o dever de vigilância ESTELLITA, Heloisa. *Responsabilidade penal de dirigentes de empresa por omissão: estudo sobre a responsabilidade omissiva imprópria de dirigentes de sociedades anônimas, limitadas e encarregados de cumprimento por crimes praticados por membros da empresa*. São Paulo: Marcial Pons, 2017, p. 221 e ss. Os contornos quanto a eventual posição de garantidor que esse especialista pode adquirir será tratado, em detalhes, no tópico 4.5., *infra*.

873. Raciocínio semelhante, mas voltado para os encarregados de cumprimento, em DOPICO GÓMEZ-ALLER, Jacobo. Posición de garante del compliance officer por infración de deber de control: una aproximación tópica. In: ARROYO ZAPATERO, Luis; NIETO MARTÍN, Adán. *El derecho penal económico en la era compliance*. Valencia: Tirant lo Blanch, 2013, p. 174.

874. LASCURAÍN, Juan Antonio. Salvar al oficial Ryan (sobre la responsabilidad pernal del oficial de cumplimiento). In: MIR PUIG, Santiago et. al. *Responsabilidad de la empresa y compliance: programas de prevención, detección y reacción penal*. Madrid: Edisofer, 2014, p. 325.

875. PLANAS, Ricardo Robles. Riscos penais da assessoria jurídica. In: ROBLES PLANAS, Ricardo. *Estudos de dogmática jurídico penal: fundamentos, teoria do delito e direito penal econômico*. Belo Horizonte: Editora D'Plácido, 2016, p. 283.

876. Há também impacto do dever de informar na formação do dolo, que terá reflexos próprios.

como a segunda etapa[877] para aferição dessa responsabilidade: verificado um resultado proibido pela lei penal (v.g. uma dispensa indevida de licitação ou um crime de poluição ocasionado pela insuficiência do sistema de filtros de uma chaminé da fábrica) a pergunta sobre quem praticou a conduta típica passará por um segundo filtro consistente em verificar se o especialista consultado que emitiu o parecer técnico ou jurídico (que entendeu ser o certame dispensável ou que ainda não era necessária a troca do sistema de filtros daquela chaminé) cumpriu satisfatoriamente com o seu dever concreto de prestar uma informação confiável.

4.3. Ação e omissão de quem repassa a informação técnica ou jurídica

É mais fácil aferir a ação e a omissão do consultor quando comparadas às diversas possibilidades de ações ou omissões penalmente relevantes do consulente.

A ação do *expert* consultado, que poderá ter relevância penal, consiste no ato[878] de prestar a referida informação técnica ou jurídica, seja por meio de parecer escrito, seja por meio de uma consultoria oral ou qualquer outra forma de transmissão desse conhecimento ao consulente.

Essa ação é juridicamente relevante, pois, como será o ponto de suporte para a tomada da decisão do consulente, ela, sozinha, é capaz de irromper um curso causal subsequente, com resultados também juridicamente relevantes[879] (é com base nessa informação prestada que serão executados, ou não, determinados projetos de condutas que poderão resultar em ilícitos penais).

Falar em omissão do consultor não parece possível, afinal o objeto de investigação da presente pesquisa é relativo aos casos em que a decisão foi embasada em parecer técnico ou jurídico *elaborado*, *emitido* e *fornecido* pelo parecerista. Desse modo, o consultor, nesses casos, pratica somente condutas comissivas: informar o consulente, elaborar opinião técnica ou jurídica, emitir parecer, solicitar dados necessários para a sua avaliação sobre o objeto da consulta, entregar seu relatório ao solicitante da informação.[880]

Outras conformações da conduta podem surgir se o especialista for assessor

877. A primeira etapa, como já se assinalou, será relativa a quem atuou conforme ao parecer técnico ou jurídico (v. tópico 3.2.2, do capítulo anterior).

878. Sobre a valoração jurídico-penal que recairá sobre diversos atos praticados, ver BRUNO, Aníbal. *Direito penal: parte geral*. Tomo 2°. Rio de Janeiro: Forense, 1984, p. 298.

879. A ação, enquanto substrato para outras valorações da teoria do delito, ganha relevância penal se ela serve para se determinar a relação de causalidade. Nesse sentido, GRECO, Luís. Tem futuro o conceito de ação? In: GRECO, Luís; LOBATO, Danilo (Orgs.). *Temas de direito penal: parte geral*. Rio de Janeiro: Renovar, 2008, p. 162.

880. A questão da (ausência de) omissão do parecerista ou consultor será retomada mais a frente, em mais detalhes.

direto em alguma operação[881] para a qual também tenha sido consultado, como ocorre nos casos em que o contador é chamado para verificar os tributos incidentes em determinada operação e, ao mesmo tempo, lhe cabe fazer a escrituração dos livros contábeis da empresa. Nesses casos, também será relevante que se observe o segundo conjunto de ações desse sujeito (quando escriturou os livros contábeis) para verificar eventual contribuição causal sua para o resultado[882]. Nas hipóteses de assessoria em sentido estrito é fundamental para a análise a captura das ações materialmente executadas por parte desse assessor que não apenas transmite uma informação, mas contribui direta e pessoalmente para a consecução do resultado[883].

Feita essa ressalva para casos específicos de assessoria em sentido estrito, nos quais o parecerista assume tarefas executivas e não meramente opinativas, a conduta do parecerista, em geral, não se ajustará diretamente ao núcleo do tipo penal, pois não será o especialista consultado quem, com as próprias mãos, suprimirá um tributo, causará uma poluição atmosférica, causará uma inundação etc. Como o poder de decisão e a execução concreta do projeto de conduta estará, em geral, nas mãos do consulente, o seu parecer, por ser uma opinião jurídica, fruto da sua reflexão sobre determinado assunto, não decide, sozinho, casos concretos[884].

Por essa razão, não se encontrará, no mais das vezes, a prática do verbo contido no tipo penal na conduta do parecerista ou consultor, o que conduzirá a que ele, em geral, ocupe posição de partícipe de eventual delito verificado ou, em situações especiais, de coautor ou autor mediato, cujos contornos específicos serão vistos, em detalhes, mais adiante[885].

Abstraídas, por ora, essas situações especiais, sendo a conduta do parecerista acessória da conduta do consulente, seguindo o critério *bottom-up*[886], a análise

881. Sobre a distinção entre assessoria e mero aconselhamento, com as mais diversas consequências penais advindas de cada função que o profissional jurídico assume no caso concreto, ver CERVINI, Raúl; ADRIASOLA, Gabriel. *Responsabilidade penal dos profissionais jurídicos*. São Paulo: RT, 2013, p. 111 e ss.

882. Faz esse mesmo alerta MOCHALES, Teresa Ruano. *LA incidência de los deberes de los administradores y auditores em la manipulación de las cuentas anuales: posición de garante y responsabilidad penal*. Tese de doutorado, Facultad de Dierecho da Universidadad Autónoma de Madrid, 2015, p. 93.

883. Sobre essa distinção ver SILVA SÁNCHEZ, Jesús-María. *El nuevo escenario del delito fiscal en España*. Barcelona: Atelier, 2006, p. 87 e ss.

884. Um raciocínio próximo a este é trazido por LEITE, Alaor. *Dúvida e erro sobre a proibição no direito penal: a atuação nos limites entre o permitido e o proibido*. São Paulo: Atlas, 2013, p. 110-111.

885. A autoria e participação será tratada, com mais vagar, no tópico 4.6., *infra*.

886. Sobre esse critério e a sua pertinência na análise da responsabilidade penal quando há concursos de agentes hierarquicamente organizados, ver, em especial, os tópicos 2.3. e 2.5. do segundo capítulo.

da sua conduta será feita depois de verificada a conduta de quem tomou a decisão com base no parecer, pois o consultor é, em princípio, o segundo sujeito mais próximo do resultado lesivo e, como lhe falta o poder de decisão e a sua conduta, em tese, se resumiu a uma mera opinião técnica ou jurídica, ele seria o candidato mais apropriado a assumir o papel de partícipe no caso concreto[887].

Entretanto, quando existir mais de um especialista responsável pelo parecer ou consultoria, as análises deverão ser feitas separadamente, selecionando cada um dos intervenientes e verificando as suas eventuais contribuições concretas para o resultado[888].

Por fim, há uma questão relevante quanto a capacidade de o parecer equivocado caracterizar, por si só, o crime de falsidade ideológica (artigo 299 do Código Penal) ou o crime de falsa perícia (artigo 342 do Código Penal).

De saída, não se deve confundir o equívoco na valoração jurídica ou técnica de um fato com a falsidade que se faz constar em determinado documento, pois uma má interpretação da realidade não corresponde, necessariamente, a um ilícito penal[889]. Como os crimes de falso são dolosos, o equívoco constante no parecer precisa ter sido conscientemente arquitetado pelo *expert*[890]. Quando essa hipótese ocorrer, tudo indica que o intento do parecerista tenha sido viabilizar um projeto de ação maior, cuja execução estará nas mãos do consulente, de modo que, aplicando o princípio da consunção, a conduta do consultor seria punível a título de participação material no resultado[891] se mais grave do que os crimes autônomos de falsidade[892]. Exemplo: para viabilizar que o consulente

---

887. Afinal, partícipe é quem presta uma contribuição para o resultado, mas sem domínio, sendo sua participação indireta ou assessória à ação típica conduzida pelo autor. Nesse sentido, BATISTA, Nilo. *Concurso de agentes: uma investigação sobre os problemas da autoria e da participação no direito penal brasileiro*. Rio de Janeiro: Lumen Juris, 2005, pp. 157-159.

888. Sobre o rendimento deste método de análise, conferir o tópico 2.5., do Capítulo 2.

889. A mesma distinção é feita por BASTIANELLO, Alessandro. *La responsabilità penale dei professionisti: medici, avvocati, notai, commercialisti*. Milão: CEDAM, 2012, p. 241-242.

890. Nas palavras de Bastianello "é mendaz que o juízo não é sobre o íntimo convencimento daquele que emite o parecer, o que difere, portanto, daquele que, segundo a sua consciência seria a verdade, em contraste com o dever assumido com a declaração dada. O perito deve, portanto, mentir sabendo que está mentindo. E o problema se coloca, portanto, no nível probatório da existência do falso", BASTIANELLO, Alessandro. *La responsabilità penale dei professionisti: medici, avvocati, notai, commercialisti*. Milão: CEDAM, 2012, p. 241-242 (nossa tradução livre).

891. Na dogmática penal, a conduta do parecerista corresponderia ao auxílio material que viabilizou o cometimento da ação principal, executada diretamente por quem tomou a decisão no caso concreto. Sobre os contornos do auxílio como forma de cumplicidade penal, ver em GRECO, Luís. *Cumplicidade através de ações neutras: a imputação objetiva na participação*. Rio de Janeiro: Renovar, 2004, p. 7-9.

892. Segundo HUNGRIA, aplica-se referido princípio quando um crime é meio necessário ou normal fase de preparação ou de execução de outro crime, em que os fatos "não se acham em relação de *species a genus*, mas de *minus a plus*, de parte a todo, de meio a fim", HUNGRIA, Nélson. *Comentários ao Código Penal*. V. 1. T. II. Rio de Janeiro: Forense, 1958, p. 139.

adquirisse ações de determinada empresa por preços mais baixos, o especialista dolosamente inseriu no seu parecer dados de demonstrações financeiras não auditadas daquela empresa, ao contrário do que determina a Instrução CVM 361. Os balanços auditados comprovaram que aqueles outros dados eram falsos e tal manobra foi tida como crime de manipulação de mercado, previsto no artigo 27-C da Lei nº 6385/1976. Nesse caso, a punição do consultor poderia se dar a título de participação no crime de manipulação de mercado, mais grave do que o delito de falsidade ideológica.

4.4. A criação, o incremento e a diminuição de riscos do parecerista ou do consultor

No direito penal, a relação de causalidade é o que determina a imputação do resultado[893]. Determinar o nexo causal entre o parecer técnico ou jurídico elaborado pelo *expert* consultado e o resultado lesivo decorrente da decisão tomada pelo consulente desafia a dogmática penal.

A oferta de parecer técnico ou jurídico contendo orientação, recomendação ou conselho do especialista acerca da viabilidade de determinado projeto de conduta não determina a tomada da decisão do consulente. Pode o consulente decidir abster-se, decidir de forma contrária ao parecer ou decidir praticar a conduta recomendada pelo consultor.

Entretanto, considerando que essa consultoria visa informar ao sujeito se o seu projeto de conduta é ou não proibido, quando há parecer positivo de fonte confiável e com informação *ex ante* plausível, a referida consultoria se apresenta como uma sugestão aparentemente correta da licitude da prática da conduta pretendida. Em geral, a ideia de praticar a conduta já existe na mente do consulente e o parecer do consultor serve como uma representação positiva da licitude do comportamento pretendido[894], de modo que o parecer técnico ou jurídico contribui para a prática da conduta nele recomendada ou, mais precisamente, para a tomada da decisão pretendida.

Estabelecer o nexo de causalidade nesses casos não é tarefa fácil porque neles aparece a problemática das contribuições psiquicamente intermediadas[895],

---

893. Artigo 13, do Código Penal ("O resultado, de que depende a existência do crime, somente é imputável a quem lhe deu causa. Considera-se causa a ação ou omissão sem a qual o resultado não teria ocorrido.")

894. LEITE, Alaor. *Dúvida e erro sobre a proibição no direito penal: a atuação nos limites entre o permitido e o proibido*. São Paulo: Atlas, 2013, p. 143 e ss.

895. Um panorama dessas dificuldades pode ser encontrado em ROXIN, Claus. Problemas da causalidade intermediada psiquicamente. In: ROXIN, Claus. *Novos estudos de direito penal*. São Paulo: Marcial Pons, 2014, p. 152 e ss.

ainda pouco estudada pela doutrina brasileira em razão da recepção da teoria unitária de autor e da própria redação do artigo 29 do Código Penal[896].

Quando o resultado lesivo decorre de uma contribuição psiquicamente intermediada, as teorias da causalidade baseadas em leis naturais ou estatísticas fracassaram na determinação do nexo causal, pois haverá uma contribuição (estimulo) psíquica, não material, para a realização da conduta. O consultente já tem em mente uma conduta pretendida e consulta o especialista sobre a viabilidade da conduta almejada. Ao fornecer parecer técnico ou jurídico indicando a viabilidade do que se pretende, não há mera instigação, mas hipótese de cumplicidade (mesmo sem aporte material), uma contribuição psiquicamente intermediada que requer a manutenção da teoria das condições para o estabelecimento da relação de causalidade[897].

Verificado que a decisão tomada foi embasada na informação qualificada que o sujeito recebeu, conclui-se que esse parecer técnico ou jurídico foi condição necessária para a tomada de decisão que acarretou em um resultado lesivo. Ou seja, foi a orientação, recomendação ou conselho (equivocados) contidos no parecer que serviram como fundamento, como motivação para a tomada da decisão do consulente e, por isso, contribuíram para o resultado lesivo[898].

Haverá, ainda, casos em que a contribuição do consultor representará hipótese de instigação, quando o parecerista fornecer uma *nova* ideia ao consulente, propondo, de forma original, um *novo* caminho possível e viável que, então, estimularia, encorajaria ou incitaria a prática daquela conduta por parte de quem vai tomar a decisão[899]. É o exemplo do sujeito que quer recolher menos tributo e consulta sobre a viabilidade de se deixar de recolher determinado imposto em uma operação específica e o especialista tributário fornece parecer sugerindo um novo caminho, a partir da constituição de uma nova sociedade intermediária para quebrar a cadeia de recolhimento, incluir um novo responsável tributário e, assim, diminuir a carga tributária inicialmente verificada.

Mais comuns, todavia, são os casos de cumplicidade (como contribuição material ou influência psíquica para o fato). No "Caso 1" exposto no primeiro

896. A simplicidade da teoria unitária explica sua sobrevivência na legislação brasileira. Nesse sentido, CIRINO DOS SANTOS, Juarez. *Direito penal: parte geral*. Curitiba: ICPC, 2014, p. 344.

897. ROXIN, Claus. Problemas da causalidade intermediada psiquicamente. In: ROXIN, Claus. *Novos estudos de direito penal*. São Paulo: Marcial Pons, 2014, p. 160-161.

898. RONAN ROCHA, citando INGEBORG PUPPE, esclarece que nos casos de causalidade psíquica todo aquele que fornece a outrem um fundamento para que seja tomada uma decisão determinada, torna-se causa da decisão, se o outro decide com base nesse fundamento. V. ROCHA, Ronan. *A relação de causalidade no direito penal*. Belo Horizonte: Editora D'Plácido, 2016, p. 156.

899. O instigador é quem, mediante influência psíquica, provoca a decisão no outro sujeito, embora não tenha controle sobre a tomada desta decisão, cf. CIRINO DOS SANTOS, Juarez. *Direito penal: parte geral*. Curitiba: ICPC, 2014, p. 364.

capítulo, por exemplo, o advogado e o contador indicaram no seu parecer o passo a passo sobre como a operação financeira já pretendida pelo empresário deveria ser realizada. Nesse caso, não há mera instigação, mas auxílio para a realização da conduta, o que conforma hipótese de cumplicidade[900].

As regras da experiência[901] demonstram que, em geral, o parecer será seguido pelo consulente que acredita e confia na validade da informação plausível recebida de uma fonte confiável[902]. Ainda que se discorde dessa proposta, retrospectivamente é possível conferir que a decisão que acarretou em um resultado lesivo foi tomada com base na informação qualificada (e equivocada) que o sujeito recebeu do consultor, o que também torna esse parecer técnico ou jurídico causa do resultado lesivo[903], pois foi seu parecer que motivou a tomada daquela decisão[904].

Ou seja, mesmo nos casos em que a decisão não está vinculada ao parecer[905], a orientação, recomendação ou conselho contido na consultoria foi o fundamento, a motivação, uma condição necessária para a tomada daquela decisão e isso basta para se afirmar a contribuição causal da consultoria para o resultado lesivo[906].

Dois exemplos ilustram bem essas afirmações. Resgatemos o "Caso 2", descrito no primeiro capítulo: o Prefeito dispensou a licitação para a realização do serviço de encanamento de esgoto daquele bairro porque recebeu parecer jurídico da Procuradoria do Município confirmando tratar-se de situação de calamidade pública, nos termos do artigo 24, inciso VI, da Lei nº 8.666/1993. O parecer jurídico motivou a dispensa do certame e foi condição necessária para

---

900. CIRINO DOS SANTOS, Juarez. *Direito penal: parte geral*. Curitiba: ICPC, 2014, p. 368.

901. MENDES, Paulo de Sousa. A prova penal e as regras da experiência. In: ANDRADE, Maria João; ANTUNES, Susana Aires de Sousa (Orgs.). *Estudos em homenagem ao Prof. Doutor Jorge Dias de Figueiredo Dias*. Vol 3. Coimbra: Coimbra Editora, 2009, p. 997 e ss.

902. V. tópico 3.5 do capítulo anterior.

903. O critério da restropectiva no lugar da prognose é proposta por SHULZ, cf. ROXIN, Claus. Problemas da causalidade intermediada psiquicamente. In: ROXIN, Claus. *Novos estudos de direito penal*. São Paulo: Marcial Pons, 2014, p. 162.

904. ROXIN, Claus. Problemas da causalidade intermediada psiquicamente. In: ROXIN, Claus. *Novos estudos de direito penal*. São Paulo: Marcial Pons, 2014, p. 163. O critério da motivação do ato como correspondente ao conteúdo do parecer técnico-jurídico, ainda que não tenha caráter vinculante, aparece na doutrina de Direito Administrativo, sendo possível sua aplicação para o Direito Penal em razão da norma de extensão prevista no artigo 13, do Código Penal. Nesse sentido, DI PIETRO, Maria Sylvia Zanella. *Direito Administrativo*. São Paulo: Atlas, 2010, p. 230, e MEIRELLES, Hely Lopes. *Direito Administrativo Brasileiro*. São Paulo: Malheiros, 2002, p. 189. Sobre o alcance da relação de causalidade com base no nosso Código Penal, ver, por todos, CIRINO DOS SANTOS, Juarez. *Manual de direito penal: parte geral*. Florianópolis: Conceito Editorial, 2012, p. 62-65.

905. Geralmente os atos administrativos que lidam com a coisa pública estão vinculados ao conteúdo do parecer por determinação legal. Sobre parecer vinculante, ver CARVALHO FILHO, José dos Santos. *Manual de direito administrativo*. Rio de Janeiro: Lumen Juris, 2010, 152-153.

906. ROXIN, Claus. Problemas da causalidade intermediada psiquicamente. In: ROXIN, Claus. *Novos estudos de direito penal*. São Paulo: Marcial Pons, 2014, p. 164.

a tomada desta decisão pelo Prefeito, o que viabiliza estabelecer o nexo causal entre a afirmação contida no parecer jurídico (é possível a dispensa da licitação por tratar-se de situção de calamidade pública nos termos do artigo 24, inciso VI, da Lei nº 8.666/1993), que sugere a dispensa do certame, e o resultado lesivo (dispensa indevida de licitação).

Igual conclusão se chega na hipótese em que o gerente ambiental está em dúvida sobre a necessidade de trocar o sistema de bombas da estação de tratamento de efluentes de uma fábrica de celulose. Por receber parecer técnico que avaliou a qualidade do sistema e sua capacidade de funcionamento para mais um semestre, o gerente decide não trocar as bombas. Dois meses depois, por insuficiência dessas bombas, os efluentes não são tratados adequadamente e o seu despejo direto no rio causa a mortandade dos peixes ali existentes, o que, em tese, se amolda ao crime previsto no artigo 54 da Lei 9.605/1998. Há nexo causal entre a afirmação contida no parecer técnico (o sistema de bombas está em bom estado de funcionamento e as bombas rendem por mais seis meses de operação), que sugere não ser necessária a troca do sistema de bombas, e o resultado lesivo (poluição ambiental decorrente da insuficiência das bombas para tratar os efluentes).

Em situações limites, como no caso da consulta a três pareceristas distintos, o que deve ser verificado é se algum daqueles pareceres técnicos ou jurídicos recebidos interferiu na tomada de decisão do sujeito. Sendo a resposta afirmativa, há de se estabelecer o nexo de causalidade entre esse parecer e o resultado[907].

Fixado o nexo causal, foram adicionados outros critérios ao tipo objetivo para viabilizar a imputação correta do resultado ao agente consistentes na criação ou incremento de um risco juridicamente desvalorado e a realização deste risco no resultado[908].

De saída, a atividade de consultoria técnica ou jurídica é uma atividade juridicamente autorizada e socialmente útil, conformando-se, em princípio, como uma atividade que se desenvolve dentro do risco permitido[909].

---

907. Como não se deve confundir a necessidade de uma condição para um acontecimento com a necessidade desse acontecimento, é preciso compreender a condição para um resultado como causa dele sendo bastante a interferência dessa influência psíquica para a tomada da decisão que acarretou no resultado lesivo. Nesse sentido, DENCKER e PUPPE, ambos citados por ROXIN em ROXIN, Claus. Problemas da causalidade intermediada psiquicamente. In: ROXIN, Claus. *Novos estudos de direito penal*. São Paulo: Marcial Pons, 2014, p. 163-164, 167.

908. A teoria da imputação objetiva é, atualmente, recepcionada pela quase totalidade da doutrina e também é passível de ser integralmente recepcionada pelo nosso ordenamento jurídico, cf. já se esclareceu no item 2.2.3., do Capítulo 2. Sobre esses critérios adicionais ao tipo objetivo e o princípio do risco, ver o tópico 3.4., do capítulo anterior.

909. CALABRIA, *Arianna. Ignorantia legis e parere erroneo del consulente legale*. In: Revista Italiana di Diritto e Procedura Penale, fasc. 1, 1992, p. 167.

Em geral, o especialista que transmite uma informação confiável e, portanto, qualificada e plausível, cumprindo satisfatoriamente com o seu dever de informar[910], cumpre atividade permitida pela ordem jurídica ou ao menos diminui o risco da ação que será empreendida pelo outro sujeito, seja informando a proibição do seu projeto de conduta, seja apresentando alternativas lícitas para o comportamento pretendido, o que afasta a imputação objetiva do resultado ao consultor[911].

Mais uma vez, é fundamental que se avalie se o parecerista cumpriu satisfatoriamente o seu dever de informar[912]. Como já se demonstrou, esse dever estará satisfatoriamente cumprido se o consultor for uma fonte *confiável* e prestar uma informação *qualificada* que seja técnica ou juridicamente *plausível* e em *consonância com as regras deontológicas da sua profissão* (advocacia, engenharia, medicina, contabilidade, etc.).

Cumprido o dever de informação, o consultor, enquanto forte candidato a ser partícipe do fato[913], ainda que tenha emitido opinião técnica ou jurídica posteriormente considerada equivocada pela ordem jurídica, tem a sua conduta conformada dentro de uma ação neutra[914].

---

910. Sobre os critérios do dever de informar, vide o tópico 4.2., acima.

911. ROXIN, Claus. *Funcionalismo e imputação objetiva no direito penal*. Rio de Janeiro: Renovar, 2002, 313.

912. Também finca a responsabilidade na violação do dever de informação por parte dos intermediários financeiros, RODRIGUES, Pedro Miguel S. M. *A intermediação financeira: em especial, os deveres de informação do intermediário perante o cliente*. Dissertação de Mestrado. Faculdade de Direito da Universidade de Lisboa, 2011, p. 40 e ss.

913. Como demonstram, com razão, RAÚL CERVINI e GABRIEL ADRIASOLA, nos casos em que há assessoria ou aconselhamento de um profissionais técnica ou juridicamente qualificado, a regra é que o especialista consultado seja partícipe. Nesse sentido, CERVINI, Raúl; ADRIASOLA, Gabriel. *Responsabilidade penal dos profissionais jurídicos*. São Paulo: RT, 2013, p. 129-130. Sendo essa a regra, é possível que a cumplicidade do parecerista ou do consultor técnico ou jurídico corresponda a uma ação neutra. Não se desconhece, entretanto, que as ações neutras podem se manifestar nos autores de crimes. Nesse sentido, BLANCO CORDERO, Isidiorio. *Limites a la participación delictiva: las acciones neutrales y la cooperación em el delito*. Granada: Comares, 2009, p. 9.

914. É preciso, antes, um esclarecimento preliminar. Ações neutras são incompatíveis em sujeitos que ocupem posição de garantidor. Nesse sentido, esclarece Robles Planas que a conduta do partícipe será punível quando se infrinjam deveres especiais que o ordenamento jurídico impõe precisamente para evitar que tais condutas sejam tomadas por outro para a comissão de um delito, cf. ROBLES PLANAS, Ricardo. *La participación en el delito: fundamento y limites*. Madrid: Marcial Pons, 2006, p. 314 e ss. Assim, o notário que, em um contrato de compra e venda de uma firma, dá fé em um contrato escrito em que consta um preço menor do que o real, que impacta na redução dos tributos devidos ao Fisco não pode alegar que a sua ação de simplesmente dar fé em um contrato diante das partes que manifestam a sua vontade seja uma conduta neutra. Como adiante se verá, (tópico 4.5., abaixo) o parecerista ou consultor técnico ou jurídico possui posição de garantidor. Contudo, essa sua posição adquire contornos bastante especiais, relacionados ao seu domínio sobre a informação qualificada que será transmitida ao consulente, de modo que estamos diante de um caso absolutamente sui generis em que, concomitantemente, poderá o sujeito praticar uma ação neutra e ser garantidor da evitabilidade do resultado. Feito este esclarecimento inicial, será possível prosseguir com os contornos da ação neutra do especialista e, mais a frente, quando ao conteúdo do seu dever de vigilância.

Ação neutra é aquela conduta propriamente não delitiva, que acaba, ainda que conscientemente, favorecendo a prática de um delito, mediante um comportamento social ou profissionalmente adequado e que esteja em conformidade com o desempenho das atividades negociais normais da vida cotidiana[915]. São, portanto, condutas que representam um auxílio para o delito praticado por um terceiro[916], mas que se desenvolvem nos limites da realização das atividades profissionais rotineiras[917]. Essas condutas são, em si, consideradas inócuas e intercambiáveis[918] porque se executam seguindo o padrão ou o estereótipo de negócios normais da vida comum[919], sendo um segundo sujeito que delas se utiliza para acoplá-las no seu plano delitivo e, assim, viabilizar a final consecução do resultado proibido pela lei penal[920].

Essa categoria de ações não é punível por se manter dentro do risco permitido[921], ainda que o sujeito desconfie ou saiba[922] que a sua conduta contribuirá para a consecução de um ilícito penal por parte de um terceiro[923]. O fundamento para a não punição desta conduta é que a proibição de uma ação neutra seria medida inidônea para proteger bens jurídicos, uma vez que esse comportamento não é manifestamente ilegal e contribuições dessa natureza podem ser obtidas

---

915. ROBLES PLANAS, Ricardo. *La participación en el delito: fundamento y limites*. Madrid: Marcial Pons, 2006, p. 15. Embora pareça ser a mais bem acabada definição de ação neutra, essa, entretanto, não é a única. Há um bom panorama das diversas posições, com respectiva crítica, em GRECO, Luís. *Cumplicidade através de ações neutras: a imputação objetiva na participação*. Rio de Janeiro: Renovar, 2004, p. 19 e ss.

916. RASSI, João Daniel. *Imputação das ações neutras e o dever de solidariedade no direito penal brasileiro*. São Paulo: LiberArs, 2014, p. 26.

917. ROXIN, Claus. *Derecho penal: parte general*. Tomo II. Madrid: Civitas, 2014, p. 291.

918. LIMA, Vinicius de Melo. As ações neutras na estrutura do delito. Revista Brasileira de Ciências Criminais, São Paulo, v. 25, n. 134, ago/2017, p. 293.

919. SÁNCHEZ RIOS, Rogério. *Advocacia e lavagem de dinheiro: questões de dogmática jurídico-penal e de política criminal*. São Paulo: Saraiva, 2010, p. 153.

920. ROBLES PLANAS, Ricardo. *Las "conductas neutrales" en derecho penal; la discusión sobre los limites de la complicidad punible*. Revista Brasileira de Ciências Criminais, São Paulo, v. 16, n. 70, jan./fev. 2008, p. 191, 220.

921. GRECO, Luís. *Cumplicidade através de ações neutras: a imputação objetiva na participação*. Rio de Janeiro: Renovar, 2004, p. 121.

922. A importância entre saber, com segurança, sobre o intento delitivo do autor ou apenas suspeitar dessa possibilidade é um critério usado por Roxin ao tratar das ações neutras, cf. ROXIN, Claus. *Derecho penal: parte general*. Tomo II. Madrid: Civitas, 2014, p. 291 e ss. Entretanto, tal proposta se fundamenta em critérios subjetivos, que remetem à ideia de dolo direto e dolo eventual, afastando-se a punição neste último caso, o que parece se estar diante de um tortuoso direito penal de ânimo. A crítica é compartilhada por Luís Greco em GRECO, Luís. *Cumplicidade através de ações neutras: a imputação objetiva na participação*. Rio de Janeiro: Renovar, 2004, p. 85-87. A menção aqui a esse saber ou desconfiança tem mera função didática de não deixar o leitor em dúvida sobre o alcance da ação neutra, a qual, segundo aqui se defende, independe do conhecimento ou da suspeita do partícipe sobre o projeto delitivo do autor, pois a ação neutra é uma questão a ser resolvida no tipo objetivo.

923. ROBLES PLANAS, Ricardo. *La participación en el delito: fundamento y limites*. Madrid: Marcial Pons, 2006, p. 38.

em todo lugar, sem maiores dificuldades, pois qualquer outra pessoa a que o autor recorresse prestaria idêntico auxílio[924].

Esse parece ser o caso da consultoria técnica ou jurídica em que o especialista transmite uma informação confiável, qualificada e plausível ao consulente, ou seja, cumpre o seu dever de informar[925]. Trata-se de uma conduta lícita, conforme ao Direito, e praticada seguindo-se as regras profissionais e laborais específicas da atividade de consultoria técnica ou jurídica[926]. Ainda que o parecerista ou o consultor saiba ou desconfie que quem solicitou a informação tem nítidas intenções de praticar um ilícito, não é esse seu conhecimento que converterá a assessoria técnica ou jurídica em uma prática criminosa, mas sim a configuração específica do projeto de ação que o especialista realiza, ajustando, com base nos conhecimentos que possui, as regras técnicas ou profissionais para que elas se adaptem a um projeto delitivo, tornando-se parte dele[927].

A distinção entre os casos em que há mero fornecimento de informação e aqueles em que se tem uma recomendação ou uma assessoria em sentido estrito[928] também ganha relevância para a aplicação da teoria da imputação objetiva.

O mero fornecimento de informação técnica ou jurídica, ainda que seja sobre a realidade da persecução de determinados ilícitos ou sobre a aplicação real do Direito a certos casos, não constitui risco proibido[929], ou seja, a informação sobre as possibilidades de atuação do assessorado transita no limiar do permitido[930]. Assim, caso o consulente opte por seguir um caminho que fora alertado pelo parecerista como proibido, o resultado não poderá ser a ele objetivamente

---

924. GRECO, Luís. *Cumplicidade através de ações neutras: a imputação objetiva na participação*. Rio de Janeiro: Renovar, 2004, p. 135 e ss.

925. Quanto a compatibilidade da atuação neutra por meio do cumprimento de um dever, ver LOBATO, José Danilo Tavares. *Teoria geral da participação criminal e ações neutras: uma questão única de imputação objetiva*. Curitiba: Juruá, 2009, p. 114 e ss.

926. O equivalente a uma "ação profissionalmente adequada" como propõe HASSEMER. Embora não se desconheça as críticas colocadas por Luís Greco, a teoria da adequação profissional serve aqui como um ponto a mais de apoio, depois de observados os demais critérios que justificam, de modo mais seguro, o reconhecimento de uma ação neutra. Sobre isso, ver GRECO, Luís. *Cumplicidade através de ações neutras: a imputação objetiva na participação*. Rio de Janeiro: Renovar, 2004, p. 51 e ss.

927. PLANAS, Ricardo Robles. Riscos penais da assessoria jurídica. In: ROBLES PLANAS, Ricardo. *Estudos de dogmática jurídico penal: fundamentos, teoria do delito e direito penal econômico*. Belo Horizonte: Editora D'Plácido, 2016, p. 274.

928. Sobre essa distinção e seu impacto no cumprimento do dever de informar, ver o tópico 4.2.1., acima.

929. SILVA SÁNCHEZ, Jesús-María. *El nuevo escenario del delito fiscal en España*. Barcelona: Atelier, 2006, p. 90.

930. PLANAS, Ricardo Robles. Riscos penais da assessoria jurídica. In: ROBLES PLANAS, Ricardo. *Estudos de dogmática jurídico penal: fundamentos, teoria do delito e direito penal econômico*. Belo Horizonte: Editora D'Plácido, 2016, p. 272.

imputado, pois a sua conduta anterior (o mero fornecimento da informação com descrição objetiva da valoração sobre a situação consultada, que não se confunde com uma recomendação) não se constitui em uma cumplicidade para o delito praticado por quem tomou a decisão, permanecendo como uma ação neutra.

Já nos casos em que houver assesoria em sentido estrito, o fundamental será verificar se foram observados os *standards* ou a *lex artis* correspondentes ao tipo de consultoria, técnica ou jurídica, que está sendo prestada[931]. Quanto mais estereotipada seja a concreta atividade de consultoria técnica ou jurídica, menor capacidade terá para representar uma autêntica ajuda, favorecimento ou cooperação para os fins delitivos que sejam, ao final, verificados[932] e que podem até mesmo terem sido pretendidos pelo consulente[933].

Ainda que a situação consultada seja bastante complexa e que o consultor tenha apresentado diversas possibilidades da prática de determinado ato (como uma complexa operação de aquisição de uma empresa), uma vez mais caberá falar em ação neutra quando as possibilidades apresentadas pelo assessor técnico ou jurídico corresponda objetivamente com as exigências da ordem jurídica[934], o que reforça que o fundamental, nesses casos, será, sempre, verificar a fundamentação da opinião do especialista e a plausibilidade objetiva do raciocínio que conduziu às conclusões a que ele chegou[935].

Logo, no "Caso 5", narrado no primeiro capítulo, as condutas dos advogados tributaristas consistentes em elaborar planejamentos tributários que visam gerar o menor impacto para a contabilidade das empresas dos seus clientes e auxiliar os seus clientes com a abertura de empresas *off-shore* como alternativa na estruturação de operações para evitar a pesada carga tributária que incidiria nas operações diretas (sem a interposição da *off-shore*) não possuem, em si, relevância penal a justificar a punibilidade dessa cooperação.

Não é toda a realização de uma ação que será punida, mas somente aquela que supere os limites do papel social do cooperante, de tal forma que não possam ser consideradas como profissionalmente adequadas[936], o que não se verifica

931. CALABRIA, *Arianna. Ignorantia legis e parere erroneo del consulente legale*. In: Revista Italiana di Diritto e Procedura Penale, fasc. 1, 1992, p. 166-167.

932. GRECO, Luís. *Cumplicidade através de ações neutras: a imputação objetiva na participação*. Rio de Janeiro: Renovar, 2004, p. 142.

933. PLANAS, Ricardo Robles. Riscos penais da assessoria jurídica. In: ROBLES PLANAS, Ricardo. *Estudos de dogmática jurídico penal: fundamentos, teoria do delito e direito penal econômico*. Belo Horizonte: Editora D'Plácido, 2016, p. 273.

934. MACHADO, Hugo de Brito. *Crimes contra a ordem tributária*. São Paulo: Atlas, 2009, p. 284.

935. CALABRIA, *Arianna. Ignorantia legis e parere erroneo del consulente legale*. In: Revista Italiana di Diritto e Procedura Penale, fasc. 1, 1992, p. 168.

936. Esse é o entendimento que tem prevalecido na jurisprudência espanhola e alemã, conforme

no mencionado "Caso 5". A atividade de consultoria jurídica é uma atividade lícita e legalmente reconhecida[937] e a elaboração de planejamentos tributários consiste, inclusive, no exercício regular de direito do advogado[938], não representando, em si, um risco proibido, mas uma conduta lícita de buscar as formas operacionais, não violadoras da lei, que permitam ao contribuinte pagar menos tributo[939]. Igualmente, a estruturação de empresas *off-shore*, embora seja um ponto delicado[940], não equivale à criação de um risco juridicamente desvalorado que mereça, de saída, a proibição penal, até mesmo porque qualquer advogado que conheça essa modalidade de empresa e o arcabouço normativo incidente é capaz, com facilidade, de estruturar empresas *off-shore* para diversos clientes[941]. Portanto, a consultoria jurídica prestada por esses advogados permanece como uma ação neutra, a excluir a sua tipicidade objetiva[942].

Por outro lado, não se desconhece que se estará, no mais das vezes, em uma zona cinzenta em que não se terá claro, já em uma primeira aproximação, se houve ou não participação delitiva do especialista técnico ou jurídico. Por isso, como regra geral é possível afirmar que *a consultoria ou o parecer serão tanto mais neutros quanto mais sejam expressão dos conhecimentos técnico-jurídicos próprios do profissional consultado, de maneira que situe o consulente em uma posição ideal (similar à do especialista) para tomar as melhores decisões no caso concreto*[943].

aponta ROBLES PLANAS, citando diversos precedentes dos tribunais no mesmo sentido PLANAS, Ricardo Robles. Riscos penais da assessoria jurídica. In: ROBLES PLANAS, Ricardo. *Estudos de dogmática jurídico penal: fundamentos, teoria do delito e direito penal econômico*. Belo Horizonte: Editora D'Plácido, 2016, p. 267 e ss.

937. Artigo 1º, inciso II, da Lei nº 8.906/1994 determina que esta é uma atividade privativa da advocacia.

938. QUEIJO, Maria Elizabeth. Responsabilidade penal do advogado parecerista em matéria tributária. In: TANGERINO, Davi Paiva Costa; GARCIA, Denise Nunes. *Direito penal tributário*. São Paulo: Quartier Latin, 2007, p. 266.

939. MACHADO, Hugo de Brito. *Crimes contra a ordem tributária*. São Paulo: Atlas, 2009, p. 278-280.

940. Sobre a fragilidade de empresas *off-shore*, principalmente quando há no quadro societário advogados como sócios dos seus próprios cliente, ver https://aosfatos.org/noticias/pratica-desencorajada-offshores-mantem-advogados-no-quadro-de-socios-em-sp/. Acessado em 09 de julho 2018.

941. SILVA, Eduardo Ferreira da. Análise de caso examinado pelo Tribunal Regional Federal da 4ª Região. In: ESTELLITA, Heloisa (Coord.). *Exercício da advocacia e lavagem de capitais*. Rio de Janeiro: FGV Editora, 2016, p. 323-324.

942. Essa solução é tem sido majoritária na doutrina, cf. AMBOS, Kai. *La complicidad a través de acciones cotidianas o externamente neutrales*. Revista de Estudos Criminais, Porto Alegre, v. 3, n. 10, 2003, p. 26. Contra esse entendimento, BUSATO, Paulo Cesar. *El sentido de la complicidad: una visión crítica de las llamadas acciones neutrales como grupo de casos de la teoría de la imputación objetiva*. Revista Penal Mexico, Mexico, DF, n. 7, set/2014-feb/2015, p. 20 e ss.

943. PLANAS, Ricardo Robles. Riscos penais da assessoria jurídica. In: ROBLES PLANAS, Ricardo. *Estudos de dogmática jurídico penal: fundamentos, teoria do delito e direito penal econômico*. Belo Horizonte: Editora D'Plácido, 2016, p. 273.

Assim, a situação é diversa quando o especialista consultado transborda a sua atividade de assessoria ou consultoria e projeta suas recomendações sobre situações anormais, à margem da atividade usual da profissão, que escapam aos parâmetros fixados pela *lex artis* ou os *standads* técnicos e se acoplam a intentos específicos do consulente[944]. Nessas hipóteses, pode se estar diante de uma assessoria que abandonou o âmbito do profissional e se converteu em uma prestação pessoal delitiva[945].

Obstáculo para se enxergar que um parecer represente uma ação neutra reside em se capturar a existência de uma característica fundamental dessa categoria de ações, a sua ubiquidade[946]. Para que uma ação seja considerada neutra dentro da dogmática penal, é necessário que ela consista em um comportamento que se desenvolve mediante procedimentos disponíveis, de modo geral, para qualquer um[947], ou seja, serviços *standards* que podem ser realizados em qualquer tempo, em qualquer lugar e por qualquer pessoa, de modo que essa conduta seja intercambiável[948].

Ocorre que consultorias técnicas e jurídicas são, conforme já se demonstrou, opiniões qualificadas, fruto da reflexão de determinado profissional escolhido como fonte de informação[949]. Há, portanto, em geral, um caráter personalíssimo nos pareceres, cuja marca é, inclusive, histórica. Pareceristas sempre foram tidos como autoridades em determinado assunto, capazes de interpretar de maneira prudente e aconselhar com notável sapiência em razão da sua seriedade intelectual[950]. Assim, se torna difícil afirmar que a orientação, a recomendação ou o conselho do especialista consultado seria intercambiável e que idêntico posicionamento seria obtido de outro especialista igualmente confiável e capacitado[951].

944. SÁNCHEZ RIOS, Rogério. *Advocacia e lavagem de dinheiro: questões de dogmática jurídico-penal e de política criminal*. São Paulo: Saraiva, 2010, p. 153.

945. PLANAS, Ricardo Robles. Riscos penais da assessoria jurídica. In: ROBLES PLANAS, Ricardo. *Estudos de dogmática jurídico penal: fundamentos, teoria do delito e direito penal econômico*. Belo Horizonte: Editora D'Plácido, 2016, p. 276.

946. RASSI, João Daniel. *Imputação das ações neutras e o dever de solidariedade no direito penal brasileiro*. São Paulo: LiberArs, 2014, p. 29.

947. GRECO, Luís. *Cumplicidade através de ações neutras: a imputação objetiva na participação*. Rio de Janeiro: Renovar, 2004, p. 142.

948. ROBLES PLANAS, Ricardo. Imputação de responsabilidade penal na empresa e ações neutras. In: ROBLES PLANAS, Ricardo. *Estudos de dogmática jurídico penal: fundamentos, teoria do delito e direito penal econômico*. Belo Horizonte: Editora D'Plácido, 2016, p. 229.

949. LEITE, Alaor. *Dúvida e erro sobre a proibição no direito penal: a atuação nos limites entre o permitido e o proibido*. São Paulo: Atlas, 2013, p. 110.

950. GRAU, Eros Roberto. *Pareceres, juristas e apedeutas*. In: Revista da Faculdade de Direito da UFGRS, Vol. 18, 2000, p. 94-95.

951. PLANAS, Ricardo Robles. Riscos penais da assessoria jurídica. In: ROBLES PLANAS, Ricardo. *Estudos de dogmática jurídico penal: fundamentos, teoria do delito e direito penal econômico*. Belo Horizonte: Editora D'Plácido, 2016, p. 271.

Por essa razão, a solução é observar se houve o cumprimento das normas deontológicas da profissão, ou seja, das normas que regulamentam o específico ramo profissional objeto da conduta em análise[952]. Em se tratando de uma consultoria jurídica, deve-se observar as normas que regulamentam o exercício da advocacia (como, por exemplo, o Código de Ética e Disciplina da Ordem dos Advogados do Brasil e o Estatuto da Ordem dos Advogados do Brasil); sendo consultoria técnica advinda de um engenheiro, por exemplo, deve-se observar a regulamentação existente sobre essa profissão (como, por exemplo, o Código de Ética Profissional da Engenharia, da Agronomia, da Geologia, da Geografia e da Meteorologia do Conselho Federal de Engenharia e Agronomia, bem como as Normas Regulamentadoras relacionados à saúde e à segurança no trabalho).

É o cumprimento das normas técnicas que regulamentam a atividade profissional do consultor que determinará o caráter ubíquo da consultoria técnica ou jurídica, pois se o especialista consultado cumpriu as regras que disciplinam o exercício da sua profissão (advocacia, medicina, engenheraria, etc.) será possível considerar que aquela consultoria que se situou dentro do padrão de atuação profissional poderia ter sido obtida de qualquer outro profissional confiável da mesma categoria[953].

Apesar dessa constatação, a "Variante 1" do "Caso 5", exposto no primeiro capítulo, é um caso prático desafiador. Embora em uma primeira aproximação se capture que os advogados tributaristas não só procederam com recomendações jurídicas sobre determinado planejamento tributário (o que poderia se amoldar ao mero fornecimento de informação, irrelevante ao Direito Penal), como foram além e atuaram como administradores "laranjas" nas empresas *off-shore* – o que, no mínimo, indicaria, ao menos objetivamente, a prática do crime de falsidade ideológica em relação aos documentos societários dessas empresas (sem prejuízo de ela ser considerada meio para a consecução de práticas ainda mais graves como lavagem de capitais, sonegação tributária, etc.) –, quando analisada esta hipótese, no detalhe, se percebe que esses advogados não superam os limites de uma atividade profissionalmente adequada. Isso porque, em se tratando de investimentos estrangeiros, não é incomum que os advogados figurem no quadro societário de empresas ainda em fase de constituição no Brasil, em substituição ao sócio estrangeiro que virá, até que se vençam todos os trâmites burocráticos

952. Nesse sentido, SÁNCHEZ RIOS, Rogério. *Advocacia e lavagem de dinheiro: questões de dogmática jurídico-penal e de política criminal*. São Paulo: Saraiva, 2010, p. 329-331, que é seguido por GRANDIS, Rodrigo de. O exercício da advocacia e o crime de "lavagem" de dinheiro. In: DE CARLI, Carla Veríssimo; MENDONÇA, Andrey Borges de. Lavagem de dinheiro: prevenção e controle penal. Porto Alegre: Verbo Jurídico, 2011, p. 138-139.

953. SILVA, Eduardo Ferreira da. Análise de caso examinado pelo Tribunal Regional Federal da 4ª Região. In: ESTELLITA, Heloisa (Coord.). *Exercício da advocacia e lavagem de capitais*. Rio de Janeiro: FGV Editora, 2016, p. 323.

e o sócio estrageiro finalmente se estabeleça no país. Nesses casos, em geral, a procuração que é outorgada a esse advogado não confere qualquer poder para a prática de negócios em nome dessa empresa, mas tão somente para exercício de atividades estritamente jurídicas, afinal o que justifica o advogado figurar temporariamente no quadro societário, é imprimir celeridade na constituição dessa empresa no Brasil, viabilizando o investimento do capital externo pretendido pelo cliente estrangeiro. Por essas razões, em que pese o advogado ter extrapolado a atividade típica e privativa da consultoria jurídica, nem por isso se estará diante de uma conduta que mereça o reproche penal, pois as normas que regulamentam as atividades profissionais (autorregulação) são apenas um ponto de partida e não autorizam afirmar, de saída, que a sua inobservância constituirá em um risco proibido. *In casu*, a atividade desempenhada pelos advogados tributaristas, de integrarem o quadro societários da empresa *off-shore* criada, pode ser, ainda, facilmente substituída por outro advogado que exerça a mesma especialidade, pois a violação do padrão genérico contido na norma jurídica de segurança profissional, nessa específica hipótese, não é idônea para ensejar a proibição penal, já que não traz qualquer melhoria relevante ao bem jurídico tutelado pela lei de lavagem de capitais ou pela lei de crimes contra a ordem tributária. Logo, a ação desses advogados tributaristas permanecem dentro do risco permitido e não dão azo à imputação de responsabilidade penal[954].

Também joga papel fundamental nesse contexto, uma vez mais, o critério da plausibilidade técnica ou jurídica da informação prestada pelo especialista[955]. Por se tratar de um critério formal, com traços objetivos, que permite a um avaliador externo compreender se a informação transmitida era ou não confiável, ele é, ao mesmo tempo, válido para verificar se o parecerista teria praticado uma ação considerada neutra pela dogmática penal. Estando o seu parecer devidamente fundamentado, contemplando todo o arcabouço normativo, jurisprudencial e doutrinário que orbite a situação consultada, se se tratar de parecer jurídico, ou abrangendo as referências teóricas e metodógicas, se o parecer for eminentemente técnico, e sendo o seu raciocínio sedimentado nas regras e normas profissionais que incidem sobre o objeto da consulta de modo que as suas conclusões guardem pertinência direta com a sua fundamentação, poderá afirmar-se que qualquer outro especialista consultado, que fosse igualmente confiável e prestasse uma informação plausível, se ancoraria nos mesmos fundamentos e seguiria o mesmo raciocínio técnico ou jurídico.

---

954. Chega à mesma conclusão BORRAGINE, Bruno Garcia. O exercício da advocacia e os pontos de conexão com o delito de lavagem de capitais: análise de dois casos examinados pelo Tribunal Regional Federal da 3ª Região. In: ESTELLITA, Heloisa (Coord.). *Exercício da advocacia e lavagem de capitais*. Rio de Janeiro: FGV Editora, 2016, p. 287.

955. Sobre esse critério, ver o tópico 4.2.1., acima.

Assim, ainda que a conclusão final esteja equivocada, ou, mais precisamente, ainda que o mérito da orientação, recomendação, conselho ou opinião esteja errado quanto a valoração técnica ou jurídica dada à situação concreta, a sua punição seria afastada em razão desse comportamento ser inócuo e apresentar caráter ubíquo, não correspondendo à criação ou ao incremento de um risco juridicamente desvalorado[956].

Há, entretanto, um ponto limítrofe que se apresenta nos casos em que a situação concreta consultada é tão controvertida, que, hipotética ou faticamente, se outro especialista for ou fosse consultado, forneceria uma informação cuja conclusão seria diametralmente oposta.

Esses casos costumam aparecer, principalmente, quando a matéria de fundo é relativa ao Direito Tributário, em que as opiniões dos especialistas divergem não só do entendimento do Fisco, como também se contrapõe radicalmente entre si[957]. Pense-se, por exemplo, quando se está a determinar se uma situação concreta corresponde a um fato gerador da hipótese de incidência de um tributo: uma empresa do ramo de alimentos ao importar sêmola de trigo precisa saber se pode aproveitar o crédito presumido de ICMS decorrente dessa operação, como um benefício fiscal[958]. Segundo a norma especificamente incidente sobre essa situação, esse benefício fiscal não se aplica para as farinhas de trigo e outras pré-misturas para a fabricação de pão[959]. A dúvida a ser, portanto, esclarecida é se a sêmola de trigo pode ser equiparada às farinhas de trigo. Em caso positivo, afasta-se a aplicação do benefício fiscal; em caso negativo, o creditamento de ICMS é lícito e legítimo e não há crime contra a ordem tributária. Ao consultar o confiável especialista A, obtém-se a informação juridicamente qualificada de que não há essa equiparação, porquanto sêmola seriam os grãos resultantes da moagem do trigo e farinha o pó extraído desses grãos, de modo que entender que sêmola e farinha de trigo seriam equivalentes corresponderia a uma interpretação extensiva da lei em prejuízo do contribuinte. Ocorre, todavia, que, em razão da importância dessa informação para a empresa, pois o creditamento do tributo lhe renderia uma boa economia, o também confiável especialista B é

956. LIMA, Vinicius de Melo. *As ações neutras na estrutura do delito*. Revista Brasileira de Ciências Criminais, São Paulo, v. 25, n. 134, ago/2017, p. 306.

957. O "Curso de Direito Tributário" da REGINA HELENA COSTA não deixa dúvidas quanto a multiplicidade de entendimentos que uma mesma norma, instituto ou contexto fático pode ensejar. Em diversas passagens a autora faz ressalvas aos mais diversos entendimentos que a mesma situação pode encontrar na jurisprudência do Poder Judiciário, nas decisões administrativas da Receita Federal e nos mais conhecidos doutrinadores na área do Direito Tributário, como é o caso quando aborda o tributo de ICMS, por exemplo. Nesse sentido, ver COSTA, Regina Helena. Curso de direito tributário: Constituição e Código Tributário Nacional. São Paulo: Saraiva, 2012, *passim* e p. 381 e ss. (sobre o ICMS).

958. Artigo 629, § 1°, do RICMS/PR (Decreto n° 1.980/2007).

959. Artigo 634 do RICMS/PR (Decreto n° 1.980/2007).

consultado e fornece informação diametralmente oposta. Segundo a sua interpretação teleológica, sêmola e farinha de trigo seriam equivalentes, pois a moagem se diferenciaria do pó tão somente quanto a sua granulometria e ambas seriam advindas de processos de qualificação e beneficiamento do trigo. Ao checar ambos os pareceres, percebe-se que possuem toda a fundamentação necessária, estando ambos ancorados em entendimento jurisprudencial de mesma hierarquia e em doutrinas específicas sobre o tributo de ICMS, bem como ambas partem de métodos hermenêuticos possíveis e adequados, embora as conclusões apontem para caminhos opostos, ou é lícito o creditamento do imposto, ou é ilícito o creditamento do imposto.

Quando isso ocorrer, para o consulente a dúvida restou insuperável, o que lhe faculta seguir o especialista A ou o especialista B[960]. Mas, o que agora nos interessa determinar é se ainda estaríamos diante de uma ação neutra, que limita o alcance do nexo causal[961], ou se é possível que a ordem jurídica imponha reproche penal sobre o parecer que foi seguido, mas que estava equivocado.

Nesses casos, ainda que seja difícil enxergar o caráter ubíquo do comportamento do especialista, afinal foi contratado outro especialista que chegou a conclusão diametralmente oposta, nenhum dos consultores será punido por duas principais razões. Em primeiro lugar, porque não há em nosso ordenamento jurídico o chamado *crime de hermenêutica*, de modo que ainda que se esteja diante de uma má interpretação jurídica sobre um determinado fato, isso não corresponde à prática de um ilícito penal[962]. Em segundo lugar, porque, como não é o mérito do parecer que determinará a punição do seu autor, mas a qualidade confiável da informação transmitida. Estando ambos os pareceres devidamente fundamentados, estruturados sob um raciocínio lógico que conduz a uma conclusão técnica ou juridicamente plausível, desde uma perspectiva *ex ante*, em que se constata estarem satisfatoriamente cumpridos os respectivos deveres de informação por parte dos dois especialistas consultados[963], não se terá sequer a violação de um dever de cuidado e os seus respectivos comportamentos não serão punidos ante a ausência de uma conduta juridicamente desvalorada[964].

---

960. Sobre a solução para os casos de dúvida insuperável, ver o tópico 3.2.1., do Capítulo 3.

961. Seria essa a função da ação neutra, segundo entendeu o relator BACIGALUPO ZAPATER na STS de 06/03/2007, *apud* PLANAS, Ricardo Robles. Riscos penais da assessoria jurídica. In: ROBLES PLANAS, Ricardo. *Estudos de dogmática jurídico penal: fundamentos, teoria do delito e direito penal econômico*. Belo Horizonte: Editora D'Plácido, 2016, p. 270.

962. Sobre a ausência de tipificação do crime de hermenêutica e a impropriedade em se proibir condutas exclusivamente relativas à exegese jurídica sobre determinado instituto, ver o tópico 4.2.1, acima.

963. Sobre este dever, remete-se, novamente, ao tópico 4.2.1., acima.

964. A didática construção de Herzberg esclarece que a violação de um dever de cuidado é pressuposto mínimo para atribuição de resultado ao sujeito, ao menos, na modalidade culposa. O estudo dele já foi referido no capítulo anterior e pode ser verificado em HERZBERG, Rolf Dietrich. *El*

Por outro lado, pareceres não fundamentados ou em flagrante contrariedade à lei e às normas aplicáveis naquele caso deixam de consistir em uma ação neutra[965]. Uma recomendação de advogado tributarista que conforme verdadeira evasão fiscal, não mera elisão tributária[966], pode criar ou incrementar um risco juridicamente desvalorado[967], que será realizado no resultado quando essa orientação jurídica for seguida pelo consulente[968] e lesionar o bem jurídico ordem tributária. Haverá, aqui, contribuição para a prática da ação típica[969].

4.4.1. Omissões no parecer técnico ou jurídico e a sua contribuição causal para o resultado lesivo

Nos casos da presente pesquisa (v. item 1.3), o especialista consultado somente pratica ações comissivas: o advogado e o contador orientaram o passo a passo para a realização da operação financeira no "Caso 1", o Procurador do Município informa ser possível a dispensa do certame no "Caso 2", o engenheiro civil emite parecer técnico atestando a viabilidade da obra pretendida pelo proprietário do prédio no "Caso 7". Essas são todas condutas ativas (informar se o projeto de conduta é permitido, fornecer elementos sobre o conteúdo da proibição, elaborar parecer técnico ou jurídico e entregá-lo ao consulente).

Daí porque não é possível cogitar em omissão penalmente relevante do parecerista técnico ou jurídico. O seu dever, como visto, é o de prestar uma informação confiável que, ao fim e ao cabo, opera como espécie de dever de cuidado.

A violação de um dever de cuidado é o que torna uma conduta juridicamente desvalorada[970] e está na base de todas as formas típicas de conduta (comissiva,

delito comisivo doloso consumado como un delito cualificado respecto del delito omisivo, imprudente y en tentativa. In: Revista Brasileira de Ciências Criminais, v. 13, n. 52, janeiro-fevereiro/2005, p. 177 e ss.

965. Se, conforme Danilo Lobato, o cumprimento de um dever jurídico pode representar uma ação neutra, o seu descumprimento pode retirar a neutralidade dessa ação. Nesse sentido, LOBATO, José Danilo Tavares. *Teoria geral da participação criminal e ações neutras: uma questão única de imputação objetiva*. Curitiba: Juruá, 2009, p. 115 e ss.

966. O exemplo é próximo ao exposto por MACHADO, Hugo de Brito. *Crimes contra a ordem tributária*. São Paulo: Atlas, 2009, p. 284.

967. GRECO, Luís. *Cumplicidade através de ações neutras: a imputação objetiva na participação*. Rio de Janeiro: Renovar, 2004, p. 142-143.

968. As diversas configurações de punibilidade nesse caso serão tratadas, com mais vagar, no tópico 4.6, abaixo. Por ora, basta mencionar que as situações variam, podendo o parecerista responder como partícipe, como autor mediato ou como coautor em conjunto com o consulente. Sobre os diversos papeis que quem atua conforme a parecer técnico ou jurídico pode assumir, ver o tópico 3.6., do capítulo anterior.

969. ROXIN, Claus. *A teoria da imputação objetiva*. In: Revista Brasileira de Ciências Criminais, n. 39, julho-setembro/2002, p. 14.

970. A didática construção de HERZBERG esclarece que a violação de um dever de cuidado é pressuposto mínimo para atribuição de resultado ao sujeito, ao menos, na modalidade culposa. O

omissiva, dolosa e culposa), de modo que a sua inobservância não se confunde com o dever de agir do garantidor, que é especial e precisa se somar à violação do dever objetivo de cuidado para que o resultado seja imputado ao menos culposamente[971].

Dessa forma, as omissões contidas no parecer técnico ou jurídico são violações desse dever geral de cuidado que incumbe ao consultor. Deixar de fundamentar a sua opinião técnica ou jurídica, deixar de fazer ressalvas quanto a entendimentos diversos preponderantes sobre o objeto da consulta (a posição majoritária do STF ou do Fisco, por exemplo) e deixar de consignar que não recebeu algum documento ou informação relevante para a sua análise são inobservâncias ao dever objetivo de cuidado que lhe é imposto pela ordem jurídica, qual seja, o dever de transmitir uma informação confiável, plausível e qualificada, que formam a desaprovação jurídica do risco[972]. Ou seja, se o parecer é falho porque faltam dados importantes, porque não há orientações específicas ou porque constam informações erradas, etc., essa é uma característica de uma conduta comissiva do consultor que a torna juridicamente desaprovada.

Há um pequeno grupo de casos nos quais, embora a oferta do parecer técnico ou jurídico seja uma conduta comissiva, há verdadeira omissão do consultor em não alertar o consulente sobre uma situação típica de perigo existente no objeto da consulta. Nesses casos, poderia haver dúvida sobre a existência do dever do consultor agir para impedir o resultado lesivo (alertando o consulente sobre a situação típica de perigo para o bem jurídico), conformando hipótese de omissão imprópria e definindo a sua posição de garantidor da evitabilidade do resultado[973].

É o exemplo do "Caso 7", exposto no primeiro capítulo: o engenheiro civil foi consultado pelo proprietário do prédio sobre a viabilidade da construção de um pavimento adicional na cobertura. O engenheiro analisou o projeto original e vistoriou o edifício. No seu parecer técnico, atestou a viabilidade da obra pretendida sem nada apontar sobre as trincas existentes em algumas colunas da garagem, nem recomendar obras de reforço ou de contenção. Trincas na coluna

estudo dele já foi referido no capítulo anterior e pode ser verificado em HERZBERG, Rolf Dietrich. *El delito comisivo doloso consumado como un delito cualificado respecto del delito omisivo, imprudente y en tentativa*. In: Revista Brasileira de Ciências Criminais, v. 13, n. 52, janeiro-fevereiro/2005, p. 177 e ss.

971. ESTELLITA, Heloisa. *Responsabilidade penal de dirigentes de empresa por omissão: estudo sobre a responsabilidade omissiva imprópria de dirigentes de sociedades anônimas, limitadas e encarregados de cumprimento por crimes praticados por membros da empresa*. São Paulo: Marcial Pons, 2017, p. 106-107.

972. Sobre esse dever, v. item 4.2., *supra*.

973. CIRINO DOS SANTOS, Juarez. *Manual de direito penal: parte geral*. Florianópolis: Conceito Editorial, 2012, p. 101.

da garagem são, ao menos em princípio, indicativos de uma condição limite de estabilidade de uma estrutura, de modo que havia uma situação típica de perigo de desabamento e a pretendida construção de mais um pavimento sobre essa estrutura certamente contribuiria para piorar a ameaça de lesão ao bem jurídico.

Neste caso, diante de um foco de perigo[974], a omissão do consultor em não reportar ou alertar a situação típica ao consulente[975] consiste na violação do seu dever objetivo de cuidado (transmita uma informação confiável e qualificada, que seja técnica ou juridicamente plausível e em consonância com as regras deontológicas da sua profissão) e corresponde à criação ou incremento de risco juridicamente desaprovado, porque bloqueia o surgimento do dever de agir no consulente (esse sim, em geral, ocupante da posição de garantidor[976]) para impedir ou evitar o resultado[977].

Esse bloqueio do conhecimento do consulente sobre a situação típica de perigo o coloca em erro de tipo, que fulmina o dolo, e permite a sua responsabilização por culpa, se prevista (artigo 20, do Código Penal)[978].

Para o consultor, mais uma vez, não há que se falar em omissão penalmente relevante enquanto inobservância de uma ação mandada pela ordem jurídica para o salvamento de um bem jurídico que está em perigo, até mesmo porque a ele não incumbe esse dever de salvamento[979], mas sim a manifestação sobre

---

974. DOPICO GÓMEZ-ALLER, Jacobo. Posición de garante del compliance officer por infración de deber de control: una aproximación tópica. In: ARROYO ZAPATERO, Luis; NIETO MARTÍN, Adán. *El derecho penal económico en la era compliance*. Valencia: Tirant lo Blanch, 2013, p. 172.

975. Esse dever é próximo daquele a que compete os auditores, conforme revela MONTANDER FERNÁNDEZ, *La posible responsabilid penal del auditor ambiental*. In: *Revista para el análisis del derecho* (InDret), nº 2/2012, Barcelona, abril/2012, p. 11.

976. Sobre o tema, v. item 3.5, do capítulo anterior.

977. Nesse sentido, ESTELLITA, Heloisa. *Responsabilidade penal de dirigentes de empresa por omissão: estudo sobre a responsabilidade omissiva imprópria de dirigentes de sociedades anônimas, limitadas e encarregados de cumprimento por crimes praticados por membros da empresa*. São Paulo: Marcial Pons, 2017, p. 222.

978. ESTELLITA, Heloisa. *Responsabilidade penal de dirigentes de empresa por omissão: estudo sobre a responsabilidade omissiva imprópria de dirigentes de sociedades anônimas, limitadas e encarregados de cumprimento por crimes praticados por membros da empresa*. São Paulo: Marcial Pons, 2017, p. 289/290.

979. Sobre essa problemática, ver, por todos, GRECO, Luís. *Problemas de causalidade e imputação objetiva nos crimes omissivos impróprios*. São Paulo: Marcial Pons, 2018, *passim*. Aliás, divergindo e afirmando que há omissão imprópria do engenheiro, em um caso real alemão bastante próximo ao "Caso 7" desta pesquisa, v. decisão do BGH, algo equivalente ao nosso STJ, no caso do ginásio de esportes, em 2010, apontado por GRECO (Idem, Ibidem, p. 79). Aparentemente concordando que a conduta do engenheiro é comissiva, "afinal, houve manifestação positiva do acusado e não uma ausência de manifestação", ESTELLITA, Heloisa. Causalidade na omissão: um panorama dos problemas das omissões paralelas e sucessivas na criminalidade de empresa. In: LOBATO, José Danilo Tavares; MARTINELLI, João Paulo Orsini; SANTOS, Humberto Souza (Orgs.). *Comentários ao Direito Penal Econômico Brasileiro*. Belo Horizonte: D'Plácido, 2017, p. 92.

a proibição ou não de uma conduta cuja decisão incumbe exclusivamente ao consulente, um terceiro autorresponsável[980].

Embora o caráter vinculante da opinião do especialista consultado seja um problema de causalidade e não propriamente da omissão imprópria[981], a falta da capacidade físico-real do consultor de *evitar o resultado* é o que parece afastar, com razão, a sua posição de garantidor. Em geral, esse poder-dever de impedir o resultado é somente atribuído ao consulente, pois é ele quem tem o poder de decisão, exerce domínio sobre o acontecer típico e tem sob a sua custódia o foco de perigo, o que, por consequência, faz com que a ele seja incumbido o dever de vigilância sobre esse foco e o dever de intervir para evitar a lesão ao bem jurídico[982].

4.4.2. *A delegação da análise de riscos e a relevância penal do domínio da informação*

Como já se esclareceu[983], os casos de atuação conforme a parecer técnico ou jurídico relevam uma dissociação entre o poder de decisão e o domínio sobre o conhecimento necessário para a tomada dessa decisão. A tomada da decisão pelo sujeito depende da informação que será prestada pelo especialista consultado acerca da proibição ou não do projeto de conduta de tal forma que, no mais das vezes, é o reporte do especialista que permitirá a formação do dolo no consulente[984].

Mais do que depender do conhecimento que será repassado por esse *expert* para balizar a sua tomada de decisão[985], por vezes o consulente agirá somente se o especialista consultado, ao analisar a situação fática, lhe reportar a exis-

---

980. Assim entende PLANAS, Ricardo Robles. Riscos penais da assessoria jurídica. In: ROBLES PLANAS, Ricardo. *Estudos de dogmática jurídico penal: fundamentos, teoria do delito e direito penal econômico*. Belo Horizonte: Editora D'Plácido, 2016, p. 281; CERVINI, Raúl; ADRIASOLA, Gabriel. *Responsabilidade penal dos profissionais jurídicos*. São Paulo: RT, 2013, p. 125; RASSI, João Daniel. *Imputação das ações neutras e o dever de solidariedade no direito penal brasileiro*. São Paulo: LiberArs, 2014, p. 214.

981. Esse tema foi enfrentado no tópico 4.4., acima.

982. Sobre a posição de garantidor de quem atua conforme a parecer técnico ou jurídico, ver o tópico 3.5., do capítulo anterior.

983. Vide tal constatação em diversas passagens ao longo desta pesquisa, com ampla referência a demais autores que tratam do tema.

984. Dolo é, pelo menos, conhecimento dos elementos do tipo objetivo. Sobre o tema, v. tópico 3.6, do capítulo anterior.

985. DOPICO GÓMEZ-ALLER, Jacobo. Posición de garante del compliance officer por infración de deber de control: una aproximación tópica. In: ARROYO ZAPATERO, Luis; NIETO MARTÍN, Adán. *El derecho penal económico en la era compliance*. Valencia: Tirant lo Blanch, 2013, p. 172; próximo também para as informações no mercado de capitais, RODRIGUES, Pedro Miguel S. M. *A intermediação financeira: em especial, os deveres de informação do intermediário perante o cliente*. Dissertação de Mestrado. Faculdade de Direito da Universidade de Lisboa, 2011, p. 30.

tência de algum risco ou perigo iminente de lesão ao bem jurídico que esteja relacionado ao objeto da consulta[986].

Como essa repartição de funções se dará de maneira horizontal[987], quem solicita a informação (delegante) transferirá a análise técnica ou jurídica sobre os riscos do comportamento pretendido para quem detém esse conhecimento qualificado (delegado)[988], de modo que caberá ao consultor um assessoramento em matéria de riscos[989] a partir da transmissão de informações qualificadas e relevantes para a tomada de decisão[990].

Assim, são deveres (objetivos de cuidado) do especialista *analisar* o objeto da consulta, *obter* o conhecimento sobre a licitude ou ilicitude do comportamento pretendido, *avaliar* técnica ou juridicamente a situação concreta consultada, *detectar* eventuais riscos que podem estar atrelados à tomada da decisão pretendida pelo consulente (como, por exemplo, o risco de se praticar uma sonegação fiscal caso determinada operação financeira seja realizada da maneira como inicialmente pretendida) ou eventuais perigos que ameaçem lesionar o bem jurídico relacionado ao objeto da consulta (como, por exemplo, uma situação de instabilidade de uma obra que pode levar ao seu desabamento), *fornecer* ou *reportar* ao solicitante todas as informações e conhecimentos qualificados sobre a situação concreta e sobre o seu projeto de conduta, *alertar* o consulente sobre os riscos e perigos previsíveis detectados e, assim, viabilizar que ele ser capaz de compreender as possibilidades e os limites da licitude e da regularidade da ação que pretende tomar para que, então, possa balizar a sua decisão[991].

Como a condução do consulente à consciência segura do injusto[992] e a sua

---

986. Assim ocorre, por exemplo, com os auditores, cf. MONTANDER FERNÁNDEZ, *La posible responsabilid penal del auditor ambiental*. In: *Revista para el análisis del derecho* (InDret), nº 2/2012, Barcelona, abril/2012, p. 12 e ss.

987. Vide, em detalhes, o tópico 3.5., do capítulo anterior.

988. LASCURAÍN, Juan Antonio. Salvar al oficial Ryan (sobre la responsabilidad pernal del oficial de cumplimiento). In: MIR PUIG, Santiago et. al. *Responsabilidad de la empresa y compliance: programas de prevención, detección y reacción penal*. Madrid: Edisofer, 2014, p. 306.

989. LASCURAÍN, Juan Antonio. Salvar al oficial Ryan (sobre la responsabilidad pernal del oficial de cumplimiento). In: MIR PUIG, Santiago et. al. *Responsabilidad de la empresa y compliance: programas de prevención, detección y reacción penal*. Madrid: Edisofer, 2014, p. 331. Essa função guarda semelhanças com as pertencentes aos encarregados de cumprimento em empresas, o que auxiliará na definição das suas responsabilidades.

990. ROBLES PLANAS, Ricardo. El responsable de cumplimiento (compliance officer) ante el derecho penal. In: SILVA SÁNCHEZ, Jesús-María; MONTANER FERNÁNDEZ, Raquel. *Criminalidad de empresa y compliance*. Barcelona: Atelier, 2013, p. 324; RODRIGUES, Pedro Miguel S. M. *A intermediação financeira: em especial, os deveres de informação do intermediário perante o cliente*. Dissertação de Mestrado. Faculdade de Direito da Universidade de Lisboa, 2011, p. 30.

991. Sobre essas características, ver, especialmente, os Capítulos 1 e 3 desta pesquisa, em diversas passagens.

992. Nesse sentido, LEITE, Alaor. *Dúvida e erro sobre a proibição no direito penal: a atuação nos limites entre o permitido e o proibido*. São Paulo: Atlas, 2013, p. 105-106.

intervenção concreta para salvar o bem jurídico ficam, por vezes, condicionadas ao reporte do consultor sobre os limites entre o permitido e o proibido e a existência de uma situação típica de perigo, o controle da informação e do conhecimento por parte desse profissional é um controle penalmente relevante[993] (tanto para a formação do dolo no consulente, quanto para deflagrar o seu dever de agir diante de uma situação típica de perigo).

SCHÜNEMANN é, nesse ponto, expresso em reconhecer que esses tipos de profissionais "exercem um domínio informativo, portanto, têm uma posição de garante: comumicar essas informações à autoridade competente para tomar a decisão"[994].

Contudo, ao consultor escapam atributos daquele que tem posição de garante: o parecerista não consegue controlar a decisão que será tomada pelo consulente, pois a sua opinião técnica ou jurídica não é vinculante[995], nem possui ele poder jurídico de decisão[996]. Não sendo o parecer vinculante, o especialista não controla a ação do consulente e, estando nas mãos deste o poder de decisão e o dever de intervenção, somente ao consulente seria possível impedir o resultado.

Não cabendo esse dever ao parecerista, o cumprimento do seu dever geral objetivo de cuidado se esgota na transmissão de uma informação confiável, fundamentada, plausível e qualificada e que contenha, quando for o caso, expressa indicação dos riscos e perigos detectados na situação concreta sobre a qual ele foi consultado.

---

993. Nesse sentido, LASCURAÍN, Juan Antonio. Salvar al oficial Ryan (sobre la responsabilidad pernal del oficial de cumplimiento). In: MIR PUIG, Santiago et. al. *Responsabilidad de la empresa y compliance: programas de prevención, detección y reacción penal*. Madrid: Edisofer, 2014, p. 327-328; ROBLES PLANAS, Ricardo. El responsable de cumplimiento (compliance officer) ante el derecho penal. In: SILVA SÁNCHEZ, Jesús-María; MONTANER FERNÁNDEZ, Raquel. *Criminalidad de empresa y compliance*. Barcelona: Atelier, 2013, p. 324-325; DOPICO GÓMEZ--ALLER, Jacobo. Posición de garante del compliance officer por infración de deber de control: una aproximación tópica. In: ARROYO ZAPATERO, Luis; NIETO MARTÍN, Adán. *El derecho penal económico en la era compliance*. Valencia: Tirant lo Blanch, 2013, p. 174; MOCHALES, Teresa Ruano. *LA incidência de los deberes de los administradores y auditores em la manipulación de las cuentas anuales: posición de garante y responsabilidad penal*. Tese de doutorado, Facultad de Dierecho da Universidadad Autónoma de Madrid, 2015, p. 9 e ss., de modo mais amplo, PUPPE assevera que a "falta de informação é considerada como um fator causal", PUPPE, Ingeborg. *La justificación de la intervención médica curtativa*. In: *Revista para el análisis del derecho* (InDret), nº 1/2007, Barcelona, janeiro/2007, p. 10 (nossa tradução livre).

994. SCHÜNEMANN, Bernd. El dominio sobre el fundamento del resultado: base lógico-objetiva común para todas las formas de autoria incluyendo el actuar en lugar de outro. Revista de Derecho Penal, Buenos Aires, n. 2, 2005, p. 56 (nossa tradução livre).

995. Em sentido próximo, ESTELLITA, Heloisa. *Responsabilidade penal de dirigentes de empresa por omissão: estudo sobre a responsabilidade omissiva imprópria de dirigentes de sociedades anônimas, limitadas e encarregados de cumprimento por crimes praticados por membros da empresa*. São Paulo: Marcial Pons, 2017, p. 222.

996. A mesma ressalva é feita por MACHADO, Hugo de Brito. *Crimes contra a ordem tributária*. São Paulo: Atlas, 2009, p. 286.

Constando no parecer todos os alertas de riscos e perigos possíveis de serem identificados pelo especialista no caso concreto[997], ele atende ao seu dever de cuidado, se exonera dos acontecimentos subsequentes que podem ser colocados em curso pelo próprio consulente[998] e a comunicação desses riscos para o consulente[999] torna esse sujeito com poder de decisão, e a quem incumbe o dever último de intervenção, responsável pela evitação concreta do resultado[1000].

Essa conclusão exige observar que o fundamento da eventual imputação de responsabilidade penal ao parecerista ou consultor não é sobre a decisão que o outro sujeito irá tomar – até porque tal manobra vilipendiaria o princípio da culpabilidade –, mas pelo incorreto cumprimento dos seus próprios deveres que ele assumiu perante o consulente (de prestar uma informação confiável, plausível e qualificada sobre a licitude e a regularidade da atividade que pretende desenvolver e que seja capaz, inclusive, de lhe revelar os possíveis riscos da sua conduta ou a existência de uma situação típica de perigo).

Deve restar claro que o dever do parecerista técnico ou jurídico termina alí onde se dá o cumprimento desses deveres que ele assumiu. Como lhe falta efetivo controle sobre a decisão do consulente[1001], o cumprimento satisfatório do seu dever de informar basta para isentá-lo de ulteriores resultados lesivos.

---

997. O dever de alerta e reporte se refere aos riscos e perigos *previsíveis* que decorram do projeto de conduta pretendido ou da própria situação complexa consultada, não sendo exigível poder sobre-humano de identificar toda a sorte ilimitada de riscos, cf. BASTIANELLO, Alessandro. *La responsabilità penale dei professionisti: medici, avvocati, notai, commercialisti*. Milão: CEDAM, 2012, p. 23.

998. Entendimento semelhante é partilhado por CERVINI, Raúl; ADRIASOLA, Gabriel. *Responsabilidade penal dos profissionais jurídicos*. São Paulo: RT, 2013, p. 117 e MONTANDER FERNÁNDEZ, *La posible responsabilid penal del auditor ambiental*. In: *Revista para el análisis del derecho* (InDret), nº 2/2012, Barcelona, abril/2012, p. 23-24.

999. Não se tratará neste trabalho sobre a eventual demanda de reporte de uma situação típica de perigo para outras autoridades, públicas ou privadas, para além do consulente. O tema é truncado e não há entendimento majoritário na doutrina. Por ora, sinaliza-se apenas que o dever, ao menos primário, do consultor é com o contratante direto do seu serviço e isso basta, em uma primeira análise, para exonerá-lo de responsabilidade. Entender o contrário, demandará que nos casos envolvendo advogados, por exemplo, se afaste o dever de sigilo deste profissional perante o seu cliente, o que não nos parece um caminho adequado a ser trilhado. Sobre o tema, ainda que de maneira tangencial, ver, ilustrativamente, GÓMES-JARA DÍEZ, Carlos. *El rol del abogado frente al blanqueo de capitales: ¿garante del estado o defensor del cliente?*. In: Boletim IBCCRIM, São Paulo, v. 20, n. 237, ago/2012; ESTELLITA, Heloisa (Coord.). *Exercício da advocacia e lavagem de capitais*. Rio de Janeiro: FGV Editora, 2016; SÁNCHEZ RIOS, Rodrigo. Advocacia e lavagem de dinheiro: questões de dogmática jurídico-penal e de política criminal. São Paulo: Saraiva, 2010.

1000. Em sentido próximo, SILVEIRA, Renato de Mello Jorge. *Direito penal empresarial: a omissão do empresário como crime*. Belo Horizonte: D'Plácido, 2016, p. 242-243.

1001. O máximo que o consultor consegue é instigar a decisão do consulente, cf. tópico 4.4.1, *supra*.

4.5. O dolo e o erro de quem transmite informação técnica ou juridicamente qualificada

Esclarecimentos técnicos ou jurídicos corretos, ainda que tenham contribuído para um resultado lesivo, são impuníveis porque não constituem condutas juridicamente desvaloradas. Para as manifestações jurídicas corretas, há ainda causa de exclusão de antijuridicidade, fundada no princípio do Estado de Direito e em seu imperativo de que o Direito deve poder ser conhecido[1002].

Já esclarecimentos técnicos ou jurídicos equivocados podem representar criação ou incremento de risco juridicamente desvalorado se não foram observados os critérios que tornam a informação transmitida confiável, ou seja, caso o consultor não tenha cumprido com o seu dever de informar, e a sua contribuição para o resultado lesivo esteja fora do alcance da zona das chamadas ações neutras[1003].

Por conta disso, nos casos em que o parecer técnico ou jurídico contribuiu para um resultado lesivo e o dever de transmitir uma informação confiável não foi observado, tornando esse resultado objetivamente imputável ao consultor, deverá ser verificado, então, se estão preenchidos os pressupostos do tipo subjetivo, ou seja, se o consultor agiu com dolo ou culpa para a tomada da decisão do consulente que acarretou naquele resultado lesivo.

Resgatemos o “Caso 2”, exposto no primeiro capítulo. O Procurador do Município apresentou parecer jurídico ao Prefeito informando que a licitação para a realização de obras de saneamento básico em um dos bairros do município era dispensável porque estaria presente estado de calamidade pública. Há erro grosseiro no referido parecer (artigo 28 da Lei nº 4.657/1942). O estado de calamidade pública, previsto no artigo 24, inciso IV, da Lei nº 8.666/1993, depende de reconhecimento por meio de ato administrativo declaratório (Artigo 1º, inciso IV, do Decreto nº 7.257/2010), que não havia naquele caso e com razão, afinal as reclamações de uma comunidade local são bastante distintas de vendavais, enchentes ou inundações, que trazem verdadeiro estado de calamidade pública. Parecer jurídico como esse claramente incorreto torna o resultado lesivo (crime de dispensa indevida de licitação, artigo 89, da Lei nº 8.666/1993) objetivamente imputável ao Procurador do Município, chegando o momento da análise do tipo subjetivo.

Exceto nas hipóteses, adiante-se, pouco comuns, em que o parecerista técnico ou jurídico identifica a presença dos elementos do tipo objetivo no projeto de conduta do consulente ou a situação típica de perigo e não alerta a proibição

---

1002. Esse é o entendimento de Jochen Mallison citado em GRECO, Luís. *Cumplicidade através de ações neutras: a imputação objetiva na participação*. Rio de Janeiro: Renovar, 2004, p. 160.

1003. Sobre esses critérios e seu impacto para a imputação objetiva, v. ítem 4.4, acima.

da conduta ou a necessidade da adoção de medida para salvar o bem jurídico, querendo, dessa forma, colocar em prática seu plano para provocar um resultado lesivo (por intermédio da decisão do consulente), dificilmente se capturará a presença do dolo na conduta do consultor de fornecer uma opinião qualificada[1004].

Em geral, a inobservância dos seus deveres de cuidado (para a prestação de uma informação técnica ou jurídica confiável) representam falhas no parecer (a falta de dados importantes, a ausência de orientações específicas ou a prestação de informações erradas, etc.), que, por se diferenciarem de erros grosseiros e indefensáveis, admitem a sua responsabilidade a título de culpa, se presentes os pressupostos desse tipo de injusto (desvalor da ação e desvalor do resultado[1005]).

Manifestações técnicas ou jurídicas claramente incorretas, com erros grosseiros, sem fundamentação normativa, doutrinária ou jurisprudencial, se jurídicas, ou referências teóricas e metodológicas, se técnicas, transmitidas sem formalidades mínimas e sem vinculação às particularidades do caso concreto são meramente indiciários da presença do dolo, cuja configuração dependerá das circunstâncias do caso concreto que demonstrem que o consultor conhecia as circunstâncias objetivas do tipo legal e dirigiu sua ação para contribuir para a realização do tipo objetivo, visando a lesão do bem jurídico nele tutelado[1006] (pois o fato principal, como visto, será efetivamente praticado pelo consulente quando da tomada da decisão[1007]).

Ainda que o domínio da informação seja a pedra angular para a aferição da presença do elemento subjetivo do tipo[1008], o dolo dependerá, necessariamente, do conhecimento dos elementos do tipo objetivo[1009], não sendo incomum que o parecerista esteja em erro de tipo quando o consultor desconhecer que a sua orientação, recomendação ou conselho, naquele caso concreto, cria risco juridicamente desaprovado[1010].

1004. Em uma valoração objetiva, dolo pode ser definido como a realização de um plano pelo sujeito. Nesse sentido, ROXIN, Claus. *Derecho penal: parte general*. Tomo I. Madrid: Civitas, 2008, p. 350.

1005. CIRINO DOS SANTOS, Juarez. *Direito penal: parte geral*. Curitiba: ICPC, 2014, p. 165.

1006. CIRINO DOS SANTOS, Juarez. *Direito penal: parte geral*. Curitiba: ICPC, 2014, p. 128-130.

1007. Sobre a autoria e participação, v. item 3.7 e 4.6 desta pesquisa.

1008. Nesse sentido, SCHÜNEMANN, Bernd. El dominio sobre el fundamento del resultado: base lógico-objetiva común para todas las formas de autoria incluyendo el actuar en lugar de outro. Revista de Derecho Penal, Buenos Aires, n. 2, 2005, p. 56, que destaca a importância do domínio informativo desses sujeitos.

1009. Embora exista divergência se o dolo depende ou não do elemento volitivo, não há dolo sem conhecimento. Nesse sentido, GRECO, Luis. Dolo sem vontade. In: SILVA DIAS et. al. *Liber Amicorum de José de Sousa e Brito*. Coimbra: Almedina, 2009, p. 903. Sobre a discussão dos elementos que integram o dolo, ver, por todos, VIANA, Eduardo. *Dolo como compromisso cognitivo*. São Paulo: Marcial Pons, 2017, *passim*.

1010. O erro de tipo pode recair sobre todos os elementos objetivos, presentes e futuros, do

Essa hipótese aparece na "Variante 3" do "Caso 3", exposto no primeiro capítulo. Embora o especialista em Direito Civil devesse não ter aceitado a sua contratação para avaliar a regularidade da complexa operação de crédito entre as empresas, o que, por violar seu dever (objetivo de cuidado) de informar (faltam-lhe competência e expertise na área tributária) torna o resultado lesivo (sonegação fiscal) objetivamente imputável, a presença do dolo na sua conduta não é tão clara. O especialista em Direito Civil acreditou estar prestando uma informação correta que qualquer outro consultor jurídico prestaria em seu lugar, errando, assim, sobre os pressupostos fáticos da criação do risco juridicamente desaprovado. Excluído seu dolo por erro de tipo (artigo 20, do Código Penal), a sua conduta não será punível por ausência de previsão culposa do crime contra a ordem tributária[1011].

Mais comum será ocorrer o chamado erro de subsunção, penalmente irrelevante para alguns[1012], mas indicativo do erro de proibição (artigo 21 do Código Penal). Erro de subsunção é aquele que recai sobre valorações jurídicas errôneas do tipo objetivo e, em geral, se dá na interpretação equivocada dos elementos normativos do tipo[1013].

Assim, quando o advogado tributarista é consultado para informar se determina prestação pecuniária é tributo (taxa) ou tarifa, está ele a realizar o enquadramento jurídico do fato. Caso o advogado, ao realizar a avaliação jurídica sobre o objeto, conclua tratar-se de tarifa, pois a prestação pecuniária seria cobrada em serviço concedido pelo poder público (contrato de concessão), seu erro incide sobre a própria definição jurídica do objeto, que não exclui o dolo, por se enquadrar em modalidade do erro de proibição[1014] e a sua punibilidade dependerá da análise da evitabilidade desse erro.

Erros de interpretação do objeto consultado por parte do parecerista técnico jurídico poderão, então, conformar hipótese de erro de proibição. A intensa produção de normas para a regulação das condutas e a complexidade dos seus conteúdos também impactam na atividade do consultor que é chamado para avaliar uma situação concreta. Por vezes, ele mesmo fica em dúvida sobre a proibição de determinado projeto de conduta pretendido pelo consulente (parecer jurídico

tipo legal, incluindo a imputação objetiva do resultado na relação de causalidade. Ver, por todos, CIRINO DOS SANTOS, Juarez. *Direito penal: parte geral*. Curitiba: ICPC, 2014, p. 145.

1011. O raciocínio é desenvolvido por Luis Greco em caso semelhante. GRECO, Luís. *Cumplicidade através de ações neutras: a imputação objetiva na participação*. Rio de Janeiro: Renovar, 2004, p. 161-162.

1012. ROXIN, Claus. *Derecho penal: parte general*. Tomo I. Madrid: Civitas, 2008, p. 407-408 e CIRINO DOS SANTOS, Juarez. *Direito penal: parte geral*. Curitiba: ICPC, 2014, p. 146.

1013. TAVARES, Juarez. *Fundamentos da teoria do delito*. Florianópolis: Tirant lo Blanch, 2018, p. 302.

1014. TAVARES, Juarez. *Fundamentos da teoria do delito*. Florianópolis: Tirant lo Blanch, 2018, p. 302.

para informar o sujeito se uma mercadoria estrangeira é proibida ou se pode ser importada) ou se está presente elemento objetivo do tipo naquela situação concreta (parecer técnico para informar a empresa construtora se determinada área é ou não de preservação permanente), por mais que tenha empreendido esforços ao buscar o arcabouço normativo, teórico e, nas consultorias jurídicas, jurisprudencial sobre o objeto e sobre elas refletido[1015].

Nesses casos, quando a dúvida se mostrou insuperável nos casos complexos e, mesmo assim, a interpretação dada pelo consultor foi considerada equivocada pela ordem jurídica, deve ser reconhecida a inevitabilidade do seu erro de proibição[1016]. Afinal, quando um parecerista técnico ou jurídico, apesar do esforço para atingir consciência do injusto cumprindo com o seu dever de informação (nos termos item 4.2, *supra*), não conseguir compreender, com segurança, se o projeto de conduta do consulente é permitido ou proibido, o problema é a falta de clareza das próprias normas jurídicas e extrajurídicas que regulam aquela conduta que não podem ser colocados na comanda do consultor, pois uma formulação duvidosa sobre a proibição é culpa do legislador[1017].

Essa parece ser a hipótese da "Variante 2" do "Caso 3", exposto no primeiro capítulo. Segundo consta, os advogados internos da empresa buscaram todas as informações jurídicas possíveis sobre a operação de crédito pretendida e, mesmo assim, permaneceram em dúvida sobre a sua licitude. Mesmo assim, opinaram pela viabilidade desta operação com amparo em fundamentos jurídicos nesse sentido, ainda que minoritários e contrários ao entendimento do Fisco. Aqui, mesmo cumprindo o dever de informação, a dúvida restou insuperável, de modo os advogados podem recomendar ou aconselhar o consulente a seguir o caminho cujos fundamentos o tornem plausível, ainda que contrário ao entendimento preponderante do Fisco.

Haverá situações em que a determinação do erro de tipo e do erro de proibição ficam mais difíceis, dependendo do tipo de avaliação do objeto.

Pense-se no advogado tributarista que é consultado para informar se a empresa de alimentos consulente pode aproveitar crédito presumido de ICMS na importação de sêmola de trigo, como benefício fiscal[1018]. Se o consultor erra na sua interpretação e opina pela permissão do creditamento de ICMS na impor-

---

1015. Reflexão e informação são formas de se atingir consciência segura do injusto, cf. ROXIN, Claus. *Derecho Penal. Parte General*. Tomo I. Madrid: Civitas, 2008, p. 882.

1016. LEITE, Alaor. *Dúvida e erro sobre a proibição no direito penal: a atuação nos limites entre o permitido e o proibido*. São Paulo: Atlas, 2013, p. 146-150.

1017. É o chamado por Alaor Leite de argumento de Binding em LEITE, Alaor. *Dúvida e erro sobre a proibição no direito penal: a atuação nos limites entre o permitido e o proibido*. São Paulo: Atlas, 2013, p. 45-46.

1018. Artigo 629, § 1º, do RICMS/PR (Decreto nº 1.980/2007).

tação da sêmola de trigo, há erro de proibição (artigo 21, do Código Penal). Mas, se o consultor reconhece que esse benefício fiscal não se aplica para as farinhas de trigo[1019] e erra na sua avaliação jurídica, opiniando pela permissão do creditamento de ICMS naquela operação, pois sêmola de trigo não seria juridicamente equiparada à farinha de trigo, há erro tipo, porque fez uma falsa interpretação do objeto[1020].

O "Caso 2", exposto no primeiro capítulo também carrega dificuldade quanto a determinação da linha divisória entre erro de tipo e erro de proibição em razão da própria estrutura do tipo penal do artigo 89 da Lei nº 8.666/1993[1021]. Todavia, o Procurador do Município, que tem conhecimento jurídico qualificado para avaliar se é não caso de dispensa do certame, deve buscar as normas jurídicas orbitantes daquela situação concreta (licitação, hipóteses de dispensa e de inexigibilidade e todas as formalidades necessárias para realizar ou não o certame) e refletir sobre o enquadramento delas ao fato. Caso se comprove que o Procurador do Município sabia que o estado de calamidade dependia de ato administrativo declaratório do poder público (artigo 7º, §2º do Decreto nº 7.257/2010[1022]) e, mesmo assim, decidiu opinar pela dispensa da licitação estará caracterizado seu dolo. Do contrário, sendo demonstrado que o Procurador do Município acreditou ter prestado uma informação jurídica correta, seu dolo é afastado por ter errado na criação de risco juridicamente desaprovado[1023]. Eventual alegação sua de que as reclamações da comunidade daquele bairro sobre as doenças advindas da falta de saneamento básico o levaram a interpretar equivocadamente que se tratava de situação de calamidade pública (um erro de subsunção) não parece indicar que ele estava em erro de proibição, pois era esperado dele uma interpretação sistemática e conforme, a qual permitiria entender como estado de calamidade quando há enchentes, inundações, doenças infectocontagiosas em largas proporções, etc., que bem se diferem da situação concreta[1024]. A punibilidade do Procurador do Município, no entanto, parece estar prejudicada em razão da ausência da punibilidade do Prefeito, que estava em erro de tipo induzido pelo próprio Procurador do Muncípio[1025], pois, tratando-se

1019. Artigo 634 do RICMS/PR (Decreto nº 1.980/2007).

1020. Próximo em TAVARES, Juarez. *Fundamentos da teoria do delito*. Florianópolis: Tirant lo Blanch, 2018, p. 302-303.

1021. Sobre essa dificuldade neste caso específico, v. item 3.6, do capítulo anterior.

1022. "§ 2º Após avaliação das informações apresentadas no requerimento a que se refere o § 1o e demais informações disponíveis no SINDEC, o Ministro de Estado da Integração Nacional reconhecerá, por meio de Portaria, a situação de emergência ou estado de calamidade, desde que a situação o justifique e que tenham sido cumpridos os requisitos estabelecidos na Medida Provisória no 494, de 2010, e neste Decreto."

1023. GRECO, Luís. *Cumplicidade através de ações neutras: a imputação objetiva na participação*. Rio de Janeiro: Renovar, 2004, p. 161-162.

1024. Sobre a exigência de interpretação sistemática e conforme, v. item 4.2.2, *supra*.

1025. Sobre o erro do Prefeito neste caso, v. item 3.6, do capítulo anterior.

de delito especial próprio, tal como o do artigo 89 da Lei nº 8.666/1993, não é possível a punição do *extraneus* por autoria direta ou mediata[1026].

4.6. Definindo os papeis do especialista interveniente: a autoria e a participação delitivas

Praticamente todas as configurações do concurso de agentes envolvendo, de um lado, quem atua conforme a parecer técnico ou jurídico e, de outro, quem transmite a informação qualificada, já foram tratadas no capítulo anterior, de modo que não cabe aqui repetí-las, mas apenas fazer remissão ao tópico 3.6., *supra*, quando, inclusive, se justificou a opção em se distinguir a figura do autor da figura do partícipe para as hipóteses dos casos tratados nesta pesquisa.

De todo modo, o que pode valer a pena ser repisado, na esperança de ainda se obter algum ganho em termos de clareza, é que, em uma primeira observação, o parecerista ou consultor é forte candidato a ser partícipe[1027]. Isso porque, no mais das vezes, o especialista consultado prestará uma contribuição sem domínio, não realizando o injusto descrito no tipo, mas participando de um delito alheio[1028].

Quem decidirá, ao final, "se" o projeto de conduta será realizado e "como" a atividade será executada é quem solicitou a informação, pois é ele quem detem esse controle, o que o torna autor. O especialista consultado terá, quando o caso, *instigado* ou prestado um auxílio (sendo *cúmplice*) material ou intelectual, por meio do seu parecer ou da sua consultoria, na prática dessa ação principal,

---

1026. ORTIZ, Mariana Tranchesi. *Concurso de agentes nos delitos especiais*. São Paulo: IBCCRIM, 2011, p. 191-192.

1027. Relembre-se que somente cabe falar em autoria e participação depois de fixados os pressupostos do tipo objetivo e do tipo subjetivo. Ademais, qualquer que seja a forma de participação, esta pressupõe, como requisitos objetivos, um fato principal antijurídico (resultado), uma contribuição assessória do partícipe para o resultado (conduta), um nexo causal e de imputação entre os dois e, como requisito do tipo subjetivo, um "duplo" dolo do partícipe, ou seja, um dolo referido ao fato principal antijurídico e um dolo referido à sua própria contribuição sobre esse fato. Nesse sentido, ver, por todos, CIRINO DOS SANTOS, Juarez. *Manual de direito penal: parte geral*. Florianópolis: Conceito Editorial, 2012, p. 203 e ss. Por outro lado, não se desconhece que o nosso ordenamento jurídico não exige esse "dolo duplo", mas parte-se aqui, com a doutrina dominante, no sentido de que, em princípio, se o autor principal age sem dolo, quem auxilia será autor mediato, se auxiliar dolosamente, ou imediato, se atuar com culpa e, se o auxílio foi prestado sem dolo, quem auxilia será punido como autor colateral, não mais como cúmplice. Nesse sentido, ver, por todos, ROXIN, Claus. *Derecho Penal: parte general*. Tomo II. Madrid: Civitas, 2014, p. 204 e ss.. A relevância da exigência desse dolo do partícipe ganhará maior destaque nos casos de utilização de instrumento qualificado que atua sem dolo, cf. revela ORTIZ, Mariana Tranchesi. *Concurso de agentes nos delitos especiais*. São Paulo: IBCCRIM, 2011, p. 189-192.

1028. GRECO, Luís; TEIXEIRA, Adriano. Autoria como realização do tipo: uma introdução à ideia de domínio do fato como fundamento central da autoria no direito penal brasileiro. In: GRECO, Luís et. al. *Autoria como domínio do fato: estudos introdutórios sobre o concurso de pessoas no direito penal brasileiro*. São Paulo: Marcial Pons, 2014, p. 65.

o que torna a sua conduta uma agressão indireta ou assessória do bem jurídico protegido pelo tipo[1029].

Nos casos de assessoria em sentido estrito, o especialista, por vezes, pratica atos não essenciais, mas que contribuem para o resultado, o que pode indicar um auxílio material da sua conduta no fato principal[1030]. É o caso de um agente financeiro que, além de ser consultado sobre a viabilidade de uma operação no mercado de valores mobiliários, também se torna responsável pela distribuição das debêntures emitidas pela empresa, mas não pela estruturação da emissão delas, e, em razão de a dívida originadora dos referidos títulos não ter lastro, tal operação, ao final, poderia indicar a ocorrência do crime de manipulação de mercado, previsto no artigo 27-C da Lei nº 6.385/1976.

Já nos casos em que o especialista fornece parecer técnico ou jurídico aconselhando, orientando ou recomendando determinadas condutas sobre o projeto pretendido pelo consulente, haverá cumplicidade intelectual se a realização dessas instruções resultarem na prática de crime[1031]. Para se configurar essa modalidade de participação é necessário que esse auxílio tenha relevância causal (enquanto condição necessária[1032]) para a prática da conduta delitiva pelo autor[1033]. Pense-se, por exemplo, na orientação dada pelo contador externo sobre a forma de registro e lançamento de determinadas operações tributárias com vistas a diminuir a carga tributária sobre a empresa. Nesse caso, será comum que essa opinião qualificada do contador seja determinante para que o dono da empresa decida pela execução daquele planejamento tributário proposto pelo consultor externo.[1034]

Contudo, mais comum será o consultor técnico ou jurídico transformar-se em autor mediato do delito, principalmente naqueles casos em que o consulente cumpriu seu dever concreto de informação e fiou-se em parecer equivocado,

---

1029. BATISTA, Nilo. *Concurso de agentes: uma investigação sobre os problemas da autoria e da participação no direito penal brasileiro.* Rio de Janeiro: Lumen Juris, 2005, p. 162.

1030. PRADO, Luiz Regis. *Tratado de direito penal: parte geral.* Vol. 2. São Paulo: RT, p. 587.

1031. Entretanto, é preciso cuidado para não se alargar a punibilidade do partícipe a pretexto da sua ação ter sido um reforço do dolo do autor pois, por vezes, tal raciocínio não passará de mera presunção e o partícipe não terá contribuído, no caso concreto, para o fato. Faz esse alerta CIRINO DOS SANTOS, Juarez. *Manual de direito penal: parte geral.* Florianópolis: Conceito Editorial, 2012, p. 207.

1032. ROXIN, Claus. Problemas da causalidade intermediada psiquicamente. In: ROXIN, Claus. *Novos estudos de direito penal.* São Paulo: Marcial Pons, 2014, p. 164.

1033. BASTIANELLO, Alessandro. *La responsabilità penale dei professionisti: medici, avvocati, notai, commercialisti.* Milão: CEDAM, 2012, p. 251.

1034. Roxin menciona expressamente os casos de assessoramento técnico como hipótese de cumplicidade psíquica, cf. ROXIN, Claus. *Derecho Penal: parte general.* Tomo II. Madrid: Civitas, 2014, p. 281-282.

atuando em estado de erro (de tipo ou de proibição, a depender do caso concreto). Aqui, entra em jogo, novamente, o domínio sobre a informação que detém o consultor sobre a situação concreta examinada[1035].

Em razão do domínio da informação técnica ou jurídica, o especialista consultado pode dar recomendações ou conselhos ao consulente que resultem em ilícitos penais sem que este sequer reconheça que essas instruções constituem uma violação ao Direito Penal[1036], de modo que atuará, nesse caso, em erro de proibição invencível, pois seguiu cegamente as orientações que lhe foram repassadas por uma fonte confiável (advogado, contador, engenheiro, etc., todos altamente capacitados)[1037], o que torna o consultor técnico ou jurídico autor mediato do crime materialmente executado pelo consulente[1038], dominando a sua vontade[1039].

Não atuando o consulente em erro, aí sim tem vez cogitar-se, em princípio, que o parecerista foi mero instigador ou cúmplice do resultado lesivo, ao final, verificado. Mais raros serão as situações de coautoria, que dependem de um plano comum, pois o presente trabalho não incluiu aquelas situações em que o parecer é fraudulento e foi ardilosamente requerido como tentativa de camuflar a decisão do consulente na prática de um crime.[1040]

Por fim, nas situações em que o objeto da consulta é bastante complexo (operações financeiras envolvendo diversas empresas, planejamento tributário relativo a novos produtos ou insumos, etc.) pode ocorrer de o consultor também estar em erro (de tipo ou de proibição), devendo ser reconhecida sua impunidade nos casos em que a dúvida restou insuperável apesar de cumprido o dever de informação e atuação se deu nos limites da dúvida, pois nesses casos é provável

---

1035. CERVINI, Raúl; ADRIASOLA, Gabriel. *Responsabilidade penal dos profissionais jurídicos*. São Paulo: RT, 2013, p. 114-115, mencionando expressamente acerca da relevância do "domínio técnico do tema" pelo especialista consultado.

1036. Relembre-se aqui que, principalmente, no Direito Penal Econômico os delitos são marcados por intenso recurso aos elementos de remissão e possuem carga axiológica neutra (*mala quia proihibita*), conforme já expôs nos capítulos anteriores deste trabalho.

1037. Trata-se de autoria mediata a partir do domínio da vontade em virtude de erro, em que o executor atua sem dolo (erro de tipo) ou em erro de proibição. Nesse sentido, ROXIN, Claus. *Derecho Penal: parte general*. Tomo II. Madrid: Civitas, 2014, p. 91 e ss.

1038. CERVINI, Raúl; ADRIASOLA, Gabriel. *Responsabilidade penal dos profissionais jurídicos*. São Paulo: RT, 2013, p. 117-119; CALABRIA, *Arianna. Ignorantia legis e parere erroneo del consulente legale*. In: Revista Italiana di Diritto e Procedura Penale, fasc. 1, 1992, p. 163.

1039. MIR PUIG, Santiago. *Direito penal: fundamentos e teoria do delito*. São Paulo: RT, 2007, p. 375.

1040. Não há dúvida que tanto a coautoria como a participação exigem conhecimento (e vontade), portanto, dolo do agente para a prática de um injusto determinado, de modo que o erro do consulente somente permite a autoria mediata do consultor. Nesse sentido, ver, por todos, CIRINO DOS SANTOS, Juarez. *Manual de direito penal: parte geral*. Florianópolis: Conceito Editorial, 2012, p. 200-204.

a falta de clareza da própria norma sobre o conteúdo da proibição, o que não pode ser colocado na comanda do cidadão[1041].

Enfim, seja como for a distribuição dos papeis para quem atua conforme parecer técnico ou jurídico e para quem transmite a informação qualificada, a autoria é realização do tipo, de modo que a sua determinação dependerá não só do preenchimento dos pressupostos do tipo objetivo, como também os requisitos da tipicidade subjetiva (o dolo ou a culpa, se prevista). O decisivo, aqui, será analisar a carga de contribuição para o sucesso delitivo, o que demandará a valoração dos elementos de prova existentes, próprio da instrução processual. Definir qualquer papel de maneira preliminar e automática, se socorrendo de teorias e *standards* dogmáticos, é um inaceitável *sincretismo metodológico* de imputação de responsabilidade em razão do domínio da posição, sabidamente vedado pelo nosso ordenamento jurídico[1042].

4.7. Resultados parciais

A pergunta que se buscou responder neste capítulo foi *se* é possível que a responsabilidade penal alcance o parecerista técnico ou jurídico que transmitiu uma informação qualificada equivocada (não fraudulenta, nem falsa, mas errada). Em caso afirmativo, buscou-se verificar *quando* e *como* é possível se iniciar a imputação dessa responsabilidade para esse sujeito que repassou uma informação técnica ou jurídica que embasou a tomada da decisão do consulente.

O dever de informar, correlato e, ao mesmo tempo, acessório do dever de informar-se, é incumbido àquele que subsidiará técnica ou juridicamente a tomada de uma decisão como certo grau de diligência para que a conduta, ao final, praticada não gere riscos para terceiros ou lesione bens jurídicos alheios.

A pedra angular para a determinação dos critérios que indicam o cumprimento satisfatório do dever de informar é o caráter confiável da informação que deve ser prestada ao consulente, uma vez que, em geral, é com base nela que ele tomará a sua decisão em uma situação concreta.

Apesar de já terem sido indicados no decorrer deste capítulo, visando novamente atender à melhor didática, os critérios para a determinação do cum-

---

1041. Reconhecendo a inevitabilidade do erro de proibição nesses casos, LEITE, Alaor. *Dúvida e erro sobre a proibição no direito penal: a atuação nos limites entre o permitido e o proibido*. São Paulo: Atlas, 2013, p. 146-149.

1042. Essa prática já foi denunciada por Alaor Leite como manobra ardilosa para fundamentar evidente responsabilidade penal objetiva valendo-se da teoria do domínio do fato, em LEITE, Alaor. *Domínio do fato ou domínio da posição? Autoria e participação no direito penal brasileiro*. Curitiba: Centro de Estudos Professor Dotti, 2016, p. 27 e ss.

primento satisfatório do dever de informar pelo parecerista técnico ou jurídico serão sinteticamente numerados abaixo:

(i) Para verificar o cumprimento satisfatório do dever de informar, devem ser analisados dois momentos: inicialmente, os aspectos formais e objetivos que tornam o emissor da informação *confiável* (qualidade da fonte propriamente dita) e, em uma segunda etapa, os aspectos formais e objetivos que tornam essa informação *plausível* e *qualificada* o suficiente para embasar a tomada da decisão pelo consulente (qualidade da informação prestada pela fonte).

(ii) Quanto ao primeiro momento, verificou-se que é ônus do parecerista ser uma fonte de informação confiável. Nesse ponto, não há óbice algum para que os advogados e técnicos, inclusive aqueles que integram departamentos internos das empresas, sejam fontes confiáveis e competentes de informação.

(iii) Para ser fonte confiável de informação, o especialista deve atuar com independência, sem interesse negocial ou no deslinde da causa sobre a qual está sendo consultado. Apresentando algum conflito de interesses, deve declarar-se impedido ou suspeito de realizar a consultoria.

(iv) O consultor também deve ser competente para prestar a atividade demandada, devendo conhecer todo o arcabouço normativo que recai sobre o caso objeto da consulta e apresentar capacidade técnica ou jurídica para examinar a situação concreta. Ganha especial relevância que sejam observadas as regras deontológicas da sua profissão, sejam escritas ou consuetudinárias.

(v) O objeto da consulta deve ser esclarecido de maneira clara e objetiva. É dever do especialista solicitar todos os dados, documentos e informações ao consulente que entenda serem necessários para compreender esse objeto (trata-se do dever compartilhado entre consultor e consulente, já exposto no capítulo anterior). A ausência de qualquer dado relevante deve constar no parecer com apontamento do seu impacto na avaliação técnica ou jurídica.

(vi) Quanto ao segundo momento, é preciso verificar o que determina o caráter confiável da informação prestada pelo especialista consultado. Embora seja seu dever prestar uma informação que entenda ser correta, completa, regular e adequada, não se exige do consultor o acerto sobre o conteúdo propriamente técnico ou jurídico das informações, pois a valoração não recairá sobre o mérito do parecer ou da consultoria. O que deve ser verificado é se a informação por ele prestada apresentava plausibilidade técnica ou jurídica, desde uma perspectiva *ex ante*. Para tanto, é dever do especialista fundamentar o seu parecer, contemplando todo o arcabouço normativo, jurisprudencial e doutrinário que orbite a situação consultada, se se tratar de parecer jurídico, ou abrangendo as referências teóricas e metodógicas, se o parecer for eminentemente técnico. O seu raciocínio técnico-jurídico deve estar sedimentado nas regras e normas profissionais que incidem sobre o objeto da consulta e as suas conclusões precisam guardar pertinência direta com a sua fundamentação. Erros grosseiros ou ausência de fundamentação poderão acarretar na responsabilidade do consultor.

(vii) Todo o objeto da consulta deve ser examinado pelo parecerista com as suas pecularidades, pois uma avaliação parcial pode conduzir a conclusões equivocadas.

(viii) Apesar de não ser um critério determinante, é preferível que a consultoria seja prestada na forma escrita, em razão da complexidade das situações examinadas.

1. Considerando que o parecer técnico ou jurídico foi condição necessária para a tomada de decisão que acarretou em um resultado lesivo, pode-se, dessa forma, reconhecer a sua contribuição causal. O nexo de causalidade deve ser verificado a partir da interferência da consultoria na tomada de decisão, como motivação desta, com o que aparece uma contribuição intermediada psiquicamente (cumplicidade ou instigação).

2. Como, no mais das vezes, haverá uma zona cinzenta, com difícil identificação da participação delitiva do parecerista ou do consultor, valerá a regra geral no sentido de que a consultoria ou o parecer serão tanto mais neutros quanto mais sejam expressão dos conhecimentos técnico-jurídicos próprios do profissional consultado, estando neste ponto vinculado o caráter ubíquo da consultoria prestada.

3. Deixar de fundamentar a opinião técnica ou jurídica, deixar de fazer ressalvas quanto a entendimentos diversos preponderantes sobre o objeto da consulta e deixar de consignar a falta de alguma informação relevante para a análise da situação concreta são omissões no parecer técnico ou jurídico que tornam a conduta do consultor juridicamente desvalorada pela inobservância do seu dever objetivo de cuidado (prestar uma informação confiável, plausível e qualificada).

4. Também forma a desaprovação jurídica do risco a omissão do consultor em não alertar o consulente sobre a existência de uma situação típica de perigo existente no objeto da consulta, que bloqueia o surgimento do dever de agir no

consulente para impedir ou evitar o resultado. Ao consultor não incumbe dever de salvamento, nem vigilância sobre a fonte de perigo, mas mera manifestação técnica ou jurídica sobre a permissão ou proibição de um projeto de conduta.

5. Embora, no mais das vezes, esteja no consultor técnico ou jurídico o domínio informativo, cujo controle é penalmente relevante, constando no parecer todos os alertas de riscos e perigos possíveis de serem identificados, o especialista cumpre com o seu dever objetivo de cuidado e se exonera dos acontecimentos subsequentes que podem ser colocados em curso pelo próprio consulente. A comunicação desses riscos ao consulente torna esse sujeito com poder de decisão, e a quem incumbe o dever último de intervenção, responsável pela evitação concreta do resultado.

6. Quando o consultor não cumpriu seu dever concreto de informação e o seu parecer equivocado contribuiu para o resultado lesivo devem ser analisados se estão presentes os pressupostos do tipo subjetivo. Em geral, falhas no parecer (falta de dados importância, prestação de informação errada, ausência de orientações específicas etc.) representam inobservância do dever objetivo de cuidado, admitindo a responsabilização do consultor por culpa. Erros grosseiros e manifestações técnicas ou jurídicas incorretas são meramente indiciários da presença do dolo.

7. Não será incomum que o parecerista esteja em erro de tipo quando desconhecer que a sua orientação, recomendação ou conselho crie, naquele caso concreto, risco juridicamente desaprovado. Valorações jurídicas errôneas e interpretações equivocadas dos elementos do tipo são indicativas de que o consultor estava em erro de proibição. Nos casos complexos em que a dúvida se mostrou insuperável para o próprio especialista, deve ser reconhecida a inevitabilidade do seu erro de proibição pois, em geral, haverá falta de clareza da própria norma jurídica ou extrajurídica que regula aquela conduta. Quando for difícil verificar o grau de escusabilidade do equívoco contido no parecer técnico ou jurídico, a carga da avaliação deve recair, com maior peso, sobre a primeira etapa do dever de informar, relativa à verificação do caráter confiável da fonte emissora da informação.

8. As diversas configurações possíveis do concurso de agentes envolvendo, de um lado, quem atua conforme a parecer técnico ou jurídico e, de outro, quem transmite a informação qualificada já foram tratadas no capítulo anterior (vide tópico 3.6). Embora o consultor seja forte candidato a ser partícipe no resultado lesivo (por instigação ou auxílio material), mais comuns serão os casos em que o especialista seja autor mediato, por possuir domínio da informação e ser capaz de dominar a vontade do consulente, que atuará em erro (de tipo ou de proibição). Todavia, como autoria é realização do tipo, a definição destes papéis dependerá da análise das circunstâncias do caso concreto.

5.

RESOLUÇÃO DOS CASOS INICIAIS PROPOSTOS

A opção por elencar casos hipotéticos no início do trabalho e resolvê-los paulatinamente ao longo da pesquisa serviu para testar o acerto político-criminal e a plausibilidade intuitiva[1043] dos caminhos que foram seguidos para enfrentar o problema objeto do presente estudo.

Embora tais casos já tenham sido, em boa parte, resolvidos nos capítulos anteriores, parece ser didaticamente recomendável que eles sejam novamente aqui expostos com suas respectivas soluções para facilitar a verificação das respostas que foram encontradas para cada um deles durante a investigação teórica.

Caso 1: G, empresário do ramo de bebidas, sem declarar a operação para a repartição federal competente, decide remeter valores para uma conta que mantém em um banco holandês. Esta decisão foi tomada com base no prévio parecer jurídico elaborado por A, renomado advogado tributarista e por C, contador experiente, que orientaram o passo a passo para esta operação financeira de modo a gerar o menor encargo tributário para G. O parecer de A e C continha ampla referência às normativas específicas e estava ancorado em farta jurisprudência sobre o tema. G seguiu à risca às orientações e, quando concluída a operação, esta foi questionada por não ter sido declarada à repartição federal competente, o que caracterizaria o crime de evasão de divisas (artigo 22, da Lei 7.492/1986).

1043. GRECO, Luís. *Cumplicidade através das ações neutras: a imputação objetiva na participação*. Rio de Janeiro: Renovar, 2004, p. 151.

Resolução: Neste caso, o crime de evasão de divisas não é imputável ao empresário G, pois ele cumpriu satisfatoriamente o seu dever de informar-se e atuou em erro de tipo (artigo 20, do Código Penal). Colhe-se do caso que o empresário cumpriu a primeira etapa do seu dever de informação, pois selecionou, pela expertise e competência, profissionais habilitados e capacitados para avaliar a matéria objeto da consulta. O parecer que o renomado advogado tributarista A e o experiente contador C elaboraram continha, além de ampla referência às normativas específicas e farta remissão à jurisprudência sobre o tema, o passo a passo sobre como a operação financeira deveria ter sido realizada. Logo, a informação recebida era, *ex ante*, juridicamente plausível e o empresário podia nela fiar-se. Esse argumento indicativo de ação que visou diminuir o risco da conduta bastaria para não imputar objetivamente o resultado para o empresário G. O caso também esclarece que se tratava de operação financeira complexa cujo conhecimento jurídico específico estava nas mãos dos pareceristas. Havendo motivos para fiar-se nesse parecer, o empresário G, seguindo as orientações do advogado e do contador, decidiu remeter os valores estando em erro sobre elemento constitutivo do tipo legal ("não declarados à repartição federal competente") causado pelo esclarecimento jurídico incorreto, o que o deixa impune ante a inexistência da modalidade culposa do delito previsto no artigo 22, da Lei 7.492/1986. Também não há responsabilidade penal para A e para C neste caso, porque ambos cumpriram satisfatoriamente com os seus deveres de informar e atuaram em erro de tipo (artigo 20, do Código Penal). Além de serem fontes confiáveis, o parecer exarado por ambos apresentava informação plausível e qualificada, o que afasta a imputação objetiva do resultado uma vez que as suas condutas se mantiveram dentro do risco permitido. Ao ancorarem suas orientações sobre aquela operação financeira em normas e em jurisprudência específicas, acreditaram prestar um esclarecimento correto que outro advogado e contador também prestariam, de modo que o equívoco do parecer decorreu do erro de A e C na criação do risco juridicamente desaprovado, um erro de tipo que, ao fulminar o dolo, os mantém impunes.

Caso 2: W, Prefeito da cidade X precisa contratar uma empresa para fazer as obras de encanamento de esgoto em um dos bairros do município. Têm sido constantes as reclamações dessa comunidade local, a qual vem sendo acometida por diversas doenças decorrentes da falta de saneamento básico e, como se aproxima o período de eleição, é interessante ao Prefeito que essas obras sejam realizadas o quanto antes. Ao consultar formalmente o Procurador do Município, W recebe a informação jurídica fundamentada no sentido de a licitação ser, na hipótese, dispensável porque a população daquele bairro está em estado calamitoso com a falta de saneamento básico. Com base neste parecer jurídico, W decide contratar diretamente a empresa Z, cujo sócio-proprietário é seu cunhado, para realizar as obras. Posteriormente, a regularidade da dispensa do certame é questionada por se entender que ela se deu fora das hipóteses previstas em lei (artigo 89, da Lei 8.666/1993).

Resolução: A solução deste caso é diferente para cada um dos sujeitos. O Prefeito W não responde pelo crime do artigo 89, da Lei 8.666/1993, pois cumpriu satisfatoriamente o seu dever de informação e porque estava em erro de proibição causado por erro de tipo. O Procurador do Município é fonte confiável e a informação qualificada que recebera era, para ele, *ex ante* plausível (afinal, enquanto gestor municipal não versado em Direito, a falta de saneamento básico daquela comunidade, aliada às manifestações locais e às notícias das doenças que acometiam a população daquele bairro, se apresentava, para ele, como uma situação de calamidade que demandava medidas emergenciais), o que permite considerar sua decisão um risco permitido, até por atender ao comando legal contido no artigo 38, inciso VI, da Lei 8.666/1993. Ocorre que o elemento do tipo objetivo "desconformidade com a lei ou com alguma formalidade" é o que constitui o injusto do delito e o desconhecimento da lei ou da formalidade, ao mesmo tempo, fulmina o dolo do sujeito. Fiando-se no parecer jurídico do Procurador do Município, que é uma fonte confiável, o Prefeito possuía a mesma representação do legislador, acreditando atuar em conformidade com a lei. Logo, estava o Prefeito em erro de proibição causado por erro de tipo, que exclui o dolo e afasta a sua responsabilidade penal por não estar prevista punição na modalidade culposa do crime do artigo 89, da Lei 8.666/1993. Por outro lado, as reclamações daquela comunidade quanto as doenças advindas da falta de saneamento básico não permitem reconhecer a dispensa de licitação com fundamento no estado de calamidade pública, previsto no artigo 24, inciso IV, da Lei nº 8.666/1993. O estado de calamidade pública somente é reconhecido por ato administrativo de natureza declaratória, expedido pelo Poder Público, quando ocorrer "situação anormal, provocada por desastres, causando danos e prejuízos que impliquem o comprometimento substancial da capacidade de resposta do poder público do ente atingido"[1044]. Assim, vendavais, enchentes, inundações, doenças infectocontagiosas em largas proporções e seca prolongada podem ensejar a declaração de calamidade pública, mas não as reclamações de uma comunidade local, tanto que não havia sequer declaração pública de calamidade. O parecer, portanto, possui erro grosseiro, devendo ser o resultado objetivamente imputado ao Procurador do Município que, com seu parecer jurídico manifestamente incorreto, criou risco juridicamente desaprovado. Se demonstrado que o Procurador

1044. Artigo 1º, inciso IV, do Decreto nº 7.257/2010.

sabia da necessidade de ato declaratório do poder público e, mesmo assim, opinou pela dispensa com fundamento em um alegado estado de calamidade, estaria, em princípio, caracterizado seu dolo. Eventual alegação sua de que as reclamações da comunidade daquele bairro sobre as doenças advindas da falta de saneamento básico o levaram a interpretar equivocadamente que se tratava de situação de calamidade pública (um erro de subsunção) não parece indicar que ele estava em erro de proibição, pois era esperado dele uma interpretação sistemática e conforme, a qual permitiria entender como estado de calamidade situações em que ocorreram enchentes, inundações, doenças infectocontagiosas em largas proporções, etc., que bem se diferem da situação concreta. A punibilidade do Procurador do Município, no entanto, parece estar prejudicada em razão da ausência da punibilidade do Prefeito, que estava em erro de tipo induzido pelo próprio Procurador do Município, pois, tratando-se de delito especial próprio, tal como o do artigo 89 da Lei nº 8.666/1993, não é possível a punição do *extraneus* por autoria direta ou mediata.

Caso 3: K, diretor financeiro da empresa Q, está em dúvida quanto à regularidade de uma operação de crédito com a empresa J. K, então, consulta internamente o departamento jurídico da empresa Q e recebe a informação de que a operação de crédito pretendida é possível e regular. Com base neste parecer jurídico interno, o qual faz alusão à doutrina sobre o tema que refuta o entendimento preponderante do Fisco nesta matéria, K decide realizar a operação de crédito com a empresa J. Posteriormente à sua realização, a operação é questionada pelo Fisco por tê-la considerado forma de fraudar a fiscalização tributária e permitir a indevida supressão de tributos (artigo 1º, inciso II, da Lei 8.137/1990). Segundo a Receita Federal, a operação foi declarada como se incidisse ISS quando, na verdade, o tributo devido era a título de ICMS e, portanto, a referida operação teria acarretado em indevida supressão de ICMS.

Resolução: Tanto o diretor K, quanto os integrantes do departamento jurídico da empresa Q que foram consultados não podem ter objetivamente imputado contra si o crime do artigo 1º, inciso II, da Lei 8.137/1990, pois todos cumpriram satisfatoriamente com os seus respectivos deveres de informação. O departamento jurídico interno da empresa Q é fonte confiável de informação e o parecer apresentado estava juridicamente fundamentado, inclusive, para superar o entendimento preponderante do Fisco, respaldando, assim, ao menos desde uma perspectiva *ex ante*, que a ação recomendada era lícita e plausível. K atuou nos limites da dúvida e havia qualidade da fonte e da informação por ela prestada, a afastarem a possibilidade de imputação objetiva da alegada fraude tributária ao consulente e aos consultores. Ademais, K atuou em erro de proibição inevitável (artigo 21, do Código Penal) causado pelo parecer jurídico advindo de fonte confiável e com informação qualificada e plausível que fez com entendesse a sua conduta como permitida. Já os consultores jurídicos, ao fazem alusão à doutrina sobre o tema que refuta o entendimento preponderante do Fisco nesta matéria, acreditaram prestar esclarecimento correto que qualquer outro advogado prestaria, errando sobre os pressupostos fáticos da criação do risco juridicamente desaprovado, um erro de tipo (artigo 20, do Código Penal). Por essas razões, consultores e consulente ficam impunes.

Variante 1: O parecer jurídico apresentado pelo departamento jurídico da empresa Q faz referência a diversas normativas internas da Receita Federal, as quais estavam passando por uma pormenorizada revisão por parte do próprio Fisco e, por isso, as interpretações destas normativas estavam sendo alteradas, de modo que aquela operação de crédito ganhou novos contornos naquele período.

Resolução: Esta variação do caso toca às situações em que o órgão oficial altera o seu entendimento sobre determinado assunto, concomitantemente ao momento em que o sujeito precisa tomar uma decisão e atuar sobre este mesmo assunto. Como ao sujeito é permitido atuar nos limites da dúvida e o entendimento da Receita Federal estava ainda em processo de mudança, as normativas internas deste órgão que estavam, até então, disponíveis, são informações confiáveis e juridicamente plausíveis, desde uma perspectiva *ex ante*. Assim, o fato de que determinada operação de crédito tenha ganhado, de maneira repentina, novo entendimento por parte do Fisco não inviabiliza que o sujeito possa fiar-se no entendimento imediatamente anterior que já havia sido fixado pelo mesmo órgão.

Variante 2: Embora os advogados integrantes do departamento jurídico da empresa Q tenham buscado todas as informações jurídicas possíveis acerca da operação de crédito pretendida, ainda permanecem em dúvida sobre a licitude desta. Mesmo assim, optam por opinar pela viabilidade desta operação considerando terem encontrado fundamentos jurídicos nesse sentido, ainda que minoritários e contrários ao entendimento preponderante do Fisco.

Resolução: Esta outra variante se relaciona às situações em que a dúvida mostrou-se insuperável no caso concreto. Nestas situações, os consultores podem recomendar ou aconselhar quaisquer dos caminhos possíveis de serem perseguidos pelo consulente, desde que exista fundamento nesse sentido. Se a proibição não é clara, o sujeito está livre para poder atuar e este parece ser o caso da Variante 2. Há fundamentos jurídicos que autorizam a operação de crédito, muito embora seja ela minoritária e contrária ao Fisco, o que autoriza a atuação do sujeito, pois, mesmo cumprido o dever de informação, a dúvida permaneceu insuperável por falta de clareza da proibição estatal e esta obscuridade não pode ser colocada na comanda do cidadão que vive em um Estado em que a liberdade é a regra. Deve, neste caso, ser reconhecida a inevitabilidade do erro de proibição dos advogados integrantes do departamento jurídico.

Variante 3: K, em vez de consultar o departamento jurídico interno, contrata o renomado consultor externo C, especialista em Direito Civil, e recebe parecer técnico reconhecendo a regularidade da operação que pretende realizar.

Resolução: Como narra o "Caso 3" a operação de crédito pretendida é complexa e a Receita Federal já possui posicionamento contrário a ela. Logo, superar ou se contrapor ao entendimento do órgão de fiscalização e controle tributário depende de superar difíceis questões técnicas sobre as hipóteses de incidência tributária naquele caso concreto, a justificar, de forma fundamentada, a regularidade da operação de crédito pretendida e a não incidência do ICMS naquela situação em particular. Tudo isso demanda expertise em Direito Tributário, que parece bastante alheio a um consultor que se especializou em Direito Civil. Por mais que o consultor C seja renomado, ele não possui capacidade técnica suficiente para resolver a intrincada e controvertida questão tributária e, portanto, o diretor K escolheu mal, não cumprindo satisfatoriamente o seu dever de informação pois não selecionou, da maneira correta e adequada, a sua fonte e um equívoco na opinião advinda de uma fonte não qualificada, diante de um problema jurídico complexo, denota, ao menos, falta de cautela a esse sujeito, de modo que ele não poderá valer-se do fato de ter se baseado em um parecer para tomar a sua decisão. A ressalva seria para o caso de o parecer do consultor C conter toda a fundamentação jurídica necessária, inclusive para a superação do entendimento do Fisco – o que equivaleria, ao menos em tese, equiparar a qualidade do seu estudo a de um especialista triburário – o que impactaria positivamente na decisão do diretor K. Todavia, essa questão dependeria da produção de provas nesse sentido no caso concreto. De todo modo, à luz do que o narra essa variante, não só o diretor da empresa não cumpriu satisfatoriamente com o seu dever de informar ao se embasar em um parecer ofertado por um especialista em Direito Civil sobre uma complexa operação financeira de crédito, mas também o próprio consultor externo não deveria ter aceitado a referida incumbência, o que indica que, nesse caso, haverá motivos para se deflagrar a persecução penal sobre esses dois sujeitos, consulente e consultor.

Variante 4: Como a operação de crédito precisava ser decidia com urgência, K decide realizá-la sem consultar nenhum especialista jurídico.

Resolução: A resolução desta variante depende de uma análise por etapas. Em uma primeira aproximação, a alegada urgência na decisão poderia ser compreendida como sendo caso de decisão instantânea e que os prejuízos decorrentes da espera da informação justificariam a sua liberdade de atuação. Todavia, existem outros critérios a serem aqui analisados que conduzem à conclusão diversa. Em primeiro lugar, a urgência em operações financeiras não equivale às graves situações que demandam uma decisão instantânea. Trata-se, como o próprio caso informa, de uma oportunidade de negócio que, portanto, surgiu com mínimo espaçamento no tempo a permitir que o diretor financeiro consultasse ao menos o departamento jurídico interno da empresa sobre a regularidade dessa operação de crédito. Ademais, ainda que assim não fosse, o caso não informa que o diretor tenha cumprido qualquer dever de informação prévio, o que até poderia ser-lhe, em certa medida, exigível, porque não exerce qualquer cargo de chefia na empresa, mas ocupa a função de diretor financeiro que está também afeta a questões tributárias e contábeis, o que também lhe desautorizaria, por esse outro fundamento, a liberdade de atuação. Por fim, não há nenhum indicativo de que a dúvida tenha se tornado insuperável, até porque não consta, nessa variante ora analisada, o cumprimento de qualquer dever de informação anterior. Portanto, a decisão do diretor da empresa em realizar a operação, posteriormente entendida como fraudulenta pelo Fisco, sem consultar um especialista tributário pode, em tese, se amoldar, ao menos quanto ao tipo objetivo, ao crime de sonegação fiscal (artigo 1°, inciso II, da Lei 8.137/1990), se restar evidenciado que ele tenha declarado a operação sem o devido recolhimento de ICMS. Mas, a imputação de responsabilidade penal a esse sujeito dependerá, evidentemente, da análise de todas as categorias que compõem a estrutura do delito comissivo doloso, principalmente porque o tipo em análise exige o elemento fraude para a sua caracterização típica.

Caso 4: Os diretores de uma empresa fabricante de um determinado creme hidratante começaram a receber notícias de que alguns dos seus consumidores estavam manifestando reações extremamente alérgicas, sofrendo, inclusive, queimaduras graves na pele, o que poderia caracterizar o crime de lesão corporal de natureza grave (artigo 129, §2°, inciso IV, do Código Penal). Diante disso, os diretores consultaram os químicos da empresa e obtiveram a informação técnica de que não havia qualquer indício de propriedades tóxicas ou outro tipo de irregularidade com o produto e, por esta razão, decidiram manter a comercialização do creme hidratante.

Resolução: Os mesmos fundamentos para os Casos 1 e 2 também se aplicam ao presente caso. Os químicos da empresa são fontes confiáveis e prestaram informação técnica qualificada quanto a ausência de irregularidade no creme hidratante que pudesse estar relacionada às alergias ou queimaduras graves na pele dos consumidores. Eventuais dificuldades que pudessem surgir quanto a fixação do nexo de causalidade, uma vez que a decisão tomada pelos diretores seria colegiada, não ganha relevância no presente caso uma vez que o cumprimento satisfatório do dever de informação por parte dos diretores e por parte dos químicos inviabiliza a imputação objetiva do resultado a estes sujeitos. Indo além, como havia manifestação técnica confiável, plausível e qualificada, os diretores da empresa desconheciam que o creme hidratante ofendia a integridade física e a saúde dos consumidores, tomando a decisão em erro de tipo inevitável (artigo 20, do Código Penal). Como os diretores cumpriram satisfatoriamente seus deveres de informação, a decisão se manteve dentro do risco permitido, não havendo desvalor da ação (violação do dever objetivo de cuidado) e, consequentemente, inviabilizando a punição por lesão corporal culposa. A imputação de responsabilidade penal aos químicos da empresa dependerá, de saída, da constatação técnica de falha grave ou erro grosseiro do parecer, tornando-o manifestamente incorreto, o que permitiria considerar que os químicos, pelo menos, criaram risco juridicamente desaprovado.

Caso 5: Um renomado escritório especializado em Direito Tributário costuma oferecer aos seus clientes empresários serviços que visam gerar o menor impacto tributário para a contabilidade das empresas de cada um. Além do planejamento tributário, os advogados auxiliam os seus clientes com a abertura de empresas *off-shore* como alternativa na estruturação de operações, para evitar a pesada carga tributária que incidiria nas operações diretas (sem a interposição da *off-shore*). Tais operações são posteriormente questionadas por consistirem em um esquema ilícito de blindagem patrimonial que teria resultado na prática dos crimes de falsidade ideológica (artigo 299, do Código Penal, em relação aos reais titulares dessas empresas), contra a ordem tributária (artigo 1º, da Lei 8.137/1990, pois as operações intermediadas pelas *off-shore* teriam gerado supressão indevida de tributos), de lavagem de capitais (artigo 1º, da Lei 9.613/1998, pois o crime tributário antecedente teria sido ocultado e dissimulado por meio da operação intermediada pela *off-shore*) e de evasão de divisas (artigo 22, da Lei 7.492/1986, pois os valores remetidos nas operações para as *off-shore* não teriam sido devidamente declarados para as autoridades brasileiras competentes).

Resolução: As condutas dos advogados tributaristas, consistentes em elaborar planejamentos tributários que geram o menor impacto contábil, não possuem, em si, relevância penal a justificar a sua punibilidade. A atividade de consultoria jurídica é lícita e legalmente reconhecida[1045] e não representa, em si, um risco proibido, muito embora a estruturação de empresas *off-shore* sejam um ponto delicado. Não é toda a realização de uma ação que será punida, mas somente aquela que supere os limites do papel social do cooperante, de tal forma que não possam ser consideradas como profissionalmente adequadas ou que se adaptem ao plano delitivo do autor, o que não se verifica na espécie e mantém a referida consultoria jurídica prestada por esses advogados como uma ação neutra, a excluir a sua tipicidade objetiva. Clientes de renomados escritórios de advocacia especializado em Direito Tributário estão, em geral, em erro de proibição inevitável nesses casos (artigo 21, do Código Penal), pois, diante de manifestações jurídicas confiáveis, plausíveis e qualificadas em situações complexas como essas, não compreendem suas condutas como ilícitas.

Variante 1: Para acelerar a entrada em operação de uma nova empresa com capital externo, os advogados tributaristas, além de darem as mencionadas orientações jurídicas, também integram o quadro societário da *off-shore* criada, mas sem qualquer ingerência nas operações que são por meio dela realizadas, a fim de que ela funcione como um parceiro local.

Resolução: Nessa variação, além de existir um plano comum, mas não necessariamente ilícito, entre clientes e advogados (gerar o menor impacto tributário na contabilidade da empresa), estes não só estruturam as empresas *off-shore*, como colocam seus nomes nos respectivos quadros societários, ainda que não participem de nenhuma atividade empresarial. Assim, parecem existir contribuições relevantes para os tipos penais posteriormente verificados. Todavia, embora objetivamente se possa capturar a existência do crime de falsidade ideológica nos documentos societários dessas empresas *off-shore*, esses advogados não superaram os limites de uma atividade profissionalmente adequada. Isso porque, em se tratando de investimentos estrangeiros, não é incomum que os advogados figurem no quadro societário de empresas ainda em fase de constituição no Brasil, em substituição ao sócio estrangeiro que virá, até que se vençam todos os trâmites burocráticos e o sócio estrageiro finalmente se estabeleça no país. Nesses casos, em geral, a procuração que é outorgada a esse advogado não confere qualquer poder para a prática de negócios em nome dessa empresa, mas tão somente para exercício de atividades estritamente jurídicas, afinal o que justifica o advogado figurar temporariamente no quadro societário, é imprimir celeridade na constituição dessa empresa no Brasil, viabilizando o investimento do capital externo pretendido pelo cliente estrangeiro. Por essas razões, em que pese o advogado

1045. Artigo 1º, inciso II, da Lei nº 8.906/1994.

ter extrapolado a atividade típica e privativa da consultoria jurídica, nem por isso se estará diante de uma conduta que mereça o reproche penal, pois as normas que regulamentam as atividades profissionais (autorregulação) são apenas um ponto de partida e não autorizam afirmar, de saída, que a sua inobservância constituirá em um risco proibido. *In casu*, a atividade desempenhada pelos advogados tributaristas, de integrarem o quadro societários da empresa *off-shore* criada, pode ser, ainda, facilmente substituída por outro advogado que exerça a mesma especialidade, pois a violação do padrão genérico contido na norma jurídica de segurança profissional, nessa específica hipótese, não é idônea para ensejar a proibição penal, já que não traz qualquer melhoria relevante ao bem jurídico tutelado pela lei de lavagem de capitais ou pela lei de crimes contra a ordem tributária. Logo, a ação desses advogados tributaristas permanecem dentro do risco permitido e não dão azo à imputação de responsabilidade penal. É possível, então, falar-se, aqui, em uso esterotipado normal, que recai sobre a conduta desses advogados tributaristas ao terem que figurar temporariamente no quadro societário da empresa em fase de constituição, recebendo poderes estritamente jurídicos do seu cliente estrangeiro, de modo que, ainda que viole a norma jurídica da sua classe (Estatuto da Ordem dos Advogados do Brasil) que limita a atividade de consultoria em sentido estrito, o risco criado com a sua atividade não supera o âmbito do permitido, de modo que a proibição dessa conduta é inidônea para a proteção do bem jurídico tutelado pela lei de lavagem de capitais e pela lei de crimes contra a ordem tributária.

Caso 6: T, médico residente no Hospital A, está em dúvida sobre qual o melhor medicamento a ser ministrado para a paciente G, que está no início da gestação, e reclama estar com tontura. T, realiza os exames necessários e constata que a paciente está com pressão-alta. T, consulta R, médico-chefe da residência, sobre qual é o medicamento a ser ministrado para a paciente. R, com base nas informações passadas por T, que não indicam tratar-se de gestante, e sem consultar a paciente, prescreve o medicamento para baixar a pressão. A paciente, então, recebe alta sem outros cuidados. Contudo, como a paciente G estava no início da gestação, uma semana depois ela aborta em decorrência de um efeito colateral do medicamento o que, em tese, caracterizaria o crime previsto no artigo 125 do Código Penal.

Resolução: Aplica-se, ao presente caso, o chamado princípio da confiança. Um médico residente é um profissional já formado em medicina e, por mais que ainda esteja em formação no que se refere à sua especialização, é clínico geral e possui totais condições de entender a relevância da gravidez da paciente que está com alta pressão arterial. Ao médico-chefe, em razão da confiança depositada no médico residente, que é justificada pela formação profissional dele em medicina, o caso se apresentou como simples queixa de pressão alta em uma paciente comum, tal como lhe fora reportado, pois não havia qualquer indício para que ele desconfiasse que a relevante condição de gravidez da paciente, que alteraria, por completo, a análise do seu quadro clínico, não teria sido reportada pelo médico residente. Estava o médico--chefe em erro quanto ao elemento "gestante" que integra o tipo, não sendo punido por ausência de previsão da modalidade culposa do crime do artigo 125, do Código Penal (artigo 20, do Código Penal). De fato, não caberia ao médico-chefe buscar se certificar acerca da informação recebida pelo médico residente, pois o princípio da confiança opera, justamente, como um limitador de imputação nesses casos, sob pena de se inviabilizar as relações profissionais caso se impusesse constante dever de controle e vigilância. Embora a prescrição de medicamento envolva a criação de um risco, trata-se de um risco permitido diante da aplicação do princípio da confiança. Nesse caso, o crime de aborto provocado por terceiro será objetivamente imputado somente ao médico residente que causou o referido erro de tipo no médico-chefe. O tipo subjetivo, dolo, ainda que eventual, também parece estar caracterizado neste caso ante a indiferença ou desconsideração do médico residente quanto a relevância do reporte da situação de gravidez da paciente para a prestação de qualquer atendimento médico.

Caso 7: O engenheiro civil P foi contratado por Q, proprietário de determinado edifício residencial para verificar a viabilidade de construção de um pavimento adicional, na cobertura, que seria destinado ao salão de festas do condomínio. Depois de analisados o projeto original de construção do prédio e as condições da estrutura, o engenheiro P emitiu parecer técnico atestando a viabilidade da obra pretendida pelo proprietário Q, sem mencionar nada sobre as trincas que observou em algumas colunas da garagem do edifício, nem recomendar a realização de qualquer obra adicional de reforço ou de contenção. Com base nesse parecer técnico, o proprietário dá início à construção do novo pavimento. Passados 6 meses, quando as obras estavam quase concluídas, o prédio desaba, causando a morte de vinte e duas pessoas que estavam no edifício, em razão da falta de capacidade e estabilidade da estrutura para suportar mais um andar, o que, em tese, configura o crime previsto no artigo 256 c.c. artigo 258, ambos do Código Penal.

Resolução: O proprietário do edifício residencial não responde pelo crime de desabamento, pois cumpriu satisfatoriamente seu dever de informação e atuou em erro de tipo inevitável (artigo 20, do Código Penal). Estando em dúvida sobre a viabilidade da obra pretendida, o proprietário contratou um engenheiro civil que, depois de analisar o projeto original do prédio e as condições da estrutura, opinou pela possibilidade de construção do pavimento adicional. O proprietário fiou-se, então, em parecer técnico confiável, plausível e qualificado, visando diminuir os riscos da conduta pretendida, o que já afastaria a imputação objetiva do resultado. Além disso, a sua decisão embasada no referido parecer técnico foi tomada em estado de erro quanto ao risco de desabamento e de exposição de perigo a vida, integridade física e patrimônio, todos elementos do tipo desabamento. A falta de reporte do engenheiro quanto a existência das trincas nas colunas, que são sinais indicativos de que a estrutura está no limiar da sua condição de estabilidade, bloqueou, inclusive, o conhecimento do consulente sobre a existência de situação típica de perigo de desabamento e, consequentemente, o seu dever de agir, principalmente diante da pretendida construção de pavimento adicional, que piora a ameaça ao bem jurídico, novamente colocando-o em erro de tipo. Contudo, por não ter havido desvalor na ação do proprietário, pois ele teve a diligência e o cuidado de servir-se de análise técnica especializada antes de realizar a obra, não há como imputar-lhe sequer a modalidade culposa do referido crime de desabamento. Já a omissão do engenheiro em alertar a situação típica de perigo ao proprietário do prédio é violação do seu dever objetivo de cuidado (de transmitir informação confiável) e forma a desaprovação jurídica do risco. Ao criar risco juridicamente desaprovado que se realizou no resultado, pois o prédio desabou com a construção do pavimento adicional, o desabamento com resultado morte é objetivamente imputável ao engenheiro. Provado seu conhecimento da existência das trincas nas colunas da garagem, afinal a ele fora disponibilizada acesso ao prédio para vistoria e acesso ao projeto original de construção do edifício, e a sua compreensão técnica de que são sinais indicativos de condição limite de estabilidade da estrutura, o tipo subjetivo também parece estar preenchido na modalidade de dolo eventual.[1046]

Variante 1: O engenheiro civil P relatou em seu parecer técnico que observou algumas trincas nas colunas da garagem e condicionou a viabilidade da construção do novo pavimento à realização de obras adicionais de reforço e contenção da estrutura. Como o orçamento estava curto, o proprietário Q optou por dar, diretamente, início nas obras do pavimento superior, até que coletasse dos condôminos novas contribuições para as obras adicionais. Quando o novo andar da cobertura estava quase pronto, o prédio desaba, ocasionando os mesmos resultados.

Resolução: Diversamente do caso original, nesta variante o engenheiro

1046. Há entendimento diverso, reconhecendo tratar-se de hipótese de omissões sucessivas, em caso bastante próximo decidido pelo BGH, tribunal alemão equivalente ao nosso STJ, no caso do ginásio de esportes, em 2010, cf. GRECO, Luís. *Problemas de causalidade e imputação objetiva nos crimes omissivos impróprios*. São Paulo: Marcial Pons, 2018, p. 79.

civil P cumpriu com o seu dever de transmitir informação confiável e alertar o proprietário sobre as trincas, inclusive, condicionando a viabilidade da construção do pavimento adicional à realização prévia de obras de reforço e contenção. Todavia, mesmo cientificado desse risco, o proprietário Q optou por caminho diverso daquele que constava no parecer, o que torna o resultado somente imputável a ele que não agiu nos limites da orientação técnica recebida. O engenheiro civil P, ao alertar o consulente sobre a situação típica de perigo detectada na estrutura do prédio, atendeu ao seu dever objetivo de cuidado e se exonerou das consequências decorrentes da decisão tomada pelo proprietário Q.

CONCLUSÕES

As conclusões desta pesquisa podem ser topicamente apresentadas nos seguintes termos:

1. A complexidade das regulações jurídicas e extrajurídicas da conduta e a intensa produção normativa exigem que o sujeito se informe a respeito da licitude da decisão que pretende tomar em uma situação concreta, não mais bastando a sua reflexão íntima. Pareceres técnicos e jurídicos são fontes de informações qualificadas para esclarecer ao sujeito se o seu projeto de conduta é permitido ou proibido.

2. Quando da decisão tomada com base em parecer técnico ou jurídico equivocado (nem falso, nem fraudulento) decorre um resultado lesivo proibido pela lei penal, pode-se cogitar na eventual responsabilidade penal de quem tomou a decisão e de quem transmitiu informação qualificada equivocada.

3. O início da busca dessa responsabilidade penal deve partir da análise dos pressupostos do tipo objetivo. Afinal, antes de impactar na conformação do tipo subjetivo ou do erro, o princípio da confiança impacta na imputação objetiva do resultado. Logo, a forma mais adequada e correta de solução do problema desta pesquisa não começa pela aferição do dolo do consultor ou do consulente ou do erro que o parecer pode causar na tomada da decisão que gerou o resultudo lesivo. Antes, deve ser verificado se estão preenchidos os pressupostos da imputação objetiva, até porque ações não perigosas não são proibidas pela ordem jurídica.

4. Embora os casos em que há fragmentação de condutas e filtragem da informação apresentem dificuldades para a teoria do delito, o modelo clássico de imputação individual de responsabilidade penal, a partir do critério *bottom-up*, apresenta capacidade de rendimento para resolver os casos em que houve

uma atuação conforme a parecer técnico ou jurídico equivocado. Para tanto, é preciso considerar a função concretamente assumida pelo sujeito no curso causal que acarretou em um resultado lesivo e vincular a sua responsabilidade penal ao risco típico que ele efetivamente criou com a sua conduta.

5. Dessa forma, a investigação da responsabilidade penal nesses casos deve considerar, separadamente, os aportes contributivos de cada um dos sujeitos para este resultado (a tomada de decisão e a execução dela, por um lado, e a avaliação técnica ou jurídica sobre uma determinada demanda, por outro). A análise deve partir daquele que está mais próximo do resultado lesivo, geralmente quem cumpriu a decisão e executou materialmente a conduta, com as próprias mãos.

6. Quem atua conforme a parecer técnico ou jurídico equivocado tem poder concreto de decisão, mas lhe falta o conhecimento qualificado, técnico ou jurídico, necessário para compreender a permissão ou a proibição do projeto de conduta pretendido, o que o obriga a certo grau de diligência para que a sua decisão não gere riscos para terceiros ou lesione bens jurídicos alheios. Esse grau de diligência se constitui no seu dever de informar-se.

7. O dever de informação foi fixado como critério reitor de análise para os casos de atuação conforme a parecer técnico ou jurídico pelos seguintes fundamentos:

a) Primeiro, porque na seara do Direito Penal Econômico, os crimes são marcados por intenso uso de elementos de remissão e se conformam, no mais das vezes, como delitos chamados *mala in prohibita*, que tornou o critério da valoração paralela na esfera do profano inservível para fazer frente a essa nova realidade de proibições penais e levou a dogmática penal a desenvolver o dever de informar-se como elemento a permitir a reprovação do sujeito quando, embora não tivesse a consciência do injusto, poderia tê-la adquirido ao procurar certificar-se sobre a regularidade e a licitude da sua conduta antes de atuar.

b) Segundo, porque nos casos em que o sujeito atuará em setores altamente regulados, marcados por intensa presença de normas penais e extrapenais de conduta (como sói ocorrer nos crimes contra o meio ambiente, contra o consumidor, contra a ordem tributária, contra o sistema financeiro nacional, e todos os demais ramos marcados por normas especiais), a ordem jurídica lhe impõe o dever de se informar sobre as regras da técnica e da segurança daquela atividade que ele escolheu empreender, sem dispensar que ele faça mínima reflexão acerca das informações qualificadas que recebe.

c) Terceiro, porque a divisão de tarefas e funções e a segmentação do conhecimento, que marcam a atividade empresarial, afastam a exigência de que o sujeito reúna, sozinho, todas as informações sobre os riscos de determinada decisão e, ao mesmo tempo, exigem, em contrapartida, que ele busque em terceiros especialistas a informação técnica ou jurídica necessária para compreender qual a conduta lícita e regular que é possível de ser realizada naquela situação concreta.

d) Quarto, porque os *outputs* lesivos gerados pela atividade empresarial exigem dos seus gestores a observação de determinados preceitos, cuja violação pode acarretar em sanções não só direcionadas à própria pessoa jurídica, como também à pessoa física de cada um, o que também cria concretamente um motivo para buscarem se informar sobre os riscos penais ligados ao exercício das suas atividades e ao modo de condução das suas tarefas.

8. O conteúdo do dever mandamental de informar-se e os critérios objetivos que permitem aferir quando e em que medida esse dever de diligência terá sido satisfatoriamente cumprido pelo sujeito, liberando-o para tomar a sua decisão no caso concreto, foram expostos ao longo do Capítulo 3 e sumariamente elencados, ao final, nos respectivos resultados parciais.

9. Quando o sujeito cumpre satisfatoriamente o seu dever de buscar a informação antes de tomar a decisão, segundo os critérios ora estabelecidos, a sua responsabilidade penal está afastada, seja porque a sua conduta não é juridicamente desvalorada, seja porque observou o seu dever objetivo de cuidado no caso concreto ou, ainda, porque se encontrava em erro de tipo escusável ou em erro de proibição inevitável.

10. Haverá casos nos quais quem atua conforme parecer técnico ou jurídico ocupará posição de garantidor da evitabilidade do resultado por assunção (artigo 13, §2°, alínea *b*, do Código Penal). Todavia, como falta ao consulente conhecimento técnico ou jurídico necessário para compreender a permissão ou a proibição do seu comportamento, o seu dever de intervir para evitar resultados lesivos ficará, por vezes, condicionado ao alerta e reporte do consultor sobre a existência de uma situação típica de perigo naquele caso concreto objeto da consulta.

11. O cumprimento satisfatório do dever de informação representa, pelo menos, a observância do dever de cuidado do consulente que, ao receber manifestação técnica ou jurídica sobre a licitude do seu comportamento, acredita que o seu projeto de conduta é permitido, seja por desconhecer elemento constitutivo do tipo penal – no caso de pareceres técnicos –, seja por desconhecer o caráter ilícito da decisão pretendida – no caso de pareceres jurídicos. Nessa hipótese,

seu erro (de tipo ou de proibição) será escusável pois, nas circunstâncias, já não era mais possível ao consulente ter ou atingir a consciência da proibição do seu comportamento.

12. O consultor técnico ou jurídico tem conhecimento qualificado, mas não tem poder de decisão sobre a situação que lhe é consultada e, em geral, não desempenha qualquer atividade executiva, mas meramente opinativa.

13. Incumbe ao consultor técnico ou jurídico o dever de transmitir uma informação confiável, plausível e qualificada sobre determinada demanda que lhe é consultada, de modo que a decisão do consulente não gere riscos para terceiros ou lesione bens jurídicos alheios.

14. O dever de informar é um dever correlato e, ao mesmo tempo, acessório do dever de informar-se. Os critérios objetivos para a determinação do cumprimento satisfatório do dever de informar pelo parecerista técnico ou jurídico foram expostos ao longo do Capítulo 4 e sumariamente elencados nos resultados parciais daquele mesmo capítulo.

15. O aconselhamento, assessoramento, recomendação ou orientação técnica ou jurídica sobre a matéria consultada corresponde à projeção da avaliação do especialista sobre licitude ou ilicitude do projeto de conduta pretendido pelo consulente. É dever do consultor sinalizar os limites entre o permitido e o proibido a quem tomará a decisão.

16. Cumprindo satisfatoriamente o seu dever de prestar uma informação confiável, plausível e qualificada, segundo os critérios ora propostos, e constando no parecer todos os alertas quanto aos riscos e perigos possíveis de serem identificados no caso concreto e no projeto de conduta pretendido pelo consulente, o consultor técnico ou jurídico se exonera dos acontecimentos subsequentes que podem ser colocados em curso pela decisão tomada pelo próprio consulente, um terceiro autorresponsável.

17. O parecer técnico ou jurídico equivocado deve ser entendido como condição necessária para a tomada da decisão. Sendo a motivação para a tomada da decisão que acarretou em um resultado lesivo, pode-se, assim, reconhecer a contribuição causal do parecer técnico ou jurídico.

18. Quando a consultoria técnica ou jurídica for expressão dos conhecimentos técnicos ou jurídicos próprios do profissional consultado, dentro dos parâmetros fixados pelas normas que regulamentam esta atividade profissional, a conduta do parecerista equivalerá a uma ação neutra e, portanto, impunível.

19. Pareceres técnicos e jurídicos que contenham falhas graves, erros grosseiros ou sejam omissos nos alertas sobre riscos e perigos existentes no projeto de conduta do consulente representam violações ao dever objetivo de cuidado que

tornam a conduta do consultor juridicamente desaprovada e não se confundem com os critérios da omissão imprópria. O parecerista técnico ou jurídico não é onerado com o dever de salvamento ou vigilância, mas a ele é incumbido o dever de entregar manifestação técnica ou jurídica confiável, plausível e qualificada sobre a permissão ou proibição de determinado projeto de conduta.

20. Esclarecimentos técnicos e jurídicos manifestamente incorretos são meramente indiciários de dolo. A presença do dolo dependerá da prova produzida no caso concreto.

21. Acreditando prestar um esclarecimento correto que qualquer outro especialista naquela área do conhecimento prestaria naquele caso, o consultor erra sobre os pressupostos fáticos da criação de risco juridicamente desaprovado (erro de tipo). Valorações jurídicas errôneas e interpretações equivocadas podem indicar que o consultor estava em erro de proibição. A inevitabilidade do erro será determinada quando a dúvida restou insuperável ao próprio especialista técnico ou jurídico. Sendo difícil determinar o grau de escusabilidade do equívoco contido no parecer técnico ou jurídico, a valoração deve recair, com maior peso, sobre o cumprimento do caráter confiável da fonte emissora da informação.

22. Nos casos em que o resultado lesivo decorreu de decisão embasada em parecer técnico ou jurídico equivocado, haverá, no mais das vezes, concurso de agentes. O consulente é o principal candidato a ser autor e o consultor a ser partícipe. Mas, haverá casos em que o consultor será autor mediato quando o consulente agiu em erro. Já quando ambos estavam em erro, deve ser reconhecida a total impunidade. Esta hipótese será comum em situações bastante complexas, nas quais o conteúdo da proibição não é claro e tal nível de dúvida deve ser colocado na comanda do legislador, não do jurisdicionado. Mais raros serão os casos com coautoria, pois em pareceres equivocados será difícil capturar a existência de um plano delitivo comum com divisão de tarefas. Como autoria é realização do tipo, a definição destes papéis dependerá, sempre, da análise das circunstâncias do caso concreto.

23. O preenchimento dos pressupostos do tipo objetivo e de alguns requisitos para a conformação do tipo subjetivo e da culpabilidade, tratados nessa pesquisa, apenas permitem que se comece a falar em responsabilidade penal. A atribuição dessa responsabilidade penal nos casos de decisão embasada em parecer técnico ou jurídico equivocado dependerá da existência de uma série de outros requisitos exigidos pela teoria do delito.

REFERÊNCIAS BIBLIOGRÁFICAS

ABELLO GUAL, Jorge Arturo. *La delincuencia empresarial y la responsabilidad penal del socio.* In: Panorama, Vol. 3, nº. 7, 2009.

ADORNO, Theodor W. Educação contra a barbárie. In: *Educação e emancipação*. São Paulo: Paz e Terra, 1995.

AFONSO DA SILVA, Virgílio. *O proporcional e o razoável*. Revista dos Tribunais, n. 798, 2002.

____. *Direitos Fundamentais: conteúdo essencial, restrições e eficácia*. São Paulo: Malheiros, 2009.

AMBOS, Kai. *La complicidad a través de acciones cotidianas o externamente neutrales*. Revista de Estudos Criminais, v. 3, n. 10, 2003.

ANGLÍ, Mariona Llobet. *¿Es posible torturar en legítima defesa de terceros?* Revista para el análisis del derecho (InDret), nº 4, Barcelona, 2010.

AIMI, Alberto. Il dolo eventuale alla luce del caso Thyssenkrupp. In: AA.VV. *Libro dell'anno del diritto 2015*. Roma: Istituto della Enciclopedia Italiana, 2015.

ALCHOURRÓN, Carlos E.; BULYGIN, Eugenio. *Introdución a la metodologia de las ciencias jurídicas y sociales*. Buenos Aires: Ed. Astrea de Rodolfo Depalma Y Hnos, 1974.

ANDRADE, Manuel da Costa. Problemática geral das infracções contra a ordem econômica nacional. In: PODVAL, Roberto (org.). *Temas de direito penal econômico*. São Paulo: RT, 2000.

ASSIS, Augusto. *O delito de peculato na APn 470 do STF: Caso Mensalão*. In: Revista Brasileira de Ciências Criminais, n. 106, v. 22, 2014.

____. A responsabilidade penal omissiva dos dirigentes de empresas. In:

LOBATO, José Danilo Tavares; MARTINELLI, João Paulo Orsini; SANTOS, Humberto Souza (Orgs.). *Comentários ao Direito Penal Econômico Brasileiro*. Belo Horizonte: D'Plácido, 2017.

BACIGALUPO, Enrique. *Manual de derecho penal: parte general*. Coimbra: Editora Temis, 1996.

____. *La evitabilidad o vencibilidad del error de prohibición*. Revista Brasileira de Ciências Criminais. Vol. 14, 1996.

____. *Técnica de resolución de casos penales*. Buenos Aires: Hannurabi, 2008.

BASOCO, Juan Terradillos. *Derecho penal de la empresa*. Madrid: Trotta, 1995

BADARÓ, Gustavo Henrique; BOTTINI, Pierpaolo Cruz. *Lavagem de dinheiro: aspectos penais e processuais penais*. São Paulo: RT, 2016.

BARBOSA, Rui. *Obras completas de Rui Barbosa*. Vol. XXIII. Tomo III. Rio de Janeiro: Fundação Casa de Rui Barbosa, 1986.

BATISTA, Nilo. *Concurso de agentes: uma investigação sobre os problemas da autoria e da participação no direito penal brasileiro*. Rio de Janeiro: Lumen Juris, 2005.

____. *Introdução crítica ao direito penal brasileiro*. Rio de Janeiro: Revan, 2015.

BASTIANELLO, Alessandro. *La responsabilità penale dei professionisti: medici, avvocati, notai, commercialisti*. Milão: CEDAM, 2012.

BAUTISTA, Silvia Fernández. *El administrador como autor: la validez del criterio de la pertenencia del hecho*. Revista Derecho Penal, Sarmiento, Ano II, n. 4, 2013.

BECHARA, Ana Elisa Libatore Silva. *Delitos de acumulação e racionalidade da intervenção estatal*. Boletim IBCCRIM. n. 208, 2010.

____. *Bem jurídico-penal*. São Paulo: Quartier Latin, 2014.

BECK, Ulrich. *Sociedade de risco: rumo a uma outra modernidade*. São Paulo: Editora 34, 2010.

BERMEJO; Mateo G.; PALERMO, Omar. La intervención delictiva del compliance officer. In: KUHLEN, Lothar; MONTIEL, Juan Pablo; ORTIZ DE URBINA GIMENO, Íñigo. *Compliance y teoría del Derecho penal*. Madrid: Marcial Pons, 2013.

BITENCOURT, Cezar Roberto. *Tratado de direito penal: parte geral*. Vol. 1. São Paulo: Saraiva, 2013.

BLANCO CORDERO, Isidiorio. *Limites a la participación delictiva: las acciones neutrales y la cooperación em el delito*. Granada: Comares, 2009.

BOCK, Dennis. Compliance y deberes de vigilancia en la empresa. In: KUHLEN, Lothar; MONTIEL, Juan Pablo; ORTIZ DE URBINA GIMENO, Íñigo. *Compliance y teoría del Derecho penal.* Madrid: Marcial Pons, 2013.

BORRAGINE, Bruno Garcia. O exercício da advocacia e os pontos de conexão com o delito de lavagem de capitais: análise de dois casos examinados pelo Tribunal Regional Federal da 3ª Região. In: ESTELLITA, Heloisa (Coord.). *Exercício da advocacia e lavagem de capitais.* Rio de Janeiro: FGV Editora, 2016.

BOTTINI, Pierpaolo Cruz. *Crimes de perigo abstrato e princípio da precaução na sociedade de risco.* São Paulo: RT, 2007.

BRANDÃO, Cláudio. *A consciência da antijuridicidade no moderno direito penal.* Revista de informação legislativa, v. 34, n. 136, 1997.

____. *Teoria jurídica do crime.* Rio de Janeiro: Forense, 2002.

____. *Tipicidade penal: dos elementos da dogmática ao giro conceitual do método enimemático.* São Paulo: Almedina, 2014.

BRAVO, Jorge dos Reis. *A tutela penal dos interesses difusos, a relevância criminal na proteção do ambiente do consumo e do patrimônio cultural.* Coimbra: Coimbra Editora, 1997.

BRIGGS, Margaret. *Relocating officially induced error of law: fitting the remedy to the wrong.* Commom Law World Review, n. 38, 2009.

BRUNO, Aníbal. *Direito Penal: parte geral.* Tomo 1. Rio de Janeiro: Forense, 1984.

____. *Direito penal: parte geral.* Tomo 2. Rio de Janeiro: Forense, 1984.

BUSATO, Paulo Cesar. *El sentido de la complicidad: una visión crítica de las llamadas acciones neutrales como grupo de casos de la teoría de la imputación objetiva.* Revista Penal Mexico, Mexico, DF, n. 7, 2015.

____ (Org.). *Fundamentos do direito penal: série direito penal baseado em casos.* Curitiba: Juruá, 2013.

____. *Teoria do delito: série direito penal baseado em casos.* Curitiba: Juruá, 2012.

____. *Teoria da pena: série direito penal baseado em casos.* Curitiba: Juruá, 2014.

BUSTOS RAMÍREZ, Juan. *Principios fundamentales de un derecho penal democrático.* Revista de la Associación de Ciencias Penales de Costa Rica, n. 8, 1994.

BUZAID, Alfredo. *Uniformização de Jurisprudência.* Revista Ajuris. Porto Alegre, Associação de Juízes do Rio Grande do Sul, nº 34, 1985.

CAENEGEM, Raoul Van. *Judges, Legislators & Professors: chapters in European Legal History.* Cambridge University Press, 1987.

CALABRIA, Arianna. *Ignorantia legis e parere erroneo del consulente legale*. Revista Italiana di Diritto e Procedura Penale, fasc. 1, 1992.

CALLEGARI, André Luís. *A Ação Penal 470 e os limites da responsabilidade penal dos agentes financeiros*. Boletim IBCCRIM, Ano 21, nº 242, janeiro/2013.

CAMARGO, Antonio Luis Chaves de. *Culpabilidade e reprovação penal*. São Paulo: Sugestões literárias, 1994.

____. *Imputação objetiva e direito penal brasileiro*. São Paulo: Cultural Paulista, 2002.

CAMPOS, Luiz Antonio. Deveres e responsabilidades. In: LAMY FILHO, Alfredo; PEDREIRA, Luiz Bulhões (coord.). *Direito das companhias*. Vol 1. Rio de Janeiro: Forense, 2009.

CANOTILHO, José Joaquim Gomes. *Direito constitucional e teoria da constituição*. Coimbra: Almedina, 2000.

CANTASIANO, Pedro Jimenez. Direito, Propriedade e Reformas Urbanas: Rio de Janeiro, 1903-1906. In: *Estudos Históricos*, vol. 29, nº 58, mai-ago de 2016, Rio de Janeiro: Centro de Pesquisa e Documentação Histórica Contemporânea do Brasil da Fundação Getúlio Vargas.

CARVALHO, Salo de. *Aplicação da pena e garantismo*. Rio de Janeiro: Lumen Juris, 2004.

CARVALHO FILHO, José dos Santos. *Manual de Direito Administrativo*. Rio de Janeiro: Lumen Juris, 2010.

CARVALHOSA, Modesto. *Comentários à Lei de Sociedades Anônimas*. Vol. 3. São Paulo: Saraiva, 2011.

CARUSO TORRES, Tiago; ARRUDA, Ana Luiza Gardiman. *Precisamos realmente nos socorrer à teoria da cegueira deliberada no brasil?* Boletim IBCCRIM, n. 299, 2017.

CASTRO, Rafael Guedes de. *A responsabilização criminal individual em estruturas empresariais complexas: uma análise aplicada*. Revista Magister de Direito Penal e Processual Penal. n. 69, v. 12, 2016.

CERVINI, Raúl. *Abordaje metodológico de la delincuencia económica sofisticada*. CIIDPE, 2007.

____. *Aspectos de la imputación de responsabilidad penal en el marco de la gestión organizacional flexible (FOM)*. CIIDPE, 2012.

____. Derecho penal económico: âmbitos complexos de imputación responsabilidade penal em el marco de la gestión organizada flexible (FOM). In: ALMEIDA PEDROSO, Fernando Gentil Gizzi de; OUTEIRO HERNANDES, Luiz Eduardo Camargo. *Direito penal econômico: temas essenciais para a compreensão da macrocriminalidade atual*. Salvador: Juspodivum, 2017.

____; ADRIASOLA, Gabriel. *Responsabilidade penal dos profissionais jurídicos: os limites entre a jurídico-notarial lícita e a participação*. São Paulo: RT, 2013.

CESANO, José Daniel. *La imputación penal en el ámbito de la empresa y las estructuras omisivas*. Universitas: Bogotá (Colombia), n. 119, jul/dez 2009.

CHIESA, Luis. *El caso del camarero malvado*En Letra: Derecho Penal, Buenos Aires, ano 1, n. 2, maio/2016.

CIRINO DOS SANTOS, Juarez. A reforma penal: crítica da disciplina legal do crime. In: LEITE, Alaor (Org.). *Reforma penal: a crítica científica à parte geral do projeto do Código Penal (PLS 236/2012)*. São Paulo: Atlas, 2015.

____. *Manual de direito penal: parte geral*. Florianópolis: Conceito Editorial, 2012.

COELHO, Fábio Ulhoa. *Curso de Direito Comercial*. Vol 1. São Paulo: Saraiva, 2002.

CONSELHO NACIONAL DE JUSTIÇA. *Novo Diagnóstico de Pessoas Presas no Brasil*, divulgado em junho/2014. Disponível em http://www.cnj.jus.br/noticias/cnj/61762-cnj-divulga-dados-sobre-nova-populacao-carceraria-brasileira. Acessado em 03 de agosto de 2020.

COSTENARO CAVALI, Marcelo. *Fundamento e limites da repressão penal da manipulação do mercado de capitais: uma análise a partir do bem jurídico da capacidade funcional alocativa do mercado*. Tese de Doutorado apresentada à Faculdade de Direito da Universidade de São Paulo. São Paulo, 2017.

CÓRDOBA, Fernando Jorge. *La evitabilidad del error de prohibición*. Madri: Marcial Pons, 2012.

COSTA, Helena Regina Lobo da; ARAÚJO, Marina Pinhão Coelho. *Compliance e o julgamento da APn 470*. Revista Brasileira de Ciências Criminais, São Paulo, v. 22, n. 106, 2014.

____. *Proteção penal ambiental: viabilidade, efetividade, tutela por outros ramos do direito*. São Paulo: Saraiva, 2010.

COSTA, José de Faria. *Direito Penal Econômico*. Coimbra: Quarteto, 2003.

____. A criminalidade em um mundo globalizado: ou o plaidoyer por um direito penal não-securitário. In: COSTA, José de Faria; SILVA, Marco Antonio Marques da Silva (Orgs). *Direito penal especial, processo penal e direitos fundamentais: visão luso-brasileira*. São Paulo: Quartier Latin, 2006.

COSTA, Regina Helena. *Curso de direito tributário: Constituição e Código Tributário Nacional*. São Paulo: Saraiva, 2012.

CRESPO, Eduardo Demetrio. *Fundamento da responsabilidade em comissão por omissão dos diretores de empresas*. Revista Liberdades, n. 14, 2013.

CRUZ, Flávio Antônio da. *O tratamento do erro em um Direito Penal de bases democráticas*. Porto Alegre, Sérgio Antônio Fabris Editor, 2007.

D'AQUINO, Dante Bruno; GUARAGNI, Fábio André. *"Póstuma modernidade" e erro de proibição*. Revista Brasileira de Ciências Criminais, v. 88, 2011.

D'ÁVILA, Fabio Roberto. *Crime culposo e a teoria da imputação objetiva*. São Paulo: RT, 2001.

DEBBIO, Alessandra Del; MAEDA, Bruno Carneiro; AYRES, Carlos Henrique da Silva (Coords). *Temas de Anticorrupção e compliance*. Rio de Janeiro: Ed. Elsevier, 2013.

DEMERCIAN, Pedro Henrique; MALULY, Jorge Assaf. *Curso de Processo Penal*. Rio de Janeiro: Forense, 2014.

DI PIETRO, Maria Sylvia Zanella. *Direito Administrativo*. São Paulo: Atlas, 2010.

DIAS, Augusto Silva. *A relevância jurídico penal das decisões de consciência*. Coimbra: Almedina, 1987.

____. *Delicta in se e delicta mere prohibita: uma análise das descontinuidades do ilícito penal moderno à luz da reconstrução de uma distinção clássica*. Coimbra: Coimbra Editora, 2008.

____. *What if everybody did it?: sobre a (in)capacidade de ressonância do direito penal à figura da acumulação*. Revista Portuguesa de Ciência Criminal. Ano 13, V. 3, 2003.

DIAS, Jorge de Figueiredo. *Direito Penal: parte geral*. São Paulo: RT, 2007.

____. ANDRADE, Manuel da Costa. Problemática geral das infracções contra a ordem econômica nacional. In: PODVAL, Roberto (org.). *Temas de direito penal econômico*. São Paulo: RT, 2000.

____. *Questões fundamentais do direito penal revisitadas*. São Paulo: RT, 1999.

____. *Temas básicos da doutrina penal*. Coimbra: Coimbra Editora, 2001.

DÍAZ PITA, Maria del. *Modernas tendências sobre o dolo em Direito Penal*. Rio de Janeiro: Lumen Juris, 2008.

DINIZ, Maria Helena. *As lacunas no direito*. São Paulo: Saraiva, 2002.

____. *Curso de Direito Civil Brasileiro*. Vol. VII. São Paulo: Saraiva, 2014.

DOPICO GÓMEZ-ALLER, Jacobo. *Presupuestos básicos de la responsabilidad penal del compliance officer y otros garantes en la empresa*. Actualidad jurídica Aranzadi, nº 843, 2012.

____. Posición de garante del compliance officer por infración de deber de control: una aproximación tópica. In: ARROYO ZAPATERO, Luis; NIETO MAR-

TÍN, Adán. *El derecho penal económico en la era compliance*. Valencia: Tirant lo Blanch, 2013.

DURKHEIM, Émile. *Da divisão social do trabalho*. São Paulo: Martins Fontes, 1999.

ESTELLITA, Heloisa. Causalidade na omissão: um panorama dos problemas das omissões paralelas e sucessivas na criminalidade de empresa. In: LOBATO, José Danilo Tavares; MARTINELLI, João Paulo Orsini; SANTOS, Humberto Souza (Orgs.). *Comentários ao Direito Penal Econômico Brasileiro*. Belo Horizonte: D'Plácido, 2017.

____. *Criminalidade de empresa, quadrilha e organização criminosa*. Porto Alegre: Livraria do Advogado, 2009.

____ (Coord.). *Exercício da advocacia e lavagem de capitais*. Rio de Janeiro: FGV Editora, 2016.

____. *Responsabilidade penal de dirigentes de empresa por omissão: estudo sobre a responsabilidade omissiva imprópria de dirigentes de sociedades anônimas, limitadas e encarregados de cumprimento por crimes praticados por membros da empresa*. São Paulo: Marcial Pons, 2017.

FAYET JÚNIOR, Ney. *A criminalidade econômica e a política criminal: desafios da contemporaneidade*. Revista Direito & Justiça, Porto Alegre, Vol. 34, nº 2, 2011.

FEIJÓO SÁNCHEZ, Bernardo. *Cuestiones actuales de derecho penal económico*. Buenos Aires: B de F, 2009.

____. *Derecho penal de la empresa e imputación objetiva*. Madrid: Reus, 2007.

____. *Homicidio y lesiones imprudentes: requisitos y limites materiales*. Zaragoza: Edijus, 1990.

____. *Imputacion de hechos delictivos en estruturas empresariales complejas*. CIIDPE, 2009.

____. *Imputación objetiva en el derecho penal económico y empresarial*. Revista para el análisis del derecho (InDret), nº 2/2009, Barcelona, 2009.

____. *Resultado Lesivo e Imprudência*. Tese de Doutorado apresenta à Faculdade de Direito da Universidade Autónoma de Madrid. Madrid, 1996.

____. *Sanciones para empresas por delitos contra el medio ambiente: pressupuestos dogmáticos y criterios de imputación para la intervención del derecho penal contra las empresas*. Madrid: Civitas, 2002.

FERRAZ, Esther de Figueiredo. *A co-delinqüência no direito penal brasileiro*. São Paulo: Buschatsky, 1976.

FERRAZ JUNIOR, Tercio Sampaio. *Introdução ao estudo do direito: técnica, decisão, dominação*. São Paulo: Atlas, 2010.

FRAGOSO, Heleno Cláudio. *Lições de direito penal*. Rio de Janeiro: Forense, 1993.

FRISCH, Wolfgang. La teoría de la imputación objetiva del resultado: lo fascinante, lo acertado e lo problemático. In: FRISCH, Wolfgang; ROBLES PLANAS, Ricardo. *Desvalorar e imputar: sobre la imputación objetiva em derecho penal*. Montevideo: BdeF, 2006.

____. *Tipo penal e imputación objetiva*. Madrid: Colex, 1995.

GARCIA, Denise Nunes. *Direito penal tributário*. São Paulo: Quartier Latin, 2007.

GARCÍA, Gonzalo. *Equivalentes funcionales en los delitos económicos. Una aproximación de solución ante la falta de lesividad material en delitos de presentación de información falsa al mercado de valores*. Política Criminal, n. 23, julho/2017.

GARCÍA CAVERO, Percy. *La imputación jurídico-penal a los membros de la empresa por delitos de dominio cometidos desde la empresa*. CIIDPE, nov/2006.

____. *La responsabilidade penal del administrador de hecho de la empresa: criterios de imputación*. Barcelona: Jose Maria Bosch Editor, 1999.

GIACOIA JUNIOR, Oswaldo. *Nietzsche x Kant: uma disputa permanente a respeito de liberdade, autonomia e dever*. São Paulo: Casa do saber, 2012.

GIDDENS, Anthony. *As consequências da modernidade*. São Paulo: Unesp, 1991.

GIMBERNAT ORDEIG, Enrique. *Conceito e método da ciência do direito penal*. São Paulo: RT, 2002.

GOMES, Eneias Xavier. *Dolo sem vontade psicológica: perspectivas de aplicação no Brasil*. Belo Horizonte: D'Plácido, 2017.

GONÇALVES, Marcel Figueiredo. *Sobre a fundamentação dos delitos cumulativos : alguns questionamentos*. Revista de Estudos Criminais, n. 36, 2010.

GORON, Lívio Goellner. *A jurisprudência como fonte do direito: a experiência anglo-americana*. Revista de Direito Constitucional e Internacional, Ano 12, nº 47, 2004.

GRANDIS, Rodrigo de. O exercício da advocacia e o crime de "lavagem" de dinheiro. In: DE CARLI, Carla Veríssimo; MENDONÇA, Andrey Borges de. *Lavagem de dinheiro: prevenção e controle penal*. Porto Alegre: Verbo Jurídico, 2011.

GRAU, Eros Roberto. *Pareceres, juristas e apedeutas*. Revista da Faculdade de Direito da UFGRS, Vol. 18, 2000.

GRECO, Luís; TEIXEIRA, Adriano. Autoria como realização do tipo: uma introdução à ideia de domínio do fato como fundamento central da autoria no direito penal brasileiro. In: GRECO, Luís et. al. *Autoria como domínio do fato: estudos introdutórios sobre o concurso de pessoas no direito penal brasileiro*. São Paulo: Marcial Pons, 2014.

____. *Cumplicidade através das ações neutras: a imputação objetiva na participação*. Rio de Janeiro: Renovar, 2004.

____. *Comentario al artículo de Ramon Ragués*. Discusiones XIII. Ignorancia deliberada y derecho penal, 2014.

____. Dolo sem vontade. In: SILVA DIAS et. al. *Liber Amicorum de José de Sousa e Brito*. Coimbra: Almedina, 2009.

____. Domínio da organização e o chamado princípio da autorresponsabilidade. In: GRECO, Luís et. al. *Autoria como domínio do fato: estudos introdutórios sobre o concurso de pessoas no direito penal brasileiro*. São Paulo: Marcial Pons, 2014.

____. *Duas formas de fazer dogmática jurídico-penal*. Boletim do IBDPE, Ano 1 (2009), n. 1, 2010.

____. LEITE, Alaor. O que é e o que não é a teoria do domínio do fato: sobre a distinção entre autor e partícipe no direito penal. In: GRECO, Luís et. al. *Autoria como domínio do fato: estudos introdutórios sobre o concurso de pessoas no direito penal brasileiro*. São Paulo: Marcial Pons, 2014.

____. ASSIS, Augusto. O que significa a teoria do domínio do fato para a criminalidade de empresa. In: GRECO, Luís et. al. *Autoria como domínio do fato: estudos introdutórios sobre o concurso de pessoas no direito penal brasileiro*. São Paulo: Marcial Pons, 2014.

____. *Princípio da ofensividade e crimes de perigo abstrato: uma introdução ao debate sobre o bem jurídico e as estruturas do delito*. Revista Brasileira de Ciências Criminais. n. 49, v. 12, 2004.

____. *Problemas de causalidade e imputação objetiva nos crimes omissivos impróprios*. São Paulo: Marcial Pons, 2018.

____. Tem futuro o conceito de ação? In: GRECO, Luís; LOBATO, Danilo (Orgs.). *Temas de direito penal: parte geral*. Rio de Janeiro: Renovar, 2008.

GUARAGNI, Fábio André. *As teorias da conduta em direito penal: um estudo da conduta humana do pré-causalismo ao funcionalismo pós-finalista*. São Paulo: RT, 2005.

GUARAGNI, Fábio André. Normal penal em branco, tipos abertos, elementos normativos do tipo e remissões a atos administrativos concretos: o panorama político criminal comum, as distinções e consequências relativas ao princípio da reserva legal. In: GUARAGNI, Fábio André; BACH, Marion. *Normas penais em branco e outras técnicas de reenvio em direito penal*. São Paulo: Almedina, 2014.

GUEDES, Jefferson Carús; HAUSCHILD, Mauro Luciano. *Nos limites da história: a construção da Advocacia-Geral da União: livro comemorativo aos 15 anos*. Brasília, UNIP, UNAFE, 2009.

GUR-ARYE, Miriam. *Reliance on a lawyer's mistaken advice: should it be an excuse from criminal liability?* American Jornal of Criminal Law, v. 29, 2002.

HADWA, Marcelo. *El sujeto activo en los delitos tributarios, y los problemas relativos a la participación criminal.* Polít. Crim. nº 3, 2007. A5.

HALL, Livingston; SELIGMAN, Selig J. *Mistake of law and mens rea*. University of Chicago Law Review: Vol. 8 : Iss. 4 , Article 2, 1941.

HEFENDEHL, Roland. O bem jurídico como a pedra angular da norma penal. In: GRECO, Luís; TÓRTIMA, Fernanda Lara (Orgs.). *O bem jurídico como limitação do poder estatal de incriminal?* Rio de Janeiro: Lumen Juris, 2011.

HERZBERG, Rolf Dietrich. *El delito comisivo doloso consumado como un delito cualificado respecto del delito omisivo, imprudente y en tentativa*. Revista Brasileira de Ciências Criminais, v. 13, n. 52, 2005.

HIGUERA GUIMERÁ, Juan-Felipe. Las condiciones objetivas de punibilidad y las excusas absolutórias. In: CEREZO MIR, José. *El nuevo código penal: presupuestos y fundamentos: libro homenaje al professor doctor Don Ángel Torío López*. Granada: Comares, 1999.

HIRSCH, Hans Joachim. *Acerca de la teoría de la imputación objetiva*. Revista Brasileira de Ciências Criminais. n. 50, v. 12, 2004.

HORTA, Frederico. *Elementos normativos das leis penais e conteúdo intelectual do dolo: da natureza do erro sobre o dever extrapenal em branco*. São Paulo: Marcial Pons, 2016.

____. Do erro sobre os elementos normativos das leis penais no direito penal econômico. In: LOBATO, José Danilo Tavares; MARTINELLI, João Paulo Orsini; SANTOS, Humberto Souza (Orgs.). *Comentários ao Direito Penal Econômico Brasileiro*. Belo Horizonte: D'Plácido, 2017.

HUNGRIA, Nélson. *Comentários ao Código Penal.* V. 1. T. 1. Rio de Janeiro: Forense, 1958.

____. *Comentários ao Código Penal.* V. 1. T. II. Rio de Janeiro: Forense, 1958.

HUSAK, Douglas; VON HIRSH, Andrew. Culpability and mistake of law. In: SHUTE, Stephen et al. *Action and value in criminal law*. Oxford, 1993.

ILABEL, Nelly Salvo. *Modelos de imputación penal a personas jurídicas: estúdio comparado de los sistemas español y chileno*. Tese de Doutorado apresentada ao Departamento de Ciencia Politica y Derecho Público da Universidad Autónoma de Barcelona. Barcelona, 2014.

ILLG, Matias. Planejamento tributário: estamos diante de uma conduta neutra? In: SILVA FRANCO, Alberto e LIRA, Rafael (Coord.). *Direito penal econômico: questões atuais*. São Paulo: RT, 2011.

JAKOBS, Günther. *A imputação objetiva no direito penal*. São Paulo: RT, 2007.

____. *Derecho penal: parte general, fundamentos y teorías de la imputación*. Madrid: Marcial Pons, 1991.

____. *Tratado de direto penal: teoria do injusto e culpabilidade*. Belo Horizonte: Del Rey, 2008.

JESCHECK, Hans-Heinrich. *Tratado de Derecho Penal: parte general*. T. 1. Barcelona: Bosch, 1981.

JUNQUEIRA, Gustavo Octaviano Diniz. *Liberdade, culpabilidade e individualização da pena*. Tese de Doutorado apresentada para a Faculdade de Direito da Pontifícia Universidade Católica de São Paulo. São Paulo, 2009.

KAPPEL, Mariana Pancini de Andrade. Operações suspeitas: o dever de comunicação e a responsabilização do gerente de instituição financeira pelo delito de lavagem de dinheiro. In: FELDENS, Luciano et. al. (Orgs). *Direito penal econômico e empresarial: estudos dos grupos de pesquisa em direito penal econômico e empresarial da PUCRS e da FGV Direito SP*. Rio de Janeiro: Lumen Juris, 2016.

KLADIS, Constantin Metaxa; FREITAS, Henrique M.R. *O gerente nas organizações: funções, limitações e estilos decisórios*. Revista Ser Humano, Ano XXX, n. 109, 1996.

KUHLEN, Lothar. Cuestiones fundamentales de compliance y derecho penal. In: KUHLEN, Lothar; MONTIEL, Juan Pablo; ORTIZ DE URBINA GIMENO, Íñigo. *Compliance y teoría del Derecho penal*. Madrid: Marcial Pons, 2013.

KÜSTER, Mariane. *Atividade de consultoria e assessoramento jurídica do poder executivo antes e depois da constituição federal de 1988*. Revista da AGU, Brasília/DF, n. 111, 2011.

LASCURAÍN, Juan Antonio. Salvar al oficial Ryan (sobre la responsabilidad pernal del oficial de cumplimiento). In: MIR PUIG, Santiago et. al. *Responsabilidad de la empresa y compliance: programas de prevención, detección y reacción penal*. Madrid: Edisofer, 2014.

____. La responsabilidad penal individual por los delitos de empresa. In: NIETO MARTÍN, Adán. *Manual de cumplimiento penal en la empresa*. Valencia: Tirant lo Blanch, 2015.

LEITE, Alaor. *Dúvida e erro sobre a proibição no direito penal: a atuação nos limites entre o permitido e o proibido*. São Paulo: Atlas, 2013.

____. *Dolo e o crime de dispensa ou inexigência ilegal de licitação (art. 89 da Lei 8.666/1993)*. Revista Brasileira de Ciências Criminais, Ano 21, nº 104, 2013.

____. Domínio do fato, domínio da organização e responsabilidade penal por fatos de terceiros: os conceitos de autor e partícipe na AP 470 do Supremo Tribunal Federal. In: GRECO, Luís et. al. *Autoria como domínio do fato: estudos introdutórios sobre o concurso de pessoas no direito penal brasileiro*. São Paulo: Marcial Pons, 2014.

____. *Domínio do fato ou domínio da posição? Autoria e participação no direito penal brasileiro*. Curitiba: Centro de Estudos Professor Dotti, 2016.

____. *Existem deveres gerais de informação no direito penal? Violação de um dever, culpabilidade e evitabilidade do erro de proibição*. Revista dos Tribunais, nº 922, v. 101, 2012.

____. ASSIS, Augusto. O erro: especial foco no erro de proibição. In: BUSATO, Paulo César (Org.). *Teoria do delito: série direito penal baseado em casos*. Curitiba: Juruá, 2012.

____. (Org.). *Reforma Penal*. São Paulo: Atlas, 2015.

LIMA, Vinicius de Melo. *As ações neutras na estrutura do delito*. Revista Brasileira de Ciências Criminais, São Paulo, v. 25, n. 134, 2017.

LIMONGI FRANÇA, Rubens. *Da jurisprudência como direito positivo*. Revista da Faculdade de Direito da USP, v. 66, 1971.

LIMPIAS, Julia Laida. *El método del estúdio de casos como estratégia metodológica para desarrollar habilidades investigativas en la formación del jurista*. In: Revista Bolivariana de Derecho, nº 13, 2012.

LOBATO, José Danilo Tavares; MARTINELLI, João Paulo Orsini; SANTOS, Humberto Souza (Orgs.). *Comentários ao Direito Penal Econômico Brasileiro*. Belo Horizonte: D'Plácido, 2017.

____. Da evolução dogmática da culpabilidade. In: GRECO, Luis; LOBATO, Danilo. *Temas de direito penal: parte geral*. Rio de Janeiro: Renovar, 2008.

____. *Teoria geral da participação criminal e ações neutras: uma questão única de imputação objetiva*. Curitiba: Juruá, 2009.

LUHMANN, Niklas. *Sociologia do Direito I*. Rio de Janeiro: Tempo Brasileiro, 1983.

MACHADO, Hugo de Brito. *Crimes contra a ordem tributária*. São Paulo: Atlas, 2009.

____. Planejamento Tributário e crime. In: MACHADO, Hugo de Brito. *Estudos de Direito Penal Tributário*. São Paulo: Atlas, 2002.

MACHADO, Marta R. de Assis; PÜRSCHEL, Flavia Portella (Orgs.). *Responsabilidade e pena no Estado Democrático de Direito*. São Paulo: FGV Direito SP, 2016.

MACHALES, Teresa Ruano. *LA incidência de los deberes de los administradores y auditores em la manipulación de las cuentas anuales: posición de garante y responsabilidad penal*. Tese de Doutorado apresentada para a Facultad de Dierecho da Universidadad Autónoma de Madrid. Madrid, 2015.

MAGALHÃES NORONHA, Edgard. *Direito Penal*. Vol. 1. São Paulo: Saraiva, 2003

MANZI, Vanessa Alessi. *Compliance no Brasil: consolidação e perspectivas*. São Paulo: Saint Paul, 2008.

MARAVER GÓMEZ, Mario. *El principio de confianza en derecho penal: un estúdio sobre la aplicación del principio de autorresponsabilidad en la teoria de la imputación objetiva*. Tese de Doutorado apresentada para a Facultad de Dierecho da Universidadad Autónoma de Madrid. Madrid, 2007.

MARTINS CATHARINO, José. *Compendio Universitário de Direito do Trabalho*. Vol. I. São Paulo: Juridica Universitária, 1972.

MANSDÖRFER, Marco. *Responsabilidad e imputación individuales en la ejecución de tareas en un grupo*. Revista para el Análisis del Derecho (InDret), nº 2, Barcelona, 2007.

MATA Y MATÍN, Ricardo. *Problemas de eficácia del derecho penal del medio ambiente: especial referencia a la contaminación de aguas subterrâneas*. Cuadernos de Politica Criminal, n. 72, Madrid, 2008.

MEIRELLES, Hely Lopes. *Direito Administrativo Brasileiro*. São Paulo: Malheiros, 2002.

MELLO, Celso Antônio Bandeira de. *Curso de direito administrativo*. São Paulo: Malheiros, 2012.

MENDES, Paulo de Sousa. A prova penal e as regras da experiência. In: ANDRADE, Maria João; ANTUNES, Susana Aires de Sousa (Orgs.). *Estudos em homenagem ao Prof. Doutor Jorge Dias de Figueiredo Dias*. Vol 3. Coimbra: Coimbra Editora, 2009.

____. A incerteza factual e a prova no processo penal. In: AA.VV. *Liber Amicorum Manuel Simas Santos*. Lisboa: Rei dos Livros, 2016.

____. *Causalidade complexa e prova penal*. Coimbra: Almedina, 2018.

____. *Vale a pena o direito penal do ambiente?* Lisboa: Associação Académica da Faculdade de Direito, 2000.

MEZGER, Edmund. *Tratado de Derecho Penal*. Madrid: Ed. Revista de Derecho Privado, 1957.

MIR PUIG, Santiago. *Direito penal: fundamentos e teoria do delito*. São Paulo: RT, 2007.

MONTANER FERNÁNDEZ, Raquel. *Criminalidad de empresa y compliance*. Barcelona: Atelier, 2013.

____. *Gestión Empresarial y atribución de responsabilidad penal: a propósito de la gestión medioambiental*. Atelier: Barcelona, 2008.

MORAES, Alexandre Rocha Almeida de. *A teoria dos mandados de criminalização e o combate efetivo à corrupção*. Revista Jurídica ESMP-SP, v.5, 2014.

____. *Direito penal do inimigo: a terceira velocidade do Direito Penal*. Curitiba: Juruá, 2008.

MOURA, Bruno. *Autoria e participação nos crimes desde a empresa: bases para um modelo de imputação individual*. Revista CEPPG do CESUC, Ano XIV, nº 25, 2011.

MOURA, Grégore. *Do princípio da co-culpabilidade*. Niterói: Impetus, 2006.

MOURA, Maria Thereza Rocha de Assis. *Justa causa para a ação penal: doutrina e jurisprudência*. São Paulo: RT, 2001.

MUNHOZ NETO, Alcides. *A ignorância da antijuridicidade*. Rio de Janeiro: Forense, 1978.

MUÑOZ CONDE, Francisco. *Edmund Mezger y el Derecho Penal de su tempo: estudios sobre el derecho penal en el nacionalsocialismo*. Valencia: Tirant lo Blanche, 2002.

NGISCH, Karl. *Introdução ao pensamento jurídico*. Lisboa: Fundação Calouste Gulbekian, 2009.

NUCCI, Guilherme de Souza. *Manual de direito penal*. São Paulo: RT, 2011.

OLIVEIRA, Djalma Pinho Rebouças de. *Manual de consultoria empresarial: conceitos, metodologia, práticas*. São Paulo: Atlas, 1999.

OLAIZOLA NOGALES, Inés. *El error de prohibición: especial atención a los criterios para su apreciación y para la determinación de su vencibilidad e invencibilidade*. La Ley Wolters Kluver. Madrid, 2007.

ORTIZ, Mariana Tranchesi. *Concurso de agentes nos delitos especiais*. São Paulo: IBCCRIM, 2011.

PALMERO, Juan Carlos. *El derecho penal societário. Orientaciones en el derecho comercial: el régimen penal en el derecho comercial*. Instituto Argentino de Derecho Comercial, AD-HOC, Buenos Aires, 2001.

PASCHOAL, Janaina Conceição. *Ingerência indevida: os crimes comissivos por omissão e o controle pela punição do não fazer*. Porto Alegre: Sergio Antonio Fabris Editor, 2011.

PAWLIK, Michael. *El funcionario policial como garante de impedir delitos*. In: Revista para el análisis del derecho (InDret), nº 1, Barcelona, 2008.

PERKINS, Rollim M. *Ignorance and mistake in criminal law*. University of Pennsylvania Law Review, n. 35, 1939.

PIOVESAN, Flávia. *Direitos humanos, globalização econômica e integração regional: desafios do direito constitucional internacional*. São Paulo: Max Limonad, 2002.

PONTE, Antonio Carlos da. *Crimes eleitorais*. São Paulo: Saraiva, 2008.

____. (Coord.). *Mandados de criminalização e novas formas de criminalidade*. Rio de Janeiro: Lumen Juris, 2017.

PRADO, Luiz Regis. *Norma penal como norma de conduta*. Revista Ciências Penais, v. 12, 2010.

____. *Tratado de direito penal: parte geral*. Vol. 2. São Paulo: RT, 2007.

PRITTWITZ, Cornelius. La posición jurídica (en especial, posición de garante) de los compliance officers. In: KUHLEN, Lothar; MONTIEL, Juan Pablo; ORTIZ DE URBINA GIMENO, Íñigo. *Compliance y teoria del Derecho penal*. Madrid: Marcial Pons, 2013.

PUPPE, Ingeborg. *A distinção entre dolo e culpa*. São Paulo: Manole, 2004.

____. *Ciência do direito penal e jurisprudência*. Revista Brasileira de Ciências Criminais, nº 58, 2006.

____. *División del trabajo y de la responsabilidad en la actuación médica*. In: Revista para el análisis del derecho (InDret), nº 4/2006, Barcelona, 2006.

PUSHKE, Jens. *Origen, esencia y límites de los tipos penales que elevan actos preparatorios a la categoría de delito*. In: Revista para el Análisis del Dereto (InDret), n. 4, Barcelona, 2010.

QUEIJO, Maria Elizabeth Queijo. Responsabilidade penal do advogado parecerista em matéria tributária. In: TANGERINO, Davi de Paiva Costa e GARCIA, Denise Nunes (Coord.). *Direito penal tributário*. São Paulo: Quartier Latin, 2007.

RAMOS, João Gualberto Garcez. *A inconstitucionalidade do 'direito penal do terror'*. Curitiba: Juruá, 1991.

RAGUÉS I VALLÈS, Ramón. A modo de contrarréplica: la ignorancia deliberada y su difícil encaje em la teoría dominante de la imputación subjetiva. In: *Discusiones: Ignorancia deliberada y Derecho Penal*. Sección I: Discusión, núm. 13 (2014).

____. *Atribuición de responsabilidad penal en estructuras empresariales. Problemas de imputación subjetiva*. Revista de Derecho Penal, n. 1, 2002.

____. *Consideraciones sobre la prueba del dolo*. Revista Brasileira de Ciências Criminais, n. 69, 2007.

____. *El dolo y su prueba em el processo penal*. Barcelona: Jose María Bosch Editor, 1999.

____. *La ignorancia deliberada en derecho penal*. Barcelona: Atelier, 2007.

RASSI, João Daniel. *Imputação das ações neutras e o dever de solidariedade no direito penal*. São Paulo: LiberArs, 2014.

REALE, Miguel. *Lições preliminares de direito*. São Paulo: Saraiva, 1991.

REALE JR., Miguel. *Instituições de direito penal: parte geral*. Vol 1. Rio de Janeiro: Forense, 2006.

REQUIÃO, Rubens. *Curso de direito comercial*. São Paulo: Saraiva, 2003.

RIGHI, Esteban. *Derecho penal económico comparado*. Madrid: Editoriales de Derecho Reunidas, 1991.

RIOS, Rodrigo Sánchez. *A responsabilização criminal individual em estruturas empresariais complexas: uma análise aplicada*. Revista Magister de Direito Penal e Processual Penal, n. 69, v. 12, 2016.

ROBLES PLANAS, Ricardo. El responsable de cumplimiento (compliance officer) ante el derecho penal. In: SILVA SÁNCHEZ, Jesús-María; MONTANER FERNÁNDEZ, Raquel. *Criminalidad de empresa y compliance*. Barcelona: Atelier, 2013.

ROBLES PLANAS, Ricardo. *Estudos de dogmática jurídico penal: fundamentos, teoria do delito e direito penal econômico*. Belo Horizonte: Editora D'Plácido, 2016.

____. *La participación en el delito: fundamento y limites*. Madrid: Marcial Pons, 2006.

____. *Las "conductas neutrales" en derecho penal; la discusión sobre los limites de la complicidad punible*. Revista Brasileira de Ciências Criminais, São Paulo, v. 16, n. 70, 2008.

ROCHA, Ronan. *A relação de causalidade no direito penal*. Belo Horizonte: Editora D'Plácido, 2016.

ROTSCH, Thomas. *Criminal Compliance*. Revista para el análisis del derecho (InDret), nº 2, Barcelona, 2012.

ROXIN, Claus. *A teoria da imputação objetiva*. Revista Brasileira de Ciências Criminais, n. 39, 2002.

____. *Autoría y dominio del hecho en derecho penal*. Marcial Pons: Madrid, 2016.

____. *Derecho Penal. Parte General*. Tomo I. Madrid: Civitas, 2008.

____. *Derecho Penal. Parte General*. Tomo II. Madrid: Civitas, 2014.

____. *Funcionalismo e imputação objetiva no direito penal*. Rio de Janeiro: Renovar, 2002.

____. Mais uma vez: sobre a valoração jurídico-penal do fato de consciência. In: ROXIN, Claus. *Novos estudos de direito penal*. São Paulo: Marcial Pons, 2014.

____. Problemas da causalidade intermediada psiquicamente. In: ROXIN, Claus. *Novos estudos de direito penal*. São Paulo: Marcial Pons, 2014.

____. Sobre a discussão acerca da heterocolocação em perigo consentida. In: ROXIN, Claus. *Novos estudos de direito penal*. São Paulo: Marcial Pons, 2014.

____. Sobre o recente debate em torno do bem jurídico. In: ROXIN, Claus. *Novos estudos de direito penal*. São Paulo: Marcial Pons, 2014.

ROXIN, Imme. *Responsabilidade do administrador de empresa por omissão imprópria*. Revista Brasileira de Ciências Criminais, n. 112, 2015.

RUDOLPHI, Hans-Joachim. El derecho penal y las formas de imputación jurídico-penal. In: SCHUNEMANN, Bernd (coord.). *El Sistema Moderno del Derecho Penal: cuestiones fundamentales*. Madrid: Tecnos, 1991.

SAGGESE, Silvina Bacigalupo. *La responsabilidade penal de las personas jurídicas: un estudio sobre el sujeto del derecho penal*. Tese de Doutorado apresenta à Faculdade de Direito da Universidade Anónoma de Madrid. Madrid, 1997.

SÁNCHEZ RIOS, Rodrigo; CASTRO, Rafael Guedes. *A responsabilização criminal individual em estruturas empresariais complexas: uma análise aplicada*. Revista Magister de Direito Penal e Processual Penal, n. 69, 2016.

____. *Advocacia e lavagem de dinheiro: questões de dogmática jurídico-penal e de política criminal*. São Paulo: Saraiva, 2010.

SÁNCHEZ-VERA GÓMEZ-TRELLES, Javier. *Blanqueo de capitales y abogacia: un necesario análisis crítico desde la teoria de la imputación objetiva*. Revista para el análisis del derecho (InDret), nº 2, Barcelona, 2012.

SANCINETTI, Marcelo. *Error de prohibición y error de punibilidade*. Doctrina Penal, nº 29 a 32, Buenos Aires: Depalma, 1985.

SANTOS, Milton. *Por uma outra globalização: do pensamento único à consciência universal*. São Paulo: Record, 2000.

SARCEDO, Leandro. *Compliance e responsabilidade penal da pessoa jurídica: construção de um novo modelo de imputação baseado na culpabilidade corporativa*. São Paulo: LiberArs, 2016.

SHECAIRA, Sérgio Salomão. *Dolo eventual e culpa consciente*. Revista Brasileira de Ciências Criminais, n. 38, 2002.

____. *Responsabilidade penal da pessoa jurídica*. Rio de Janeiro: Elsevier, 2011.

SCHMIDT, Andrei Zenkner. *Direito penal econômico: parte geral*. Porto Alegre, Livraria do Advogado, 2015.

SCHÜNEMANN, Bernd. A chamada crise financeira – falha sistêmica ou criminalidade global organizada? In: SCHÜNEMANN, Bernd. *Estudos de direito penal, direito processual penal e filosofia do direito*. São Paulo: Marcial Pons, 2016.

____. A figura do autor por trás do autor e o princípio dos níveis do domínio do fato. In: SCHÜNEMANN, Bernd. *Estudos de direito penal, direito processual penal e filosofia do direito*. São Paulo: Marcial Pons, 2016.

____. *Aporías de la teoria de la pena en la filosofia: pensamientos sobre Immanuel Kant*. Revista para el análisis del derecho (InDret), nº 2, Barcelona, 2008.

____. *Cuestiones básicas de dogmática jurídico-penal y política criminal acerca de la criminalidad de empresa*. Anuario de derecho penal y ciencias penales. n. 2, v. 41, 1988.

____. *El dominio sobre el fundamento del resultado: base lógico-objetiva común para todas las formas de autoria incluyendo el actuar en lugar de outro*. Revista de Derecho Penal, Buenos Aires, n. 2, 2005.

____. *El próprio sistema de la teoria del delito*. Revista para el análisis del derecho (InDret), nº 1, Barcelona, 2008.

____. (Coord.). *El Sistema Moderno del Derecho Penal: cuestiones fundamentales*. Madrid: Tecnos, 1991.

____. *Fundamento y limites de los delitos de omisión impropria: con uma apotación a la metodologia del derecho pena*l. Madrid: Marcial Pons, 2009.

____. Los fundamentos de la responsabilidad penal de los órganos de dirección de las empresas. In: SCHÜNEMANN, Bernd. *Temas actuales y permanentes del Derecho penal después del milenio*. Madrid: Tecnos, 2002.

____. *Responsabilidad penal en el marco de la empresa: dificultades relativas a la individualización de la imputación*. ADPCP, vol. LV, 2002.

____. Sobre a posição de garantidor nos delitos de omissão imprópria: possibilidades histórico-dogmáticas, materiais e de direito comparado para escapar de um caos. In: SCHÜNEMANN, Bernd. *Estudos de direito penal, direito processual penal e filosofia do direito*. São Paulo: Marcial Pons, 2016.

SELIGMAN, Selig J. *Mistake of law and mens rea*. University of Chicago Law Review: Vol. 8 : Iss. 4 , Article 2, 1941.

SILVA, Eduardo Ferreira da. Análise de caso examinado pelo Tribunal Regional Federal da 4ª Região. In: ESTELLITA, Heloisa (Coord.). *Exercício da advocacia e lavagem de capitais*. Rio de Janeiro: FGV Editora, 2016.

SILVA SÁNCHEZ, Jesús-María. *A expansão do direito penal: aspectos da política criminal nas sociedades pós-industriais*. São Paulo: RT, 2013.

____. *Aproximação ao direito penal contemporâneo*. São Paulo: RT, 2011.

____; MANTANER FERNÁNDEZ, Raquel. Bases de la responsabilidad penal de los administradores de sociedades mercantiles. In: SILVA SÁNCHEZ, Jesús-María. *Fundamentos del derecho penal de la empresa*. Buenos Aires: BdeF, 2013.

____. *Deberes de los membros de um consejo de administración*. In: Revista para el análisis del derecho (InDret), Barcelona, nº 2, 2011.

____. Deberes de vigilancia y compliance empresarial. In: KUHLEN, Lothar; MONTIEL, Juan Pablo; ORTIZ DE URBINA GIMENO, Íñigo. *Compliance y teoría del Derecho penal*. Madrid: Marcial Pons, 2013.

____. *El derecho penal ante la globalización y la integración supranacional*. In: Revista Brasileira de Ciências Criminais, Ano 6, n° 24, 1998.

____. *El nuevo escenario del delito fiscal em España*. Atelier, 2005.

____. *Fundamentos de un sistema europeo del derecho penal*. Bosch: Barcelona, 1995.

____. *Fundamentos del derecho penal de la empresa*. Buenos Aires: B de F, 2016.

____. *Teoría del delito y derecho penal económico*. Revista Brasileira de Ciências Criminais, nº 99, v. 20, 2012.

SILVEIRA, Renato de Mello Jorge. Autorregulação, responsabilidade empresarial e criminal compliance. In: Silveira, Renato de Mello Jorge; SAAD-DINIZ, Eduardo. *Compliance, direito penal e lei anticorrupção*. São Paulo: Saraiva, 2015.

____. *Direito penal econômico como direito penal de perigo*. São Paulo: RT, 2006.

____. *Direito penal empresarial: a omissão do empresário como crime*. Belo Horizonte: D'Plácido, 2016.

____. *Uma vez mais, o elemento subjetivo nos crimes de trânsito*. Revista Brasileira da Advocacia, n. 1, 2016.

SIQUEIRA, Flávia. *O princípio da confiança no direito penal*. Belo Horizonte: Editora D'Plácido, 2016.

____. Responsabilidade penal pelo produto e imputação: delimitação de âmbitos de responsabilidade na empresa pela produção e comercialização de produtos defeituosos ou "impróprios para o consumo". In: LOBATO, José Danilo Tavares; MARTINELLI, João Paulo Orsini; SANTOS, Humberto Souza (Orgs.). *Comentários ao Direito Penal Econômico Brasileiro*. Belo Horizonte: D'Plácido, 2017.

STEIN, Friedrich. *El conocimiento privado del juez*. Madrid: Centro de Estudios Ramón Areces.

SOLER, Sebastian. *Derecho Penal Argentino*. T. 1. Buenos Aires: TEA, 1945.

SOUSA, Susana Aires de. A responsabilidade crimininal do dirigente: algumas considerações acerca da autoria e comparticipação no contexto empresarial. In: andrade, Manuel da Costa; ANTUNES, Maria João; SOUSA, Susana Aires de (Orgs.). *Estudos em homenagem ao Prof. Doutor Jorge de Figueiredo Dias*. Vol. II. Coimbra: Coimbra Editora, 2009.

SOUZA, Artur de Brito Gueiros. *Atribuição de responsabilidade na criminalidade empresarial: das teorias tradicionais aos modernos programas de compliance*. Revista de Estudos Criminais, n. 54, 2014.

SOUZA, Luciano Anderson de. *Direito penal econômico: fundamentos, limites e alternativas*. São Paulo: Quartier Latin, 2012.

SOUZA SANTOS, Humberto. *Autoria mediata por meio de dependência estrutural econômico-profissional no âmbito das organizações empresariais*. Revista Brasileira de Ciências Criminais, n. 117, 2015.

____. Dolo nos crimes econômicos empresariais. In: LOBATO, José Danilo Tavares; MARTINELLI, João Paulo Orsini; SANTOS, Humberto Souza (Orgs.). *Comentários ao Direito Penal Econômico Brasileiro*. Belo Horizonte: D'Plácido, 2017.

____. *Elementos fundamentais de um conceito de dolo político-criminalmente orientado*. Revista Brasileira de Ciências Criminais, São Paulo, n. 97, 2012.

____. Problemas estruturais do conceito volitivo de dolo. In: GRECO, Luis; LOBATO, Danilo. *Temas de direito penal: parte geral*. Rio de Janeiro: Renovar, 2008.

SUTHERLAND, Edwin. *White Collar Crime: The Uncut Version*. New Haven: Yale University Press, 1983.

TAVARES, Juarez. *As controvérsias em torno dos crimes omissivos*. Rio de Janeiro: Instituto Latino-Americano de Cooperação Penal, 1996.

____. *Fundamentos da teoria do delito*. Florianópolis: Tirant lo Blanch, 2018.

____. Os Princípios Penais Democráticos. In: CERVINI, Raul; TAVARES, Juarez. *Princípios de Cooperação Judicial Penal Internacional no Protocolo do Mercosul*. São Paulo: RT, 2000.

____. *Teorias do delito: variações e tendências*. São Paulo: RT, 1980.

____. *Teoria do crime culposo*. Florianópolis: Empório do Direito, 2016.

____. *Teoria dos crimes omissivos*. São Paulo: Marcial Pons, 2012.

TEIXEIRA, Adriano. *Teoria da aplicação da pena: fundamentos de uma determinação judicial da pena proporcional ao fato*. São Paulo: Marcial Pons, 2015.

TIEDEMANN, Klaus. *Responsabilidad penal de las personas jurídicas*. Disponível em: https://www.unifr.ch/ddp1/derechopenal/anuario/an_1996_07.pdf. Acessado em 03 de agosto de 2020.

TOLEDO, Francisco de Assis. *Erro de tipo e erro de proibição no projeto de reforma penal*. São Paulo: RT, 1983.

____. *Princípios básicos de direito penal*. São Paulo: Saraiva, 1994.

TORON, Alberto Zacharias. *Habeas Corpus: controle do devido processo legal: questões controvertidas e de processamento do writ*. São Paulo: RT, 2017.

VALLEJO, Manuel Jaén. *El concepto de acción en la dogmática penal*. Madrid: Colex, 1994.

VELOSO, Fabia Fernandes Carvalho et. al. *A pesquisa em Direito e as bases eletrônicas de julgados nos tribunais: matrizes de análise e aplicação no Supremo Tribunal Federal e no Superior Tribunal de Justiça*. Revista de Estudos Empíricos em Direito. vol. 1, n. 1, 2014.

VERNON OWEN JR., G. *Criminal law – mistake of law – reliance upon advice of public official*. Case Western Reserve Law Review, v. 2, i. 1, 1950.

VIANA, Eduardo. *Dolo como compromisso cognitivo*. São Paulo: Marcial Pons, 2017.

VIDAURRI ARÉCHIGA, Manuel. *Orientaciones para resolver casos de teoría del delito*. Ciencia Jurídica. Universidad de Guanajuato, Ano 3, nº 5, 2014.

VITOLO, Daniel Roque. *Iniciación en el estudio del derecho mercantil y de la empresa*. Buenos Aires: AD-HOC, 2005.

VOGEL, Joachim. *La responsabilidad penal por el produto en Alemania: situación actual y perspectivas del futuro*. Revista Penal, n. 8, 2001.

WEBER, Max. *Metodologia das Ciências Sociais*. São Paulo: Cortez Editora, 2001.

WELZEL, Hans. *Derecho penal: parte general*. Buenos Aires: Roque de Palma Editor, 1956.

____. *Derecho penal alemán: parte general*. Santiago: Ed. Jur. Chile, 1970.

____. *O novo sistema jurídico-penal: uma introdução à doutrina da ação finalista*. São Paulo: RT, 2001.

ZAFFARONI, Eugenio Raúl; PIERANGELI, José Henrique. *Manual de direito penal brasileiro: parte geral*. São Paulo: RT, 1997.

____. *Política criminal latinoamericana*. Buenos Aires: Hammurabi, 1982.